Georg Köberle

Der Verfall der deutschen Schaubühne und die Bewältigung der Theater-Calamität,

Theater-Calamität,

an der Hand der Thatsachen dramaturgisch beleuchtet

Georg Köberle

Der Verfall der deutschen Schaubühne und die Bewältigung der Theater-Calamität,
an der Hand der Thatsachen dramaturgisch beleuchtet

ISBN/EAN: 9783743328037

Hergestellt in Europa, USA, Kanada, Australien, Japan

Cover: Foto ©ninafisch / pixelio.de

Manufactured and distributed by brebook publishing software (www.brebook.com)

Georg Köberle

Der Verfall der deutschen Schaubühne und die Bewältigung der Theater-Calamität,

Der Verfall

der

deutschen Schaubühne

und die

Bewältigung der Theater-Calamität.

An der Hand der Thatsachen dramaturgisch beleuchtet

von

Georg Köberle.

Motto: Die wahre Vermittlerin ist die Kunst.
Goethe.

Leipzig.
Verlag von Paul Wolff.
1880.

Preis: brosch. 6 Mark, geb. 8 Mark.

Fortsetzung folgt.

Inhalts-Verzeichniß.

—

I.

Meine Ouverture.

Motto: Man muß nicht irre werden, die
Wahrheit mit Worten zu wiederholen, denn der Irrthum wiederholt sich immer durch die That.

Goethe.

Als Talleyrand den berühmten Satz aussprach, daß die menschliche Sprache erfunden sei, um die Gedanken zu verbergen, da hatte er wohl nicht blos die Diplomatie im Auge. Weh jedem Kühnen, dessen Zunge oder Feder nachdrücklich den Mißbrauch irgend einer gemeinnützigen Sache bekämpft! Er hat alle diejenigen zu Gegnern, welchen die schlechte Verwendung, zum Schaden der Allgemeinheit, irgend einen Vortheil für ihr liebes Ich trägt oder erhoffen läßt. Und wenn er sie nur zu offenen, ehrlichen Gegnern hätte! Mit diesen könnte er durch Abwägung von Gründen und Gegengründen rechnen. Ja er könnte sich sogar über die Rührigkeit des Widerspruchs nur aufrichtig freuen, denn durch das Aufeinanderprallen ehrlich verfochtener Gegensätze würden sich die Meinungen klären, würde die Gesammtheit gewinnen. Aber nein! man bekämpft ihn aus dem Lager des eingefleischten Egoismus weder mit Gründen noch hört man auf Gegengründe, man überschüttet einfach seine Person mit Verdächtigungen, erdrückt die Wahrheit und begräbt unter ein keckes Lügengewebe die Sache, um die es sich handelt.

Zwar meinte noch unser dramaturgischer Altmeister Lessing: „Nicht die Wahrheit, in deren Besitz irgend ein Mensch ist oder zu sein vermeint, sondern die aufrichtige Mühe, die er angewendet hat, hinter die Wahrheit zu kommen, macht den Werth des Menschen." Aber gegenwärtig sind die in den Theater= und dramatischen Kunstangelegenheiten den Ton angebenden Koryphäen der Tagespresse ihrer Mehrzahl nach dieser Ansicht längst entwachsen. Sie verwenden ihre Mühen auf den Sieg der Unwahrheit und verschreien jeden, der hierin nicht durch dick und dünn mit ihnen geht oder gar das Bestehende offen zu tadeln wagt, als Verleumder oder unterstellen ihm Größenwahn, wenn nicht noch schlimmere psychische Krankheiten. Dadurch wird erreicht, was in Perioden des Verfalls nie ausblieb: Die verdummende Mehrzahl der Schreier verwirrt auch die Begriffe der arglos auf sie hörenden Menge, und der noch heller Sehende muß sich mit dem Ausspruche von Schiller's Talbot trösten: „Unsinn, du siegst!"

Die Zeit, in welcher derlei Wahrnehmungen und selbstdurchlebte Erfahrungen mich noch aufregen konnten, liegt hinter mir. Wenn dennoch im Nachfolgenden noch einmal ganz flüchtig an der richtigen Stelle ein Blick darauf zurückgeworfen wird, so geschieht es nur, um eine fortgesetzte Fälschung in der Tagespresse zu kennzeichnen, mit welcher auch die fortgesetzte Verunstaltung der Kunst auf den Brettern unabtrennbar zusammenhängt. Meine „dramaturgischen" Gänge haben es in ihren Hauptabschnitten mit der dramatischen Poesie und deren Darstellung zu thun, nicht mit den literarischen und journalistischen Spitzbübereien des Tages. Oder sollte, wer mit der ganzen Fülle seiner Ueberzeugung für jene erstern einsteht, sich wirklich auch mit diesen letztern herumbalgen müssen? Sollte die Ehrlosigkeit dieser letztern wirklich je vermögend sein, in der lebenden Generation unwiederherstellbar den Glauben zu zerstören, daß, wie allen Mißständen des menschlichen Lebens, so auch den Gebrechen der dramatischen Kunst nur mit der Wahrheit gesteuert werden könne, und daß das Hauptsiechthum der modernen Bühne just in der Verdrängung der Wahrheit durch die Charlatanerie bestehe? Selbst mancher begeisterte Kunstfreund fürchtet es und stellt sich Thaliens Verirrungen nur noch als stumm trauernder Zuschauer unthätig gegenüber. Ein großer Theil der zur Zeit lebenden Dichter, darunter just die begabtesten von Apollo's Schülern, kehrten deshalb der Bühne längst schmollend den Rücken zu, ihrem eigenen poetischen Schöpferdrange in einer andern Kunstform als der dramatischen genügend.

Und in der That, gegenüber dem nicht unzutreffenden Bilde, welches in einigen Schriften neuesten Datums*) von den zur Zeit in Betreff aller Bühnen-Angelegenheiten die öffentliche Meinung terrorisirenden Federn entworfen wird, könnte selbst der mathematische Scharfsinn eines Euklid sich versucht fühlen, für die nächste Zukunft nur noch das Pro-gnostikon zu stellen: „Unaufhaltbarer radikaler Geistesbankerott der dramatischen Kunst sammt Allem, was d'rum und d'ran hängt!"

Soll man aber, trotz so mannigfacher dafür sprechender Anzeichen, dies für möglich halten können unter einer Generation, in der auf andern Gebieten der menschlichen Erkenntnisse und Thätigkeiten so viel gesund fortschreitendes Leben wahrzunehmen ist? Sollte nicht vielmehr der momentane Verfall der Bühne im Allgemeinen, gegen welchen wir hier und dort noch kräftig, wenn auch nicht immer mit den zuträglichsten Waffen, ankämpfen sehen — sollte dieser Verfall nicht gleichsam eine sich aus den Uebergangsgestaltungen des Zeitalters ergebende Natur-nothwendigkeit sein, und sich auch an ihr schließlich der ewig wahre Ausspruch unsers großen Dichter-Propheten bewähren: „— neues Leben blüht aus den Ruinen"? Ich glaube Letzteres und hoffe, daß es außer den zahlreichen Kunstfreunden, die schon früher meine Ansichten getheilt und sich feurig zu meinem Wirken als zur richtig gezogenen Consequenz ihrer eigenen Anschauungen bekannt hatten, auch in den weitern Kreisen noch genug Männer gebe, die ebenfalls nicht aufhörten, den Neu-aufschwung der Bühne als eine nationale Ehrensache zu betrachten, — Männer der zuversichtlichen Thatkraft, deren vereintes Wirken wohl hin-reicht, um selbst unter dem Wirrwarr des theatralischen Chaos der Gegenwart das ewig Schöne zu vertheidigen gegen den Pesthauch des Häßlichen. Es gilt, wenigstens die Theorie intact und rein von Ver-unstaltungen zu erhalten, sollte auch eine praktische Verwerthung derselben erst unsern Kindern und Enkeln wieder möglich werden. Daher steht

---

*) Zum Beispiel in den zwei Broschüren: „Paul Lindau und das lite-rarische Judenthum. Eine Controverspredigt aus der Gegenwart, von Junius"; und „Das Judenthum und die Tagespresse. Ein Mahn-wort in ernster Stunde" von Ebendemselben. (Beide: Leipzig, 1879.) Nach Junius, der seine Behauptungen zum Theil mit schlagendsten Thatsachen belegt, wäre die Mehrzahl der periodischen Preß-Organe Deutschlands zur Zeit von so kunstzerstörenden Theater-Berichterstattern bedient, daß schon hierdurch jedes rein künstlerische Streben auf den weltbedeutenden Brettern vorerst zu einer Unmöglich-keit habe werden müssen.

die Rolle des stummen Zuschauers selbst denjenigen nicht wohl an, welche, in ihrem Innern noch den Keim für Edleres bergend, vom realen Theater für den Augenblick gar nichts mehr erwarten und aus diesem Grunde längst unthätige Pessimisten geworden sind. Der sich seines eigenen Lebenswerthes vollbewußte Mann pflegt nicht blos die Frucht- keime, deren Ernte reift, während er selbst noch leibhaft auf Erden herumwandelt. Er weiß, daß die Welt fortbesteht, und seine Arbeit sich für ein späteres Geschlecht lohnen kann, wenn er längst hinüber verschwunden ist ins Reich der Schatten.

Ein Rückblick in die Vergangenheit, auf die Schicksale der bahn- brechenden Vorkämpfer für menschenwürdige Errungenschaften, belehrt uns, daß schon so Manche dem Loos der Seidenraupe verfielen, die sich bekanntlich ihren eigenen Sarg spinnt, indeß sie ihren Lebensberuf erfüllt. Ihre Arbeit aber war deffen ungeachtet für die Menschheit keine ver- lorene. Heutzutage fehlt es freilich nicht an Leuten, welche sehr geneigt sind, derlei sich für das allgemeine Wohl opfernde Märtyrer einfach für Thoren zu erklären. Muß man voraussetzen, daß diese Leute hiermit nicht ihre innere Ueberzeugung oder vielmehr — bezeichnender ausge- drückt — daß sie hiermit nicht dasjenige aussprechen, was in ihrem Innern an die Stelle der ihnen mangelnden Ueberzeugung wirklich ge- treten ist? Ich glaube das Gegentheil. Haben wir doch wahrlich unter uns Ueberfluß an verschrobenen Menschenbildern, deren ganzer Ideen- kreis mit der Sorge für ihr materielles Wohlergehen schon vollständig erschöpft ist! Gilt doch in den Augen vieler derart einseitiger und herab- gekommener Charaktere jede Handlungsweise, selbst die unehrenhafteste, für erlaubt, wenn ihr nur ein äußerer Anstrich von Rechtmäßigkeit und Humanität gewahrt bleiben kann! Steht ihnen doch die raffinirte Klug- heit in allen Fällen über dem reinen Selbstbewußtsein, die Form in allen Fällen über dem Wesen der Sachen! Es ist daher keine bloße Zufällig- keit oder künstlerische Laune, daß heutzutage auch in der dramatischen Kunst so häufig über einer raffinirten „Mache" der Mangel an innerm Gehalte übersehen wird. Hierin spiegelt sich nur eine Seite der Wirklichkeit getreulich ab. Aber es fragt sich, ob nicht gerade durch die übermäßige Cultivirung dieser Seite (die in ethisch zutreffender Behandlung wohl zweifel- los auf den Brettern berechtigt wäre) der Pegasus an unserm Thespiskarren beim Schweife aufgezäumt, d. h. eine garstige Seifenblase des Zeitalters noch garstiger mit dessen titanischem Ringen verwechselt worden sei?

5

Wer den Menschen noch für etwas Edleres hält als blos für das
klügste von den Thieren unsers Erdballs, der wird keinen Augenblick
um die Antwort auf diese Frage in Verlegenheit sein. Jedes offene Auge,
dessen Besitzer noch nicht in den trüben Nebeln der unleugbar vorhandenen Auswüchse des Zeitalters unzurechnungsfähig heruntaumelt, muß
erkennen, daß die Gegenwart nach den verschiedensten Richtungen hin
eben eine Uebergangsperiode durchkämpft, die trotz so vieler im Materialismus und Egoismus verkommener Zeitgenossen reich ist an geistigem
und selbstsuchtslosem Ringen, und zwar reich nicht blos an den hocherfreulichen
Bestrebungen, sondern auch an bereits errungenen und gesicherten Geistes-
schätzen. Wir sehen um uns her einen Kernstamm von echten Ebenbildern
der ewigen Gottheit — wahrhaft gute, wahrhaft edle, wahrhaft hoch-
sinnige Charaktere, an deren Phalanx die Mächte der Finsterniß vergebens rütteln. Wenn in frühern Jahrhunderten das Ringen für die
„ewig unveräußerlichen Menschenrechte" und für die höchsten Güter
unsers Geschlechtes ganze Völker und ganze Generationen verschlang, so
ist es jetzt, wenigstens in unserm eigenen Vaterlande, schon fast unmöglich
geworden, daß auch nur noch einem Einzelnen vor der Oeffentlichkeit
ganz entschieden Unrecht geschehen könne, ohne daß der Mißhandelte auch
die Stunde der Genugthuung noch erlebe.

Einen kleinen Beitrag zur Erhärtung dieses Ausspruchs, der übrigens
nicht erst eines Beweises bedarf, liefert meine eigene Leidens- und Kampf-
periode von 1872 bis 1875. Wegen einer Thätigkeit, die eben so berechtigt war, wie die hier vorliegende Publication der „Dramaturgischen
Gänge" es ist, wurden damals Stürme gegen mich heraufbeschworen,
die drei Jahre lang einen nicht geringen Theil der deutschen Tagespresse fast ununterbrochen beschäftigten. Im Frühjahr 1872 war meine
„Theater-Krisis im neuen deutschen Reiche" erschienen. Diese
Publication hatte eine Reihe contradictorischer Wirkungen erzeugt. Von
den aufrichtigen Bühnenfreunden in einem Theile der Tagespresse mit
Jubel begrüßt und selbst von diplomatischen Wortführern der Kritik, wie
z. B. vom Hofrath v. Gottschall, als ein „berechtigtes Buch" anerkannt,
hatte sie mir auch den tödlichen Haß aller unlautern Elemente der Theater-
welt zugezogen und zugleich, in Folge einer offiziellen Demonstration des
Berliner General-Intendanten Herrn v. Hülsen, den „Deutschen
Bühnen-Verein" zu einer oppositionellen Taktik gegen mich (zum
Votum der am 11. November 1872 in Cassel tagenden Jahresversamm-

lung der deutschen Bühnen-Vereinsmitglieder) verleitet. Das schwerste meiner angeblich begangenen Verbrechen aber bestand darin, daß die „Theater-Krisis" mir überdies noch die Gunst eines kunstliebenden deutschen Monarchen errungen hatte, und dessen Hoftheater meiner Leitung anvertraut worden war. Daher begann nun eine Hetzjagd, bei der ich, der Einzelne, hunderten von boshaft fanatisirten Widersachern gegenüberstand, deren Geschrei selbstverständlich hinreichte, um unter der gedankenlosen Menge rasch die Zahl meiner Gegner in die vielen Tausende zu vermehren und über Nacht ein mich fast allgemein verurtheilendes Kopfschütteln zu erzeugen. So mußte ich denn Monate lang das wenig erquickliche Schauspiel genießen, daß unter dem das Hoftheater besuchenden Publicum nur vollste Zufriedenheit über die künstlerischen Leistungen wahrnehmbar war, während außerhalb des Gebäudes, hauptsächlich unter dem überhaupt kein Theater besuchenden Theile der Bevölkerung und (mit Ausnahme der in der betreffenden Hauptstadt selbst erscheinenden Blätter) fast durch das gesammte Reich in den Zeitungen sich ein wahrer Wolkenbruch von Verdächtigungen und Anschuldigungen gegen mich ergoß. Man hatte die hiefür in Thätigkeit gesetzte Journalisten-Maschine gut dressirt und sie mit wahrhaft staunenswerther Rührigkeit in Bewegung gebracht. Insbesondere ein noch junger Mann mit geringem artistischen Talent und berühmtem Künstler-Familien-Namen (welcher die betreffende Hoftheater-Direction für sein natürliches, ihm nur wegen meiner Berufung entgangenes (!) Erbstück zu halten schien, aber seither als Intendant eines hervorragenden Stadttheaters rasch abgewirthschaftet hat) dokumentirte, hierin mit einer publicistischen Berliner Specialität wetteifernd, in Erfindung und Colportage von Unterstellungen jedweder Gattung eine unerschöpfliche Meisterschaft. An Helfershelfern fehlte es beiden nicht, und so konnte ohne Hexerei ein Kesseltreiben inscenirt werden, dessen sensationelle Ueberraschungen um Nichts hinter dem verführerischen Reiz einer Cause célèbre kat' exochen zurückblieben und mir natürlich eine ruhige Leitung des Instituts gerade nicht erleichterten. Obwohl die betreffende Hofbühne sich in Süddeutschland befindet, wußten doch z. B. sogar einige nie über ihre Sandsteppe hinausgekommene Journalisten an der Spree so lebendig darüber zu dichten, als ob sie zu den täglichen Stammgästen des betreffenden Parterre's gehörten und redlich nur Selbstgesehenes constatirten. Ja die oben erwähnte publicistische Specialität, der ihr eigenes Berliner Wochenblatt für den ausgiebigen Betrieb solcher

7

Hetzjagd bald nicht mehr genügte, konnte, von Berlin aus in Wiener Zeitungen das süddeutsche Ereigniß travestirend, ihrem poetischen Expectorationsdrange als Journalist endlich einmal vollauf genügen und beutete diese Gelegenheit unverfrorenst aus — selbstverständlich nur im Interesse der von mir so arg mit Füßen getretenen dramatischen Kunst!!! Galt es doch, bei diesem Anlaß für den Esprit der Demimonde neuen Boden urbar zu machen und namentlich auch die betreffende Hofbühne, welche sich bis dahin mit Recht einer jungfräulichen Kunstreinheit zu rühmen vermocht und auch unter meinem langjährigen Amtsvorgänger Dr. Eduard Devrient das ästhetische Banner consequent noch hoch gehalten hatte, nun ebenfalls in den Schlamm des gewöhnlichen Fahrwassers herab zu nöthigen!!! Galt es doch, das Hinderniß, welches sich dieser begehrenswerthen Metamorphose entgegengethürmt, jetzt mittelst summarischer Procedur aus dem Wege zu räumen und den unbequemen Autor der „Theater-Krisis" endlich radikal unschädlich zu machen, d. h. ihn, dem die launische Göttin Fortuna nicht schon bei der Geburt durch eine materielle Morgengabe den Kampf ums Dasein erleichtert hat, nicht blos von der Hofbühnen-Leitung zu verdrängen, nicht blos seine Vorarbeiten schon vor deren Beendigung zu kreuzen und wieder zu zerstören, sondern auch ihn selbst durch Mißcreditirung seiner Person erwerbslos auf die Gasse zu schleudern, ihm durch Bereitung gesteigerter Kämpfe für die fernere Existenz seiner Familie den Lösungsversuch jeder höhern Kunstaufgabe auf immerdar gründlichst zu verleiden!!! Für diesen humanen Doppelzweck wurden nicht blos über meine artistischen Anschauungen und über meine Hofbühnen-Leitung, sondern auch über alles nicht entfernt dahin Gehörige oder damit Zusammenhängende, z. B. über meine religiösen und politischen Grundsätze, über mein Benehmen im Privatverkehr, ja sogar über meine früheste Knaben- und Studienzeit in Dutzenden von Journalen die haarsträubendsten Lügen colportirt, so daß sich schließlich sogar ein Staatsanwalt zu der öffentlich ausgesprochenen Behauptung versteigen konnte: „Man braucht gegen Dr. Georg Köberle weder Zeugen noch Beweise, denn seine Verbrechen sind so notorisch, daß Thron und Staat in Gefahr kämen, wenn man ihn ungezüchtigt beließe!"*) Kurz: ich war vogelfrei geworden, und man

---

*) Diese salomonische Sentenz verdiente, für die Mit- und Nachwelt mit voller Namensnennung ihres Urhebers vereinigt zu werden. Da jedoch derselbe durch den schlimmen Eindruck, den seine Weisheit in den unbefangenen

hatte es mit dem Ehrenraub so eilig, daß dem rührigen Völkchen schon die Eisenbahn zu langsam lief und es sich zur Beschleunigung wiederholt des Telegraphen bediente. Ja sein Wüthen hatte sich erst recht ins Excentrische gesteigert, als mein Rücktritt von der Hofbühnenleitung eine längst vollzogene Thatsache war, als mein Amts=nachfolger schon alle meine Vorarbeiten gründlichst wieder beseitigt hatte, und folglich selbst meine grimmigsten Widersacher bei ihrem fortgesetzten Verfolgungswerke von gar keinem, wie immer gearteteten, sachlichen Motive mehr geleitet sein konnten. Ich habe die gröblichsten Unterstellungen damals in zwei Flugschriften mit Beweisen zurückgewiesen. Hier brauche ich mich darüber um so weniger nochmal des Nähern auszusprechen, als inzwischen andere, mir persönlich unbekannte Ehrenmänner es gethan und sich über jenen Zeitungs=Skandal auf eine Art geäußert haben, die mich, so weit meine eigene Person dabei in Betracht kommt, der weitern Selbstvertheidigung wohl überhebt.*) So charakterisirte z. B. Karl Fiedler in seinem sehr beachtenswerthen Buche „Das deutsche Theater, was es war, was es ist, was es werden muß" (auf Seite 274 und 275 der 2. Auflage) das damalige Vorgehen meiner „verbissenen Feinde" als „gewissenlos" und „erbärmlich" und sagt namentlich von den Umtrieben des journalistischen Hauptträdelsführers, den er mit vollem Namen nennt, daß sie einen viel schlimmern Titel verdienen als nur den der einfachen Verläumdung. Aehnlich äußerte sich z. B. auch Junius in einer seiner oben erwähnten gesinnungstüchtigen Broschüren (in der „Controvers= predigt", Seite 21) über ebendenselben Zeitungs=Skandal und bemerkte, gleichfalls mit voller Namensnennung, über den Hauptschreier: „Dieser eine Vorgang und die sich daran heftenden Consequenzen müssen ihm auf immer jede Achtung der Zeitgenossen einbüßen lassen."**) Hier er=

Kreisen der betreffenden Haupt= und Residenzstadt erzielt hat, schon moralisch ab= gestraft ist, so kann auch ich ihn füglich in dem ihm zuträglichen Dunkel belassen.

*) Nur eine einzige nicht mich betreffende Berichtigung ist nöthig. Man hat früher den vielgenannten Vorstand eines einflußreichen ersten Hofamtes allgemein zu meinen unehrenhaften Gegnern gezählt, und durch eine unselige Verkettung der Umstände erhielt diese Voraussetzung vollste Glaubwürdigkeit. Dennoch war er, mo= mentan selbst getäuscht, nur vor dem Andringen der Opposition zurückgewichen und gerade seine ehrliche objective Haltung trug später wesentlich dazu bei, daß trotz des angezettelten Wirrwarrs doch noch ein gerechter Abschluß ermöglicht werden konnte.

**) Als bekannt kann ich wohl voraussetzen, daß schon früher, auf Anlaß nicht minder empörender Vorgänge, Hofrath Gottschall die hier gemeinte Specialität als

übrigt mir nur zu constatiren, daß es nicht blos die hiemit minder
schmeichelhaft als naturwahr geschilderten Kostgänger der Tagespresse,
sondern auch noch andere weit gefährlichere Persönlichkeiten waren, welche
zu der so ehrenwerthen Erzwingung meines vollständigen Ruins ihre
ganze Erfindungsgabe eingesetzt hatten. Auch schien es wirklich ein paar
Jährchen lang, daß ihnen der Streich vollständig gelänge. Ich lag,
mehr durch meine schwere Erkrankung als durch den Lärm der Gegner
waffenlos geworden, ein schon aufgegebener Mann, mundtodt darnieder.
Was aber war dennoch das Schlußresultat solch eines ungeheuerlichen
Aufwandes an Unehrenhaftigkeit? Just die Consequenzen der frech alle
Wahrheit verschüttenden Lüge, im Zusammenhange mit der Erbärmlich-
keit, daß solche Büberei bis in die neueste Zeit fortgesetzt wurde, ver-
halfen vor dem Forum der zumeist entscheidenden und über alle Partei-
umtriebe erhabenen Instanz schließlich der echten Wahrheit zum Siege
und schufen mir eine Stellung, die von meinen Verunglimpfern am aller-
wenigsten gewünscht worden war und ohne deren so gänzlich gottver-
gessenen Bosheiten mir wohl auch niemals hätte zu Theil werden können.
Entlastet von den nicht beneidenswerthen Sorgen um den Gang eines
einzelnen Thespiskarrens und zugleich entlastet von jeder materiellen Existenz-Sorge, gewann ich meine ganze Zeit zu freier Verfügung, verlor also nun jedes persönliche Motiv, je noch gegen die
Anstifter einer Niederträchtigkeit zu eifern, die, während sie mich vernichten gewollt, mich wider ihren Willen so wesentlich gefördert haben.
Freilich sind mit dem Wegfall aller persönlichen Motive zugleich auch die
sachlichen in meinen Augen um so weniger verschwunden, als mir
überhaupt in Bühnenangelegenheiten die Feder niemals durch persönliche
Gründe in die Hände gedrückt worden war. Wie also könnte ich dem
ebenso humanen als rechts- und kunstliebenden Monarchen und Jenen,
deren Zeugniß diese mich rettende Wendung herbeigeführt, — wie könnte
ich ihnen schöner danken als durch Wiederaufnahme meiner Thätigkeit

„literarischen Raufbold" gekennzeichnet und der verstorbene Gutzkow sie mit
den Worten gebrandmarkt hat: „Ich bin gewiß für freiheitliche Regungen stets em-
pfänglich und dankbar gewesen, aber bei den frechen Schmähungen dieses Berliner
Judenjungen bedauert man sogar die Abschaffung der Prügelstrafe." Dennoch
fehlt es dem derart portraitirten „Jungen" noch bis zur Stunde für seine Leimruthen
nicht an Federvieh, und er kann sich rühmen, unter den von ihm eingefangenen und
schon wohldressirten Gimpeln auch Bühnenleiter „ersten Ranges" zu besitzen, — ein
Erfolg, der für urtheilsfähige Leser keiner kritischen Beleuchtung bedarf.

im Dienste eben derselben guten Sache, für die ich früher gekämpft und gelitten? Wie könnte ich auch dem biedern Stamm-Publicum des Theaters der betreffenden süddeutschen Residenzstadt, das mir schon in den Tagen meiner Unterdrückung Beweise tröstlichster Theilnahme gab und jetzt durch die Feder hervorragender Bürger noch aus der Ferne seine aufrichtigste Freude über diese Schlußwendung in so rührenden Ausdrücken brieflich zu meiner Kenntniß gebracht, wie selbst den weitern Kreisen, aus deren Mitte mir so herzliche Glückwünsche zugegangen sind, — wie könnte ich Allen entsprechender und würdiger antworten als durch die Publikation meiner Beiträge zu einer zeitgemäßen deutschen Dramaturgie?

Den hier vorliegenden „Gängen" wird später ein umfangreicheres Werk nachfolgen. Vorerst will ich dem freundlichen Leser nur einen kurzen Rundblick über den gesammten Bereich der dramatischen Kunst bieten, will nur seine Aufmerksamkeit auf diejenigen Vorkommnisse hin lenken, welche den tonangebenden Theatern gemeinsam anhaften und als der eigentliche Typus der modernen Bühne zu betrachten sind. Um dem spröden Stoffe nach Möglichkeit auch eine angenehm unterhaltende Seite abzugewinnen, habe ich als Form der Darstellung den lebendigen, die verschiedenen Tagesströmungen durch charakteristische Personen vertreten den Dialog gewählt. Die nachfolgenden Blätter erheben, als schlichte Einleitung zum Thema, nur den Anspruch, die eigentliche Aufgabe eines wahren Dramaturgen erörtern d. h. die Fundamental-Gesetze der Bühnen kunst klar stellen und die geistverlassene Hohlheit der zur Zeit die Bretter welt beherrschenden Mode-Poeten zergliedern zu wollen. Alle weitern Detail-Fragen bleiben meiner nachfolgenden „Dramaturgie" vorbe halten, in welcher ich an Lessing's unsterbliches Meisterwerk anzu knüpfen beabsichtige.

Möge meine Berufung auf Altmeister Lessing von Niemandem mißverstanden werden! Obgleich ich seine unerreichte Feder zum Vorbild wähle, bin ich doch himmelweit von der lächerlichen Einbildung entfernt, daß es mir je gelingen könnte, etwas annähernd Ebenbürtiges zu schaffen. Wenn ich dennoch den kühnen Griff wage, so geschieht es in der Voraus setzung, daß in einer Zeit, in welcher eine nicht geringe Anzahl von Theaterkritikern den geistlosesten Galimathias als Kunst-Evangelium aus posaunt und anpreist, die Vertheidigung der echten Kunst Principien nicht ganz ohne Nutzen sein könne, selbst wenn sich dieser schwierigen Aufgabe eine Feder unterzieht, deren Begabung tief hinter dem genialen Ausleger

des Stagiriten zurückſteht. Die ſeit Leſſing's Tagen ſo vielfach veränderten Theaterverhältniſſe, ſowie der Umſtand, daß er ſeine „Ham-
burgiſche Dramaturgie" nicht beendigen konnte, und daher die
Kunſtfreunde auf ſo manche Frage in ihr keine Antwort finden, rechtfertigen wohl hinlänglich den Verſuch, ſie zu ergänzen.

Wer ſeiner Zeit mein Buch „Die Theater-Kriſis im neuen deutſchen
Reiche" geleſen, dem kann nicht entgehen, daß ich unter dem gegen mich
angeſtrengten Gänſekiel-Gemetzel von 1872 bis 75 Nichts von meinen
äſthetiſchen Fundamental-Sätzen aufgab. Dennoch wird ihn in der hier
folgenden Ausführung jener Skizze Manches überraſchen. Einige der
dort vielleicht allzu kurz gefaßten Fixirungen ſind garſtig mißverſtanden
worden. Der freundliche Leſer wird hier ganz andere Conſequenzen
daraus gefolgert finden, als die ſind, welche eine kurzſichtige oder übel-
wollende Fraction der Tagespreſſe mir zu unterſtellen für paſſend erachtet
hatte. — Bezüglich eines mehr in den Bereich der Legislative als in
den der Aeſthetik gehörenden Vorſchlags, den ich in der „Theater-Kriſis"
im Intereſſe der Emancipation der dramatiſchen Kunſt von der polizei-
lichen Willkür niederlegte, ſei hier kurz bemerkt, daß mein Plaidoyer für
die Aufnahme der Theater unter die öffentlichen Staatsanſtalten auf der
Vorausſetzung fußte, es ſei: 1) Der Reichsregierung das Theater etwas
Höheres und Edleres als à tout prix nur eine Zerſtreuungsſtätte für
den großen gedankloſen Troß; und 2) die Entwickelung des neuen
Reiches ſteuere einer freien Staatsorganiſation entgegen. In der hier
vorliegenden Schrift komme ich auf dieſen Gegenſtand nur ganz flüchtig
(am Schluß im „artiſtiſchen Teſtament des Idealiſten") nochmal zurück, um zu zeigen, wie unfruchtbar eine weitere Urgirung unter
den zur Zeit obwaltenden Verhältniſſen wäre.

Eben dieſelben Gründe, die mich veranlaſſen mußten, den Appell an
eine zur Förderung der dramatiſchen Kunſt beitragende Staatshilfe
ſanguiniſcheren Federn zu überlaſſen, haben mich auch beſtimmt, hier nicht
auf diejenigen Hoftheater zurückzugreifen, mit welchen die „Theater-
Kriſis" ſich namentlich befaßt hatte. Solch ein Rückgriff wäre — wie
ich mich inzwiſchen überzeugte — unfruchtbar, alſo vollſtändig zwecklos.
Daß der Anſtoß zum Heil der dramatiſchen Kunſt, falls es für dieſelbe
ein Heil noch gibt, anderswo geſucht werden muß, darüber herrſcht wohl
zur Zeit faſt bei Niemandem mehr ein Zweifel. Die im deutſchen
Bühnen-Vereinslande vorerſt zur Oberherrſchaft gelangte Dramaturgie

ist ein unqualificirbares laissez-faire. Selbst wo sie noch ihre besten Eigenschaften hervorkehrt, erhebt sie sich höchstens einseitig bis zu einer (leider nur noch den wenigsten Bühnen gelingenden) Verkörperung der Meisterwerke längst verstorbener Dramatiker und markirt dadurch eine zwar verdienstliche und von keiner ästhetischen Bühne zu vernachläffigende, jedoch für den Wiederaufschwung des Bühnenlebens nicht ausreichende Richtung: Ein neuer Messias der dramatischen Kunst, der frisch und mit gesundem Adlerfluge hineingreifen wollte ins buntgestaltige Treiben der Gegenwart, fände bei ihr verschlossene Thore; und sie liebt es, der Innenwelt einer abgeschlossenen Vergangenheit nur die äußere Oberfläche der Jetztzeit gegenüber zu stellen, statt hier ebenfalls wieder aus den innern Tiefen das lautere Gold aus Tageslicht hervorzuzaubern. Folglich hätte eine Dramaturgie, die nicht in leeren Negationen stecken bleiben, sondern zu positiven Resultaten vordringen möchte, jenes „Anderswo" zu anatomisiren.

„Der Fehler liegt nicht an mir, sondern anderswo!" erklärt der Monarch, den seine Hofbühne schwere Summen kostet, ohne Entsprechendes zu leisten.

„Der Fehler liegt nicht an mir, sondern anderswo!" seufzt der Hoftheaterdirector, der Nasen von Oben und Vorwürfe von Unten empfängt, ohne antworten zu dürfen.

„Der Fehler liegt nicht an mir, sondern anderswo!" lamentirt der Privat-Unternehmer, welchem die Kritik schlechten Geschmack zum Vorwurfe macht oder die Cassa-Bilanz umpurzelt.

„Der Fehler liegt nicht an mir, sondern anderswo!" schreit der Schauspieler, dessen Leistung dem Publicum mißfällt.

„Der Fehler liegt nicht an mir, sondern anderswo!" klagt der Dramatiker, der sein Werk entweder mit der Bezeichnung „unbrauchbar" zurückempfängt oder durchfallen sieht.

„Der Fehler liegt nicht an mir, sondern an Euch Allen!" intonirt endlich das ungeduldige Publicum und unterbricht die allgemeine Jere miade durch eine gewaltige Katzenmusik.

Und wer hat Recht? Keiner? Oder bis zu einem gewissen Grade Alle?

Mit dieser Dissonanz schließe ich die Ouverture, und der Vorhang zu dem Spectakelstück „Die Comödie der Irrungen" kann aufrollen.

II.

„Die Comödie der Irrungen", aber nicht von Shakespeare!

Motto: Wir irrende Menschen gleichen solchen,
die in Staubwolken gehen; jeder von
ihnen glaubt, daß um ihn fliege der
dünnste Staub oder gar keiner, nur um
die in einiger Entfernung von ihm sei
er dicht und erstickend; und diese denken
wieder wie er.

Jean Paul (Auswahl aus des
Teufels Papieren, zweite Zusammenkunft)

In einer Residenzstadt — der Name ist vorerst gleich-giltig — hat sich eine Gesellschaft von strebsamen Männern gebildet, welche das rühmliche Ziel verfolgen, über die brennenden Tagesfragen des Theaters Unter-suchungen anzustellen und durch Publication der von ihnen gewonnenen Resultate der Bühne zu nützen. Ich kann mich als den Schriftführer dieser Gesellschaft betrachten und werde bemüht sein, die Sitzungsprotokolle mit stenographischer Pünktlichkeit zu liefern.

Vertreten sind in der Gesellschaft alle Schattirungen des modernen Geschmackes und alle Kunstrichtungen der Theaterleute von Fach. Da ist vor Allem Hermann der Schalk, ein vielbelesener Literator, der sich jedoch darin gefällt, neben den ernsten Kunstrichtern eine Art von Shakespeare'schem Narren als seine Rolle zu wählen. Da sind ferner: Johann der feurige Idealist, Paul der speculative Realist, Heinrich der unverwüstliche Optimist, Max der starre Pessimist, Alfred der wortgewandte Hofbühnen-Chef, Gerson der thatenlustige Impresario und noch eine Reihe Anderer, die ich dem freundlichen Leser vorstellen werde, sobald sie sich zum Worte melden.

Der erste Gesellschaftsabend würfelte durch einen launigen Zufall das Alterspräsidium Hermann dem Schalke zu. Er führte sich in sein Amt mit einer Festrede ein, die ich wörtlich wiedergebe. Sie lautet:

„Geehrte Herren! Mein Alter, welches den Mangel an andern
Ansprüchen auf diesen Präsidentenstuhl mitleidig bedeckt, erlaubt mir von
Altem zu sprechen. So beginne ich denn mit einer vulgären Weisheit,
die ich auf der Straße gefunden hatte, längst ehe Einer von Ihnen
ahnen konnte, daß er nach seiner Geburt berufen sein würde, Ver-
besserungs-Handlangerdienste an einem Institut zu versuchen, von dem
ich finde, daß es eigentlich schon vollkommen bis zur vollständigen Un-
verbesserlichkeit ist. Meine Weisheit besteht in dem Sprichwort: „„Jedem
Narren gefällt seine Kappe."" Warum denn darf, wenn dies Sprichwort
keine Lüge ist, die Bühne der Gegenwart Ihnen mißfallen? Müssen
Sie, wenn wir Alle unsern Verstand in einen Topf zusammen werfen
und daraus ein wahres Herkules-Hirn componiren, — müssen Sie dann
nicht bekennen, daß das heutige Theater, sowie es leibt und lebt, uns
äußerst kleidsam zu Leibe sitzt? Oder worauf können Sie ihren Tadel
stützen? Einige von Ihnen werden sagen: auf den Mangel an Poesie
und idealer Richtung. Ich aber finde, daß die Bühne Ueberfluß an
beidem besitzt. Es kommt nur auf die richtige Definition dieser zwei
Begriffe an. Paul Lindau z. B., an dessen tiefer Gründlichkeit wohl
kein Gelehrter zweifelt, würde Ihnen hier zurufen: „„Poesie und Ideal
sind in ihrer Vereinbarung eine Tautologie, und in ihrer Absonderung ist
jedes die Photographie der Wirklichkeit!"" Falls der geniale Scharfsinn
dieser Entdeckung Ihnen einleuchtet, so werden Sie sich gestehen müssen,
daß der brennende Theaterknoten bereits durchhauen ist, und wir getrost
wieder nach Hause flankiren können. — Meine Herren, wollen Sie von
einem Ideal auf unserm Theater sprechen, so müssen Sie vor Allem das
Ideal unsers realen Lebens feststellen. Worin nun besteht dieses wirkliche
Ideal? Einige behaupten: es gebe gar keines. Andere meinen: es
bestehe im Materialismus! Dabei aber wird das Große über dem
Kleinen garstig übersehen. Beachten Sie wohl, daß man sich allgemein
mit der Schmeichelei beehrt, im reifen und erleuchteten Zeitalter zu
leben. Unser wahrhaftiges Ideal ist ein Krieg mit so vielen Siegen,
als er Schlachten aufzuweisen hatte, oder vielmehr es ist die Anbetung
des daraus entstandenen Triumphzuges, die Anbetung der mit Blut
errungenen Erfolge, also die Verehrung eines Vorkommnisses, das
großen Spectakel machte. Nun, meine Herren! Ergeben sich unsere
Theater etwa nicht ebenfalls in Spectakeln? Sie können mich mit keiner
diplomatischen Antwort abspeisen, denn Ihr sogenannter ästhetischer Kampf

gegen die Spectakelstücke repräsentirt ein undiplomatisches Ja. Und
wirklich, das trifft. Sind wir doch schon so weit, daß die echten Habitués
nicht mehr fragen: „...Welches Theater bringt heute das beste Stück?—"
sondern: „...In welchem Theater gibt es heute den größten Scandal?—"
Ich gebe zu, daß sich für den Scandal noch handgreiflichere Formen
einführen ließen, und daß ein Zukunftstheater denkbar ist, auf welchem
das Ideal mit der Wirklichkeit zum Verwechseln wie zwei Zwillings-
brüder in Eins zusammenfällt! Aber ich will kein Menschenkenner sein,
wenn die Bühne sich nicht schon auf dem besten Wege befindet, ohne
unser Zuthun schließlich diese Amalgamation zu vollziehen, d. h. zu den
Stiergefechten der heißblütigen Spanier oder zu den Gladiatorenkämpfen
der heidnischen Römer zu greifen und sodann ihre höchsten Triumphe
in einer neuen Blüthenperiode auszutoben, in welcher die Mimen entweder mit blutigen Köpfen heimgesendet oder zum Gaudium der Zuschauer kläglich auf dem Kampfplatze zu Tode gemartert werden.
Folglich, meine Herren, trottet der Pegasus am Thespiskarren so char-
mant, daß weder er selbst einen Reformer als Leithammel, noch der
Karren hinter ihm einen gebildeten Hausknecht zum Schmieren der Räder
braucht. — Hiermit erkläre ich die Sitzung für eröffnet. Wer einen
Antrag zu stellen hat, der kann sich nun melden. Nur daß mir keiner
das Kind mit dem Bade ausschütte, indeß er über seinem Privatspleen
die stolze Hoheit der allgemeinen Entwickelung verkennt!—

„Bravo!" nahm Johann der Idealist das Wort. „Vielleicht er-
weist sich die Burleske eines Satirikers fruchtbarer als mein moralischer
Ernst. Ich kann daher vorerst auf die Einbringung meiner Anträge
verzichten."

„Ich habe desto mehr vorzubringen," fiel Max der Pessimist ein.
„Auch ich will mit Altem beginnen und stütze meinen ersten Antrag auf
eine Autorität, die uns wohl noch öfter ein Licht wird anzünden können,
falls Ihnen auf unserer Wanderung Ihre eigenen Lampen erlöschen sollten."

Er zog ein Buch aus seiner Tasche, schlug das erste Kapitel auf und las:

„Der gute Schriftsteller, er sei von welcher Gattung er wolle, wenn er
nicht blos schreibet, seinen Witz, seine Gelehrsamkeit zu zeigen, hat immer die Er-
leuchtetsten und Besten seiner Zeit und seines Landes in Augen, und nur was
diesen gefallen, was diese rühren kann, würdiget er zu schreiben. Selbst der
dramatische, wenn er sich zu dem Pöbel herabläßt, läßt sich nur darum zu ihm
herab, um ihn zu erleuchten und zu bessern, nicht aber ihn in seinen Vorurtheilen, ihn in seiner unedeln Denkungsart zu bestärken."

„Von wem ist das Citat?" fragte Alfred der Hofbühnen-Chef neugierig.

„Aus einem Buche, das so mancher Theaterdirector von heute entweder gar nicht gelesen oder schon wieder vergessen haben muß, wenn er ohne Gewissensbisse sich in seiner Stellung aufrecht erhalten will," antwortete Max und hielt dem Fragenden das Titelblatt des Buches vor.

„Ah, die Hamburgische Dramaturgie!"

Herr Alfred suchte, während er dies sagte, seine Verlegenheit durch ein zierliches Spiel der rechten Hand mit den vier Orden auf seiner Brust zu verbergen und fuhr dann fort:

„Dieser Herr Lessing hat manchmal recht artige Einfälle, aber ich sehe nicht ein, warum sie den heutigen Bühnenvorständen Gewissensbisse bereiten könnten. Sind doch die Stücke, die er verwarf, längst vom Repertoire beseitigt!"

„Um so nöthiger scheint mir, daß die lebenden Dramatiker und Bühnenleiter sich der goldenen Regeln erinnerten, welche unser größter Dramaturg jenen für den Aufbau und diesen für die Auswahl der Theaterstücke hinterließ," erwiderte Max.

„Lessing mag für seine Zeit groß gewesen sein" — warf Herr Alfred ein — „ich will sogar nicht einmal bestreiten, daß seine Schriften noch jetzt literarischen Werth haben; jedoch ihre praktische Brauchbarkeit ist mindestens zweifelhaft geworden. Der gute Alte faselte noch von dem Traum eines höhern Berufes der Bühne: unsere Zeit ist über dies Vorurtheil hinaus, und just wir Bühnenleiter wissen am besten, daß das Theater nur noch eine Unterhaltungsanstalt sein kann. Je seichter die Waare ist, die sie verarbeitet, desto sicherer erreicht sie ihre Zwecke."

„Diesen Irrthum zu beleuchten überlasse ich den Männern, welche von der Bühne überhaupt noch etwas erwarten," replicirte Max. „Was meine Person anlangt, verwahre ich mich nur gegen die Täuschung, daß unter einer gebildeten Nation der Zweck des Theaters je identisch sein könne mit dem Zwecke einer Arena für Kunstreiter oder eines Bärentreibers auf dem Jahrmarkte. Später wird sich wohl eine Gelegenheit finden, darzuthun, daß eine Bühne, welche die leere Unterhaltung sich zum ersten und letzten Ziele stellt und außer ihr keinen höhern Beruf mehr kennt, sehr bald auch die Fähigkeit verlieren muß, das Publicum auf die Dauer genügend unterhalten zu können. Vielleicht wird uns dies sodann zur Erkenntniß des Grundübels der modernen Bühne führen.

Für jetzt möchte ich nicht zu weit vom angeschlagenen Thema abweichen und kehre zu meinem Citat zurück. Unsere heutigen Bühnenschriftsteller thun das Gegentheil von dem, was Lessing ihnen vorschrieb. Sie lassen sich zum Pöbel herab, nicht um ihn zu erleuchten und zu bessern, sondern um ihn in seinen Vorurtheilen, ihn in seiner unedeln Denkungsart zu bestärken. Daher constatire ich einen Hauptgrund der theatralischen Leistungsunfähigkeit in der Verwilderung der heutigen Bühnenliteratur."

„Dagegen erhebe ich den entschiedensten Protest," fiel Johann der Idealist heftig ein. „Es ist grundfalsch, irgend einen Schluß auf die heutige Bühnenliteratur aus Dem zu folgern, was die Bühnenleiter dem Publikum an Novitäten vorzuführen für passend erachten. Nicht unsere moderne Bühnenliteratur, sondern deren Abschaum wird von den Theatern der Gegenwart cultivirt. Der Ausnahmen sind so wenige, daß sie bei Aufstellung der Regel gar nicht in Betracht gezogen werden können.

„Oho!" höhnte Alfred der Hofbühnen-Chef. „Ich will dies Attentat gegen die Gewissenhaftigkeit der Bühnenleiter nicht mit meiner eigenen Wenigkeit zurückweisen. Ich stütze mich auf eine Autorität von lärmenderem Klange. Heinrich Laube hat einmal ausgesprochen, daß heutzutage kein wirkliches Talent der Bühne verloren gehen könne. Und der Mann, der so Vieles, und sogar schon unter den verschiedensten Namen wiederholt sich selbst eingeführt hat, muß das wohl am besten verstehen. Ich weiß zwar nicht, in welcher von seinen Publicationen dieser Satz vorkommt, denn ich selbst lese grundsätzlich keine reformatorischen Theaterschriften, auch die von Herrn Laube nicht. Viel Wissen in dieser Beziehung macht mir verwirrt. Ich meinestheils halte mich rein an die Praxis, und das mit Recht, denn, meine Herren, Sie werden nicht bestreiten wollen, daß gegenüber von Thatsachen jede Theorie verstummen muß. Würden heutzutage bessere Stücke geschrieben, so wären sie auch gegeben. Daher ist der Beweis, daß welche vorhanden seien, ganz unzulässig."

„Mit dieser Logik," sagte Johann stolz, „stäcken wir noch im Bärenfell unserer Urahnen, und es gäbe in Deutschland nicht einmal ein Theater, das Ihnen, Herr Intendant, jetzt doch eine so hübsche Versorgung gewährt! Die von Ihnen gezogene Schlußfolgerung ist gegenüber allen Verbesserungsfragen das stehende Argument der Stabilisten, welche jeden Fortschritt unmöglich machen, weil sie ihn ab initio zum Verbrechen

ſtempeln. Wohl weiß ich, daß in der Bühnenpraxis faſt allgemein nach
Ihrer Logik verfahren wird, und man dort vor lauter Bäumen den
Wald nicht findet. Ich werde mir dennoch oder vielmehr gerade des-
halb erlauben, den Beweis für meine Behauptung anzutreten.-

„Das iſt kühn,“ fuhr jener fort. „Sie wollen der öffentlichen
Meinung trotzen, welche über dieſen Gegenſtand längſt zur Tagesordnung
vorſchritt? Nun wohl! Es liegt in der Natur der Idealiſten, daß ſie
nicht leben können, ohne ſich manchmal lächerlich machen zu müſſen. So
nennen Sie mir denn ein gutes neues Theaterſtück, welches noch nicht
gegeben worden wäre?“

„Ein ganzes Dutzend und noch mehr“ — verſicherte Johann —
„aber nicht heute. Wir ſtehen erſt bei den allgemeinen Vorfragen. Ich
werde Ihrer Neugierde bei Erörterung der Specialia genügen. Für
heute ſtelle ich nur die Behauptung auf, daß ſelbſt der größte deutſche
Dramatiker, Schiller, unſere ſämmtlichen Bühnen verſchloſſen fände,
wenn er erſt heute als Neuling unter uns erſchiene und nicht, zum großen
Aerger ſo vieler Bühnen-Chefs, noch als eine theure Erbſchaft aus dem
vorigen Jahrhundert geduldet werden müßte.“

„Behaupten läßt ſich Alles,“ entgegnete Alfred geringſchätzig. „In-
tereſſanter wäre der Beweis für dieſe extravagante Hyperbel.“

„Den ſollen Sie ſogleich erhalten,“ fuhr Johann fort. „Ich habe
hiezu nur zwei Thatſachen zu conſtatiren, die unwiderlegbar ſind: die
Geiſtesrichtung in Schiller's Dramen und die Tendenz, von welcher
heutigen Tages die Zuläſſigkeit von Theaterſtücken bedingt wird. Ich
will mich kurz faſſen. Schiller kämpfte in ſeinen Dramen, wie in all'
ſeinen Schriften, für den Sieg des Göttlichen in der menſchlichen Natur.
Die heutige Bühne verfolgt Zwecke, welche dem ſtracks entgegen ſtehen.
Entweder will ſie, wie Herr Alfred ſelbſt betont hat, nur noch eine gehaltsleere Spaßmacherin ſein, oder ſie nimmt — was faſt noch ſchlimmer
iſt als der zweideutige Spaß, der blos um des Spaßes willen cultivirt
wird — den Schein höherer Beſtrebungen an, während ſie ſich in
Wahrheit als Fahnenträgerin vorübergehender Tagesſtrömungen verdingt.
Die Bühne letzterer Richtung fragt bei Novitäten nicht mehr: Spielt
ſich in ihnen ein pſychologiſcher Conflict menſchenwürdig ab? Sind die
Charaktere conſequent und lebenswahr gezeichnet? Entſprechen Peripetie und Kataſtrophe dem ariſtoteliſchen Geſetz? Sondern ſie fragt:
Accommodirt ſich der Conflict dem herrſchenden Syſtem? Mit anderen

Worten: dient die Handlung zur Glorification der augenblicklich fungiren-
den Leiter der Staatsmaschine? Würden die Helden, falls sie ihre Handlung unter uns in der prosaischen Wirklichkeit verübten, als loyale Unter-
thanen gelten? Novitäten, deren Charaktere auf diese Fragen ein Nein
zu rechtfertigen scheinen, sind, wenn auch die Peripetie und Katastrophe
mit Donnerstimme den Sieg einer höhern Weltordnung und den, jeden
Frevler vernichtenden, Triumph der Gesetzlichkeit proklamiren, grundsätzlich
von der modernen Bühne ausgeschlossen. Es liegt auf der Hand, daß
man hiemit die Pflege des eigentlichen Drama's, insbesondere des historischen, lebensunfähig gemacht hat, und nur noch die Schöpfung eines
Hofdrama's im Charakter der Periode des vierzehnten Ludwig möglich
geblieben ist. Wo der Dichter die menschlichen Leidenschaften nicht mehr
in ihrer natürlichen Urwüchsigkeit behandeln darf; wo er das Schicksal
seiner Helden, ende es mit Untergang oder mit Sieg, nicht als Wirkung
ihrer eigenen Handlung frei gestalten darf, sondern beiden Zwang anthun muß, da endet der Begriff von dramatischen Meisterwerken, und es
verbleibt nur noch Raum zu charakterflachen, verzeichneten Stümper-
arbeiten. Meine Herren, des Nachweises, daß diese Art Novitäten zu beurtheilen an unsern Hofbühnen fast durchgängig Stil geworden, bin ich
überhoben. Jeder zur Zeit lebende Dramatiker, der je seine Aufgabe
ernst nahm, wird Ihnen aus seiner Correspondenz mit den Intendanzen
die Belege dutzendfach liefern können.*) Folglich hat der Dramatiker
nur die Wahl, entweder kunstwidrige Concessionen zu machen, oder auf
die Ehre der Aufnahme seiner Werke ins Hofbühnen-Repertoire zu verzichten. Höchstens verbleibt ihm noch das Feld socialer Stoffe, und auch
dies in einer conventionell so begrenzten Einschränkung, daß es vielleicht
gerade einem tiefer angelegten poetischen Naturell keine Anregung zu
künstlerischer Production zu gewähren vermag. – Sie werden mir viel-

---

*) Dies Thema fand schon in der „Theater-Krisis" eine eingehende Be-
leuchtung und wird deshalb hier nur flüchtig nochmals berührt. Im weitern Verlaufe der vorliegenden „Gänge" brauchen wir allen Raum zur Klarstellung der
Regeln und Gesetze der dramatischen Kunst. Auf die Fortsetzung des
Kampfes gegen die Verwechselung polizeilicher Willkür und Gewaltacte mit den
ästhetischen Kunstregeln haben wir verzichtet, seit eine lange Reihe traurigster Thatsachen uns die Ueberzeugung aufdrängen mußte, daß ein solcher Kampf vorerst
erfolglos bleibt, und man den Sieg der Aesthetik nur von den wohl unausbleiblichen
Einflüssen und Erfahrungen der Zeit noch hoffen kann.

leicht entgegnen: „...Was schadet ihm das, da die Zahl der Stadttheater und Privatbühnen größer ist als die der Hoftheater? Wenn der Drama- tiker eigensinnig genug denkt, sich in die Vorschriften dieser letzteren nicht zu fügen, so begnüge er sich mit jenen ersteren!"— Meine Herren, ab- gesehen davon, daß die Stadt- und die Privattheater fast durchgängig ein zur Pflege des höhern Drama's ausreichendes Personal nicht besitzen, sind sie schon aus materiellen Gründen auf das niedere Genre ange- wiesen und können fast in der Regel ein Opfer für die Kunst nur dann wagen, wenn es sich um die Aufnahme eines Stückes handelt, welches durch seine Darstellungen an den Hofbühnen bereits einige Berühmtheit erlangt hat und aus diesem Grunde Chancen für ein Cassaresultat ge- währt. Sonach ist der Dramatiker höherer Gattung, der auf die Hof- bühnen verzichten muß, vom heutigen Theater überhaupt so gut wie ausgeschlossen. Aber Sie werden mir vielleicht weiter einwenden: „...Noch steht ihm der Weg des Buchhandels offen. Er lasse seine Werke drucken und schaffe sich dadurch einen Anhang, der ihm den Uebergang auf die Bretter bald erzwingen wird." Meine Herren, Ihnen ist so gut wie mir bekannt, daß bei der Unmasse der alljährlich auf schöngeistigem Ge- biet in den Buchhandel kommenden Novitäten dramatische Producte, die sich nicht schon von den Brettern herab Bahn gebrochen, vom Publicum weder gekauft noch gelesen werden. Und würden sie auch beides, — wie viele Leser fänden sich, welche die Eigenschaft besitzen, über die Bühnenwirksamkeit eines Drama's sich eine feste Meinung bilden zu können, bevor sie mit eigenen Augen eine Vorstellung sahen? Nach meinen Erfahrungen unter Tausenden kaum ein einziger. So vulgär auch die Ansicht ist, daß über Bühnenstücke Jedermann zu urtheilen ver- möge, gehört doch der Scharfblick, welchen die Vorausberechnung des theatralischen Erfolges einer an und für sich guten oder wenigstens geist- reichen, aber noch nirgends dargestellten Novität erfordert, zu den Eigen- schaften, die selbst durch lange Uebung niemals erlangt werden, wenn sie nicht mit der gründlichsten Kenntniß der tiefern dramatischen Gesetze verbunden ist. Ein Dramatiker, welchem der Eintritt in Thaliens Hallen nur auf dem Umwege über den Buchhandel noch in Aussicht steht, wird daher fast in der Regel gut thun, wenn er sich mit der Hoffnung be- gnügt, daß vielleicht durch irgend einen Zufall eine Darstellung nach seinem Tode ihm den Ehrensold ins Grab nachsenden werde. Wie wenige Talente aber sind in der Lage, sich auf diese Hoffnung beschränken lassen zu können? Es würde hiezu für den Dramatiker nicht blos eine bis zum vollständigen Selbstvergessen reichende Bescheiden-heit unerläßlich sein, sondern auch ein ausreichend ergiebiger Besitz von irdischen Glücksgütern, der ihm erlaubte, für seine Person auf jeden materiellen Selbsterwerb verzichten zu können. Soll ich Ihnen noch gründlicher darlegen, daß ein Bühnenschriftsteller, welcher sich nicht frisch und naturwüchsig auf den Brettern entwickeln und fortbilden kann, für seinen Beruf und für die Bühne verloren ist und in der Regel für beide verloren bleibt? — Untersuchen wir nun, wie viel nach der oben ge-schilderten Prüfungsmethode von unserm Schiller Zulässiges für die heutige Bühne übrig bliebe, falls er erst jetzt als ein Neuling in den Vorzimmern unserer Intendanzen um Einlaß bitten müßte. „Die Räuber"? Hinaus mit dem Rebellen Carl, der unsere gesittete Welt-ordnung in ein Chaos zurückschleudern möchte, auf die Gefahr hin, daß sodann zum zweiten Male ein gütiger Schöpfer den Ruf: „Es werde Licht!" erschallen lasse! „Fiesco" und „Tell"? Ins Zuchthaus mit dem starrköpfigen Republikaner Verrina und mit den republikanischen Hirten, die nicht einsehen wollen, daß das einzige Heil in der Welt von der Monarchie kommt! „Cabale und Liebe"? Zum Teufel mit der Verläumdung, daß an den Höfen nicht Alles in paradiesischer Unschuld zugehe! „Don Carlos", „Maria Stuart" und „Braut von Messina"? Einen Strick für den Autor, der von schwarzen Thaten fürstlicher Häuser zu sprechen wagt! „Wallenstein" und „Jung-frau von Orleans"? Auf die Festung mit dem utopischen Schwär-mer, der uns einen kaiserlichen General als Hochverräther vorzuführen und ein Loblied auf das Land der Revanche anzustimmen wagt! — Hiemit wären denn die neun Original-Meisterwerke unsers größten Drama tikers aufs bequemste beseitigt, und auch mit Schiller, dem Bearbeiter aus fremden Sprachen, würde man um so leichter fertig, als zuverlässig irgend ein ordenslustiger Hofdramaturg sich die Entdeckung nicht entgehen ließe, daß das prächtige Diplomatenpärchen Tartaglia und Pantalon in der chinesischen „Turandot" eigentlich eine Satire auf das Cabinet des gnädigsten Herrn sei, und daß es sich überdies für den „Bühnen Verein nicht schicke, dem beleidigenden Verfasser der zwei Abhandlungen „Ueber das gegenwärtige Theater" und „Die Bühne als mora lische Anstalt betrachtet" noch Chancen in der Bretterwelt offen zu halten. — Meine Herren, die Unmöglichkeit, unser modernes Reper

22

toire anders ergänzen zu dürfen als mit conventioneller Waare, deren
Charaktere selbst im sogenannten geschichtlichen Genre sich hübsch an die
übertünchten Sitten des Tages halten müssen und nicht mehr untertauchen
können in die innern Tiefen und Geheimnisse des Labyrinths der menschlichen Seele — diese den Dramatikern bereitete Unmöglichkeit erzeugte
für die Bühne eine lange Reihe weiterer Nachtheile, unter welchen einerseits die Entwicklung des darstellenden Künstlerstandes, andererseits die
Genüsse des Publicums schwere Verkümmerungen zu erleiden haben. Ich
will vorerst nur auf eine einzige hindeuten. Jedes Kunstpersonal wächst
mit der Größe der ihm gestellten Aufgaben und sinkt mit der Kleinheit
derselben. Unsere klassische Literatur bietet, selbst da, wo sie ausnahmsweise noch gepflegt wird, dem Darsteller nur Gelegenheit zur Uebung
der einen von seinen zwei Hauptfähigkeiten, nämlich des Nachahmungs-
triebes. Er spielt hier nach Traditionen. Ein Darsteller des Hamlet
z. B. kann seine Sache leidlich gut machen, ohne je über die Rolle selbstständig nachgedacht haben zu müssen. Er copirt einfach, was er schon
Dutzendmale und in verschiedenen Variationen von seinen Vorgängern
gesehen. Ein Material zur Uebung der selbstständigen Denkkraft fände
er nur in neueren tief angelegten Charakteren, die er noch nicht auf den
Brettern verkörpert sah und über die er noch keine Commentare findet,
die also seine selbstthätige Schöpfer- und Gestaltungskraft in Mitleiden-
schaft zögen und dem unkünstlerischen Nachäffungstriebe keine Nahrung
böten. Da jedoch die für zulässig befundenen Novitäten „höhern Genre's"
weit weniger wirkliche menschliche Charaktere enthalten als vielmehr
Marionetten und Typen ohne psychologische Vertiefung und ohne Consequenz, die, wie Figuren auf dem Schachbrette, nur da sind, um ohne
individuelles Leben der Verwirklichung eines für den gesammten dramatischen Bereich einförmig oktroyirten conventionellen Zweckes zu dienen,
so muß nothwendig auch das darstellende Personal mehr und mehr verflachen und sich endlich einen Schlendrian angewöhnen, der es zur Lösung
höherer Kunstaufgaben unfähig macht. Ja wir sind schon jetzt in dieser
Beziehung so schlimm bestellt, daß ich fast behaupten möchte: Die Zahl
der wahrhaften Bühnenkünstler ist, sofern es sich um Lösung höherer
artistischer Probleme und nicht um bloße Hanswurstiaden handelt, bereits
zu klein, um noch von einer Künstlerschaft sprechen zu können und nicht
weit eher den großen Troß des Schauspieler-Völkchens im schlimmen
Wortsinn als ein Comödiantenthum bezeichnen zu müssen, unter dem nur

einzelne Priester Thaliens als seltene Ausnahmen hervorragen.*) Daher
erkenne ich einen Hauptgrund der unleugbaren Verkommenheit des
modernen Bühnenwesens in dem Maßstabe, welchen unsere Hoftheater-
Chefs sich zur Abgrenzung der Zulässigkeit neuer Bühnenstücke angeeignet
haben. Dieser Maßstab ist nicht blos ein völlig unkünstlerischer, sondern
hebt geradezu den Begriff des Dramatischen auf und macht den Dichtern
die Anwendung der Grundregeln des Aristoteles unmöglich.“

„Ich will“, erwiderte Herr Alfred, „zur Abwehr Ihrer hinkenden Darstellung mich nicht auf meine eigene Hofbühne stützen. Die
Leistungen des Burgtheaters in Wien können Ihnen zeigen, wie
unzutreffend — in solcher Allgemeinheit ausgesprochen — der Vorwurf
ist, daß der Entwickelungsgang der Hofbühnen überhaupt ein den Begriff
des Dramatischen aufhebender, ein unkünstlerischer sei, und daß er den
modernen Dichtern die Anwendungsmöglichkeit der Regeln des Aristoteles
verrammle!“

„Gleiten wir nicht mit einem leeren Wortgefecht über die Sache
hin,“ warf Johann rasch ein. „Die Richtung des Wiener Hofburgtheaters hängt von Triebfedern ab, die nicht ganz unähnlich denjenigen des Théâtre français in Paris sind, zur Zeit als Frankreich noch
einen Hof besaß. Darin liegt ein Zwang, der zugleich ein Schutz ist
gegen die schlimmsten Consequenzen eines einseitigen Systems. Vorerst
sage ich darüber nur dies: Die Principien, welche bezüglich der Reper-
toirewahl dort gelten, dürfen schon deshalb nicht auch für die andern
Bühnen maßgebend sein, weil diese letztern keine Burgtheater, d. h.
weil sie unvermögend sind, mit solchem Repertoire das zu leisten, was
trotz seiner auf einen genau begrenzten Ideenkreis eingezwängten Stück-
wahl das Burgtheater immerhin noch in der Darstellungskunst leistet.
Ich wiederhole also: Gleiten wir nicht mit einem leeren Wortgefecht
über die Sache hin.“

Herr Alfred entgegnete spitzig: „Wenn ich den Sinn dieser oraku-
lösen Verwahrung zu fassen vermag, so geben Sie damit zu, daß die

---

*) Obigen Passus kann kein Theatermitglied übelnehmen, denn jedem steht
es frei, sich zu den rühmlichen Ausnahmen der „Priester Thaliens“ zu zählen.
Wer dennoch den „Comödianten“ auf seine werthe Person beziehen könnte, der
würde dadurch nur verrathen, daß sein eigenes Bewußtsein ihm die ehrendere
Titulatur abspricht.
Johann's Randglosse zum „Protokoll“.

echte Kunstpflege auch in einer andern Richtung möglich wird, als diejenige ist, welche Sie für die einzig richtige halten."

„Das folgt keineswegs aus meiner Verwahrung," warf Johann ein.

„Uebrigens" — fuhr Alfred, ohne auf diesen Einwand zu achten, vornehm fort — „übrigens bin ich ohnehin der Ansicht, Ihr bezüglich des Repertoires erhobener Vorwurf bleibe gegenstandslos, so lange Sie nicht nachgewiesen haben werden, daß wirklich neue Stücke vorhanden sind, durch deren Darstellung eine Metamorphose des Theaters hätte vermieden werden können, die Ihnen ein so großes Unglück dünkt."

„Und ich" — nahm Gerson der Impresario das Wort — „ich entgegne schon jetzt, daß der kühne Redner die Bedeutung der Stadt und Privattheater unterschätzt. Wir sind nicht arm an Versuchen, das höhere Drama ernstlich wieder zu heben. Ich nenne vorerst nur das bedeutendste Unternehmen, nämlich das Stadttheater des Herrn Dr. Laube in Wien."

„Wir werden auf diese Unternehmungen bei den Spezialien kommen," replicirte Johann. „Es wird sich dann zeigen, welches Ziel denselben vorschwebt, und in welcher Richtung sich ihr Einfluß offenbart. *) Bis dahin halte ich an dem Ausspruche fest, daß jene vereinzelten Unternehmungen an der allgemeinen Sachlage nichts ändern."

„In dieser Beziehung stimme ich unserm idealen Freunde bei, selbst wenn er später nur nachzuweisen vermöchte, daß es unter uns unterdrückte Dramatiker giebt, die höheres Streben und wirkliches Talent be

---

*) Um hier neben dem lärmendsten Stadttheater der österreichischen Monarchie auch eines der großen Stadttheater des deutschen Reiches zu nennen, verweise ich auf die soeben (Leipzig 1860) erschienene Schrift: „Geschichte des Leipziger Stadttheaters unter der Direction von Dr. Förster, von Friedrich Rüffer." Diese Schrift aus der Feder eines noch jungen Schriftstellers, der aber durch seinen ehrlichen Kampf gegen das gewissenlose Coterie-Unwesen und gegen die Ueberwucherung des Esprit in der Tagesliteratur sich bereits einen geachteten Namen errungen, entwirft an der Hand der Thatsachen ein lebendiges Bild von der traurigen Verwahrlosung einer Bühne, die in den zwanziger Jahren unsers Jahrhunderts (1817 bis 1828) unter Dr. Theodor von Küstner als wahre Kunstanstalt ersten Ranges geglänzt und selbst unter dem speculativen Robert Wirsing in den fünfziger Jahren noch recht Tüchtiges geleistet hatte. Später (1869 70) unter Dr. Heinrich Laube ins französische, der echt deutschen Geschmacksrichtung der Leipziger nicht zusagende, Fahrwasser hinüber gelenkt, scheint sie unter dem jetzigen Zögling aus der Schule Laube-Dingelstedt vollends vom Regen unter die Traufe gerathen zu sein. Randglosse des Protokoll-Führers.

fitzen," begann jetzt Max der Pessimist wieder. „Darauf, ob diese Dichter schon sogenannte bühnengerechte Dramen geschaffen haben, und man dieselben ohne Weiteres einfach auf die Bretter hätte stellen können, — darauf kommt es hier nicht an, nach dem alten Sprichwort: ultra posse nemo tenetur. Das Poeta nascitur hinkt in seiner Anwendung auf den Dramatiker. Nur die natürliche Fähigkeit ist ihm angeboren. Die Entwickelung dieser Fähigkeit und deren richtigen Gebrauch muß er durch praktische Uebung erst erlernen. Ein Bühnendichter, dessen Werke unaufgeführt bleiben, wird sich nie bis zur Erkenntniß und Vermeidung seiner Irrthümer und Mißgriffe entwickeln können. Ohne Zweifel läge den Bühnen die Pflicht ob, nicht blos das schon zur vollkommenen Ausbildung herangereifte Talent zu pflegen, sondern dem wahren Talent auch die Gelegenheit zu bieten, sich vervollkommnen zu können. Die Darstellung seiner Werke ist des Dramatikers Hochschule, ohne welche selbst das Genie sich die Fertigkeit nie aneignen wird, bühnenpraktische Erzeugnisse zu liefern. Es wäre daher für die Sache genug bewiesen, sobald feststände, daß durch die moderne Bühnenpraxis wahrhafte Talente von der Bühne ausgeschlossen wurden und ihr dadurch verloren gingen. Ich lege das Gewicht nicht auf das, was diese Talente wirklich leisteten, sondern auf das, was sie unter günstigeren Verhältnissen ohne Zweifel geleistet hätten. Stimme ich sonach in dem Wunsche nach einer besseren Bühne vollkommen mit meinem idealen Freunde überein, so kann ich dagegen um so weniger seine Ansicht theilen, daß für den Verfall der Bühne ausschließlich die Chefs verantwortlich zu machen seien. Der Grund des Uebels liegt viel tiefer. Bevor eine Bühne unter uns möglich würde, wie sie unserm Idealisten vorschwebt, müßte in der Welt gar Vieles anders werden. Die Erscheinungen auf dem Theater sind keine Wirkungen primitiver Natur, sondern nur die unvermeidlichen Folgen einer primären Ursache, die abseits der Kunst liegt und schwerlich je durch künstlerische Mittel wird gehoben werden können."

„Der Pessimist Max greift in mein Rollenfach ein," begann jetzt Hermann der Schalk. „Es ist daher Zeit, daß ich von meinem Vorrecht als Präsident Gebrauch mache und mit einem Donnerschlag unter die Debatte hinein fahre. Alles was ich bisher vorbringen hörte, ist nur eine Bestätigung der tiefen Weisheit meiner Antrittsrede und wird den Thespiskarren auch nicht um einen Zollbreit aus seinem eingeschlagenen Geleise nach rechts oder nach links rücken. Will Einer von Ihnen in

Abrede stellen, daß das Theater ein Spiegel der Zeit sein will und sein muß? Wem der Widerschein des Spiegels mißfällt, der greife in sein Inneres hinein und frage: „...Warum starrt mich das Bild aus diesem Glase so garstig an?"" Ich hörte den Tadel aussprechen, daß man im Novitäten-Repertoire tief angelegte Charaktere vermisse, ich hörte von Marionetten ohne individuelle Lebensfähigkeit sprechen! Meine Herren, erblicken Sie nicht auch in der Wirklichkeit mehr Marionetten als Menschen? Werden die Handlungen des großen Trosses der lebenden Generation von innern Ueberzeugungen und von den Rücksichten auf ein höheres Ziel unsers Daseins geleitet oder von den Eingebungen des kleinlichsten Egoismus? Wo sind unter uns die Helden, die sich, außer wenn sie im Krieg zur Schlachtbank geführt werden und der Strammheit des militärischen Commando's nicht ausweichen können, für ein großes Ziel aufopfern möchten? Ich will ein Schuft sein, wenn sich unter uns mehr Tausende solcher Selbstsuchtslosen zusammentrommeln lassen, als die Nation Millionen an Selbstsuchtsreichen zählt. Und wo sich noch eine Ausnahme findet, da stolpert sie gewiß über den Eigennutz ihrer Umgebung, und die Welt ruft unbarmherzig aus: „...Dem utopischen Narren geschah ganz recht, warum hat er nicht zuerst an sich selbst gedacht und sich versorgt!"" In Worten, ja in Worten sind wir alle unübertroffene Helden; jeder von uns trägt in sich den Keim zu einem wahren Falstaff. Wenn es aber gilt, das Wort zur That zu machen, dann guckt auch schon das charakteristische Ehrenzeichen unseres Zeitalters, die Inconsequenz, aus dem durchlöcherten Wamse garstig hervor, und wir verleugnen heute, was wir noch gestern heilig betheuert hatten. Das ist der Muth von Maulhelden, ist eine Tugend, in der uns selbst die Thierwelt tief beschämen muß. Der Tiger, der Panther stürzen sich, selbst ohne Commando, dem überlegenen Feinde entgegen und setzen in der Hitze des Raufhandels ihr Leben ein. Der Löwe, der Elephant verrathen sogar Anlagen zur Uneigennützigkeit und Großmuth. Der Mensch von heute nahm sich den Fuchs zum Vorbild, und wenn ihm die Trauben zu hoch hängen, so nennt er sie sauer, stiehlt sie aber heimlich dem Gärtner noch vom Kelter weg, bevor dieser die Weinpresse in Thätigkeit gesetzt und den Göttertrank für die durstigen Zweifüßler bereitet hat. Meine Herren, Sie tadeln, daß unser Theater sich schon neumodisch genug reformirte, um an Stelle der Satzungen des Aristoteles die Maximen des Fuchses einzuschmuggeln? Ich erkenne just hierin eine meisterhaft vollzogene

Schwenkung. Das große reale Welttheater spielt eben die groteske Riesen-„Comödie der Irrungen" ab, und es verschlägt für das Resultat unserer Untersuchungen nichts, wenn auch — wie einige Optimisten behaupten — diese Riesen-Comödie als das Einleitungs- und Übergangsstück zu einem künftigen besseren Welt-Repertoire betrachtet werden könnte. Wie sollte das ideale Theater auf den Brettern, dies Miniatur-Abbild von jenem, für zeitgemäß finden müssen, schon jetzt die winzige „Tragödie der Erkenntniß" aufs Tapet zu bringen? Nein! Meine Herren, es lebe der harmonische Einklang der Dichtung mit der Wirklichkeit! Es lebe die conventionelle Illusion! Es lebe das auf dem großen und auf dem kleinen Theater stehende Spectakelstück: „„Die Comödie der Irrungen!""

„Nochmal bravo!" replicirte Johann der Idealist. „Man darf den bekannten Ausspruch Talleyrand's über die Sprache nur auf das Licht ausdehnen und sich zu der Voraussetzung bekennen, daß dem Menschen die Sehkraft verliehen sei, um sich eine Binde vor die Augen legen zu können, dann behält der Maulwurf in Fiesco's Erzählung aus dem Thierreiche schließlich immer Recht. Meine Herren, ich stimme gern dem längst landläufig gewordenen Satze bei, daß die Bühne ein Spiegel der Zeit sein sollte. Es wird zunächst darauf ankommen, den richtigen Sinn dieses Satzes festzustellen. Der Vergleich der Bühne mit einem Spiegel hat schon zu garstigen Mißdeutungen Anlaß gegeben. Wie mir scheint, lassen sich zwei Gattungen von Spiegeln denken: Spiegel, in welchen unserm physischen Auge gleichsam mit photographischer Treue unser Aeußeres entgegenschaut; und Spiegel, in welchen unserem geistigen Auge erkennbar wird, wie es in unserem Innern aussehen sollte. Ohne Zweifel hat der Mann, welcher zuerst den Vergleich aufstellte, einen Spiegel letzterer Gattung gemeint, denn der Satz aus seiner Feder lautet vollständig: „„Die Bühne soll ein Spiegel und zugleich ein Vorbild der Zeit sein."" Hätte er dabei an einen Spiegel der ersteren Gattung gedacht, so wäre sein Ausspruch Unsinn, denn ein physischer Spiegel kann nicht zugleich Vorbild sein. Offenbar wollte er sagen: „„Die Bühne halte den Unarten des Zeitalters ein Musterbild der Menschheit vor, in welchem Jedermann sich geistig spiegeln d. h. erkennen kann, wie der Mensch innerlich beschaffen sein sollte; der Dramatiker entnehme jedoch das Ideal des reinen menschlichen Urbildes nicht einer utopischen Welt, sondern stelle es so hin, daß der Zuschauer darin die beabsichtigten

Parallelen mit seiner eigenen Verunstaltung auch richtig auffinden kann!" — Dies vorausgesetzt, habe ich nichts gegen die Ansicht einzuwenden, daß wir in unseren Theatern und außerhalb derselben auf Acteure stoßen, welche uns so eben eine nicht sehr erbauliche „Comödie der Irrungen" vorspielen. Ich hoffe aber, daß die Acteure schon bei der Peripetie angelangt sind, und wir die Freude werden erleben, auch die Katastrophe noch ansehen zu können."

Hiermit schloß die erste Sitzung resultatlos. Sämmtliche Theilnehmer schieden mit der Ueberzeugung, daß die brennende Theaterfrage sehr verschiedene Auffassungen zulasse, und eine praktisch verwerthbare Antwort keineswegs so leicht sei, als vordem einige von ihnen wohl geglaubt haben mochten.

III.

„Collegialisch!"

Motto: Rücksichten sind's, die unsern Blick
berücken.
F. Schlegel.

ie zweite Sitzung begann mit einer stürmischen Scene, veranlaßt durch ein vom Hoftheater-Chef Alfred ein gelaufenes Schreiben, in welchem er sich von der Gesellschaft der Bühnenreformfreunde verabschiedete und die Gründe seines Austritts darlegte.

Alterspräsident Hermann fügte der Vorlesung dieses allgemein überraschenden Einlaufes den Antrag bei: „Meine Herren, da der Absender ausdrücklich den Brief als eine vertrauliche Mittheilung bezeichnet hat, so schlage ich vor, es sei dem Stenographen unseres Schriftführers nicht zu gestatten, eine wörtliche Copie ins Protokoll aufzunehmen."

Ein einstimmiger Ausruf der Mißbilligung war die Antwort auf diesen Antrag.

Der Schalk fuhr fort: „Ich glaube dennoch, daß Sie schließlich beistimmen, wenn ich Ihnen meine Motive mittheile. Zwar sei mir ferne, daran zu erinnern, daß Herr Alfred ein gewaltiger Hofmann ist. Auch bin ich nicht boshaft genug, auf Ihren Mangel an Einfluß hinzudeuten und mich hinter unsern Schiller zu verschanzen, welcher meinte:

> „„Muth zeiget auch der Mameluck,
> Gehorsam ist des Christen Schmuck!""

Aber ich besitze ein weit kräftigeres Argument, dem sich Keiner von Ihnen wird entschlagen wollen, denn es besteht in einem Appell an Ihre Großmuth. Herr Alfred erwies uns in seinem Briefe einen außer-

ordentlichen Dienst — wollen Sie ihm dafür nicht die kleine Gefälligkeit
erweisen, seine Person und seine Leistungen zu ignoriren?"

„Dieser Dienst," fragte Johann der Idealist, „worin bestände er?"

„In Klärung der Sachlage," antwortete der Schalk. „Herr Alfred
nannte sich unfähig, zur Förderung der Bühnenreform in dem von Ihnen
gewünschten Sinne behilflich sein zu können. Die Gründe, mit welchen
er seine Abhaltung bekräftigt, sind unwiderlegbar und allgemeiner Natur.
Was er vorbringt, gilt wohl mehr oder minder von allen Hofbühnen-
Chefs. Dadurch wurden unsere Untersuchungen mit einem kurzen Feder-
zuge weiter gefördert, als sonst in langen Sitzungen vielleicht möglich
geworden wäre. Wie Viele von Ihnen wähnten, auf einen Compromiß
mit den Hoftheatern hinsteuern zu müssen! Jetzt wissen Sie, was das
Resultat solcher vergeblichen Unterhandlungen wäre. Jetzt können Sie
um so ungetheilter die Kunst nach ihren innern Gesetzen ins Auge fassen
und werden minder Gefahr laufen, nur halbe Mittel vorzuschlagen, mit
welchen es der erkrankten Thalia gar leicht ergehen könnte wie dem
Patienten, der unter der Hand des Arztes stirbt, weil der bedächtige
Schüler Aesculap's sich scheute, noch rechtzeitig an ihm einen Kaiser-
schnitt zu wagen. Im Uebrigen erkenne ich in Herrn Alfred's Argumen-
tation nur eine neue Bestätigung der Weisheit meiner Antrittsrede, und
eröffne die Debatte abermals mit dem Sprichwort: „Jedem Narren
gefällt seine Kappe.""

Max der Pessimist entgegnete: „Ich gebe gern zu, daß Herr Alfred
durch seine Weigerung, unsere Bestrebungen zu unterstützen, die Situation
klärte. Wenn Sie aber für die dramatische Kunst Nutzen aus dieser
Klärung ziehen wollen, so werden sie nicht umhin können, die Motive
seiner Weigerung dem Publikum offen vorzulegen. Oder hoffen Sie bei
der Mehrzahl Eindruck von Vorschlägen, in welchen Sie von den Hofbühnen absehen, ohne die Ursachen darzulegen, durch welche man Sie
dazu zwang? Meine Herren, der „Deutsche Bühnen-Verein", an dessen
Spitze die Hoftheater stehen, gilt in der öffentlichen Meinung zur Zeit
noch als eine die Kunst fördernde Institution. Daß er unter seiner dermaligen Leitung — ob wegen seiner büreaukratischen Organisation oder
aus andern Gründen, bleibe dahingestellt — längst eher das Gegentheil
thut oder wenigstens das Gegentheil erzielt, wissen nur die Eingeweihten.
Herr Alfred, welcher zu den rührigsten Mitgliedern jenes Vereines zählt,

schwatzt in seinem Briefe zwar sehr unbedacht aus der Schule, und ich begreife recht wohl, warum er verhindern möchte, daß wir das Gehörte weiter erzählen. Aber ich sehe nicht ein, welche Rücksichten uns dies verbieten dürften, nachdem Herr Alfred selbst sich uns als Widersacher gegenüber gestellt hat. Hüten wir uns, in einen Hauptfehler der Hof= bühnenverwaltungen zu verfallen, in welchen tausenderlei Motive den Ausschlag geben, nur nicht die dem Gedeihen des Theaters zuträglichen! Wollten Sie auch innerhalb unserer Genossenschaft andere Rücksichten vorwalten lassen als die auf das reine Interesse der Kunst, so würde ich Ihnen rathen, unsere dadurch zwecklos gewordene Genossenschaft so= fort wieder aufzulösen und mit Hamlet auszurufen:

> „„Der angebornen Farbe der Entschließung
> Wird des Gedankens Blässe angekränkelt;
> Und Unternehmungen voll Mark und Nachdruck,
> Durch diese Rücksicht aus der Bahn gelenkt,
> Verlieren so der Handlung Namen.““

Im Uebrigen will ich mich nicht minder folgerichtig decken, als unser heitrer Alterspräsident sich gedeckt hat. Alfred's Brief ist nur ein neuer Beleg, daß mein sogenannter Pessimismus den Nagel auf den Kopf traf. Sie werden schließlich viel Klugheit ausgekramt und als Resultat doch nur gefunden haben, daß ich Recht behalte. Die Hofbühnen, welche nicht ängstlich auf das Geld zu sehen haben, wollen sich nicht ändern; und die Privatbühnen sind durch den Mangel an Geld von den Aenderungs= versuchen abgehalten. Aber selbst wenn Sie diese Schwierigkeit über= wunden hätten, würde Ihnen eine andere Hauptschwierigkeit unüber= windlich bleiben. Ich habe schon früher ausgesprochen, daß ich die Ver= irrungen auf dem Theater für keine Wirkungen primitiver Natur, sondern nur für die unvermeidlichen Folgen einer primären Ursache halte, die abseits der Kunst liegt und durch künstlerische Mittel nicht gehoben wer= den kann. Erlauben Sie mir, mich hierüber näher auszudrücken, jedoch ohne Sie für ein Thema engagiren zu wollen, dessen Behandlung außer= halb der Zwecke und Befugnisse unserer Genossenschaft liegt. Die Ver= irrungen der Hofbühnen und der Privattheater, so verschieden sich auch beide äußerlich entwickeln, sind nur die Folgen einer und derselben Ur= sache, die eben in der Nähe eines Hofes anders wirkt als unter den größeren Volksmassen. Das Uebel beider entspringt den socialen Krank= heitserscheinungen des Zeitalters, gegen welche weder ein Aristoteles zu helfen vermag, noch ein Solon vorhanden ist. Die gesammte menschliche Gesellschaft befindet sich in einer Krisis und steht in ihren heiligsten Angelegenheiten dunkeln Räthseln gegenüber, für die noch Niemand die zutreffende Lösung fand. „„Die Zeit ist"" — wie Hamlet sagt — „aus den Fugen"" und leidet zudem an Hamlet's unfruchtbaren Grübeleien. Wären wir darüber hinweg, so hätte sich auch schon die glückliche Beantwortung der Theaterfragen gefunden, die für die Theorie unlösbar bleiben, weil eine wahrhaft gesunde Bühne sich nur aus einem wahrhaft gesunden Zeitalter entwickelt und durch keine theoretischen Combinationen construirt werden kann, sofern die Theorie nicht ebenfalls aus dem realen Leben ihre befruchtenden Keime empfängt. Darum, meine Herren, werden Sie mit all Ihrem Scharfsinn stets nur ein negatives Resultat erzielen und dem Leichenbeschauer gleichen, welcher die eingetretene Verwesung zu constatiren, aber kein neues Leben in den Cadaver hineinzuzaubern vermag. Wenn ich dennoch lebhaften Antheil an Ihren Untersuchungen nehme, so bin ich dabei von der Ansicht geleitet, daß die gründliche Diagnose der Krankheit immerhin eher ein Gewinn als ein Nachtheil für den Patienten sein dürfte. Wer an einer radicalen Heilung verzweifelt, der klammert sich gern an die Hoffnung, daß vielleicht eine Linderung der Schmerzen noch möglich sei."

Es entspann sich nun eine lange und leidenschaftliche Debatte über Herrn Alfred's Verlangen, seinen Brief als eine vertrauliche Eröffnung zu behandeln. Schließlich einigte man sich dahin, daß zwar vom Wort laut seines ausführlichen Schreibens Umgang genommen, dagegen aber die Motive seines Rücktritts summarisch in folgender Fassung dem Protokoll eingefügt werden sollen:

„Der Hofbühnen-Chef Herr Alfred erklärt: Meine weitere Betheiligung an einer reformatorischen Genossenschaft, die schon durch die Thatsache ihrer Existenz einen lauten Tadel gegen die Hofbühnen-Verwaltungen bildet, würde mich in eine fatale Stellung zum Vorstande des deutschen Bühnen-Vereins verwickeln. Dieser alte Verein und Ihre junge Genossenschaft sind für ganz verschiedenartige Zwecke gestiftet worden, und ich halte für unmöglich, daß beide sich je auch nur über die Bedürfnißfrage zu einigen vermöchten. Als Chef einer Hofbühne, die statutenmäßig zum Verein gehört, bin ich den Satzungen desselben verpflichtet oder — um mich bezeichnender auszudrücken — ich darf der allgemeinen Richtung des Vereins nicht entgegen handeln. Meine Verpflichtung ist um so bindender, seit durch die neue Reichsgestaltung unwillkürlich auch die Hofbühnen in eine engere Zusammengehörigkeit gerückt sind und gleichsam nur noch die Filialen eines großen Kunsthauses bilden oder sich wenigstens nicht in principielle Gegensätze zu einander stellen dürfen. Mein Beitritt zu Ihrer Genossenschaft wäre ein principieller Gegensatz zur Handlungsweise meiner Herren Collegen oder könnte doch leicht als ein solcher aufgefaßt werden. Dann aber würde es für den Bühnen-Verein leicht sein, mir in meiner Hofstellung einen Nachfolger zu geben. Und welchen Nutzen hätten Sie, wenn ich, um mich Ihnen gefällig zu erweisen, mein Amt und mein Einkommen aufs Spiel setzte? Sie ständen dennoch schon morgen wieder einem Hoftheater gegenüber, dessen neuer Chef beim Amtsantritt dasselbe thäte, was ich heute thun muß, um nicht mir selbst die Tragödie einer Amtsniederlegung zu bereiten. Hierzu kommt ferner, daß ich, wie Sie aus meinen Aeußerungen in Ihrer ersten Sitzung bereits wissen, — Ihren Plänen weder eine Aussicht noch eine Zeitgemäßheit zugestehen kann. Ja ich muß Ihnen geradezu das Recht absprechen, die Hofbühnen in den Bereich Ihrer Kritik hineinzuziehen zu dürfen. Ein Monarch hat mindestens ebenso gut wie jeder andere Privatmann die Befugniß, sein Hauswesen so zu bestellen, wie ihm beliebt, und sich den externen Tadel zu verbitten. Und gehören etwa die Hoftheater nicht zum eigentlichsten Hauswesen der Monarchen? Gewiß, denn sie existiren größtentheils von deren Gelde. Was das Publicum beisteuert, ist die kleinere Summe. Selbst wenn ich den demokratischen Standpunkt gelten ließe, fiele die Entscheidung darüber, was im Theater für gut oder für schlecht zu erklären sei, dem Monarchen zu, weil er die größte Beisteuer leistet und dadurch alle andern Stimmen überwiegt. Also ist der beste Hofbühnen-Chef stets der, welcher seinem Brodherrn genügt und jeden Tadel von anderer Seite zu ignoriren versteht. Sollte ich gegen meine Ueberzeugung einen Schritt thun, der mich mit Recht als unfähig für mein Amt erscheinen ließe? Und wer würde mich entschädigen, wenn ich der Thor wäre, ihn dennoch zu thun? Ohne Zweifel Sie nicht, meine Herren! Folglich stellten Sie an mich eine Zumuthung, für die Sie keine Gegenleistung zu bieten haben. Schon dies entschuldigt nicht blos, sondern rechtfertigt sogar meinen Korb. Bauen Sie für Ihre Privatgelüste Ihr eigenes Theater, oder Theater so viele Sie wollen, falls Sie der Teufel plagt, erst durch Schaden klug werden zu können. Die Reichsgesetzgebung öffnete Ihnen hierzu hochherzig Thür und Thor.

Ich denke, die beste Rechtfertigung für den Standpunkt der Hofbühnen liegt just darin, daß die Privattheater dennoch nichts Ordentliches leisten, und man nach wie vor die Hofbühnen besuchen muß, wenn man etwas wahrhaft Nobles sehen will. Daher scheide ich von Ihnen mit dem Zuruf: Reformiren Sie auf dem Papier, so lang die Buchdruckerschwärze Ihnen nicht ausgeht! Nur mein Hoftheater und — wenn ich bitten darf — auch meine Herren Collegen lassen Sie beim Veitstanz in Ihrem utopischen Kunststaate gefälligst aus dem Spiele!" *)

„Hat Jemand eine Einwendung gegen dies Excerpt zu machen, oder

---

*) Obige Schilderung, — obgleich ihr selbstverständlich eine fingirte Handlung zu Grunde gelegt wurde und auch der Name Alfred nur als ein, nicht auf eine bestimmte Persönlichkeit hindeutendes Collectivum aufzufassen ist, — gibt dennoch dem freundlichen Leser ein treues Bild der innerhalb des „deutschen Bühnen-Vereins" vorherrschenden Grundsätze und Stimmungen im Jahre 1872. Zur Vervollständigung der Skizze füge ich bei, daß es auch hier heißt: Nulla regula sine exceptione. So kann ich z. B. versichern, daß bei der Jahresversammlung zu Cassel am 11. Novbr. des genannten Jahres das schon oben in der „Ouverture" charakterisirte, so hoch collegialische, die Grenzen der Competenz des Vereins verletzende Votum nur mit Mühe einer offenen Opposition innerhalb der Versammlung selbst entrann. Auch haben seither wohl noch mehrere Mitglieder aus so mancherlei inzwischen eingetretenen Theaterereignissen die Ueberzeugung zu gewinnen vermocht, daß durch ihre Parteistellung an dem eben erwähnten Versammlungstage in Cassel kein Kunst-Interesse gewahrt worden ist. Die seit sieben Jahren mit jeder Saison bedenklicher zu Tage tretende Abmagerung des Noritäten-Repertoires, sowie einige andere Theater-Calamitäten waren wohl vermögend, ihnen im Stillen nochmal die Frage vorzulegen, ob es damals nicht sachlicher gewesen wäre, die Vorschläge des Verfassers der „Theater-Krisis" objectiv ruhig zu würdigen oder wenigstens darüber zu schweigen, statt so ganz und gar oberflächlich ins Blaue hinein gegen den Autor zu demonstriren und dadurch die Ersten zu werden, welche dem bald nachher und in Anknüpfung hieran begonnenen Zeitungsscandal (vgl. oben Seite 5 bis 9) vorübergehend den Schein der Berechtigung verliehen. Der Verfasser publicirt daher seine vorliegenden Gänge in der Voraussetzung, daß er jetzt selbst unter den Mitgliedern des „Bühnen-Vereins" Leser finden werde, die, wenn sie ihm auch nicht als Freunde entgegen kommen mögen, mindestens seinem Eifer für die gute Sache der dramatischen Kunst, seiner offenherzigen Ehrlichkeit und Fachkenntniß fortan Gerechtigkeit widerfahren lassen werden. Ja er glaubt sogar zu wissen, daß sich darunter auch einige befinden, die ihm von ganzem Herzen beistimmen. Mögen diese den Muth besitzen, ihre Ueberzeugung offen zu vertreten und thatkräftige Vorkämpfer zu werden für eine kunstfördernde Reorganisation des allzu büreaukratischen Vereins. Niemand könnte sich mehr freuen als der Verfasser selbst, wenn dadurch die am Schluß der vorliegenden Gänge niedergelegte Anregung in einer nicht allzu fernen Zukunft überholt würde: denn er selbst beklagt tief, daß der von ihm zur endlichen Ueberwindung der Theater-Calamität Cap. XI. im „artistischen Testamente des Idea

finden Alle, daß der Sinn der Alfred'schen Erklärung correct gegeben ist?" fragte der Präsident.

Niemand meldete sich zum Worte.

listen" niedergelegte Vorschlag — so wenig auch vorerst ein anderer ausführbar erscheint — nothgedrungen die wahren Kunstfreunde auf einen weiten Umweg verweisen mußte, während es doch in der Macht des „Bühnen Vereins" läge, das sinkende Theater auf einem viel kürzeren und dornbefreiteren Pfade wieder zu dem ihm gebührenden Range zu erheben.

IV.

Das erste Bedürfniß.

Motto: In jedem edeln Herzen brennt ein
ewiger Durst nach einem edlern, im
schönen nach einem schönern; es will
das Ideal außer sich in körperlicher
Gegenwart mit verklärtem oder an=
genommenem Leibe erblicken, um es
leichter zu erstreben, weil der hohe
Mensch nur an einem hohen reift,
wie man Diamanten nur an Diaman
ten glänzend macht.
Jean Paul (Titan, I. Band).

»Nun denn," fuhr nach einer Pause der Präsident fort, — „so können wir zum Gegenstand der Tagesordnung, nämlich zu der Frage über das erste Bedürfniß der Bühne übergehen. Der hierüber aufgestellte Satz lautet: „„Das erste Bedürfniß jeder Bühne ist die richtige, d. h. die stilvolle Wahl des Repertoires."" Ich ertheile dem Herrn Antragsteller das Wort, um uns jetzt diesen Satz näher zu er= klären und zu begründen.“

Johann der Idealist erhob sich und begann: „Ich habe zunächst einige Bemerkungen über die Ausdrücke „„Idealismus"" und „„Realis= mus"" voranzusenden. Bekanntlich sind dies zwei der Philosophie ent= nommene Fachwörter und bezeichnen dort zwei verschiedene Systeme, welche sich nicht blos in ihren Voraussetzungen über die Natur des Alls und über das Wesen der Psyche, sondern auch in ihren Resultaten sehr von einander unterscheiden. Hier will ich nicht von den philo= sophischen Systemen sprechen, sondern nur von der Bedeutung, welche die zwei Worte als technische Kunstausdrücke in der Praxis erlangt haben. Die Bezeichnung „„Idealist"" sank heutzutage fast zu einem Spottnamen herab, und ich thue denjenigen Schöngeistern, welche hierin Stoff zu ihren wohlfeilen Witzeleien finden, wohl nicht Unrecht, wenn ich behaupte, daß die Wenigsten von ihnen sich je um den wahren Sinn des technischen Ausdrucks gekümmert haben. Sie halten die Idealisten für Leute, welche nach etwas Chimärischem, nach etwas Utopischem ringen. Sie verwechseln also den Idealismus mit dessen Verirrungen, d. h. mit der Phantasterei oder Träumerei, und man kann diese Gattung von unwissenden Kritikastern, so breit sie sich auch für den Augenblick in unserer materiellen Tagespresse zu machen verstehen, füglich sich selbst überlassen. Ein Idealist ist ein Künstler, der nach Verwirklichung des Ideals ringt; und unter einem Ideale versteht man im engeren künstlerischen Sinne des Wortes einen Gegenstand, der einem Vorbilde oder Musterbilde vollkommen entspricht. Idealisiren heißt: ein Wirkliches nach einer Regel der Vollkommenheit behandeln. Folglich erscheint im Reiche der Kunst der echte Idealismus gleichsam als der veredelte Zwillingsbruder des Realismus; beide sind von einander unzertrennlich und so sehr in Eins verschmolzen, daß der erstere um so lebenswahrer gezeichnet sein wird, je lebensfähiger der letztere darin noch erkennbar bleibt. Wenigstens ist dies bestimmt bei der dramatischen Production der Fall, von welcher Lessing's goldene Regel gilt:

> Kunst und Natur
> Sei auf der Bühne Eines nur;
> Wenn Kunst sich in Natur verwandelt,
> Dann hat Natur mit Kunst gehandelt.

Der dramatische Künstler — wirke er als Dichter oder als Darsteller — wird uns das echte Ideal um so ergreifender verkörpert haben, je mehr seine Leistung der Kritik Anlaß zu Untersuchungen liefert, ob sie ihn als Idealisten oder als Realisten zu registriren habe. Ein Blick auf die Heroen der dramatischen Kunst wird Ihnen klar machen, was ich hiermit nur ganz allgemein andeuten wollte. Man hat z. B. in der Kritik schon viel darüber gestritten, ob Shakespeare und Goethe den Idealisten oder Realisten beizuzählen seien. Forschen Sie den Anlässen dieses Streites bis auf den letzten Grund nach, so werden Sie entdecken, daß er in dem Hauptvorzuge dieser zwei Genie's, nämlich in ihrer unübertroffenen Individualisirung der dramatischen Charaktere liegt. Schiller blieb den Idealisten als unbestrittenes Eigenthum überlassen; bei ihm tritt die individualisirende Charakterzeichnung zu Gunsten der Moral im philosophischen Sinne dieses Wortes mehr in den Hintergrund, die Verschmelzung der idealen und der realen Elemente zu einer künstlerischen

Einheit ist bei ihm nicht in der Vollendung durchgeführt wie bei den zwei erstgenannten Geistesheroen. Shakespeare und Goethe wollten zunächst nur Künstler sein und haben, weil sie sich auf diesen Zweck zu beschränken wußten, in ihrem Fach den höchsten Grad der Vollendung erklommen. Schiller ist Volkslehrer, ihm ist die Kunst zugleich mehr auch das Mittel zum Zweck als ausschließlicher Selbstzweck, obgleich sein Riesengeist ihn glücklich über die Klippe hinwegtrug, an der bei solcher Auffassung des Kunstbegriffes jeder minder Befähigte unrettbar gescheitert wäre. Dennoch entstand aus dieser Auffassung eine Färbung seiner Meisterwerke, die, je nachdem man sich auf einen Standpunkt der Betrachtung stellt, für eine heroische Tugend oder für eine liebenswürdige Menschlichkeit erklärt werden kann. Der philosophische Moralist wird geneigt sein, sich der ersteren Ansicht anzuschließen; der harmlose Künstler wird der zweiten Ansicht zuneigen; und der dramatische Kunstrichter kann nicht umhin, diesem letztern beizustimmen, denn: unter der Bevorzugung des doctrinären Elementes muß stets die dramatische Charakter-Individualisirung leiden, mit der sich Schiller nur durch sein Riesen-Genie abzufinden wußte. Das blinde Nachäffen seiner Richtung hat uns mit einer Unmasse von Leistungen beschcert, die man am treffendsten mit des Meisters eigenen Worten kennzeichnen könnte:

> Wie er räuspert und wie er spuckt,
> Das habt ihr ihm glücklich abgeguckt;
> Aber sein Genie, ich meine, sein Geist
> Sich nicht auf der Wachtparade weis't.

Aber ebendasjelbe gilt auch von den blinden Nachahmern Shakespeare's. Die Epigonen, die blind in Schiller's Pfaden umhertappten, verirrten sich, indeß sie an seinem Ideale festhalten wollten, in schwärmerische Phantastereien; die Epigonen, die blind Shakespeare's Stil zum Vorbild wählten, gingen, während sie seinen Realismus zu treffen wähnten, in poesielosem Sande unter. Im Reiche der Kunst gelangt man eben durch jede bloße Nachäffung nur in die Arbeitsstätte eines Handwerkers und nicht in das Atelier des Künstlers. Es ist das Geheimniß der echten Kunst, daß sie ewig unnachahmbar bleibt, d. h. daß der Künstler die richtigen Gesetze für die ihm obliegende Verschmelzung des Idealen und des Realen in seinem eigenen Genie aufsuchen muß und sie nicht von etwas außer ihm Liegendem adoptiren kann, und wären es auch die Werke des vollendetsten Meisters. Die Zeit, in der er lebt, liefert ihm für Beide nur den Rohstoff. Die Art, aus diesem Rohstoffe ein Kunstbild zu formen, bleibt seine Sache, und er wird die Behandlung um so weniger einem frühern Meister blindlings entlehnen dürfen, als jenem frühern Meister ein anderer Rohstoff vorlag, dessen künstlerische Behandlung an Voraussetzungen geknüpft war, die für ihn selbst längst andere geworden sind. — Meine Herren, erlauben Sie mir, die Parallele zwischen Shakespeare und Goethe einerseits und zwischen Schiller andrerseits noch durch eine weitere Bemerkung zu vervollständigen. Shakespeare und Goethe sind zwar zunächst die genialsten Repräsentanten der Geistesrichtung ihrer zwei Nationen, sie sind aber zugleich auch — weil in ihnen das rein künstlerische Element vorwaltet — hervorragende Repräsentanten der Weltliteratur: ihre Werke werden überall, wo ein wirkliches Kunstverständniß schon Platz griff, nach ihrem vollen Werthe erkannt und gewürdigt. Schiller ist κατ᾽ ἐξοχην der Träger unserer deutschnationalen Geiseseigenthümlichkeiten, kann aber — weil bei ihm die philosophirende Moral mit dem rein künstlerischen Elemente rivalisirt — nur von einem deutschen Gemüth nach seinem vollen Werthe erfaßt werden. Sein Einfluß auf die Entwickelung seiner Nation überragt weit den Einfluß Goethe's und Shakespeare's und steht auf einer fast aus Wunderbare grenzenden Höhe, während er unter fremden Nationen hinter dem Einflusse Shakespeare's und Goethe's zurückgeblieben ist und stets zurückbleiben wird. Meine Herren, Sie fragen hier vielleicht, was mit dieser Parallele denn eigentlich zur Sache gesagt sein soll? Ich antworte Ihnen: für den Stümper in der dramatischen Kunst Nichts, für das Genie Alles! Es wird den Wink nicht mißverstehen, der hierin für die künstlerische Behandlung des RealIdealen enthalten zu sein scheint; es wird hierin vielleicht sogar die Spur zur Auffindung eines Gesetzes für die ebenmäßige Verschmelzung des Idealen und des Realen entdecken und sich des kosmopolitischen wie des nationalen Einflusses der Kunst in gleich hohem Grade bemächtigen lernen. Weder Shakespeare noch Goethe noch Schiller würden, wenn sie heute unter uns lebten, ganz so schreiben, wie sie zu ihrer Zeit geschrieben haben. Jeder Künstler und Dichter, selbst der genialste, ist ein Kind seiner Zeit, und je getreuer er den wahrhaften Ausdruck seiner Zeit repräsentirt, desto vollendeter wird er als Dichter und Künstler dastehen, desto unsterblicher wird er in seinen Werken fortleben. Nur darf er nicht jede Schaumblase auf der Oberfläche des ihn umwogenden Lebens für die echte Signatur des

Zeitalters halten, sondern muß den Rohstoff für seine künstlerischen Ge=
bilde aus den innern Tiefen der besten Gemüther seines Jahrhunderts
aufzufinden wissen. Schon Schiller, den hohen Ernst seiner eigenen
Mission verkündend, schrieb sehr zutreffend:

> Der Künstler ist zwar der Sohn seiner Zeit, aber schlimm für ihn, wenn er
> zugleich ihr Zögling oder gar ihr Günstling ist. Eine wohlthätige Gottheit
> reiße den Säugling bei Zeiten von seiner Mutter Brust, nähre ihn mit der Milch
> eines besseren Alters und lasse ihn unter einem griechischen Himmel zur Mündig=
> keit reifen. Wenn er dann Mann geworden ist, so kehre er, eine fremde Gestalt,
> in sein Jahrhundert zurück, aber nicht, um es mit seiner Erscheinung zu er=
> freuen, sondern furchtbar wie Agamemnon's Sohn, um es zu reinigen. Den
> Stoff zwar wird er von der Gegenwart nehmen, aber die Form von einer edlern
> Zeit, ja jenseits aller Zeit, von der absoluten, unwandelbaren Einheit seines
> Wesens entlehnen. Hier, aus dem reinen Aether seiner dämonischen Natur,
> rinnt die Quelle der Schönheit herab, unangetastet von der Verderbniß der Ge=
> schlechter und Zeiten, welche tief unter ihr in trüben Strudeln sich wälzen.
> Seinen Stoff kann die Laune entehren, wie sie ihn geadelt hat, aber die keusche
> Form ist ihrem Wechsel entzogen.

Meine Herren, ehe ich mich direkt dem von mir aufgestellten Satze
über die Nothwendigkeit eines stilvoll ästhetischen Repertoires als des
ersten Theaterbedürfnisses zuwenden kann, habe ich noch flüchtig eine
allgemeine Zeiterscheinung zu berühren, von der man behauptet, daß sie
ein stilloses und unästhetisches Theater nothwendig mache. Sie werden
schon, bevor ich das Wort ausspreche, errathen haben, daß ich den im
socialen Leben grassirenden Materialismus zu streifen gedenke. Sind wir
denn wirklich so materiell, wie die Tagespresse uns glauben machen will?
Viele von Ihnen, vielleicht Sie Alle werden mir zurufen: ja. Steht es doch
täglich so in den Zeitungen zu lesen! giebt es doch eine ganze Klasse von
Publicisten, die auf diesem Worte, als auf ihrem Steckenpferde, reiten
und wunders welche Genialität dokumentirt zu haben glauben, wenn sie
in allen Tonarten den Ausspruch variiren, daß die materielle Richtung
der heutigen Generation jedes idealere Ringen im Reiche der Kunst als
Danaidenarbeit oder gar als Unsinn erscheinen lasse. Meine Herren,
diese Gattung von Weisheit scheint mir bereits so spottbillig geworden
zu sein, daß jeder Schuljunge sie nachplappern kann. Wäre den Blinden
damit nur auch schon der Staar gestochen oder wenigstens die Diagnose
gestellt! Zwar will ich durchaus nicht leugnen, daß im Handel und Ver=
kehr, ja in allen Zweigen des socialen Lebens ein erschreckend krasser

Materialismus sich bemerklich macht, daß gar viele unserer Mitbürger das goldene Kalb als ihren Abgott verehren und außer ihm nichts Höheres mehr zu kennen scheinen. Dennoch werfe ich die Frage auf: Bildet diese Gattung von Leuten wirklich die Signatur unserer Zeit, oder kann sie denjenigen krankhaften Auswüchsen beigezählt werden, welche durch eine edlere, noch weit tiefer und breiter dahinbrausende Strömung paralysirt werden? Wie mir scheint, verlohnt es sich wohl der Mühe, zu untersuchen, ob man nicht gerade hier die häßlichste Schaumblase mit dem edlern Gehalte des Jahrhunderts verwechsele! Der Anzeichen, daß eine solche Verwechselung vorliege, giebt es gar viele. Ich nenne vor Allem den großen Krieg von 1870, der neben der Erklärung, welche wir aus dem Munde unsers pikanten Satirikers vernahmen, auch noch eine andere Deutung zuläßt. War das von Seiten der deutschen Nation ein Krieg um kleinliche dynastische Interessen oder ein Kampf um Wahrung der höchsten Güter der Menschheit? Kann der in der Weltgeschichte unerhörte Triumphzug von Sieg zu Sieg für den Erfolg einer Soldateska gehalten werden, oder ist er die Frucht eines Heldenvolkes, das sein Alles eingesetzt hatte für seine eigene Freiheit und für die Civilisation der Welt? Dieser Einsatz verlöre nichts von seinem moralischen Werthe, selbst wenn man 1880 befürchten müßte, daß das neugegründete Reich die 1870 gehegten stolzen Hoffnungen nicht erfüllen werde. Dann schwände nur der Nimbus um die Häupter der intellectuellen Reichslenker, und das Volk erschiene — wie schon so oft in der Weltgeschichte — als der getäuschte Theil, obgleich man ihm den Vorwurf nicht ersparen könnte, daß es selbst durch allzu sanguinische Vertrauensseligkeit, beziehungsweise durch allzu kurzsichtige Auswahl seiner eigenen parlamentarischen Vertreter zu dieser Täuschung unwissend mit beigetragen hätte. Seine 1870 für die eigene Freiheit und für die Civilisation der Welt gebrachten Opfer wären dann, zwar nicht die Signatur der politischen Lage des Augenblickes, wohl aber die Signatur dessen, was die Volksstämme des Reiches als ihr politisches Ideal betrachten und wofür sie im rechten Moment nochmal ihr Alles einsetzen werden. Meine Herren, man würde das ganze Geschlecht verleumden, wenn man behaupten wollte, daß Nationen, die solcher Thaten fähig sind, unrettbar vor dem Abgrund des materialistischen Bankerotts angelangt sein könnten. Mögen auch Millionen unter ihnen am Goldteufel kränkeln, dennoch sage ich: die überwiegende Mehrzahl ist kerngesund. Man beurtheile den Charakter der Zeit nach dem, was sie

Geistiges erzeugt, und nicht einseitig blos nach ihren materiellen Extra-
vaganzen. Wer, aus Furcht vor diesen, jenes gänzlich übersieht, der
läuft Gefahr, aus einem Schattenriß den Schluß zu ziehen, daß der In-
haber des abgebildeten Profils nothwendig ein Mohr sein müsse, weil
die Silhouette schwarz ist. Sehen wir nicht in allen Bereichen der menschlichen Erkenntnisse und Fertigkeiten gerade jetzt unter uns Werke reifen,
die sich würdig den höchsten Kunstschöpfungen der blühendsten und frucht-
barsten Jahrhunderte anreihen, ja in ihrer Gesammtheit vielleicht die
Leistungen der vorangegangenen Jahrtausende weit überragen? Meine
Herren, hüten Sie sich, für die Beurtheilung der realen Wirklichkeit einen
Maßstab zu wählen, der nur für die Abgrenzung einer idealen Ideen-
Welt geschaffen ist! Verfallen Sie nicht in den frivolen Irrthum des
Esprit, welcher der realen Welt alle Empfänglichkeit für die idealen Geistesschätze abspricht, weil die reale Welt sich nicht nach idealen Gesetzen entwickelt! Unter allen schädlichen Thorheiten ist die schädlichste die: am
Guten zu verzweifeln, weil man nicht das Beste schon verwirklicht sieht.
Selbst Athen im Zeitalter der höchsten Blüthe der Kunst besaß seinen
kunstfeindlichen Pöbel. Die ganze Vergangenheit hat ihn besessen und
alle Zukunft wird ihn besitzen. Auch wir sind nicht arm daran, und es
darf Niemanden befremden, daß er nicht blos auf den Straßen zu finden
ist. Zu allen Zeiten wußte er auch in den Palästen sich eine Heimstätte
zu sichern, aber zur Signatur der Zeit konnte er von jeher nur in anar-
chischen Perioden erstarken. Meine Herren, wenn es fast den Anschein
hat, daß er dem modernen Theater die Signatur zu geben vermochte,
so scheint dies eben nur anzudeuten, daß die Bühnenzustände anarchisch
geworden sein müssen. Ich verstehe hierunter nicht etwa den Mangel
an einer gewissen polizeimäßigen Ordnung, für welche der „„Deutsche
Bühnen-Verein"" reichlich sorgt. Die Merkmale der Anarchie sind in der
völligen Verwahrlosung der ästhetischen Satzungen und in einem Arrangement zu erkennen, durch welches die letzteren Satzungen fast bis zur vollsten Wirkungslosigkeit entkräftet werden mußten. Auf unsern modernen
Brettern ist die Hauptsache längst zu einer Nebensächlichkeit herabgedrückt,
und die Nebensächlichkeit zur Hauptsache erhoben. Was ich hiermit sagen
will, werde ich sogleich eingehend erörtern. Ich habe vorher nur noch
die Frage aufzuwerfen: Ist es begründet, daß die materielle Zeitströmung dem idealern Aufschwunge unsere Theater unübersteigliche
Hindernisse entgegenthürmte? Meine Antwort lautet: Nein. Just aus

45

dem schroffen Gegensatze der realen Entwicklung zu den Gesetzen der
idealen Kunst ergiebt sich als Pflicht für die Bühne eine wesentliche Steigerung ihrer Leistungsfähigkeit und zugleich als Gewinn eine wesentliche Vermehrung ihrer Wirksamkeit, sobald nur sie selbst sich zeitgemäß
zu organisiren versteht. Ich will letzteres nicht durch theoretische Sätze
beweisen, die man vielleicht bestreiten möchte und mir schon oft bestritten
hat. Ich halte mich rein an Erfahrungen, die von Jedermann gekannt
sind. Zunächst deute ich beispielsweise auf die Meininger hin. Die
Theatertruppe des kunstliebenden Herzogs Georg von Meiningen verfügt über eine Einnahmequelle, die nur eine winzige Kleinigkeit genannt
werden kann im Vergleiche zu den Hunderttausenden, die unsern Hoftheatern ersten Ranges alljährlich zur Disposition stehen. Sie strebt aber
ernstlich, das Theater in einer der Bildungsstufe des Zeitalters entgegen
kommenden Weise umzugestalten, wenn auch mit Bedauern wahrzunehmen
ist, daß sie nur einseitig reformirt; daß sie — wie unlängst ein scharf-
sinniger Wiener Kritiker, Herr Dr. L. Sp.*) sehr treffend hervorhob —
„„die Bezeichnung Schauspiel zu sehr beim Wort nimmt""; daß sie die
Dichtung allzusehr „„für das Auge ausbeutet"", und in ihren Darstellungen
das „„Ohr sein Recht"" nicht empfängt; daß sie — mit andern Worten —
den Mangel an ausreichend guten Schauspielern durch die Pracht der
Ausstattung deckt. Jedoch besitzt ihre Comparserie eine unvergleichliche
Abrundung, die sie wohl befähigt, in Stücken von märchenhaftem Inhalt
und in solchen, welche die Massen gleichsam zum Haupt-Acteur haben,
wirklich Bedeutendes bieten zu können. Diese Truppe kommt nach Berlin,
erregt mit ihren Leistungen in der neuen Reichshauptstadt eine fast unerhörte Sensation, und Herr von Hülsen dürfte sich vor Scham nach
Buxtehude zum Meerrettigbau versetzen lassen, weil er mit all den im
Laufe der Jahre an seine sogenannte Reform des Theaters verschwen-
deten Millionen nicht einmal mit den kleinen Meiningern zu rivalisiren
vermag. Diese Truppe producirt sich in der durch hohe Genüsse ver-
wöhnten Kaiserstadt an der Donau, sieht zwar dort ihre Acteure und
Actricen, einzeln betrachtet, gegenüber dem Hofburgtheater Personal
abfallen, erntet aber dennoch im Ganzen rasenden Beifall, erzielt selbst
bei einem zweiten Besuch (November 1879) wieder überfüllte Häuser, und
die Wiener rufen einstimmig: „„An den kleinen Meiningern können

*) In der „Neuen Freien Presse" vom 13. Novbr. 1879.

unjere Theater noch etwas lernen. — Diese Truppe zählt auf ihren Gaſt-
reiſen hohen Pacht und macht überall glänzende Geſchäfte, während neben
ihr andere Theater ohne Pacht bankerott werden. Und das Geheimniß ihrer
Erfolge? Es liegt in einer Eigenſchaft, die bei den meiſten andern Theatern
kaum mehr dem Namen nach bekannt iſt: Die Meininger bieten, wenn auch
nur in ihrer ſtummen Part, ſtilvolle Leiſtungen und geben uns dadurch
mit dem Zaunpfahl einen Wink, worin das Alpha und Omega aller
Bühnenkunſt beſtehe: Vermöchten ſie dem Ohr ebenſo gut zu genügen
wie dem Auge, und wüßten ſie das richtige Ebenmaß für beide zu treffen,
ſo beſäßen ſie ein wirkliches Enſemble und würden damit noch weit
größere Triumphe feiern. — Meine Herren, wenn ſogar die einſeitige
Beachtung der dramaturgiſchen Kunſtprincipien ſchon einer beſcheidenen
Truppe, die nothgedrungen auf den Beſitz ungewöhnlich hervorragender
Mimen verzichten muß, ſolche Erfolge zu ſichern vermag, werden Sie
dann an dem Schluſſe feſthalten können, daß die ſo reich dotirten größeren
Hofbühnen durch die Zeitrichtung genöthigt ſeien, ihre Erfolge in einer
Mißachtung jener Principien anzuſtreben? Und ſind es etwa nur die
Meininger, die trotz ihrer Einſeitigkeit uns einen unzweideutigen Wink
geben? Strömt nicht in Theatern, welche das Publicum jahraus jahrein
mit zwitterhaften Producten niedrigſten Genre's abzuſpeiſen pflegen, die
größere Menge ſelbſt bei Aufführung claſſiſcher Meiſterwerke der Caſſa
zu, ſobald eine Gewißheit vorhanden iſt, wenigſtens die Hauptrolle oder
ein paar Rollen in meiſterhafter Darſtellung ſehen zu können? Iſt nicht
ſogar die einfache Antigone bei leidlich guten Aufführungen im Laufe
des jüngſten Jahrzehends an einem Dutzend Bühnen Zug- und Caſſaſtück
geworden? Wäre das möglich, wenn — wie man mit ſo vollem
Munde behauptet — unſerer Generation in ihrer materiellen Hetze aller
Sinn für das Geiſtige wirklich abhanden gekommen wäre? Läßt ſie ſich
nicht vielmehr gern aus den Niederungen des proſaiſchen Lebens erheben
in die Gefühls- und Gedankenwelt der idealen Kunſt, ſobald nur dieſelbe
— in Wahrheit „wie Agamemnon's Sohn reinigend" — ihr erſchloſſen
wird? Ich glaube, daß ein Ja auf dieſe Frage nur als Zeichen
laſciver Leichtfertigkeit gelten könnte. Auch ich huldige dem Ausſpruche,
daß die Erfahrung über der Theorie ſtehe. Nur muß man die Lehren
der Erfahrung richtig deuten; nur darf man unſerer Generation im
Theater ſo wenig als an der Börſe Blei für Gold ausgeben wollen!
Juſt der im gewöhnlichen Leben unter uns ſpukende Geiſt des Materia-

lismus hat unsere Sinne auch für das Geistige geschärft, und wir sind
unfähig, im Reiche der Kunst Situationen und Gefühlsausbrüchen, welche
von unserm Verstande nicht gesund und folgerichtig befunden werden,
ein sympathisches Verständniß entgegen zu bringen. Wir sind daher nicht
dem reinen Ideal entfremdet, sondern nur jener krankhaften Empfindelei
einer früheren Periode, welche noch jeden hochtrabenden Klingklang von
Phantasterei sich als mustergiltiges Ideal oktroyiren ließ. Wir verlangen
jetzt in Wahrheit den veredelten Zwillingsbruder der Wirklichkeit und nicht
dessen ungreifbares Phantom. Wo uns nur die Wahl bleibt zwischen dem
letztern und zwischen der poesielosesten Prosa, da belächeln wir noch lieber
diese, als daß wir uns von jenem langweilen oder anwidern ließen. Folglich
ist unter den scheinbar kunstfeindlichen Zeitverhältnissen weder das Bedürfniß guter Bühnen noch die Empfänglichkeit für die ideale Dramatik geschwunden, nur die Ansprüche haben sich gesteigert, weil jene Klasse von
Theaterbesuchern, welche noch jede phrasenreiche Schwärmerei als Genialität anstaunte, unter uns so gut wie ausgestorben, und an deren Stelle
ein in seiner überwiegenden Mehrzahl logisch urtheilendes Publicum getreten ist. Wir sind kalt gegen das Unechte, aber nicht unempfindlich
für das Echte geworden. Mit anderen Worten: wir verzeihen dem
idealisirenden Dichter und Künstler einen Mißgriff in der Auffassung des
Ideals eben so wenig als dem Portraitmaler eine Unähnlichkeit der
Copie mit dem Original. Ob und in welcher Beziehung hierin ein
Hemmschuh oder ein Förderungsmittel für die Bühnenkunst zu constatiren
sei, wäre eine interessante Frage, auf deren eingehendere Beantwortung
ich vielleicht ein andermal zurückkomme. Wie mir scheint, ist die Lehre,
die sich aus dem bereits Gesagten für unsere Bühnen ergiebt, nicht wohl
anzustreiten und lautet: die zwei Klippen der Gegenwartsbühne liegen
in den Untiefen des geistleeren Realismus und in den Schwindelhöhen
des falschen Idealismus, — die Bedingungen ihres Neuerblühens hängen
von der Verkörperungsmöglichkeit des reinen Ideals ab. Wie aber,
meine Herren, wird diese aus den Erfahrungen gefolgerte Lehre benützt!
Da giebt z. B. ein Director den Hamlet, oder wagt sich sogar an die
altgriechische Antigone, erzielt mit beiden wochenlang volle Häuser und
schwenkt dann wieder in ein poesielos realistisches Repertoire ab oder
greift wohl auch — nicht etwa zu einem kernigen neuern Drama von
Fleisch und Blut — sondern zu dem dialogisirten Zwitter irgend eines
renommirten Novellisten. Wenn er, wie leicht vorauszusehen war, mit

letzterem glänzend durchfällt, dann rühmt er sich noch seines Scharfblicks und ruft triumphirend aus: „...Ich habe es ja längst gewußt, bei Antigone und Hamlet zog blos der Reiz der Neuheit: jetzt ist mein Publicum der idealisirenden Dramatik wieder satt, und ich muß ihm ein Theater aus den Schaumblasen der Zeit construiren."" Nein, mein verehrter Herr Director, der Mißerfolg der Fehlgriffe beweist nur den Irrthum Ihres eigenen subjectiven Systems, und Sie thäten besser, Ihre eigene Denkart neu zu construiren, statt das Publicum und die Zeit anzuklagen. — Meine Herren, ich deutete bereits an, daß ein Hauptfehler unserer Bühnen auf der Verwechselung des Nebensächlichen mit der Hauptsache beruhe. Ich hätte vielleicht bezeichnender sagen können: auf einer Verwechselung der primitiven Ursache mit der secundären Wirkung; denn eigentlich ist das, was ich als das Nebensächliche bezeichnete, für jede gute Bühne ebenfalls eine Hauptsache. Ich werde mich jetzt näher hierüber auszusprechen haben. Welche Rivalität besteht nicht zwischen unsern Impresarii und zwischen den Hofbühnen-Chefs in gegenseitiger Abjagung der berühmten Mimen, Sänger, Tänzer, Sängerinnen und Tänzerinnen! Welche Summen werden nicht an die Ehre verschwendet, für dieses oder jenes Rollenfach den hervorragendsten Repräsentanten zu besitzen! Tag und Nacht brütet der Director über den Kniff, mit schwerem Geldaufwande frisches Menschenfleisch auf die Bretter zu stellen. Wer in solchen Kniffen die größere Gewandtheit hat, der gilt als der genialere und rührigere Bühnenleiter. Recht schön das, und bis zu einem gewissen Grade sogar anzuerkennen! Aber wie so ganz beiläufig, wie so ganz geringschätzig behandelt der Director daneben die geistige Zuthat, durch welche uns das neu aufgetischte Menschenfleisch genießbar und schmackhaft gemacht werden soll! Wie überflüssig, ja wie lästig erscheint ihm der Dramatiker, der mit einem neuen Producte bei ihm anklopft! Er findet gar keine Muße, ihn und sein Werk zu prüfen. Er überläßt den Vorschlag neuer Stücke seinem Regisseur oder auch diesem oder jenem Mimen, die fieberhaft nur auf sogenannte Paradepferde für ihr liebes Ich fahnden und Alles kurzweg für unbrauchbar erklären, worin sich keine brillanten Rollen für ihre eigenen Fächer vorfinden. Oder der Director macht sich's noch bequemer, liest weder selbst noch läßt er Andere lesen, sondern schichtet alle Einläufe in irgend einem Winkel seines Bureau's auf und greift schließlich blind nach dem, was anderwärts gegeben wird. Meine Herren, da steckt das Uebel. Wenn ein Bildhauer ein Kunstwerk schaffen will, so sieht er sich zwar zunächst nach einem tüchtigen Marmorblocke um, aber er weiß zugleich auch, daß mit Herbeischaffung des Blockes erst der kleinste Theil der Arbeit geschehen ist, und daß das im Blocke steckende Meisterwerk unter Stümpers Händen ewig nicht ans Tageslicht gefördert werden könnte. Ein Theaterpersonal gleicht — wenn auch die Parallele nicht ganz paßt — mehr oder weniger solch einem Marmorblocke. Das aus dem Personal oder vielmehr durch dasselbe zu veranschaulichende Kunstwerk läßt sich nicht mit der Gagenhöhe und mit dem Ruhme der einzelnen Mimen erzwingen, sondern muß als das Product der fachgemäßen Einübung und der selbstsuchtslosen Unterordnung der Einzelnen unter die Anforderungen des erst zu belebenden Kunstwerkes selbst aus dem massiven Personalblocke gleichsam herausgemeißelt werden. ...Unsinn!" höre ich hier ausrufen. „Ein Kunstpersonal mit einem Marmorblocke zu vergleichen! Aus ihm das Kunstwerk erst herausmeißeln zu wollen! Und welches Kunstwerk? Als ob ein Künstlerpersonal von Virtuosen nicht schon an und durch sich selbst ein bezauberndes Kunstwerk wäre!" Recht schön, mit Silben gestochen! Aber nur noch kurze Geduld, meine Herren! Worin — so frage auch ich — worin besteht denn eigentlich das Kunstwerk, oder worin sollte es bestehen, um im Zuschauer einen nachhaltigen Eindruck erzielen zu können? In den Fleischklumpen der Mimen oder im Geiste der Dichtung, zu deren Veranschaulichung die Mimen nur das Mittel sind? Wohl ohne Zweifel in der correcten Veranschaulichung des Dichterwerkes. Unsere Theaterpraxis hat die Verhältnisse naturwidrig verschoben: das Mittel zur Belebung des theatralischen Kunstwerkes ist zum Selbstzweck aufgebläht, und der Zweck des Theaters zum Mittel für die liebe Eitelkeit der Schauspieler herabgedrückt worden. Die Frage: was soll man im Theater geben? findet eine fachwidrige Antwort, und darüber mußte man bei Lösung der Frage: wie soll es gegeben werden? sich nothwendig ebenfalls auf schlimme Abwege verirren. Steht doch so mancher Director schon so tief unter dem Pantoffel des eigenen Personals, daß er an seinem Theater der letzte ist, der über das Repertoire verfügen darf. Er muß ansetzen, was seinen Virtuosen zu mimen beliebt, und hätte er auch tausend Gründe gegen die verfehlte Wahl zu donnern. Meine Herren, Sie werden sagen: ...Das läßt sich nun einmal nicht mehr ändern, man muß dem Virtuosen diese Künstlerlaune zu gute halten, sonst läuft er aus dem Engagement, und das Theater ist um seine reizendste Perle."

Ich antworte Ihnen: Ei, so laßt die falsche Perle rollen, wohin sie gravitirt, und sucht Euch dafür echte Diamanten! Ein von Natur begabter aber noch bescheidener Kunstjünger, der sich willig dem Ganzen unterordnet, ist mir lieber als der gewandteste Virtuose, der sich eigenmächtig über das Ganze erhebt. Jener macht zwar weniger Rumor, fördert aber die echte Bühnenkunst um so mehr, und schließlich krystallisiren sich auch aus den Reihen der bescheidenen Talente Künstler heraus, deren subjective Leistungsfähigkeit die Kunststückchen unserer raffinirtesten Virtuosen noch überragt. Wären wir nur erst so weit, daß jeder Bühnen-Chef so, wie ich hier spreche, dächte und handelte, dann hätten wir die größte Schwierigkeit der Bühnenreform auch schon überwunden, und das unlautre Virtuosenthum müßte sich den Kunstregeln anbequemen oder könnte seine künftigen Engagements im Monde suchen. Darin, daß wir von dieser Auffassung noch himmelweit entfernt sind, darin liegt zwar nicht der einzige, aber gewiß ein Hauptmitgrund der theatralischen Versumpfung, — die Bühne hat vor lauter schwer bezahlten Künstlern die Kunst verloren, sie kriecht gleichsam als kopfloses Ungethüm mit den zwei hinkenden Beinen, dem raffinirten Virtuosenthum und der unbeholfenen Comparserie, mühsam am Boden daher, und die wahre Schwungfeder, Ensemble genannt, ist ihr in Verlust gerathen. In der Mehrzahl unserer Schauspielhäuser bemerkt man von dieser Schwungfeder längst so wenig mehr, daß unsere oberflächliche Tageskritik schon ein vortreffliches Ensemble entdeckt zu haben wähnt, wenn nur die dutzendfachen Verstöße nicht so arg sind, daß durch die Art der Darstellung die Tragödie zur Posse und das Lustspiel zur Tragödie wird. Meine Herren, nicht die Darsteller, sondern die dargestellten Dichtungen sind's, welche dem Theater seinen Charakter verleihen. Die Darstellung äußert, obgleich unzulängliche Schauspieler den Eindruck selbst der vorzüglichsten Dichtung vernichten können, keine nothwendige Rückwirkung auf die Qualität des dargestellten Werkes; wohl aber übt das dargestellte Werk einen nothwendigen Einfluß auf die Qualität des Darstellers: die Leistungsfähigkeit eines jeden Bühnenpersonals steigt oder sinkt je nach der Charaktertiefe oder Charakterverflachung der ihm zur Lösung übertragenen Aufgaben. Man gebe z. B. dem denkbar vorzüglichsten Personal einige Jahre tagaustagein nichts als schale Hanswurstiaden zu mimen, und man wird selbst die strebsamsten Künstler zu Hanswursten verunstaltet haben, die, wenn ihnen ausnahmsweise wieder einmal eine höhere Kunstaufgabe zufällt, nur noch vermögend sind, die Charaktere in unsern klassischen Dramen zu ballhornisiren. In der Fertigkeit, derartige Metamorphosen zu erzeugen und dadurch selbst den kunsteifrigen Theil des schauspielerischen Nachwuchses gründlichst zu verkrüppeln, sind wir weit vorgeschritten: der Verschlechterungseifer ist förmlich schon zur Manie geworden.*) Meine Herren, wie soll eine Besserungsmöglichkeit eintreten können, so lange die Bühnenpraxis an dieser Manie festhält? Das „Wie" der Darstellung folgt aus dem „Was", und nicht umgekehrt. Daher hätte ein wahrhaft gesunder Reformversuch dieses letztere gründlich zu regeln, weil nur hiedurch mit Fleiß und Mühe auch jenes erstere allmählich wieder geregelt werden könnte. Das „Was" ist die Seele, das „Wie" der Körper der Bühne. Kann auch die schönste Seele in einem häßlichen Körper keinen harmonischen Eindruck erzeugen, so berührt uns doch ein Mangel des letzteren minder widerwärtig als ein Laster der ersteren, und schließlich prägt die consequent edle Thätigkeit einer schönen Seele selbst dem unangenehmsten Gesichte den Charakterzug des Edlen auf. — Hiemit, meine Herren, glaube ich den Satz, daß die Aufstellung eines consequent stilvollen Repertoires sich als das erste Bühnenbedürfniß herausstelle, im Prinzip klar gelegt zu haben und vertage die tiefere Begründung, so wie die Begriffserklärung des dramaturgischen Kunstausdruckes „Stil" bis zu dem Zeitpunkte, in welchem wir die

---

*) Ich kenne z. B. einen Intendanten, der selbst sehr naiv in seinen Theatererinnerungen hervorhebt, daß er nach vierjähriger Hofbühnenleitung nicht im Stande gewesen sei, irgend ein klassisches Drama anders als mit Beiziehung virtuoser Gäste leidlich über die Bretter seines Theaters zu bringen. Im eben ablaufenden Jahrzehend hat dieser Intendant die Generaldirection eines andern Hoftheaters übernommen, an welchem bei seinem Amtsantritte das klassische Drama, von dem seit engagirten Personal ohne Beiziehung gastirender Virtuosen dargestellt, noch in zug kräftigster Blüthe stand. Nach vierjähriger Leitung war von ihm auch das letztere Theater glücklich zu eben der Unfähigkeit herabgedrückt, in welcher er jenes erstere verlassen hatte. Sorgte nicht ein genialer Kapellmeister noch für musikalische Genüsse, so böte das ganze Institut bereits das abschreckendste Beispiel, wie viel selbst ein schon trefflich eingeschultes gewesenes Kunstpersonal unter einer fahrlässigen Leitung in so kurzer Zeit wieder verlernen kann. Und diesen Intendanten feiert die publicistische Berliner „Specialität", deren Rührigkeit ich schon oben in meiner „Ouverture" gekennzeichnet, als „wirklich erfahrenen Dramaturgen"! Für ihre Zwecke (vgl. dazu den VII. Abschnitt) hat sie dazu allerdings guten Grund: um die Theater raschestens an Trivialien zu gewöhnen, giebt es keine wirksameren Werkzeuge als derlei Bühnenleiter.

allgemeinen Vorfragen erledigt haben und uns den Specialien werden zuwenden können."

Nach dieser Rede setzte sich Johann und schwieg. Es trat eine allgemeine Stille ein. Der Vortrag hatte sichtlich Eindruck gemacht, aber nicht Alle überzeugt.

Paul der speculative Realist rümpfte die Nase, schien jedoch vorerst auf keine Gegenkritik vorbereitet zu sein, sondern replizirte mit einem spöttischen „Hm!"

Max der starre Pessimist hatte sich schon längst einen Glimmstengel in den Mund gesteckt und trieb kunstvoll Räder in die Luft, als ob er aus dem Rauche ein Fernglas für seine Augen fabriciren wollte, um neue Gedanken entdecken zu können.

Heinrich der unverwüstliche Optimist starrte träumend auf die blau getünchte Wand und schüttelte lächelnd sein ehrwürdiges Haupt.

Gerson der thatenlustige Impresario stand mit weit aufgesperrtem Munde noch horchend da, als erwartete er erst den praktisch verwerthbaren Schluß des eben Gehörten.

Hermann der Alterspräsident ließ sein Schalksgesicht über die schweigsame Versammlung hingleiten und begann endlich:

„Da Niemand sich zum Worte meldet, so lasse auch ich für heute meine Weisheit unter dem Scheffel liegen, werde aber dafür sorgen, daß ein Jeder durch baldigsten Empfang des gedruckten Protokolls sich in die Lage versetzt sehe, mit Mephisto's heißhungrigem Schüler ausrufen zu können:

> Ich denke mir, wie viel das nützt;
> Denn was man schwarz auf weiß besitzt,
> Kann man getrost nach Hause tragen."

So endete die zweite Sitzung der Reformfreunde. Sie hatte augenscheinlich den Mitgliedern einigen Stoff zum Denken geliefert, und es war vorauszusehen, daß die nächste Versammlung zu einer animirten Debatte führen werde. Ob aber Johann's ausgestreutes Saatkorn schon irgendwo auf fruchtbaren Boden gefallen sei, hätte selbst der gute Alte aus Sinope mit seiner Laterne auf den ernsten Gesichtern der rasch hinweg Eilenden nicht zu entdecken vermocht.

V.

Ein Intermezzo.

Motto: Die Geschichte der Kunst ist zugleich
die Geschichte des Seelenlebens der
Menschheit in seinen höchsten Erzeb-
nissen. Sowie sich in jeglicher Religion die Gottheit, so offenbart sich die
Menschheit in der Kunst.

Wihl (Kunst und Poesie,
Jahrg. 1843).

ur Gründung der Genossenschaft, deren Protokolle uns
hier beschäftigen, hatte ein kurz vorher erschienenes
Buch über das moderne Theater die erste Anregung
geliefert. Dieses Buch war nicht blos in der Residenzstadt, in welcher die Genossenschaft ihre Berathungen
hielt, sondern auch in weiteren Kreisen und insbesondere
unter den Mitgliedern des deutschen Bühnen-Vereins bemerkt worden.
Das Interesse daran äußerte sich zunächst durch eine scharfe Opposition
der Tagespresse. Zwar fehlte es nicht an Zeitungsstimmen, welche den
Muth des Autors hochpriesen und seine Vorschläge mit Jubel begrüßten,
aber die Gegenstimmen überwogen in unverhältnißmäßig großer Mehrzahl. Namentlich der gesammte Troß der Agenturblätter begann mit
pöbelhaften Waffen zu wüthen; und in den Feuilleton's der politischen
Journale von officiösem Anstrich häuften sich die Manifestationen des
höchsten Aergers wie Bienen auf dem Baumaste, an welchem die Bienen-
königin nach verwegenem Fluge sich niederzulassen beliebt. Wer die
Wissenschaft versteht, aus sichtbaren Symptomen unsichtbare Krankheiten
zu diagnosiren, der konnte in dem aufgebotenen Journal Apparat klar
erkennen, wie arm das Reich trotz seiner liberalen Preßfreiheit an
wahrhaft unabhängigen Publicisten geworden zu sein scheint; wie sehr
die Zahl derer überwiegt, die entweder ihre eigenen Ueberzeugungen

direct verkauft oder sich aus dutzenderlei Rücksichten auf andere Art freiwillig unter das Joch einer geistigen Knechtschaft erniedrigt haben! Bei Beginn der dritten Sitzung kam dieser wunde Reichsfleck zur Sprache. Gerson der thatenlustige Impresario erhob sich, um folgende Interpellation zu stellen:

„Meine Herren, ich habe hier das officiöse Hauptorgan des Reiches in der Hand.*) Da wird gegen die Kunstprincipien, welche unsere Genossenschaft vertritt, der Vorwurf erhoben, daß dieselben auf einer absoluten Ignoranz beruhen. Es wird geradezu und wörtlich gesagt, wer dieser Anschauung huldige, der schlage „„aller Aesthetik ins Gesicht"", treibe kurzweg „„Moral"" und besitze „„von den Aufgaben und dem Wesen der Kunst als solcher kein Verständniß."" — Meine Herren, ich bin zu ungelehrt, um die Subtilitäten zu verstehen, welche dem officiösen Blatte Anlaß gaben, hinter unseren Bemühungen für eine ethische Kunstpflege solch haarsträubende Demonstrationen des Kunstunverstandes zu wittern; aber ich habe keine Lust, zum Lohne für die Opfer, die mir durch den Versuch einer praktischen Verwerthung Ihrer Nachforschungen auferlegt würden, der Welt als ein Ignorant denuncirt zu werden. Daher stelle ich den alternativen Antrag: Entweder widerlegen Sie die Verdächtigungen des Berliner Hauptorgans, oder entschuldigen Sie, daß ich dem Beispiele meines diplomatischen Collegen Alfred folge und den Austritt aus Ihrer Genossenschaft anmelde."

„Ich kenne den von Ihnen gemeinten Angriff nicht," erwiderte Hermann der schalkhafte Alterspräsident. „Dennoch ist, wie ich glaube, die Widerlegung schon gegeben, soweit überhaupt Blinden begreiflich gemacht werden kann, daß es auch Wesen giebt, welche den Tag von der Nacht noch recht wohl zu unterscheiden wissen. Wenn der Wahlspruch, mit dem ich unsere Sitzungen eröffnete, die Wahrscheinlichkeit nicht ausschließt, daß ein jeder Mensch unbeschadet seiner Klugheit zeitweilig ein närrisches Steckenpferd reite, so werden auch wir nicht gleich aus der Haut fahren dürfen, weil es unsern Gegnern nicht convenirt,

---

*) Ist das vielleicht die „Norddeutsche Allgemeine Zeitung", in welcher (Sonntagsbeilage No. 51 vom Jahrgang 1872) unter der Form einer objektiven Kritik das Mot d'ordre gegen das Buch: „Die Theater-Krisis im neuen deutschen Reiche" und gegen dessen Verfasser ausgetrumpft worden war? Der Herr Interpellant hätte sich hier doch wohl etwas klarer ausdrücken sollen!

Der Stenograph des Protokollführers.

uns für die Wiederentdecker des verloren gegangenen Nürnberger
Trichters zu halten. Gaben wir selbst uns je dafür aus? So viel ich
mich entsinne, ist die Ansicht, wir hätten das Labyrinth der Propyläen
glücklich durchwandert und ständen schon im Innern der Akropolis, bisher
unter uns so wenig aufgetaucht, als ich Jemanden den Beweis führen
hörte: es sei den vergnügten Strandbewohnern der Spree, vor deren
gezogenen Kanonen auf dem großen Welttheater die ganze Menschheit
Respect hat, das dramatische Pulver für den kleinen Kampfplatz auf
dem Thespiskarren nicht längst ausgegangen. Wozu also sollten wir
uns über den Wahn des Gegentheils ereifern? Feuerteufel erlöschen
stets unschädlich, wenn man sie nicht während des Platzens anfaßt.
Meine Herren, ich frage: Wollen Sie im Ernst Unterstellungen widerlegen, deren Ungereimtheit jedem denkenden Leser klar zeigt, wessen
Geistes Kind der Angreifer ist? Wer sachentstellende Verdächtigungen
erdichten mußte, um für seinen Angriff einen scheinbar wunden Fleck am
Gegner zu schaffen, der manifestirte nur seine eigenen Anlagen zu einem
literarischen Don Quixote. Ergötzen wir uns an solchen Illusionen, aber
stören wir den Windmühlenkampf nicht! Das ist Alles, was ich zu
unserer Rechtfertigung für nöthig erachte. Wem meine Abwehr der
Verdächtigungen ungenügend zu sein scheint, der möge uns für das
heutige Protokoll eine bessere schaffen!"

Johann der Idealist erhob sich und begann:

„Wir könnten uns wohl mit der eben vernommenen Satire vorerst
begnügen, wenn es nicht unter uns immer noch so viele Menschen gäbe,
die blindlings an jeden Hocuspocus der Tagespresse glauben, wenn er
ihnen mit dem Schein apodiktischer Zuversichtlichkeit vorgegaukelt wird.
Meine Herren, zunächst habe ich einen Irrthum zu berichtigen. Der
Herr Interpellant übersah, daß der Ausfall, den er auf unsere ganze
Genossenschaft bezieht, nur mir gilt. Der Ausfall hat den Zweck, mich
in Ihrer Mitte unmöglich zu machen, Ihren Untersuchungen ab initio
eine Richtung zu geben, die im Widerspruch zu meinen Principien steht.
Das vom Interpellanten unklar excerpirte Citat lautet wörtlich: Johann's
„„Kunstanschauung, mit der wir uns zunächst beschäftigen, schlägt aller
Aesthetik ins Gesicht und ist eine der seichtesten zu nennen, die uns von
einem gebildeten Manne bekannt geworden ist, seine Kunstanschauung
ist kurzweg Moral, — von den Aufgaben und dem Wesen der Kunst als
solcher hat er kein Verständniß.""" Meine Herren, ich habe verschiedene

Gründe, den mir so dreist vor die Füße geworfenen Handschuh aufzuheben. Das officiöse Blatt schleudert seinen Geifer gegen eines meiner Bücher, das ich schon vor der Publication unserer Protokolle gleichsam als vorläufiges summarisches Programm über die künftige Richtung unserer tieferen Untersuchungen herausgab. In jenem Buche hatte ich beim Leser die Kenntniß der theoretischen Aesthetik vorausgesetzt und kurzweg die Consequenzen gezogen, welche sich aus der theoretischen Aesthetik für die praktische Bühnenleitung nothwendig ergeben. In diese scheinbare Lücke meines Programms trieb jetzt der Aesthetiker des officiösen Reichsorgans seinen Widerhaken ein, um mit der ihm eigenthümlichen Sophistik mir einen Unsinn zu oktroyiren, den ich ihm selbst als sein Eigenthum zurückzuschieben habe. Der Vorfall, meine Herren, ist zu charakteristisch, als daß Sie es für Zeitverlust halten dürften, seiner Klarstellung Ihre vollste Aufmerksamkeit zu schenken. Man hat ihn vielfach in der öffentlichen Meinung wörtlich gedeutet, d. h. als eine reine Privatsache aufgefaßt, während er doch — worin ich dem Herrn Interpellanten beistimme — eine wichtige öffentliche Angelegenheit betrifft, in welcher meine eigene Person als vollständig irrelevante Nebensächlichkeit erscheint. Es ist nicht erst neuestens, sondern schon seit Jahren die wohlberechnete Taktik so mancher Bühnenreformgegner, mir eine gewisse und — wie ich bescheiden bekenne — von mir selbst ebenso wenig gesuchte als erworbene Bedeutung und Wichtigkeit beizulegen, um sodann durch Verunglimpfung meiner Person und meiner Bestrebungen die gesunden Bühnenreformversuche überhaupt desto leichter zu Gunsten der theatralischen Charlatanerie wieder einschüchtern zu können. Nach dem Grundsatz divide et impera strebt man mich nach Möglichkeit zu isoliren! Und welche Mittel wären hierzu wirksamer als die der Verdächtigung und Verleumdung? In der That wurde durch diese zwei Mittel der beabsichtigte Zweck theilweise schon erreicht. Ich könnte Ihnen, meine Herren, eine Reihe klangvoller Namen nennen, die in Adressen und Privatbriefen meinen ersten Anregungen mit Enthusiasmus zugejubelt hatten und sich dann scheu wieder zurückzogen, sobald sie bemerkten, daß der officiöse Wind eine andere Melodie pfeift; daß mit Anerkennung des von mir der Nation wieder ins Gedächtniß zurückgerufenen Bühnenprogramms vorerst noch keine persönlichen Vortheile beim Theater erzielt werden können. Meine Herren, daher halte ich die Auslassungen des officiösen Hauptorgans für eine werthvolle Gabe: die Wahlverwandtschaft dieser Auslassungen mit den Ergüssen so

vieler anderer scheinbar unabhängiger Blätter ermöglicht uns einen
Schluß auf die Tragweite des Mot d'ordre einer gewissen Partei, die
sich auch in der Kunst das Alles entscheidende Wort anmaßen und die
Republik der dramatischen Kunstgeister nicht etwa blos in eine constitutio=
nelle Monarchie verwandeln möchte, sondern offenbar bestrebt ist, dieselbe
in eine Satrapie umzuformen. Meine Herren, wenn Mehrere eine
öffentlich vollzogene Thatsache falsch erzählen und dennoch in ihren An=
gaben übereinstimmen, so beweist dies, daß entweder Alle einem Einzelnen
blindlings nachplappern, oder daß Alle in Folge gemeinschaftlicher Ver=
abredung mit Absicht eine Lüge verbreiten. Dieser einzelne Fall gewährt
uns also einen Rundblick über die ganze Situation, und es wäre kaum wohl=
gethan, wenn wir mit geschlossenem Auge an ihr vorübergleiten wollten. —
Der Aesthetiker des großen Berliner Blattes spitzt seinen Widerhaken mit
der Unterstellung, daß laut meines eigenen „..Bekenntnisses"" meine ...eigen=
thümliche Kunstanschauung in unserer Zeit wenig oder gar keine An=
hänger"" habe. Meine Herren, ich lasse ununtersucht, ob dieser Aesthetiker
gewohnt sei, in ästhetischen Fragen die Stimmen nach deren Werthe oder
nach deren Masse zu zählen. In meinen Schriften wurde klar ausge=
sprochen, daß ich „..die edelsten Geister der Gegenwart und den Kern
des heutigen Theaterpublikums in vollstem Einklange mit meinem Pro=
gramme weiß."" Die Verantwortlichkeit für die Behauptung, daß hier=
unter „..wenig oder gar keine Anhänger"" zu verstehen seien, überlasse
ich den ästhetischen Weisen an der Spree, glaube aber, daß ihre Be=
hauptung nicht einmal für Berlin zutrifft, geschweige denn für das übrige
Deutschland. Ja ich bin sogar so eitel, mir von verschiedenen Freunden
einreden zu lassen, daß die Mehrzahl der Einwohnerschaft just in Berlin
nicht minder als in einigen andern Residenzstädten der Hofbühnen=Miß=
wirthschaft übersatt sei und eine Reform herbeisehne. Doch — dies nur
nebenbei! Schreite ich zur Sache selbst vor! — Der scharfsinnige Kritiker
hat aus meinen Bemühungen für ein „..ethisches Theater"" die Ent=
deckung herausgefunden, daß ein solches Streben „..aller Aesthetik ins
Gesicht schlage und seicht bis zum vollsten Unverstande"" sei. Das Ver=
langen nach einem ethischen Theater beruhe auf gar keiner berechtigten
„„Kunstanschauung""; es heiße „„kurzweg nur Moral treiben""! Wenn
dies wahr ist, so müssen die Weisen des großen Berliner Blattes noth=
wendig einer Aesthetik huldigen, die unmoralisch ist! ihre ...Kunstan=
schauung"" muß nothwendig auf Demoralisation beruhen. Entweder -

oder! Ein Drittes zwischen diesen Zweien giebt es nicht, wenigstens nicht
für Leser, die noch gewohnt sind, logisch zu denken. Man könnte als
Drittes nur den Indifferentismus gelten lassen, welcher gleichsam das
neutrale Uebergangsterrain von der Moralität zur Demoralisation, aber
schwerlich mehr einen Bestandtheil der Moral bildet. Doch nein, das ist
es nicht, wohin das officiöse Organ steuert. Es wollte mit seiner Sophistik nur die herrschende Theatermißwirthschaft gegen die von mir ge-
fällte Verurtheilung decken und versichert in eben demselben Athemzuge,
daß es für sich selbst auf einer „„höheren"" Warte throne, daß ihm die
Kunst als „„Darstellung der Welt"" gelte, daß „„dies ihr Wesen, dies
ihr Zweck"" sei. Gewiß sehr richtig. Nur muß man die „„Welt"" objectiv auffassen und nicht in den Irrthum verfallen, daß der Begriff der
„„Welt"" in jeder zufälligen und vorübergehenden Zeitströmung sich als
Gegenstand der Kunst erschöpfend verkörpere. Man käme sonst zu einer
ganzen Milliarde von Welten und müßte schließlich jedem sich breitmachenden Ephemeron die Ehre anthun, es als „„Welt"" gelten zu lassen.
In unserer Tageskritik wird dieser Ehre schon überreich gehuldigt; wir
begegnen auf dem geduldigen Zeitungspapier den Namen so vieler
„„genialen Künstler"", als es unter uns producirende Schüler Apollo's
giebt, die ins breite Horn der politischen Tageslaune tuten. Exempla
sunt odiosa! Sonst würde es mich kitzeln, hier ein langes Verzeichniß
solcher berühmten Unsterblichkeiten aufzuzählen, die von der Welt schon
nach wenigen Decennien bis auf den Namen wieder vergessen sein werden. Zur Gattung dieser creirten Berühmtheiten gehört zuverlässig
auch der Kritikus der „Nordd. Allg. Ztg." Meine Herren, woher bezog
er die Entdeckung, daß ich das Wesen der Kunst nicht in der „„Darstellung der Welt"" erkenne? Aus meinen Schriften nicht, denn was
dort nirgends steht, kann auch Niemand darin gefunden haben. Er
erlaubte sich die willkürliche Unterstellung, weil er in dem von ihm ver-
unglimpften Buche den Ausdruck „„ethisches Theater"" fand und diesem
Ausdruck einen für seine eigenen Zwecke passenden Sinn octroyirte, statt
sich an die von mir selbst gegebene Erklärung zu halten. Ich verlange
in jenem Buche ausdrücklich eine „„ästhetisch-ethische"" und nicht
eine theologisch- oder geschichtlich-moralische Bühnen-Reform. Was aber
heißt der Ausdruck „„ästhetisch-ethisch"" auf deutsch? Mit dem Worte
Aesthetik bezeichnet man bekanntlich die Wissenschaft des Schönen, also
die Kunstlehre; und unter dem Worte Ethik pflegt man die Wissenschaft

von dem Guten und Bösen, also die Sittenlehre oder Moral in weiterem Sinne zu verstehen. Folglich ist eine ästhetisch-ethische Bühne ein
Theater, welches den Kunstregeln genügt und die Sittengesetze nicht
lähmt, sondern ungesucht fördert. Wie ließe sich aus dem Verlangen
nach einer derartigen Bühne der Vorwurf einer seichten oder gar der
„„seichtesten Kunstanschauung"" begründen? Der Kritikus der „„Nordd.
Allg. Ztg."" wirft mir vor, daß ich die Kunst als ein „„Accidens im
Dienste der Moral"" betrachte, während ich in meinem Buche aufs
nachdrücklichste jede Tendenz-Dramatik verwerfe. Meine Herren, erlauben Sie mir, daß ich zum Beweise dessen, statt der vielen Stellen
auf die ich mich berufen könnte, Ihnen nur einen einzigen Passus vor-
lege. Nachdem ich auf Kant, Schiller, Fichte, Schelling, Ast,
Tiersch, Solger, Hegel und seine Schüler Hotho, Weiße, Ruge,
Vischer, Rosenkranz und andere, als auf die wissenschaftlichen Er-
klärer des Schönheitsbegriffes, hingedeutet, fahre ich*) wörtlich fort:

Schon unsere Berufung auf vorstehende Namen wird uns gegen den etwaigen
Vorwurf schützen, als wollten wir für eine tendenziöse Kunstpflege in die Schranken
treten, indem wir von der Nothwendigkeit eines Nexus zwischen dem Kunstwerk
und zwischen den realen Bestrebungen und dem Ideale desjenigen Zeitalters
sprechen, in welchem das Kunstwerk erstand. Das Tendenziöse in der Zeit und
das in jedem Zeitalter sich eigenthümlich gestaltende allgemein Menschliche
scheiden sich durch eine wenn auch feine, dennoch scharf trennende Linie von
einander, welche heutzutage, wo durch die eben genannten Forscher für die
Klärung des Schönheitsbegriffes bereits so viel geschehen ist, nur von einem
noch rohen Jünger der Kunst übersehen werden kann. Wenn dennoch einzelne
Kunstzweige in der Gegenwart mehr, als dies früher geschah, eine tendenziöse
Pflege finden, so erklärt sich das wohl hinlänglich aus dem unser Zeitalter beherrschenden Materialismus: die Speculation hat sich in unsern Tagen eben auch
der Kunst in einem erschreckend hohen Grade bemächtigt. Weniger als diese
Zeiterscheinung scheint uns deren Kehrseite, nämlich das starre Festhalten einzelner
Kunstjünger an längst abgestorbenen Formen, mit rationellen Gründen erklärbar
zu sein. Daß man noch im Jahrhundert Ludwigs XIV. das Kunstideal für die
Neuzeit in einer wahren Travestie auf die altgriechische Kunst gefunden zu haben
wähnte, läßt sich bei einem Blick auf den damaligen Mangel an ästhetischer Klärung
gar wohl begreifen. Heutzutage aber liegt das altgriechische Kunstideal unserem
Verständnisse erschlossen vor. Wir wissen, daß sein Wesen und die Ursache seines
Reizes nicht in einer für alle Zeit unwandelbaren Form beruhte, sondern im
harmonischen Einklang mit der altgriechischen Weltanschauung und in der portrait-
ähnlichen Idealisirung des altgriechischen Volks- und Menschenlebens. Dem zu

*) In der „Theater-Krisis im neuen deutschen Reiche", Seite 15
und 16.

folge ist, so sollte man wenigstens meinen, durch die Resultate der neueren ästhetischen Forschungen die Aufgabe, welche den producirenden Künstlern in der Gegenwart erwuchs, ganz unverkennbar vorgezeichnet. Künstler und Dichter finden in der altgriechischen Kunst und Poesie eine unvergleichliche Studie zu ihrer Ausbildung, aber sie würden ihren eigenen Beruf mißkennen, wenn sie diese Studie als ein zu sclavischer Nachahmung sich eignendes Muster für ihre eigenen Productionen erachteten. Vielmehr besteht ihre Aufgabe darin, erstens für den künstlerischen und poetischen Ausdruck der modernen Weltauf= fassung eine Form zu finden, die ästherisch tadellos und für die idealisirende Portraitirung des vollen modernen Lebens ebenso geeignet ist, wie die plastische Form der Griechen ästhetisch tadellos und zur Portraitirung der alten Welt ge= eignet war; und zweitens sodann in diese Form als innern Gehalt den Ideen= reichthum der Neuzeit und die moderne Lebensgestaltung so treu hinein= zulegen, wie die Griechen in ihre Plastik den ganzen Inhalt der hellenischen Welt treu hineinzulegen verstanden.

Meine Herren, wo finden Sie in diesem Passus einen Anhaltspunkt zu der Verdächtigung, daß ich die Kunst nicht für „„Darstellung der Welt,““ sondern für ein „„Accidens im Dienste der Moral““ halte? Ich denke, noch klarer als hier von mir geschah, hätte ich kaum zu betonen vermocht, daß die echte Kunst nur „„Darstellung der Welt““, aber nicht ein Plaidoyer für die „„Moral““ im gewöhnlichen Schulbegriffe dieses Wortes sein kann; daß sie ihrem Wesen nach ihr „„Dasein einem Selbst= zweck verdankt und diesen Zweck voll und ganz zu verwirklichen ebenso geeignet ist, wie dies die Moral durch eigene ihr gehörige Mittel zu thun im Stande ist.““ Der Weise von der „„Nordd. Allg. Ztg.““ be= lehrt mich ferner, daß „„die Kunst die Erkenntniß, respective Darstellung der Ideen, d. h. des außer und unabhängig von aller Relation be= stehenden, allein eigentlich Wesentlichen der Welt, des wahren Gehalts ihrer Erscheinungen, des keinem Wechsel Unterworfenen““ ist, also „„die Wiederholung des Wesentlichen und Bleibenden aller Erscheinungen der Welt““. Er hat sich diesen Satz aus Schopenhauer's „„Welt und Wille als Vorstellung““, §. 36 pg. 217 in der dritten Auflage, annectirt. Er hätte, mit noch größerem Anstrich von Gelehrsamkeit, sich auch einen weitern Satz in griechischer Sprache aus dem Stagiriten annectiren können, denn er würde dort schon das Embryo zu der Schopenhauer'schen Ansicht gefunden haben. Ja er würde wohl in den Werken eines jeden Philosophen, der diesen Namen verdient und sich eingehend mit ästhetischen Forschungen befaßte, irgend einen Satz entdecken können, aus welchem sich ungefähr eben dieselbe Ansicht herauslesen läßt. Ja sogar mein

eigenes unbedeutendes Buch hätte ihm derartige Citate liefern können,
wenn es anginge, aus einer Schrift einen Gedanken zu allegiren, während
man behaupten will, daß dieser Gedanke gar nicht darin vorkomme, daß
vielmehr das vollständige Gegentheil darin stehe! Das vollständige
Gegentheil? So behauptet der Aesthetiker der „„Norod. Allg. Ztg.““.
Meine Herren, es ist mir unmöglich, vorauszusetzen, daß diese Behauptung
auf einem unabsichtlichen Irrthum beruhen könnte. Nein, hier habe ich
es zu offenbar mit einer vollbewußten boshaften Lüge zu thun. Und
gegenüber dieser vollbewußten boshaften Lüge kann es mir wohl schwerlich als Bosheit angerechnet werden, wenn ich die Gegenbehauptung
aufstelle, daß man, um die von Schopenhauer wissenschaftlich begründete
Kunstanschauung für die einzig richtige zu halten, weder Schopenhauer
noch irgend einen andern Philosophen studirt haben muß. Mir scheint
diese Kunstanschauung so selbstverständlich zu sein, daß sie sich für Jeden,
dessen Anlagen zum Künstler oder Kunstkritiker nicht von der Mutter
Natur gänzlich verwahrlost wurden, aus dem eigenen Nachdenken von
selbst ergiebt. Wenn die Sonne aufgegangen ist, so sieht Jedermann, daß
es hell wurde. Wer erst der Erklärung eines Philosophen bedarf, um
zwischen Tag und Nacht unterscheiden zu können, dem werden alle Philosophen der Welt das mangelnde Augenlicht nicht verschaffen können.
Doch — ich will nicht das Beispiel unserer officiösen Reichskritiker nach-
ahmen, d. h. ich will nicht bloße Behauptungen aufstellen, sondern das
Behauptete beweisen. Es würde vielleicht genügen, wenn ich hier einfach auf die alten Griechen oder auf Shakespeare hindeutete, welche
schwerlich schon einen Schopenhauer gelesen hatten und sich dennoch
auf die Kunst ganz leidlich verstanden! Aber ich wähle statt dessen einen
äußerst winzigen Gegenstand, nämlich meine eigene Wenigkeit. Ich thue
das ohne Furcht, deshalb in den Verdacht kommen zu können, daß ich
mich für ein Genie austuten wolle. Ich halte mich im Gegentheil nur
für einen Menschen, dem die gütige Natur von den ganz alltäglichen
fünf äußeren Sinnen und vom inneren Sinn just genug verlieh, um
hören, sehen und unterscheiden zu können, nicht mehr und nicht weniger.
Je unbedeutender meine Fähigkeiten sind — und unsere officiösen Reichs-
praktikanten diagnosiren sie ja auf Null — desto mehr werde ich für den
hier fraglichen Fall beweisen können. Ich habe in meiner frühesten
Jugend, zu einer Zeit, in welcher mir weder die neueren noch die alten
Philosophen schon bekannt waren, ein didaktisches Gedicht verfaßt. Es

führt den Titel: „„Des Künstlers Weihe"" und ist 1855 bei G. Reich-
hard in Heidelberg erschienen. Da steht auf Seite 4 wörtlich zu lesen:

> Denn immer einfach wahr ist die Natur
> Und alle echte Kunst ihr Spiegel nur —:
> Der Spiegel nur des Bleibenden und Wahren
> Im Irdischen und ruhlos Wandelbaren.

Ferner auf Seite 12:

> Der Menschen Neigung wechselt mit den Zeiten,
> Und andern Sitten huldigt jedes Land;
> Doch etwas seh ich durch sie Alle gleiten,
> Das bei der Urzeit Völkern schon bestand:
> Und dieses giebt dem Kunstwerk Geist und Leben —
> Aus jenen wird die Form nur beigegeben.

So schrieb schon der siebzehnjährige Gymnasialschüler, der von den
Philosophen noch nichts wußte, außer daß der Name ungefähr mit
„Freunde der Weisheit" zu übersetzen sei! Spricht sich in diesen jugendlichen Versen nicht ebendieselbe Kunstanschauung aus, welche die Officiösen in Berlin sich jetzt aus Schopenhauer annectirt haben? Annectirt
auf dem Papier — und nicht für das Banner der eigenen Kunstpflege in
Berlin! Annectirt, um in einem und demselben Athemzuge deren praktische Verwerthung auch schon wieder zu vernichten! Annectirt, blos um
daran die Lüge zu knüpfen, ich huldige einer ganz andern, einer das
Wesen der Kunst mißkennenden und den Kunstbegriff zerstörenden Anschauung. Und warum dies Possenspiel? Weil ich, gegenüber der so
argen Obscenität mancher heutigen Theater, in meinem verketzerten
Buche den schon von Lessing („Hamburgische Dramaturgie," sieben-
undsiebzigstes Stück) aus Aristoteles abstrahirten Satz der Nation wieder
neu ins Gedächtniß zurückzurufen wagte:

> „„Bessern sollen alle Gattungen der Poesie: es ist kläglich, wenn man dieses
> erst beweisen muß; noch kläglicher ist es, wenn es Dichter giebt, die selbst daran
> zweifeln.""

Und zu welchem Zwecke dies Possenspiel der Officiösen? Um einen
Freibrief auszustellen für die ästhetischen Sünden aller großen und kleinen
Hülsen des Reiches sammt dem unter ihren Fittichen üppig wuchernden
Praß von kunsthandwerkerndem Geziefer und Ungeziefer! Und da findet

sich in ganz Berlin kein einziges Blatt von Bedeutung, welches noch genug Unabhängigkeit und Muth besäße, um den Kniff solch einer boshaften Scheinkritik zu entlarven! Nein, die kleinere Hälfte schweigt, und von der größeren Hälfte ergeht sich ein Blatt nach dem andern in Variationen über das officiöse Märchen von dem reformirenden Kunstunverstande. Ja einige sind sogar so keck, ihre Ideen aus meinem Buche zu stehlen und dieselben als ihre eigene Erfindung polemisch gegen mich zu kehren, dabei sich stellend, als ob etwas ganz Anderes in dem Buche stände als das, was sie für ihre Kritik daraus gestohlen und mir jetzt als das einzig Richtige entgegen halten.*) Und das Alles geschieht mit der anscheinend ehrlichsten Miene von der Welt! Geziemt sich solche Spiegelfechterei der offenen und versteckt officiösen Tagespresse eines Reiches, von dem man versichert, daß es im Ernst die Tugenden der Engel wieder ins Erdreich verpflanze? Sind Schwindeleien, für die man die generelle Bezeichnung „Jesuitenstücke" erfunden hat, nur am Schüler Loyola's abscheulich und verdammenswerth? sind sie es nicht an allen Ständen, nicht unter allen Lebensverhältnissen? Erschiene in der That irgendwo die Heuchelei noch geadelt,

*) Um so kräftiger standen damals (1872) viele ehrliche Blätter außerhalb Berlins für die Wahrheit ein. So z. B. der „Schwäb. Merkur" No. 108 2. Abth. 3. Blatt vom 7. Mai; die „Magdeb. Ztg." No. 110 vom 19. Juni; die „Didaskalia" No. 172 bis 175 vom 22. bis 25. Juni; das Frankf. „Museum" No. 128 vom 4. Juni; „Ueber Land und Meer" No. 30; „Allg. Familienztg." No. 3; Westermann's „Illustrirte Monatshefte" No. 93 zweite Folge; „Blätter für literarische Unterhaltung" No. 46 vom 14. Novbr.; „Rheinische Ztg." No. 330 vom 19. Dezbr. 2. Ausgabe ꝛc. ꝛc. — Auch mehrere Journale des österreichischen Kaiserstaates waren nicht zurückgeblieben, nachdem die Wiener „Presse" No. 154 vom 6. Juni, Beilage, mit einem fulminanten Artikel für das in der „Theater-Krisis" vertheidigte Kunstbanner den Reigen der Besprechungen eröffnet hatte. Dennoch konnte ein Häuschen journalisirender Gassenjungen unter Paul Lindau's Vortritt sich das Vergnügen nicht versagen, einige Monate später den auf Seite 6 bis 8 beschriebenen Zeitungs-Skandal in Scene zu setzen; und der Redacteur der „Gegenwart" spielte unverfroren in seiner Wochenschrift noch bis zur Stunde von Zeit zu Zeit auf dieses letztere Bubenstück gleichsam als auf eine der Verewigung werthe Heldenthat mit höhnenden Phrasen an oder ließ von seinen publicistischen Leib-Heiducken wieder darauf anspielen, um mittelst dieser nachhinkend den Plänkelei fort und fort aus seiner eigenen literarischen Fälschung Kapital zur Stütze der grassirenden Theaterversumpfung zu schlagen. Die obige Beleuchtung der Sachlage ist also eine Nothwehr, zu der sich der Verfasser trotz seiner persönlichen Langmuth endlich im Interesse der dramatischen Kunst verpflichtet fühlen mußte.

Johann.

wenn sie nur den Pferdefuß nicht unter eine schwarze Kutte steckt, sondern unter einen Rock oder Frack oder gar unter einen Civilverdienstorden? Wie mir scheint, hätte man den Jesuitismus nicht beseitigt, sondern nur modernisirt, wenn es blos das äußere Gewand wäre, das geächtet wurde! Man hätte dann nicht in Wahrheit aufgeräumt, sondern wäre schon im ersten Viertel der Arbeit wieder stecken geblieben! Consequenz ist der Talisman dauernder Erfolge. Muth ohne Consequenz brütet nicht selten nur den Keim unlösbarer Verwickelungen aus. Wer sein Haus reinigen will, darf sich nicht schmutziger Hände bedienen, sonst wird's ewig nicht rein, und schließlich duftet der zurückgebliebene Koth um nichts aromatischer als der hinweggetragene geduftet hatte. Man wird den Floh geknickt, dagegen die Wanzen gemästet haben, um endlich mit Junker Satan ausrufen zu können:

> „„Er ist schon lang ins Fabelbuch geschrieben ;
> Allein die Menschen sind nicht besser dran:
> Den Bösen sind sie los, die Bösen sind geblieben.““

Aber ich thue dieser Gattung von Preß-Aposteln vielleicht Unrecht, indem ich sie zum Praß jener Modernisirten rechne, die um keinen Deut werthvoller sind als die in Verruf gerathenen Nachzügler des Castilianers Laynez aus Almancario bei Siguenza? Wenigstens versichert der weise Aesthetiker der „Nordd. Allg. Ztg.", daß er nur seine ...eigene ehrliche Ueberzeugung““ ausspreche und sich daher gegen ein solches „„Vehmgericht““ meinerseits im Voraus verwahren müsse. Gut! denn Brutus sagt's,

> „„Und Brutus ist ein ehrenwerther Mann.““

Ich darf also nicht so unartig sein, die Versicherung, daß er überzeugungstreu schrieb, noch länger zu bezweifeln.

> „„Doch sind sie Alle, Alle ehrenwerth.““

Folglich muß, was ich dem Brutus zugestehe, auch dem Cassius, Casca, Trebonius, Ligarius, Decius, Metellus, Cimber und Cinna zu Gute kommen, sonst

> „„— thät' ich Cassius und Brutus unrecht,
> Die ihr als ehrenwerthe Männer kennt.““

Ich muß also glauben, daß sie Alle ehrlich, wahrhaft und ohne irgend welche Nebenabsichten weiter nichts als ihre reine Ueberzeugung aufs Zeitungspapier brachten. Ich will sagen, daß ich dies glaube; ich räume hiermit meinen Gegnern gewiß sehr viel ein, denn:

> „„Der kann nicht klagen über harten Spruch,
> Den man zum Meister seines Schicksals macht.““

Was aber haben die Officiösen in Berlin und auf den verschiedenen Berliner Vorposten durch dieses Zugeständniß gewonnen? Ihrer persönlichen Ehrenhaftigkeit wurde mitleidig ein Mäntelchen umgehängt, doch ist dies Mäntelchen zu kurz und zu eng; an den unbedeckt gebliebenen Stellen guckt ihre Unwissenheit um so garstiger hervor. Wer den Schluß ziehen kann, daß das Verlangen nach einer ästhetisch-ethischen Bühne eine Unkenntniß des Wesens der Kunst verrathe, der dokumentirt hiedurch nur, daß ihm selbst noch das ABC der Kunst abgeht, geschweige denn, daß er je über das Buchstabiren hinausgekommen wäre. Oder könnte das Wesen der Kunst wirklich in der Unsittlichkeit bestehen? Müßte man auch einer unmoralischen Bühne das Prädicat zuerkennen, daß sie zu den ästhetischen Kunstanstalten gehöre? Was wäre dann alle Kunst sammt ihren „„höhern““ Zwecken? Was wäre ihr Selbstzweck noch? Nichts als ein Gegenstand, werth, je bälder desto besser von den Banden eines zweiten Attila vernichtet zu werden. — Meine Herren, Sie sehen, daß das bekannte Lied vom Landsturm: „„Nur langsam voran!““ heutzutage auf die officiösen Kunstkritiker in den Journalen des neuen Reiches umcomponirt werden muß. Wir wähnten in ihnen schon fertige Leser zu besitzen und entdecken jetzt, daß sie zwar den Mund sehr voll nehmen, aber immer noch an den Buchstaben kauen. Daher muß ich die scheinbare Lücke meines auf schon fertige Leser berechneten Programms wohl noch ergänzen und flüchtig ins Alphabet zur Lectüre der Aesthetik zurückgreifen. Wenn Sie, meine Herren, darüber einige Langeweile empfinden sollten, so suchen Sie gefälligst Ihre Unterhaltung darin, daß Sie aus meinem Vortrage werden ersehen können, wie viel die von Berlin inspirirten officiösen Theaterberichterstatter noch nachzuholen hätten, bevor dieselben sich erdreisten sollten, auch in Kunstfragen das entscheidende letzte Wort unter uns sprechen zu wollen. Als zum ABC der Aesthetik gehörend zähle ich z. B. die zutreffende Beantwortung der Fragen: Was ist Kunst? was Poesie? was Natur? was Moral? in welchem Verhältniß stehen Kunst und Poesie zur Natur? in welchem Verhältniß steht die Moral zur Poesie und Kunst? — Ich stelle den Antrag, diese Vorfragen auf unsere nächste Tagesordnung zu setzen."

Die Versammlung stimmte diesem Antrag mit Acclamation bei, und der Präsident schloß wegen vorgerückter Zeit die Sitzung, indem er lächelnd sein ehrwürdiges Haupt mit der Schalksmütze bedeckte.

VI.

Poesie, Kunst, Natur und Ethik im Drama.

Motto: Des Künstlers Blick, taucht er den Griffel nicht
Zur Schöpfung in des Himmels Flammen,
Schreibt Todtes nur aus der Natur zusammen,
Schroff, starr und ohne Lebenslicht.
Seume (Gedichte).

„Ich habe heute eine undankbare Aufgabe zu lösen," begann Johann der Idealist in der vierten Sitzung. „Ich soll in wenigen Worten kennzeichnen, was die Gelehrten längst in dicken Bänden beschrieben haben. Die Gefahr, für den einen Theil meiner Zuhörer langweilig zu werden, liegt ebenso nahe als die Gefahr, dem andern Theil lückenhaft zu erscheinen und ihm dadurch abermals Stoff zu boshaften Unterstellungen zu liefern. Der erstern Gefahr muß ich ins Antlitz schauen; der letztern beuge ich durch die Erklärung vor, daß ich mich ausschließlich auf denjenigen Standpunkt der Betrachtung einschränke, welchen der Dramaturg festzuhalten hat. Die Dramatik gehört in den Bereich der schönen Künste. Definitionen, die nur Bezug auf die sogenannten technischen Künste haben, werde ich grundsätzlich unterlassen. Wir haben es für diesmal nur mit derjenigen Kunstgattung zu thun, die man nicht mit Unrecht die höchste Spitze aller Künste nennt. — Meine Herren, man kann sich von keiner Gattung der Kunst eine richtige Vorstellung machen, wenn man dem Ausdrucke „„Kunst"" im Allgemeinen einen unrichtigen Begriff unterschiebt. Folglich werde ich meine Erörterung bei diesem letztern Begriffe beginnen müssen. Kunst wird von Können abgeleitet und bedeutet, wie das griechische τέχνη und das lateinische ars, im Allgemeinen jede durch Uebung erlangte Geschicklichkeit. Dennoch ist nicht jedes Können schon eine Kunst, obgleich

man im gewöhnlichen Leben z. B. auch von einer Kochkunst, Hebammen-
kunst und dergleichen spricht. Das Handwerk beruht ebenfalls auf dem
Können; es unterscheidet sich von der Kunst durch den Unterschied
zwischen dem Nützlichen und dem Schönen. Wo das Handwerk das
Schöne mit dem Nützlichen zu verbinden anfängt, aber noch vorzugsweise das Nützliche anstrebt, da ist es ein durch künstlerische
Elemente veredeltes Handwerk. Wo es zwar das Nützliche ungesucht
fördert, jedoch über den Begriff des blos Nützlichen sich emporschwingt
und die geistige Veranschaulichung oder sinnliche Verkörperung des rein
Schönen zum Zwecke hat, da emancipirt es sich von der ursprünglichen
Bedeutung seines Namens und wird zur Kunst. Es steht nicht mehr
als bloßes Accidens in fremdem Dienst, sondern hat sich mit souverainer
Macht einen eigenen Selbstzweck errungen, und dieser Selbstzweck besteht
in der Verwirklichung des Schönen. Daraus folgt, daß jede Kunst zwar
ihr Handwerk voraussetzt, d. h. daß der schaffende Künstler eine Fertigkeit besitzen muß, die er nur durch Uebung erwerben kann; es folgt
aber auch, daß der productive Künstler neben dem, durch Uebung zu
erlangenden, Geschick auch noch einer weiteren Eigenschaft bedarf, die
ihm von Natur innewohnen muß, nämlich künstlerisches Talent. Fleiß
und ausdauernde Arbeitskraft, die aus eigener Seele nichts beizusteuern
haben, bringen es nur bis zum einfachen, höchstens bis zum veredelten
Handwerke — oder sie versinken, wenn sie sich weiter emporwagen wollen,
in die Kunst-Stümperei. Den Adel der Kunst, der vom Kunstbegriff
unzertrennlich ist, kann nur das dem Künstler selbst Angeborene, nur die
aus den eigenen innern Tiefen der äußeren Mache eingehauchte Seele
verleihen. Wer Kunst treibt, ohne hiezu ein selbstschöpferisches Genie zu
besitzen, der galvanisirt einen Cadaver und hält die unwillkürlichen Nerven-
zuckungen für wirkliches Leben! — Gehe ich nun einen Schritt weiter
und frage: Was ist schön, d. h. was ist schön in des Wortes ästhetischer
Bedeutung? Auf diese Frage hat mir schon einmal, vor mehr als
fünfundzwanzig Jahren, ein hervorragender sogenannter Jungdeutscher
geantwortet: „„Ich kenne in der Welt nur eine einzige Gattung von Schönheit, und diese besteht in den runden Formen eines üppigen Weibes!""
Meine Herren, es ist charakteristisch für unsere Bühnenzustände, daß der
Mann, der mir als bartlosem Universitätsstudenten einst diesen Aufschluß
ertheilte, später in der Theaterwelt eine große Rolle spielte und noch
jetzt für die Lösung dramatischer Probleme vielen Zeitgenossen als eine

Autorität gilt. Ob auch der officiöse Aesthetiker der „Nord. Allg. Ztg."
und seine journalistischen Collegen ihr Kunstideal am vollen Busen eines
üppigen Weibes entdeckten, ist mir noch unbekannt. Diese Herren haben
sich in ihrer Polemik nicht herbeigelassen, die Welt mit einer theoretischen
Definition ihres eigenen Schönheitsbegriffes zu beglücken. Man kann
aus ihren Auslassungen nur ganz allgemein vermuthen, daß nach ihrer
Ansicht dieser Begriff keine oder nur wenige wahlverwandte Eigenschaften
mit der Ethik zu theilen scheint. Diese Vermuthung gewinnt einige
Wahrscheinlichkeit, wenn man weiter noch bedenkt, daß an gewissen Kunst-
Instituten das Ballet augenscheinlich sich unter allen theatralischen Productionen der sorgfältigsten Pflege erfreut, daß also dort das Ballet
wohl als die höchste Spitze der Dramatik gilt, und daher der Schwerpunkt
der dramatischen Kunst thatsächlich in die Schaustellung der körperlichen
Schönheit verlegt ist. Doch — dies nur als beiläufige Nebenbemerkung
und keineswegs in der Absicht, den wahren Werth des Ballets, dessen
Einfügung an rechter Stelle den ästhetisch-ethischen Eindruck sogar
wesentlich zu steigern vermag, in irgend einer Hinsicht bestreiten oder
verkleinern zu wollen. — Der Schönheitsbegriff ist einer der wichtigsten
in der Aesthetik, seine nähere theoretische Erklärung eine der schwierigsten.
Vielleicht liegt eine annähernd richtige Definition in der Anforderung,
daß die ästhetische Schönheit des „„harmonischen Gleichgewichtes und
der innigsten Durchdringung des Geistigen und Sinnlichen"" nicht entbehren könne. Fügen wir dieser, bekanntlich von Schelling und Hegel
besonders cultivirten Anforderung als weiteres Merkmal noch die von
Lessing und Schiller so sehr betonte Eigenschaft bei, daß die ästhetische
Schönheit mit den Vorschriften der Ethik im philosophischen Sinne des
Wortes harmonire, so möchten Sie, meine Herren, sich wohl eine klare
Vorstellung von dem Begriffe machen können, den ich mit dem Ausdrucke
„schön" gern verbunden sehen möchte. Meine Definition legt dem
Dramatiker nicht die Pflicht auf, daß er uns Charaktere bieten müsse,
welche dem Schönheitsbegriffe vollkommen entsprechen; vielmehr liefert
sie ihm nur den Maßstab zur Auswahl und Nebeneinanderfügung der
für sein Kunstwerk sich eignenden Gestaltungen, und er wird z. B. laut
dieser Definition leicht das Erhabene in dem Hervorragen des Geistigen
über das Sinnliche, das Komische umgekehrt in dem Hervorragen des Sinnlichen über das Geistige, und das Häßliche in der rohen geistverlassenen
Sinnlichkeit erkennen. Ihm steht die ganze Mannigfaltigkeit der mensch-

lichen Charaktere zur Verfügung, wie das Leben dieselben darbietet. Ja
er wird, just um dem Schönheitsbegriffe sein Recht zu verschaffen, nach
Maßgabe der Eigenart des dramatischen Genres sogar zu unvoll-
kommenen Charakteren greifen müssen. — Meine Herren, man hat das
Drama mit Recht die Dialektik der sittlichen Weltordnung genannt. Das
griechische Wort δράμα heißt auf deutsch: Handlung. Das dramatische
Handeln darf sich jedoch nicht auf die störungslose Durchführung eines
bestimmten Zweckes beschränken. Handlung in dramatischem Sinne ist der
Kampf zweier Gegensätze, die mit innerer Nothwendigkeit zur entscheidenden Lösung drängen. Aus den drei Begriffen: Handlung, innerer
Streit und Widerstreit entspringen alle dramatischen Gesetze. Das Wesen
des Dramas beruht auf dem Conflict der menschlichen Leidenschaften.
Also wäre für die Zeichnung von Menschen mit ethisch-ästhetischen
Vollkommenheiten im Drama gar nicht der rechte Ort. Der Dramatiker hat das Schönheitsideal mittelst der Charaktere und der
aus ihren Leidenschaften entspringenden Conflicte und Handlungen
oder vielmehr — um mich noch bezeichnender auszudrücken —
mittelst der Folgen dieser Conflicte und Handlungen und mittelst
deren läuternden Rückschlägen auf die Charaktere, nicht durch die
Charakteranlage selbst, zur Anschauung zu bringen. Er wird das Höchste
geleistet haben, wenn es ihm hiedurch gelingt, im Zuschauer den wahren
Schönheitsbegriff zu klären. Das ist's, was der Stagirit unter der
Vorschrift: „die Tragödie muß Mitleid und Furcht erregen" mit
einbegriffen haben wollte. Ueber die Art, wie der Dramatiker diesen
„„Selbstzweck"" des Drama's erreichen kann, spreche ich mich vorerst
nicht näher aus. Schon Aristoteles hat die Regeln unübertrefflich gegeben und Lessing hat sie in seiner Hamburgischen Dramaturgie ebenso
unübertrefflich erläutert. Wer sich noch nicht die Mühe nahm, bei diesen
zwei dramatischen Evangelisten in die Lehre zu gehen, der wird das
dramaturgische Evangelium gewiß aus meinem Munde nicht lernen
wollen. Auch könnte ich ihm hierüber nichts mir Eigenthümliches mit
theilen, nicht einmal eine neue Picanterie nach der Mode. Mir fehlt
hiezu nicht blos das „„Genie"", sondern sogar die Lust, mich auf solche
Art in den Geruch der Genialität bringen zu wollen. Ich überlasse das
solchen Celebritäten, welche in dieser Beziehung kat'exochen modern experimentiren und sich auf ihre Originalität recht viel einbilden. Zwar ist
es nicht angenehm, sich wegen des Mangels an solcher Originalität

öffentlich der Dummheit, des Kunstunverstandes beschuldigt zu sehen.
Doch läßt sich in Kunstangelegenheiten ein Vorwurf, der, wenn er begründet wäre, Aristoteles und Lessing nicht minder als mich träfe, wohl
noch ertragen, namentlich wenn nachgewiesen werden könnte, daß er eigentlich auf einer mittelst literarischer Fälschung ermöglichten Unterstellung
beruht und auf baaren Unsinn hinausläuft. Auf baaren Unsinn, mittelst
literarischer Fälschung erzeugt? Ja, meine Herren! Da kenne ich z. B.
eine von unserm deutschen Fontenelle redigirte Wochenschrift, welche
glitzernde Wasserbläschen aufbrodelt, allerlei schimmerndes Nichts aus-
streut, immer neue Farben zeigt und mit einem Wort locker und leicht,
gewürzig und ätzig sich an Ueberpflanzung der Herrlichkeiten des unüber-
setzbaren Esprit abzappelt! In dieser Wochenschrift wurde gegen mich
die Anschuldigung erhoben: Johann's (also selbstverständlich auch Aristoteles' und Lessing's) Programm schreibe den Dramatikern vor, die Charaktere nur aus der Klasse der Pädagogen zu wählen und durch dieselben dem Publicum Moralunterricht ertheilen zu lassen, wobei sie sich
hübsch unter die Vorschriften zu ducken hätten, welche für den Moral-
lehrer in der Schule und für den Kanzelredner in der Kirche bindend
sind! Der Aesthetiker dieser Wochenschrift hat in meinem Programm
sogar die Entdeckung gemacht, daß auf Grund desselben unsere gesammte
klassische Dramatik Caviar geworden sei, daß man vor Allem Stücke wie
z. B. „...die Räuber‟‟, „...Richard III.‟‟ und ähnliche schleunigst von
Reichswegen polizeilich verbieten müsse! Meine Herren, Sie lächeln über
die Unterstellung dieses Journal-Aesthetikers und finden zum Lächeln wohl
auch einigen Grund! Schon aus meinen flüchtigen Andeutungen muß
Ihnen klar geworden sein, daß meine Definition des Begriffes Drama
mich berechtigt, just auf Stücke wie Richard III. (auf den von Shakespeare, nicht auf das im vorigen Jahrhundert viel gegebene Drama
gleichen Titels von Weiße), auf die Räuber und ähnliche als auf muster-
giltige Vorbilder hindeuten zu können, wie der geniale Dramatiker, wenn
er einmal die Intuition hat, sich eine häßliche Fabel und verworfene
Charaktere zum Vorwurf zu wählen, selbst aus dem Häßlichsten und
Versunkensten noch das Schönheits-Ideal für den Zuschauer herauskrystallisiren lassen soll und es wirklich herauskrystallisiren lassen kann. Meine
Herren, Sie schütteln Ihre Köpfe! Sie vermuthen wohl, daß ich von
irgend einem obskuren Winkelblatt spreche? Nein! der geschilderte Galimathias wälzte sich (Jahrgang 1872) durch mehrere Nummern des vor-

galoppirenden Pendants der „Nordd. Allg. Ztg.-, nämlich der Berliner „„Gegenwart.""*) Meine Herren, finden Sie in solcher Unterstellung nicht das Ideal von der sprichwörtlichen Geduld des Zeitungspapiers in natura verkörpert? Es ist betrübend, wahrnehmen zu müssen, daß man im Centrum des neuen Kaiserreiches, das ehedem für die dramaturgische Kritik noch einen Tieck und einen Rötscher besaß, die tonangebenden

---

*) Lindau hat sich auf diesen, ihm 1872 von dem Novellisten Hans Hopfen gelieferten Galimathias zwei Jahre später (ebenfalls in der „Gegenwart") mit der Behauptung berufen, es sei dort dem Autor der „Theater-Krisis" die ganze Lächerlichkeit „so klar dargelegt worden", daß er selbst — nämlich Herr Lindau — „kein Wort mehr zu verlieren brauche" über die „auf jeder Seite des Buches" hervortretenden „verworrenen Gemeinplätze, trübe Ungegohrenheit und ganze rudis indigestaque moles", die sich in des Autors „unwirthbarem Schädel herumwälzt" und „wegen ihrer Kindlichkeit eine ernsthafte Beachtung überhaupt nicht beanspruchen durfte." Mit diesen Schmähworten, denen nicht der leiseste Versuch einer sachlichen Kritik beigefügt war, wähnte Herr Lindau die früheren Verunglimpfungen aus der Feder seines Mitarbeiters gerechtfertigt zu haben! Später und bis auf den heutigen Tag spielten die Organe der Lindau'schen Clique, so oft es irgendwo einen deutschen, ihrem Esprit nicht genehmen Theaterreform-Gedanken zu verdächtigen galt, theils auf diese Falstaffiade des Herrn Lindau, theils auf den Hopfen'schen Galimathias gleichsam wie auf unantastbare Orakelsprüche an, wobei sie sich stets nur einer kurzen Phrase bedienten, ungefähr des Inhalts: „Unsinn! wie seiner Zeit die von der Gegenwart glücklich abgetrumpfte Theater-Krisis!" Mit solcher Klopffechterei, die heute ins Blaue hinein keck Behauptungen aufstellt und morgen das gestern Behauptete noch kecker als „längst erwiesen" ohne Beweis wiederholt, deckt diese Gattung von journalistischen Speculanten ihre eigenen Lügengewebe. Bekanntlich agitirte der Redacteur der „Gegenwart" nicht blos in seiner eigenen Wochenschrift sondern auch in andern Blättern sehr thätig gegen den Autor der „Theater-Krisis." Carl Fiedler in seinem vielgelesenen Buche über „das deutsche Theater" schreibt (auf S. 273) darüber: „Lindau hat zunächst den Autor, dann aber, als derselbe auf Grund seiner Reformschrift zum Hoftheaterdirector in Karlsruhe ernannt wurde, den Theaterleiter durch unablässige directe und indirecte Angriffe in Form der gehässigsten und gemeinsten Kritiken, Entstellungen und Notizen derart gemißhandelt und zu Boden gezerrt, daß ich mich oft mit ebenso großer Betrübniß wie Entrüstung fragen mußte: Ist denn in meinem großen Vaterlande nicht ein einziger Mann, der Muth und Kraft genug in sich fühle, solchen literarischen Raufbold zu Boden zu schlagen? Es fand sich keiner — keiner." Und über Lindau's dramatischen Leibjournalisten, der schon „früher mit Lindau durch dick und dünn des journalistischen Labyrinths gewandert" war, aber dann sich mit ihm „auf längere Zeit überworfen" hatte, bemerkt Junius in seiner „Controverspredigt aus der Gegenwart" auf Seite 20: „Leider konnte Hopfen den Einfluß Lindau's und seiner Parteigänger nicht auf die Dauer entbehren, und so sah man ihn denn bald wieder auf der Seite Lindau's unter demselben Feldgeschrei (nämlich für den eigenen „„Erfolg um jeden Preis"") streiten." Zur Ergänzung des Charakterbildes vergleiche man hiemit die oben, in der An-

Federn der Tagespresse in den Händen von Leuten sieht, die es in der Aesthetik wahrlich noch nicht einmal zum Buchstabiren gebracht. Noch betrübender ist, daß der Galimathias solcher Federn in unserem Jahrhundert irgendwo gläubige Leser finden kann. Oder vielleicht auch nicht betrübend? Man sagt: wenn Verirrungen der Lächerlichkeit anheimfallen, dann sind sie auch schon überwunden oder mindestens unschädlich geworden. Ganz so weit wären wir nun zwar noch nicht, aber auch nicht mehr sehr weit davon. Wenn ich bedenke, daß mein bescheidenes Programm von sechszehn Druckbogen den offenen und den verkappten Gegnern Stoff zu mehr als hundert eng gedruckten Oppositionsbogen für die verschiedenen Journale und Journälchen in allen Winkeln des großen Vaterlandes liefern mußte, daß sich einige Abfälle dieser journalistischen Riesenthätigkeit sogar über die Reichsgrenze hinüber in außerdeutsche Blätter verirrten, und daß die ganze Frucht solch colossalen Aufwandes an Buchdruckerschwärze in der von der „Nordd. Allg. Ztg." und von der Berliner „Gegenwart" ausgekramten Weisheit besteht, so könnte ich mich fast versucht fühlen, mit Mephisto über eine solche Kritik auszurufen:

> In meiner Gegenwart wird's ihr, sie weiß nicht wie,
> Mein Mäskchen da weissagt verborgnen Sinn;
> Sie fühlt, daß ich ganz sicher ein Genie,
> Vielleicht wohl gar der Teufel bin.

Aber nein, ihr Herren Kritiker von Monsieur Voltaire's Gründlichkeit! Meine ganze Teufelei besteht in der Eigenschaft, daß ich mich nicht so, wie ihr es seid, für allwissend halte. Darum eben ziehe ich unsere guten Alten zu Rathe, so oft ich in meinen mangelhaften Kenntnissen eine Lücke entdecke — und zu dieser Entdeckung komme ich öfter als mir lieb ist. Noch bin ich erst so weit, um zu wissen, wie viele Lücken zur Ausfüllung mir noch bleiben. Darunter befinden sich auch einige, für

merkung auf Seite 9, bereits mitgetheilte Schilderung des Herrn Lindau von Karl Gutzkow. Ich enthalte mich, diesen drei Citaten noch aus meiner eigenen Feder etwas anderes beizufügen als nur die Versicherung, daß der Verfasser der Theater-Krisis den Herren Lindau und Hopfen weder persönlich bekannt ist noch vordem sonst irgendwie durch seine Feder mit ihnen in Berührung kam. Keinem von Beiden steht also für seine Handlungsweise die Entschuldigung zur Seite, im Zustande der Gereiztheit sich geirrt zu haben; und ihre literarische Fälschung kann nicht als ein persönliches Duell qualificirt werden, sondern ist ein kaltblütig verübtes Verbrechen gegen die Interessen der dramatischen Kunst.   Johann.

welche die Alten uns wirklich rathlos lassen, weil unsere Zeit eine an=
dere wurde. Sollte ich aber meinen Todfeinden jemals das Aergste
wünschen wollen, so wünsche ich ihnen nicht meine Lücken, sondern spreche
über sie den Fluch aus: Werdet so allwissend, wie unsere officiösen Reichs=
Aesthetiker in der Tagespresse es längst geworden sind! — Bekanntlich
gilt die Phantasie für die Mutter der Künste. Der producirende Künstler
schöpft aus dem Gemüth, aus dem Gefühl. Selbst der Kunstkritiker
bedarf von der reproducirenden Phantasie soviel als nöthig ist, um dem
producirenden Künstler auf seinem Adlerfluge mit Verständniß folgen zu
können. Schreckt und verscheucht ihn schon der bloße Klang des Wortes
Ethik, wie nach der Sage der erste Hahnenruf die Gespenster schrecken
und verscheuchen soll, so kann man dies wohl für ein sicheres Zeichen
betrachten, daß sein Gemüth erkrankt, seine Phantasie verderbt ist. Wie
das Verlangen nach den schönen Künsten tief in der menschlichen Natur
wurzelt, so wurzelt in ihr nicht minder tief auch die Vorstellung, daß
das Schönheits-Ideal ohne ethische Eigenschaften nicht denkbar sei. Dies
wird nicht blos durch die klassischen Kunstperioden der Vergangenheit,
sondern auch durch die Uranfänge der Kunst bei allen Völkern und unter
allen Zonen erwiesen. Selbst die rohesten Stämme begannen und be=
ginnen ihre ersten Versuche in der Kunst mit Veranschaulichung oder Ver=
körperung dessen, was ihnen als ein Symbol oder als Inbegriff der Ethik
der Welt galt oder gilt. Eine Kunstanschauung, welche sich vom ethi=
schen Begriffe losschält, steht, mag sie auch den hierdurch im Schönheits=
begriff entstandenen Flecken mit was immer überkleistern wollen, tief sogar
unter den allgemein menschlichen und natürlichen Anlagen der wildesten
Horden. Sie hat sich auf lahmen Fittichen vor einen Abgrund schleppen
lassen, und man mag ihr füglich zurufen: Hinab mit solcher Kunst, der
gefährlichsten und verderblichsten aller Errungenschaften! — Doch nun
genug von dem thöricht seelenlosen Hirngespinst, das, obgleich unsere
Modernen sich auf den Fund so gütlich thun, nichts weniger als eine
neue Entdeckung ist. Es tauchte als vorgeblich höchstes Schönheits-Ideal
noch stets in Zeiten auf, in denen es Ignoranten gab, welche dem Wahne
zu huldigen begannen, daß der Künstler, weil das Talent ihm ange=
boren sein muß, der erst mühevoll zu erwerbenden Kenntnisse ent=
behren könne. Wir haben es also hier einfach mit einer durch den
glitzernden Flitter des Esprit verhüllten Metamorphose des alten Natura=
lismus zu thun. Solche Metamorphose ist kein Widerspruch zu den tiefern

Bestrebungen unsers Jahrhunderts, wohl aber eine von den auf der Oberfläche hintreibenden Schaumblasen. Sie ist gleichsam die sich unfreiwillig und unwillkürlich ergebende Satire auf die Travestie einer Generation, welche gern den letzten Urgrund alles Seins erforschen und erkennen möchte. Daher der Reiz, den sie vorübergehend sogar auf ernste Beobachter übt, welche den hier getriebenen Hocuspocus recht wohl durchschauen. Aber Gebilde, die auf dem Boden eines solchen Naturalismus emporschießen, gleichen den Phantomen oder Nebelgestalten, die, ehe man sie anfassen kann, auch schon wieder in Dunst und Nebel verschwunden sind. Von ihnen gilt, mehr als von irgend einer andern Kunstrichtung, des Dichters Wort:

> Was glänzt ist für den Augenblick geboren,
> Das Echte bleibt der Nachwelt unverloren.

Mehr als für den Augenblick blenden wollen ja auch die Theaterschriftsteller nicht, welche das Steckenpferd eines solchen Naturalismus reiten. Ihr Zweck wird also erreicht. In keinem Zeitalter fehlte es an Neugierigen, die regelmäßig das Ungewöhnliche mit dem Genialen und das Pikante mit dem Wahren verwechselten. Dies genügt auch heute noch, um im Theater den Leuten das Geld aus der Tasche zu locken, ehe sie merken, daß man sie an der Nase herumgeführt hat. Und wer sich mit der Kunst nur seine Börse füllen will, der pflegt getrost die Rücksichten auf eine Nachwelt den Idealisten zu überlassen. Vollends die politischen Publicisten, die nebenbei in Aesthetik machen, haben nur den nächsten Augenblick vor Augen. Folglich kann es den modernen Wiederentdeckern des alten Naturalismus in der Kunst auch an feurigen Lobrednern in der Tagespresse nicht fehlen. Und in sofern wäre Alles gut, — gut für den Augenblick! Die abschüssige Richtung in der Kunst dient augenblicklich der Politik, um einen schon in Sicht stehenden Feind bekämpfen zu helfen. Aber für wie lange darüber hinaus? Was kann man als schließliches Ende einer unnatürlichen Association des kerngesunden Jünglings mit dem ansteckend kranken Greise prognosticiren, der mühsam nur für die kurzen Stunden eines Carnevals sein garstiges Antlitz unter der jugendlich und blühend aussehenden Larve zu verbergen vermag? Dies, meine Herren, scheint mir eine Frage zu sein, deren Beantwortung den Staatsmännern zuzuschieben ist. Ich habe schon in der Einleitung ausgesprochen, daß ich mich streng auf den Standpunkt einschränken werde, welchen der Dramaturg unter den Verderbnissen der Zeit nie verlassen sollte. Der Dramaturg hat es mit der höchsten Gattung derjenigen Kunst zu thun, welche die tiefste und reichste aller schönen Künste genannt wird. Die bildenden Künste, d. h. die Baukunst, die Bildhauerei und Malerei, wirken nur durch die Darstellung der äußern Gestalt und Farbe; die Musik ist vermöge der elementaren Natur des Tons auf das unbestimmte Gefühls- und Empfindungsleben beschränkt. Die Poesie, deren Darstellungsmittel die Sprache ist, vereinigt in gewissem Sinne die Wirkungen der musikalischen und der bildenden Künste, sie ist deren wesentliche Ergänzung und Abschluß; ihr eigentlichstes Gebiet besteht in der Plastik des menschlichen Innern, ihre höchste Spitze ersteigt sie in der Charakter-Darstellung, also im Drama. Seinen Stoff entnimmt der Dramatiker dem Edelsten und Vollendetsten, was die Erde besitzt: er hat den Menschen in seiner Totalität zu zeichnen. Stehlt ihm aus seinem Stoffe das ungefälschte Schönheits-Ideal beglückender Vorahnungen, pfuscht ihm dafür die Mißgeburt des trockenen, unzulänglichen Verstandes hinein: dann habt ihr ihm als Material die elendesten Geschöpfe überantwortet, welche die Erde trägt! Schwache, sich selbst peinigende Wesen, noch erbärmlicher als das Thier, das zwar ein Höheres ebenfalls nicht kennt, aber auch keine Vernunft besitzt, um sich nach einem Höheren sehnen, durch dessen Verlust unglücklich werden zu können. Ihr sagt, daß Ihr der Natur um so näher kommt, je weiter Ihr euch vom Ideal entfernt? Aber ist, was Ihr uns als Natur bietet, denn wirklich die echte, reine Natur? Ist es nicht vielmehr eine conventionell übertünchte Natur, eine durch Unarten entstellte Natur, eine durch widernatürliche Anlernungen zur Unnatur entartete Natur? Und soll, was uns in der Natur anwidert, uns in der Kunst erfreuen können? Ihr bietet Probleme, für die ihr keine Lösung habt, und sagt: „Das ist das Wahre, denn auch des Menschen Dasein ist ein ungelöstes Problem". Aber kann es denn je Aufgabe der Kunst sein, ungelöste oder unlösbare Probleme aufzuwerfen? Muß nicht jedes echte Kunstwerk den Schlüssel zur Lösung der von ihm veranschaulichten Verwickelungen in sich selbst tragen? Ihr sagt: „Wir bieten euch Geschichte, und was wirklich geschehen ist, das muß auch in der Kunst möglich und am Platze sein". Was aber kümmert den Dramatiker das wirklich Geschehene, wenn dessen Verständniß außerhalb des Rahmens seiner eigenen Leistung gesucht werden muß? Ich antworte auch hier mit

Lessing, welcher (Hamburgische Dramaturgie neunundsiebzigstes Stück) über das geschichtliche und sehr natürlich gezeichnete Ungeheuer Richard III. von Weiße schreibt:

„„Aber ist dieser Jammer (nämlich die unschuldigen Schlachtopfer des Schurken Richard), der mich mit Schaudern an die Schicksale der Menschen denken läßt, dem Murren wider die Vorsehung sich zugesellet, und Verzweiflung von Weitem nachschleicht, ist dieser Jammer — ich will nicht fragen, Mitleid? — Er heiße wie er wolle. — Aber ist er das, was eine nachahmende Kunst erwecken sollte? Man sage nicht: erweckt ihn doch die Geschichte, gründet er sich doch auf Etwas, das wirklich geschehen ist. — Das wirklich geschehen ist? Es sei; so wird es seinen guten Grund in dem ewigen und unendlichen Zusammenhange aller Dinge haben. In diesem ist Weisheit und Güte, was uns in den wenigen Gliedern, die der Dichter herausnimmt, blindes Geschick und Grausamkeit scheint. Aus diesen wenigen Gliedern sollte er ein Ganzes machen, das völlig sich rundet, wo Eins aus dem Andern sich völlig erkläret, wo keine Schwierigkeit aufstößt, derentwegen wir die Befriedigung nicht in seinem Plane finden, sondern sie außer ihm in dem allgemeinen Plane der Dinge suchen müssen; das Ganze dieses sterblichen Schöpfers sollte ein Schattenriß von dem Ganzen des ewigen Schöpfers sein; sollte uns an den Gedanken gewöhnen, wie sich in ihm Alles zum Besten auflöse, werde es auch in jenem geschehen; und er vergißt diese seine edelste Bestimmung so sehr, daß er die unbegreiflichen Wege der Vorsicht in seinen kleinen Zirkel flicht, und geflissentlich unseren Schauder darüber erregt? O verschonet uns damit, ihr, die ihr unser Herz in eurer Gewalt habt! Wozu diese traurige Empfindung? Um uns Unterwerfung zu lehren? Diese kann uns nur die kalte Vernunft lehren; und wenn die Lehre der Vernunft bekleiben soll, wenn wir bei unserer Unterwerfung noch Vertrauen und fröhlichen Muth behalten sollen, so ist es nöthig, daß wir an die verwirrenden Beispiele solcher unverdienten schrecklichen Verhängnisse so wenig als möglich erinnert werden. Weg mit ihnen von der Bühne! Weg, wenn es sein könnte, aus allen Büchern mit ihnen!““

Was würde, wenn Herr Gotthold Ephraim Lessing erst heute als unbekannter Dramaturg des Hamburger Theaters unter uns so zu schreiben anfinge, die offiziöse Berliner Theaterkritik zu dieser Auslassung wohl sagen? Wäre das nicht wieder ein prächtiger Stoff für Paul Lindau's „„Gegenwart"", der Welt einen „„Bühnen-Reformator von lächerlichstem Kunstunverstande"" denunciren zu können? Fände die ...Nordd. Allg. Ztg."" hier nicht Grund auf Grund, im schonendsten Falle von einem äußerst gefährlichen Pietisten zu faseln und dessen schleunigste Ausweisung mindestens aus allen Theatern des Reiches zu beantragen? Gegen mich ist wegen kleinerer Bemängelung des neudeutschen Kunst-Evangeliums Beides verübt worden. Bekanntlich aber kämpfte Lessing weder gegen ein neudeutsches noch gegen ein altdeutsches Kunst-Evangelium, weil es in seinen Tagen für das Theater weder das eine noch das andere, sondern nur ein französisches gab. Sind die Berliner Journal-Aesthetiker nicht in jenem französischen Evangelium noch stecken geblieben, trotz des großen Krieges von 1870? Die Antwort ist von mir wohl hinlänglich ertheilt. Kann auch das, was ich gegen die Berichterstattungen in der „„Gegenwart"" und in der „„Nordd. Allg. Ztg."" zu erinnern hatte, nicht schlechtweg zugleich auch für jedes andere Berliner Blatt gelten, so bin doch nicht ich in der Lage, dessen etwaige Ehrenrettung zu übernehmen. Das mögen die betreffenden Blätter selbst thun, wenn sie es können. So weit sie mir zu Gesicht gekommen sind, hat die Mehrzahl mit der geschilderten literarischen Falschmünzerei geliebäugelt. Ob aus Furcht oder aus Mangel an eigenem Verständniß, ist zu untersuchen nicht meine Sache. Dennoch könnte es mich selbst nur aufrichtig freuen, wenn wenigstens diejenigen Blätter, welche sich ganz passiv verhielten, den Beweis zu erbringen vermöchten, daß der Ausspruch: qui tacet consentire videtur, für diesen Fall keine unumstößliche Giltigkeit zu beanspruchen habe. Den neumodischen Kunst-Kritikern in der „„Nordd. Allg. Ztg."" und in der „„Gegenwart"" aber rufe ich vorerst als Abschiedsgruß einfach noch die Worte Faust's zu:

> Was willst du armer Teufel geben?
> Ward eines Menschen Geist in seinem hohen Streben
> Von deines Gleichen je erfaßt?

Meine Herren, ich gedenke nicht sobald wieder auf dies Kapitel zurückzukommen. Wir haben in unserer Genossenschaft noch gar Mancherlei zu besorgen und wollen über die Zeit und über die Buchdruckerschwärze haushälterischer verfügen als unsere Collegen in Norddeutschland. Zwar heißt es, daß Steine, die von Vielen gegen einen Einzelnen geschleudert werden, für das erkorne Schlachtopfer tödlich zu sein pflegen. Doch hat wohl auch diese Ansicht ihr tröstliches „Aber!" Steinen, die man aus allzu sumpfiger Tiefe durch ein Kellerloch heraufschleudern will, versagt schon auf halbem Wege die Schwungkraft und sie prallen geräuschvoll auf den Schützen zurück! Steine, die aus Nebelregionen auf den bedacht einherschreitenden Wanderer herabgewälzt werden, verlieren leicht am schlüpfrigen Abhang die gerade Richtung und schlagen schließlich nur ins Erdreich ein Loch, statt in den Kopf der gemeinten Person!

Trifft vielleicht hier Beides zu? Dann freilich um so schlimmer — nicht für mich, sondern für unser liebes deutsches Theater, das unter solchem Steingerümpel sich mehr und mehr in einen Tummelplatz für Krethi und Plethi verkehrt!"

Nach dieser Rede verließ Johann der Idealist die Tribüne und zog sich bescheiden wieder auf seinen früheren Platz in der letzten Sitz= reihe der Zuhörer zurück. Zum ersten Male wurde seinem Vortrage ein vielstimmiges Bravo aus der Mitte der Versammlung gespendet. Ob dasselbe einem nachhaltigen Gesinnungswechsel oder abermals nur dem rasch sich verflüchtigenden Eindrucke des Augenblickes entsprang, werden wir erst in der Folge ergründen können.

VII.

Naturalismus, Dilettantismus, Mache, Marlow-Lindau's „Erfolg", Phantasie.

Motto: Ihr fühlet nicht, wie schlecht ein solches
           Handwerk sei!
       Wie wenig das dem echten Künstler zieme!
       Der saubern Herren Pfuscherei
       Ist, merk' ich, schon bei Euch Marime.
           Goethe (Vorspiel zu „Faust").

ie fünfte Sitzung eröffnete der schalkhafte Alterspräsident mit den Worten:

„Es ist gegen das Präsidium der Wunsch ausgesprochen worden, daß unsere Genossenschaft die Debatte über allgemeine theoretische Vorfragen sobald als möglich beenden und praktisch verwerthbare Specialien behandeln möge. Die Leser unserer Protokolle erwarten davon pikante Geschichtchen oder mindestens belustigende Abwechselungen. Ein paar Kritiker versicherten mir sogar schon, daß der bisherige Gang unserer Untersuchungen uns der Gefahr aussetze, nur den schon überzähligen Reichthum an schätzbarem Materiale für die Theater-Archive um einen neuen Fascikel zu vermehren. Obgleich ich nun persönlich der Ansicht bin, daß mit derlei Aeußerungen Ihrer unbestreitbaren Weisheit ein wenig schmeichelhaftes Compliment gemacht werde, so halte ich doch meinerseits zu den Marimen, welche ein kluger Arzt bei Behandlung erkrankter Kinder zu beobachten pflegt. Er verschreibt nicht reine Arznei, sondern versteckt sie unter angenehm gewürzte Bonbons. Meine Herren, jedes Publicum ist ein großes Kind, und Sie werden gut thun, wenn Sie unsere Bühnenleiter nicht von der Zahl solcher großen Kinder ausschließen, sondern auch für diese meinen Wahlspruch gelten lassen: ‚„Jedem Narren gefällt seine Kappe."' Ich sehe mich zu dem Vor

schlage veranlaßt: Springen Sie von heute an über alle theoretischen
Klügeleien hinweg, greifen Sie frisch ins praktische Theatertreiben hinein,
wozu die Leser unserer Protokolle jetzt hinlänglich vorbereitet sind. Man
erwartet von Ihnen zunächst eine greifbare, d. h. eine mit Beispielen
belegte Klarstellung der in unserer Mitte laut erhobenen Vorwürfe, daß
1. fast keine Bühne ein dem Kunstbegriffe genügend entsprechendes
Ensemble besitze; daß 2. keine Bühne planmäßig und correct ein stil-
volles Repertoire anstrebe; und daß 3. brauchbare und wirkliche unter
uns lebende dramatische Talente zum großen Nachtheil für den möglichen Neuaufschwung der dramatischen Kunst von unserer modernen
Bühne ausgeschlossen seien. Meine Herren, ich erlaubte mir, den ersten
dieser drei Punkte, nämlich die Klarstellung des Ensemble, auf unsere
heutige Tagesordnung zu setzen und ersuche Sie, die Erörterungen zu
beginnen."

May, der Pessimist, entgegnete:

„So sehr ich auch die Ansicht theile, daß in den eben genannten
drei Punkten unsere Hauptaufgabe zu erkennen sei, habe ich doch gegen
die vorgeschlagene Tagesordnung ein sachliches Bedenken. Meine Herren,
was bedeutet in der Kunst der Ausdruck „„Ensemble""? Ich lasse mich
vorerst noch nicht auf eine Begriffserklärung ein, sondern will nur dasjenige betonen, was durch das Ensemble erreicht werden soll. Von
einem Kunstwerke, welches mancherlei Schönheiten besitzt und dennoch
keine Totalwirkung macht, sagt man, es fehle das Ensemble. Die Totalwirkung bezeichnet man als diejenige Eigenschaft, welche jeder künstlerischen Schöpfung ihren nachhaltigen Eindruck und Rang verleiht. Folglich muß wohl das Ensemble ein Erforderniß sein, welches einerseits
auf das ganze Kunstwerk, andrerseits auf dessen einzelne Theile Bezug
hat. Werden wir uns über das Erforderniß des Ganzen eine richtige
Vorstellung bilden können, so lange nicht feststeht, was ein jeder der
einzelnen Theile dazu beisteuern soll? Wie mir scheint, machen wir,
indem wir uns plötzlich mitten ins Ensemble hineinstürzen, einen Sprung,
und werden bald finden, daß wir allzu hastig nur den Leitfaden entzwei-
gerissen und uns in ein Labyrinth unlösbarer Fragen hineingestürzt haben.
Meine Herren, das ist der Weg, unter der Form scheinbarer Gründlichkeit sich eine Methode anzueignen, deren Resultate kaum werthvoller sein
könnten als die Resultate des platten Naturalismus, von welchem fast
unsere gesammte moderne Kunst durchfröstelt ist. Sie würden schließlich

das Vorhandensein eines wahrhaften Ensemble selbst an solchen Leistungen zugeben müssen, in welchen erst schwache Spuren von beabsichtigtem Streben nach demselben erkennbar sind."

„Der Vorredner deutete auf den Naturalismus hin," nahm Gerson, der thatenlustige Impresario, das Wort. „Auch in unsern früheren Sitzungen hat man wiederholt gegen den Naturalismus als gegen eine kunstfeindliche Richtung gedonnert. Daneben wurde zugleich auf die Natur als die höchste Lehrmeisterin der Kunst hingewiesen. Leitet sich der Naturalismus nicht von der Natur her? Es wäre interessant, festzustellen, was wir in der Kunst unter dem Ausdrucke Naturalismus eigentlich zu verstehen haben?"

„Diese Frage ist in der That am Platze," begann jetzt Heinrich, der unverwüstliche und bisher so schweigsam gebliebene Optimist. „In unserer modernen Kritik wird mit diesem Worte viel leeres Stroh ge= droschen. Productionsunfähige Gelehrte und Stubenhocker, denen von Natur jede Neuerung ein Greuel ist, wandeln damit Alles ab, was nicht zu ihren alten Schartefen paßt. Mir selbst hat ihr unverdauter Trödel schon vielen Verdruß bereitet und nicht selten meine besten Experimente wieder lahm gelegt. Wenn derlei Strohköpfe den Erfolg nicht mehr bestreiten können, so werfen sie Unsereinem Naturalismus vor und be= haupten, daß das Ei des Columbus auch ohne Loch aufrecht stehen könne."

„Dennoch wollen wir nicht mit einer schalen Wortspielerei über den Kernpunkt des Vorwurfs hinwegspringen," fiel Johann der Idealist ein. „Es giebt in der Kunst zwei Gattungen von Naturalismus. Die eine möchte ich den offenen und die andere den verhüllten Naturalismus nennen. Der ersteren Gattung, dem offenen Naturalismus, gehören diejenigen Künstler an, welche ihren Kunstzweig ohne Wissenschaft, nicht nach Studien der Regeln desselben, sondern nach ihrer natürlichen An= lage cultiviren. Der offene Naturalismus besteht also im Mangel an fachgemäßer Schule."

„Dünkt Ihnen der Mangel an Schule unter allen Umständen in der Kunst so ganz verwerflich?" fragte Gerson und fuhr fort: „Wie mir scheint, würden wir durch eine allzustrenge Verdammung der Natu= ralisten uns in Widerspruch mit der Entstehung aller Kunst, also wohl auch mit der Kunst selbst setzen. Die Künste sind ursprünglich vom Natu= ralismus ausgegangen. Erst aus schon vollendeten Meisterwerken abstra= hirte man sodann dasjenige, was jetzt die Wissenschaft der Kunst oder die Schule genannt wird, nämlich eine Anzahl gewisser Regeln zur Beachtung für die Epigonen und nebenbei auch zu dem Zwecke, dem Kunstlaien die tieferen Schönheiten jener Meisterwerke begreiflich zu machen. Die dramatischen Musterschöpfungen eines Aeschylos, Euripides und Sophokles werden schon seit mehr als zweitausend Jahren bewundert: Gründer der Aesthetik, als einer systematischen Wissenschaft des Schönen, ist Alexander Gottlieb Baumgarten, der erst im Jahre 1714 geboren wurde und 1762 starb. Der erste Band seiner „„Aesthetica"" erschien 1750, also ist die Aesthetik als wissenschaftliches System, das trotz der vielen seither daran arbeitenden Forscher wohl noch heute mancherlei Lücken hat, erst 150 Jahre alt, während die Meisterwerke der Kunst, aus denen die ästhetischen Forscher noch heute lernen müssen, ein Alter von 2400 Jahren und darüber aufzuweisen haben. Ein Kunst-Genie, welches das Wesen der Natur erfaßt hat, besitzt, denke ich, schon alle ihm nöthigen Fachkenntnisse und zwar um so mehr, als das Genie sich kein ihm widerstrebendes Gesetz aufdrängen läßt, sondern seine Kunstgesetze stets in sich selbst trägt."

„Diese Ansicht hat viel Bestechendes" — erwiderte Johann der Idealist — „dennoch ist mehr Falsches als Wahres daran. Wahr ist nur, daß sich in der Kunst der Grad der Vollendung nicht lernen läßt, daß er aus dem eigenen Innern des Künstlers hervorgeht und auf einem Gesetze beruht, welches er in sich selbst fand und welches nur für ihn selbst verwerthbar bleibt. Die Schule kann das wahre Genie weiter nichts als die Vermeidung der Fehler lehren. Ohne Schule wird selbst das größte Genie fast in der Regel, und das bloße Talent immer sich verirren. In Zeiten hoher Bildung reicht die Kenntniß der Natur für sich allein nicht aus. Doch selbst wenn sie für ausreichend erklärt werden könnte, so wird dennoch der nach dem Höchsten strebende Künstler nicht auf langen und gefahrvollen Umwegen suchen wollen, was er auf kürzerem und geradem Wege gefahrlos sich aneignen kann. Eben dieselben Gründe, welche Sie gegen eine Schule in der Kunst geltend machen wollen, könnten Sie mit gleich großem oder gleich geringem Rechte auch gegen die Schulen in all denjenigen menschlichen Kenntnissen kehren, die man ursprünglich der Empirie verdankt. Das Unzulässige Ihrer Ansicht muß Ihnen einleuchten, wenn Sie sich die Wirkung der gegenwärtigen, welche eine allgemeine Aufhebung der Schulen letzterer Gattung auf das gesammte Menschengeschlecht erzeugen müßte. Sie

haben aus der geschichtlichen Thatsache, daß die Hellenen eine ausnahmsweise feinfühlige Nation waren, eine allgemeine Regel gezogen,
während doch die Ausnahme nie den Maßstab für die Festsetzung der
Regel liefern kann. Hellas hatte nicht blos seine großen Künstler und
Dichter, sondern auch seinen Plato und Aristoteles, welche ebenfalls
heute noch mehr werth sind als ein ganzes Dutzend vom Pratz unserer
Philosophen und Aesthetiker, trotz all' ihrer systematischen Verbuchungen.
Unser einziger, wirklich großer Kunstgesetzgeber, Lessing, systematisirte niemals, sondern bediente sich der schlichten Lehrmethode der Hellenen und
schlüpfte wohl auch manchmal über Probleme, die einer verschiedenen
Lösung fähig sind, und über die er für die producirende Kunst neue
Ideen wecken wollte, mit einer vielsagenden Frage oder mit einem bedeutungsvollen Gedankenstriche hinweg. Fassen wir den Ausdruck
Aesthetik im höheren Wortsinne auf, so müssen wir zugestehen: Es ist
gar nicht wahr, daß ein Deutscher sie erfand. Wir haben nur das Verdienst, für die Behandlungsart der Aesthetik eine Form erfunden zu
haben, welche neben dem Guten, das ihr zweifellos innewohnt, auch
den Nachtheil besitzt, daß sie nebenbei Schablonen erzeugte. Wenigstens
möchte ich mir getrauen, von einem ganzen Dutzend unserer sogenannten
Aesthetiker, welche neue Systeme aufgestellt haben, zu beweisen, daß sie
besser gethan hätten, Holzhacker zu werden, als sich mit Künsten zu befassen, für die ihnen der Scharfblick nicht minder als das Feingefühl
gänzlich mangelt.“

„Sie scheinen die Aesthetik und den Naturalismus mit gleichmäßiger
Geringschätzung zu behandeln,“ warf Heinrich der Optimist spitzig ein.

„Ich bitte, Form und Gehalt nicht mit einander zu verwechseln,“
erwiderte Johann der Idealist ebenso spitzig. „Meine Bemerkung
geht nur auf den Mangel an letzterem. Es wäre mir nicht schwer, aus
der Geschichte der Kunst nachzuweisen, daß im Allgemeinen die Künstler
weit tiefer und inniger aus ihrer eigenen Seele heraus arbeiteten, als
es ihnen noch nicht möglich war, sich ohne selbstständiges Denken in gewisse Kunstgesetze hineinzufinden zu können. Ja ich behaupte geradezu,
daß noch heute der echte Künstler durch das Studium der Alten und
der Werke Lessing's mehr gefördert wird als durch die Lectüre der
pünktlichst systematisirenden Bücher neuerer Autoren. Wenn er in sich
selbst schon trägt, was der echte Künstler von Natur besitzen muß, so
läuft er gewiß dort nicht Gefahr, sich etwas anzueignen, was bei ihm

nie zu Fleisch und Blut werden kann. Hier dagegen liegt diese Gefahr manchmal recht nahe, und er gewöhnt sich, auch das seiner eigenen Inspiration ewig fremdartig Bleibende sich aufzudrängen und blos mechanisch zu arbeiten, nur um in den Augen der Theoretiker zur Zahl der Kunstverständigen gerechnet zu werden. Der Nutzen der systematisirten Aesthetik ist offenbar für das größere Publikum weit bedeutender als für den schaffenden Künstler. Seit Jeder, auch der ungebildetste Laie, im Laufe weniger Wochen durch dergleichen Machwerke einen „„Einblick in die Werkstätte des Künstlers"" gewinnen kann, ist in der Kunst die Oberflächlichkeit an Stelle der inneren Vertiefung getreten, und ein erschreckend um sich greifender Dilettantismus zur Zeitkrankheit geworden."

„Was nennen Sie Dilettantismus?" warf Heinrich der Optimist abermals spitzig ein.

„Den Gegensatz der Kenner- und Meisterschaft," erwiderte Johann. „Der Ausdruck stammt bekanntlich vom italienischen dilettare, d. h. lieben. Ein Dilettant ist, wer, ohne erschöpfende Studien zu machen, sich für eine Kunst oder Wissenschaft interessirt. Sofern der Dilettant seine Liebhaberei nicht zu seinem Hauptfache macht, ist der Dilettantismus eine Eigenschaft, die jedem Menschen zu wünschen wäre, der neben seinem Berufsfache noch Muße dazu erübrigen kann. Der Dilettantismus in gutem Sinne trägt wesentlich zur Verschönerung des menschlichen Daseins bei und fördert zugleich die Empfänglichkeit für die Meisterwerke der Kunst in allen Privatkreisen. Wenn er aber aus den Grenzen der Häuslichkeit heraustritt und sich öffentlich zum Hauptfache aufbläht, so wird er zum Dilettantismus im schlechten Sinne und begünstigt nur die Stümperei. Ich nehme hiervon Anlaß, den Begriff zu vervollständigen, den ich mit dem Worte Naturalismus verbinden möchte. Der offene Naturalismus in seiner ganzen Kraßheit kommt unter uns nur noch selten vor. Selbst der oberflächlichste Dilettant findet, wenn er nicht geradezu Ohr und Auge verschließt, einige Kunstkenntnisse gleichsam auf der Straße, und unser Zeitalter hat z. B. im dramatischen Fache nur einen einzigen Bacherl aufzuweisen. Desto größer ist die Zahl der verhüllten Naturalisten."

„Verhüllten Naturalisten?" fragte Heinrich der Optimist und fügte hohnlächelnd bei: „Eine Bezeichnung, die in der Aesthetik noch ganz unbekannt ist!"

„Desto beſſer iſt die Sache bekannt, die ich mit dieſem Ausdrucke bezeichne," fuhr Johann fort. „In der Aeſthetik wird ſie einfach unter den Kunſtverirrungen regiſtrirt. Ich wählte den Ausdruck „...verhüllter Naturalismus"", weil er zugleich den Grund der Verirrung kennzeichnet."

„Sie wollen alſo jede Verirrung in der Kunſt aus dem Naturalis: mus herleiten?" fragte Heinrich.

„Ich habe ſchon wiederholt betont, daß ich nur die dramatiſche Kunſt vor Augen habe," fuhr Johann fort. „Wenn ich dennoch die Kunſt im Allgemeinen berühre, ſo geſchieht es, um diejenigen allgemei: nen Kunſtgeſetze klarzuſtellen, welche auch für die Dramatik Giltigkeit haben, obgleich ſie nicht ausſchließlich dramatiſche Geſetze ſind. Im Drama kann nur der offene oder verſteckte Naturaliſt ſich irren, denn die dramatiſchen Grundregeln liegen ſchon ſeit Ariſtoteles ſo offen vor, daß ich für den Bühnendichter, der undramatiſch zu ſchreiben vermag, wahrlich keine Entſchuldigung fände, wenn ich nicht die Unkenntniß jener Grundregeln dafür gelten laſſen ſollte."

„Mit dieſer Erklärung fällt Ihr früher gegen die Theaterleitungen erhobener Vorwurf in Nichts zuſammen," rief Heinrich der Optimiſt triumphirend aus. „Sie bezeichneten dort die Aufführung ſeiner eigenen Werke als des Dramatikers wahre Schule und leiteten den Mangel an bühnengerechten Novitäten von der Vernachläſſigung lebender Drama: tiker her!"

„Jener Vorwurf wird durch meine jetzige Erklärung nicht einmal berührt, geſchweige denn entkräftet," entgegnete Johann mit feſter Entſchiedenheit.

„Das wäre eine neue Logik", hohnlächelte der Optimiſt. „Sie be: haupten in einem und demſelben Athemzuge, daß Ariſtoteles dem Drama: tiker eine feſte Burg gegen Verirrungen errichtet habe, und daß dennoch ein Dichter, mit deſſen Werken das Publikum nicht brühwarm von den Brettern herab gelangweilt werde, kein regelgerechtes Drama ſchreiben könne. Der Widerſpruch dieſer zwei Behauptungen muß, denke ich, ſogar einem Kinde in die Augen ſpringen. Wie mir ſcheint, brauchen wir nicht erſt Ihre Namhaftmachung der angeblich unterdrückten Dramatiker ab: zuwarten, um den Satz, daß heutzutage der Bühne kein wirkliches Talent verloren gehe, für vollſtändig erwieſen zu halten. Die Schriftſteller, die Sie uns ſchließlich als Märtyrer der Kunſt vorzuſtellen beabſichtigen, werden eben Dichterlinge von jener Gattung fein, deren Schädeln weder mit noch ohne Bühne je ein effectvolles Theaterstück entspringt."

„Mein Herr" — begann Johann der Idealist ruhig — „Sie fallen wieder einmal in die alte Gewohnheit, Ihr buntscheckiges Paradepferd zu reiten, das eigentlich nur in einem aus Begriffsverwechselungen zu= sammengestoppelten Rotto besteht. Vorhin sprach ich, mit Bezug auf Aristoteles, von gewissen dramatischen G r u n d r e g e l n, die aus dem Begriffe des Kunstausdruckes D r a m a abgeleitet werden und den Gehalt desselben betreffen. Früher sprach ich, mit Bezug auf die moderne Bühne, von der Fertigkeit, jene Grundregeln auf eine Art zu verwerthen, die geeignet ist, ein wirkungsvolles Theaterstück nach dem heutigen Z e i t = g e s c h m a c k e zu erzeugen. Jene, nämlich die auf den innern Gehalt Bezug habenden Grundregeln, müssen beim Dichter schon in Fleisch und Blut übergegangen sein, ehe er überhaupt dramatisch zu produciren be= ginnt: das moderne Theater wird ihm dazu absolut Nichts beisteuern können. Diese, nämlich die Fertigkeit, sich jener ästhetisch=ethischen Grund= regeln auf eine den modernen Theaterbesucher fesselnde Art zu bedienen, kann er nur durch das Studium der theatralischen Darstellungen seiner eigenen Werke ausreichend erlangen: ohne die Gelegenheit zu solchem Studium wird sie ihm ewig ungeläufig bleiben. Mein Herr, es handelt sich also hier, wie ich glaube, denn doch um zwei selbstständige Begriffe, die sich von einander unterscheiden lassen, wenn auch ihre Verschieden= heit just nicht schon den Kindern bemerkbar sein sollte."

„Ich verstehe wohl, worauf Sie hinaussteuern," entgegnete Heinrich der Optimist, nicht ohne durch das Vibriren seiner kreischenden Stimme einige innere Unsicherheit zu verrathen. „Eigentlich geben Sie durch Ihre Unterscheidung der zwei Begriffe zu, daß — wie schon der vom griechi= schen Worte ποιεῖν, d. h. machen, abstammende Ausdruck Poesie be= zeichnet — die Wirkungsfähigkeit eines Theaterstückes auf der Mache beruht, und daß daher die moderne Bühnenpraxis in ihrem vollkommenen Rechte ist, wenn sie das Kriterium für die Zulässigkeit der Novitäten in der Correctheit der Mache erkennt."

„Da reiten Sie abermals Ihr altes Paradepferd, den Rotto der Begriffsverwechselungen," fiel Johann der Idealist ein. „Das griechische Wort ποιεῖν heißt nicht blos machen, sondern auch schaffen und wurde schon von den Hellenen vorzugsweise in Beziehung auf künstlerische Schöpfungen gebraucht. In letzterem Sinne ist es unübersetzbar, da es der deutſchen Sprache an einem Zeitwort fehlt, durch welches ſich die Thätigkeit der dichteriſchen Erfindung kennzeichnen und zugleich die dem griechiſchen Wort innewohnende Nebenbedeutung ausdrücken ließe. Der vollſtändige Begriff des ποιεῖν iſt: die Poeſie, d. h. die Dichtkunſt mit Talent ausüben. Das Wort hat alſo einen doppelten Sinn, zu deſſen erſchöpfendem Ausdrucke in unſerer Sprache nicht einmal die beiden Verba „„dichten““ und „„machen““ ausreichen. Durch „„machen““ oder „„Mache““ wird nur die Nebenbedeutung, nur die handwerksmäßige Fertigkeit in der Anwendung der gegebenen Kunſtregeln gekennzeichnet. Ja das Wort „„Mache““ hat durch die moderne Theaterpraxis ſogar längſt einen anrüchigen Nebenſinn erhalten und bezeichnet hier Etwas, das dem griechiſchen ποιεῖν vollſtändig fremd iſt. Wenn an einem Stück nur die „„Mache““ gerühmt werden kann, ſo bedeutet das ſehr oft ungefähr ſo viel als: der Autor hat mit Raffinement eine Reihe theatraliſcher Kunſtgriffe verwerthet, aber den dramatiſchen Grundregeln ins Antlitz gepeitſcht und uns nur im Einzelnen pikante Cauſerien ſtatt einer gehaltvollen Dichtung geliefert. Es wird ſich uns bald Gelegenheit bieten, dies ſchlagend an ein paar neueren Stücken nachzuweiſen, welche man wegen ihrer „„vorzüglichen Mache““ hoch gerühmt und überall gegeben hat. Ich werde Ihnen dann Scene für Scene darthun, daß man mit derjenigen Gattung von „„Mache““, welche nach franzöſiſchem Vorbilde zur Zeit auf unſern deutſchen Brettern vorherrſchend wurde, ein poetiſches Werk gar nicht erzeugen kann, ja daß jene modern theatraliſche Mache geradezu undramatiſch iſt und dem Neuaufſchwunge der dramatiſchen Kunſt widerſtrebt. Vorerſt handelt es ſich hier nur um den richtigen Sinn des ποιεῖν. Ich habe ſchon während der vierten Sitzung in meinem Beitrage zum ABC der Aeſthetik betont, daß jede Kunſt auch ihr Handwerk hat, d. h. daß ſie der „„Mache““ bedarf, welche ſelbſt das größte Genie erſt durch Uebung lernen muß. Iſt auch ohne Mache kein vollendetes Kunſtwerk, insbeſondere kein dramatiſches, denkbar, ſo verhält ſie ſich doch zur Seele des Kunſtwerkes ungefähr wie das Kleid zum menſchlichen Körper oder wie der Geldſchrank zum materiellen Reichthum des Menſchen. Wird ein Tölpel zum Feldherrn, wenn Ihr ihn in eine Generalsuniform vermummt? Kann der Menſch vom feuerfeſteſten und ſchönſten Geldſchranke leben, wenn ſein Inhalt aus Ratten und Mäuſen beſteht, ſtatt aus klingenden Münzen und Werthpapieren? Ebenſo wenig läßt ſich mit der leeren „„Mache““, ſei ſie auch noch ſo raffinirt erklügelt und noch so fein durchgeführt, der Selbstzweck der Kunst verwirklichen. Die „„Mache"" kann Jeder lernen, der einige Beobachtungsgabe besitzt und correct deutsch zu schreiben versteht. Ja, ein prosaischer Kopf wird sich ihrer durch Abstraction sogar leichter bemeistern, als ein poetisches Ge= müth. Jedoch macht die „„Mache"" für sich allein stets nur einen Hand= werker der Kunst, nie einen Künstler; wohl aber verhilft sie dem ge= borenen Dramatiker zur dramatischen Meisterschaft. Daher beruht ein Theaterreform=Programm, welches als höchstes Kriterium für die Zu= lassung von Novitäten die schon vollständig ausgebildete Correctheit der „„Mache"" aufstellt, auf einer Begriffsverwechselung, durch welche nur der Mittelmäßigkeit zum Nachtheil wahrer Talente Thür und Thor ge= öffnet wird. Ich glaube hiemit zugleich klar gemacht zu haben, daß und w a r u m noch alle Reform=Versuche, welche nach dem Principe dieses Kriteriums sich abmühten, unfruchtbar geblieben sind und stets unfrucht= bar bleiben müssen."*)

„Wir haben uns vom Gegenstande der Debatte verirrt, und ich will daher vorerst keine Antwort geben, obgleich ich noch Mancherlei zu ent= gegnen hätte," sagte Heinrich der Optimist kleinlaut. „Unsere Ge= nossenschaft erwartet von Ihnen zunächst eine Erklärung dessen, was Sie unter dem Ausdrucke „„verhüllter Naturalist"" eigentlich verstanden wissen wollen?"

---

*) Dies gilt insbesondere von L a u b e , der von jeher einseitig in die „Mache= nach französischer Schablone verrannt war und ihr zu Liebe alle höhern ästhetischen Rücksichten hintansetzte, so sehr er sich auch stets bemüht hat, in seinen kritischen Theaterschriften diese letzteren für seinen Nimbus in Anspruch zu nehmen. Laube macht auf seinem Theater lieber mit zehn äußerlich klappenden Schalheiten nach einander Fiasco und schiebt dann die Schuld auf alle erdenkbaren localen und Zeit= Verhältnisse, statt sie in der Oberflächlichkeit seines eigenen Systems aufzusuchen und wahrhaft begabten jüngern und neuern einheimischen Dichtern die Pfade in die Bretterwelt zu ebnen. Er hat während seiner langen Theater=Carriere nicht ein einziges wirklich poetisches Talent dramaturgisch herangebildet und der Bühne zu= geführt, wohl aber ist seine Periode in dieser Hinsicht durch die Unterdrückung des ebenso bildungsbedürftigen als bildungsfähigen F r i e d r i c h H e b e l und durch die flottmachung des unheilbar „verdrehten" P a u l L i n d a u gekennzeichnet. Was dies für den Entwickelungsgang der deutschen dramatischen Kunst zu bedeuten hat, wird dem freundlichen Leser aus dem Inhalte des nachfolgenden (VIII.) Abschnittes voll= ständig klar werden. Laube selbst warf schon zweimal den Directorstab des Wiener Stadttheaters mit der Erklärung von sich: „So kann ich nicht weiter voran." Dennoch ergriff er ihn (1880) zum dritten Mal in der Hoffnung, ohne Aenderung seines ein= seitig artistischen Princips etwas dauerhaft und befruchtend Nachwirkendes schaffen

„Ich acceptire den Waffenstillstand," entgegnete Johann der
Idealist lächelnd und fuhr fort: „Unter der Bezeichnung …verhüllte
Naturalisten“ verstehe ich solche Dramatiker, welche, sei's aus Mangel
an wissenschaftlicher Bildung überhaupt, sei's aus Geringschätzung der
Leistungen unserer großen Kunstdenker, — nur ganz oberflächlich aus der
nächstbesten Quelle einige Fachkenntnisse zusammenraffen und daraus ein
System für ihre eigene Feder construiren, ohne sich um Weiteres zu
kümmern."

„Das ist mir noch nicht recht verständlich," warf Heinrich der
Optimist ein. „Wollen Sie uns zur Erläuterung einen namhaften Schrift-
steller bezeichnen, der nach ihrer Meinung zur Rubrik der verhüllten
Naturalisten zählt!"

„Zwei, oder auch noch mehrere für Einen," fuhr Johann fort.
„Die verhüllten Naturalisten spielen in der Theatergeschichte die am
meisten kunstverderbliche Rolle, besonders diejenigen von ihnen, welchen
es gelang, ihren Systemen den Schein wissenschaftlicher Bildung zu verleihen und hiedurch gleichsam eine neue Schule zu gründen oder wohl
gar die Bühnenliteratur auf Jahrhunderte hinaus in falsche Bahnen zu
leiten. Als solch einen verhüllten Naturalisten bezeichne ich vor Allem
den Schöpfer des französischen Trauerspieles, Pierre Corneille."

„Was?" fuhr Heinrich der Optimist auf. „Den mit allen wissenschaftlichen Kenntnissen seines Zeitalters reich ausgestatteten, feinen Corneille? den unermüdlichen Forscher, der, um die besten Muster seiner
Zeit kennen zu lernen, sogar die spanische Sprache studirt hatte?"

„Wohl, die spanische und lateinische, aber nicht die Sprache der

zu können. Seinen jüngsten Antrittsworten an das Personal: „in meinem Alter
ändert man sich nicht mehr", entsprachen leider auch seine allerneuesten Dispositionen
für den Neuaufschwung der augenblicklich tief herabgekommenen Anstalt. So gehört
denn nur eine klare Erkenntniß der wahren Lebensbedingungen der dramatischen
und theatralischen Kunst dazu, um schon jetzt mit voller Bestimmtheit voraussagen
zu können, daß bei seinem definitiven Rücktritt der Nachhall seiner Thätigkeit rasch
bis auf die letzte Spur verklingen und nichts davon übrig bleiben wird, als das
schon 1872 in der „Theater-Krisis" (Seite 151 bis 165) motivirte Epitaph: „Die
Zeitgenossen erwarteten von ihm die Lösung eines Problems, das ihm selbst ein mit
sieben Siegeln verschlossenes Buch geblieben war."

Johann.

menschlichen Natur und ihres unübertroffenen Exegeten in Bezug auf das Drama," warf Johann ein.

„Sie wollen also behaupten, daß Corneille die Schriften des Aristoteles nicht kannte?" fragte Heinrich. „Corneille, von dem wir so ausführliche Erklärungen der Aristotelischen Poetik besitzen?"

„Daß er sich um Aristoteles zu spät, d. h. erst am Abend seines Lebens kümmerte, möchte ihm noch zu verzeihen sein" — entgegnete Johann — „wenn er nur jene Erklärungen unterlassen hätte. Um seine eigenen Stücke der Nation als tragische Musterbilder im Sinne des Aristoteles anzupreisen und vor den Franzosen als der große Corneille bestehen zu können, hat er den Aristoteles falsch ausgelegt. Ich gehe hier nicht näher darauf ein, weil der Gegenstand wohl für alle Zeit erledigt ist, seit Lessing in seiner Dramaturgie die Corneille'sche Fälschung so gründlich nachwies. Es liegt in der Art der verhüllten Naturalisten, daß sie, selbst wenn ihnen später ihre Irrthümer einleuchten, in der Regel die größten Anstrengungen zur Vertheidigung des Irrthums machen und nur höchst ausnahmsweise sich ehrlich dem richtigen Pfade anbequemen. Der verhüllte Naturalist arbeitet schon von Anfang an mit dem Bewußtsein seines Mißgriffs, denn er empfindet das Bedürfniß, sich Fachkenntnisse aneignen zu müssen, und unterläßt dennoch die rechtzeitige Ausfüllung der Lücken seines Wissens; der offene Naturalist hat von einem solchen Bedürfniß selten auch nur eine Ahnung; er dichtet harmlos in den Tag hinein, ungefähr so, wie der Vogel auf dem Baume harmlos zwitschert. Daher ist der offene Naturalist, obgleich er selten eine brauchbare Leistung liefert, fast immer ein subjectiv rein strebender Charakter, während der verhüllte Naturalist in der Regel zur Sorte der Egoisten zählt, deren Handlungen von den Eingebungen des Eigennutzes tyrannisirt werden. Daraus erwächst die Gemeinschädlichkeit dieser Gattung von Dramatikern, von der wir sogar in unserer nächsten Nähe wahre Musterbilder besitzen."

„Sie wollten uns ja noch ein zweites Beispiel namhaft machen," bemerkte Heinrich der Optimist wieder spitzig. „Ihre Wahl wird, wie ich vermuthe, auch auf unsere nächste Nähe fallen."

„Wenigstens nicht weit davon hinweg," — entgegnete Johann — „auf einen Schriftsteller, der mit noch weit verwerflicheren Waffen, als Corneille, sich abmüht, unser gesammtes Theaterwesen nach den Bedürfnissen seiner eigenen dramatischen Zerrbilder zu verunstalten. Dennoch

will ich nicht allzu indiscret verfahren. Habe ich für mein erstes Beispiel eine Erscheinung gewählt, die trotz ihrer Unnatur und ihres römischen Pathos immerhin noch zur Zahl der hervorragenden Dichter gehört,
so entnehme ich des Contrastes wegen mein zweites Beispiel derjenigen
Classe von Epigonen, die, obwohl sie sich auf beachtenswerthe Erfolge
stützen kann, uns erst noch den Beweis zu liefern hätte, daß sie überhaupt einigen Anspruch besitzt, den Dichtern beigezählt zu werden. Ich
nenne Paul Lindau."

Ein Gemurmel durchschwirrte bei Nennung dieses Namens den Saal.
Es war jedoch nicht zu unterscheiden, ob dadurch Beifall oder Mißbilligung angedeutet werden wollte.

Johann fuhr, ohne sich stören zu lassen, ruhig fort:

„Paul Lindau gleicht einer Wespe, die ruhelos von Blume zu
Blume schwirrt. Von allen Wissenschaften weiß er ein Bischen, tappt
in allen herum, sticht und nascht — und ist bisher in keiner einzigen recht
heimisch geworden.*) Seine kritische und seine dramaturgische Feder

*) Bekanntlich giebt sich Lindau, der einen Theil seiner Jugend in Paris ver-
lebte, für einen besonders feinen Kenner der französischen Sprache und Literatur aus
und spielt unter uns seit Jahren die Rolle eines „ungewöhnlich begabten" Ver-
mittlers zwischen Deutschland und Frankreich. Man sollte also — da der Import
französischer Geistesproducte in der That sein literarisches Hauptgeschäft ist —
voraussetzen können, daß er wenigstens der französischen Sprache vollkommen mächtig
sei und die von ihm ins Deutsche übertragenen Dramatiker Frankreichs richtig verstehe. Dennoch beweisen seine Uebersetzungen just das Gegentheil. Wer sich davon
überzeugen will, der vergleiche sie mit dem Urtext oder lese O. Heller's sehr gründlichen Artikel: „Paul Lindau als Uebersetzer", im „Magazin für die Literatur des Auslandes" No. 22 u. 23. des 49. Jahrganges. Hier citire ich aus
dem langen Sündenregister nur ein einziges Beispiel: Emil Augier stellt in „Les
lionnes pauvres" den „adultère payé" dem „adultère simple" gegenüber und schreibt:
Du train dont vont celles-la, l'adultère simple et sans tour de bâton deviendra
une vertu (auf Deutsch: Im Vergleich zu der Lebensweise dieser Weiber wird der
bloße Ehebruch, ohne Speculation auf Gewinn, noch zur Tugend). Diesen Passus
übersetzt Lindau: „Ich versichere Dich, daß in den Augen dieser Personen(!)
der einfache Ehebruch ohne Präparation und Mechanik (!), wie die Professoren
der höheren Magie (!) sagen, schließlich noch zur Tugend werden wird." Das ist
purer Blödsinn, zugleich mangelndes Verständniß der Absicht Augiers und nebenbei
auch eine dem Franzosen octroyirte Zote. Augenscheinlich wußte Lindau nicht, daß
man in Frankreich mit der Redensart „tour de bâton" den unrechtmäßigen pecuni-
ären Gewinn zu bezeichnen pflegt. Doch — dies eine Beispiel statt vieler nur nebenbei
als Randglosse für solche Leser, denen mein obiges Urtheil über Lindau's dilettan-
tisirende Oberflächlichkeit zu hart dünken sollte.   Johann.

bekunden, selbst abgesehen von ihrer schon früher geschilderten Gewissenlosigkeit, die Schwächen eines Dilettanten, welcher den Dilettantismus in
der Literatur zu seinem Lebenszwecke gemacht hat und mit einer ange-
borenen Beweglichkeit die Lücken seines Wissens geschickt unter blendenden
Phrasen zu verstecken weiß. An seine Dramen darf man den ästhetischen
Maßstab nicht anlegen, sonst fallen sie bei der ersten Berührung der
Sonde in Nichts zusammen. Ihr Reiz besteht nicht im dramatischen
Nerv, der angekünstelt ist; er liegt im theatralischen Beiwerke, in der
raffinirten Zusammenfügung photographischer Typen nach dem Leben.
Der Grund des Beifalls, den diese Art von Dramatik unter einem Theile
des Publicums der größern Städte, wenn auch selbst dort in schon sicht-
lich wieder abnehmendem Grade, bisher fand, liegt recht einleuchtend
nahe. Lindau würzt seine Arbeiten mit den Begriffen und Sitten der
Boulevards. Das glitzernde Phrasenspiel socialer Charaktertypen ohne
Mark und Tiefe, welches der Esprit jenseits der Vogesen zum modernen
Theater-Ideal erhob, ist auch sein Ideal. Die Schule des Aristoteles
lernte er kaum mehr als nur dem Namen nach kennen. Ob er Lessing's,
Göthe's und Schiller's ästhetische Hinterlassenschaft studirte, ist mindestens zweifelhaft; jedenfalls hat er, wie seine eigenen Erzeugnisse beweisen, nichts daraus gelernt. Er copirt ohne sittlichen Ernst leichthin
sein französisches Vorbild, aber verstand es nicht, die Vorzüge der Franzosen mit Vermeidung von deren Schwächen auf eine Art nachzuahmen,
welche sich urwüchsig naturalisiren und dem deutschen Gemüthe nachwirkende Sympathien abgewinnen könnte. Die Ursachen, aus welchen
seine Theaterstücke den habituell sinnlichen und gedankenlosen Theil der
Theaterbesucher anziehen und dennoch dem Zuschauer keinen ungetrübt
künstlerischen Genuß zu gewähren vermögen, sind wohl schon jetzt Niemandem mehr ein Geheimniß geblieben; sie liegen im System seines
verhüllten Naturalismus. Lindau entkleidete den Schönheitsbegriff seiner
ethischen Weihe und bedeckte die entstandene Blöße mit schaler Picanterie. Dies Experiment widerstrebt der innersten Natur der Kunst, und
daher ist zum Prognostikon keine Prophetengabe nöthig. Als Dramen
betrachtet, sind solche Theaterstücke nur dialogisirt novellistische Curiosa
und gehören zu den sinnkitzelnden Seifenblasen der Zeit. Daß sie just
deshalb von vielen Theaterdirectoren mit Vorliebe gesucht werden, erklärt sich hinlänglich aus dem allgemeinen Niedergang der modernen
Bühne."

„Das ist ein herzloses Todesurtheil," fuhr Gerſon der Impreſario mit Entrüſtung auf. „Ich proteſtire gegen ſolche Auslaſſung im Intereſſe eines verleumdeten Genius und verlange, daß der Redner widerrufe oder ſeinen Ausſpruch mit Beweiſen erhärte."

„Ich bin zu den Beweiſen bereit und gerüſtet," entgegnete Johann ruhig.

„Nur bitte ich dieſelben nicht der „„Marion"" oder „Diana"" entnehmen zu wollen", replicirte Gerſon. „Marion und Diana ſind wohl von Lindau ſelbſt aufgegeben. Hätte er bis jetzt noch nichts als ſeinen genialen „„Erfolg"" gedichtet, ſo würde ſchon dieſe einzige That hinreichen, ihn unſterblich zu machen."

„Alſo werde ich den „„Erfolg"" wählen," erwiderte Johann mit unerſchütterlicher Ruhe. „Wenn ſogar der „„Erfolg"" die kritiſche Sonde nicht aushalten könnte, dann wären die andern Dramen Lindau's um ſo ſchlagender mitverurtheilt. Ehe ich jedoch beginne, habe ich eine Bitte vorauszuſchicken. Ich gedenke hier überhaupt nur wenige Dramen zu beſprechen; von jeder Art moderner Kunſtverirrungen nur ein einziges. Ich möchte aber die gewählten gründlich durchgehen, möchte an dieſen „„Muſterbildern der modernen Mache"" die Spiegelfechterei des geſammten Genre's nachweiſen und zugleich darthun, worin die der dramatiſchen Kunſt förderliche Mache beſteht. Dies wäre unthunlich, wenn ich nicht ausführlich ſein dürfte. Wird unſere Genoſſenſchaft mir die erforderliche Geduld und Aufmerkſamkeit für einen eingehenden längeren Vortrag ſchenken?"

„Wählen Sie, wenn es Ihnen möglich iſt, die gründliche Ausführlichkeit des Verfaſſers der Hamburgiſchen Dramaturgie," nahm jetzt Max der Peſſimiſt das Wort. „Unſere Genoſſenſchaft hat ſich ja zu dem Zwecke conſtituirt, um alle „„Alluren"" des Thespiskarrens einmal gründlich durchzunehmen. Eine Bühnenreform wäre nur durchführbar, wenn endlich das größere Theaterpublicum die Sache begriffe. Der große Haufe aber wird in Kunſtangelegenheiten nie zu Verſtand kommen, wenn man ihm, ſtatt der heutzutage üblichen blos behauptenden Beurtheilungen, nicht wieder eine gründlich beweiſende Kritik bietet. Ich halte für nothwendig, daß jeder Kritik über ein Theaterſtück die genaue Angabe der dramatiſchen Handlung vorausgeſendet werden ſollte, ſelbſt wenn Jedermann die Handlung ſchon kennt oder zu kennen glaubt. Oft würde ſich's dann zeigen, daß Niemand oder nur Wenige ſie kannten."

„Ich greife noch weiter zurück," versicherte Johann. „Ich beginne mit dem Theaterzettel."

„Da möchte ich denn doch zur Wahl eines andern Stückes rathen," fiel Heinrich der Optimist wieder ein. „Die Zergliederung einer noch gänzlich unbekannten Novität böte den Lesern unserer Protokolle ein weit größeres Interesse."

„Das bezweifle ich," replicirte Johann. „Uebrigens gedenke ich auch diesem letztern Interesse gerecht zu werden, sobald wir zu den von der derzeitigen Bühnenpraxis verworfenen Stücken kommen. Heute handelt es sich um eine Charakteristik derjenigen Kunstrichtung, die von der Mehrzahl unserer Bühnen-Vorstände vorzugsweise protegirt wird. Je allgemeiner also das Stück schon bekannt und gegeben ist, für desto passender halte ich die getroffene Wahl."

„Dem stimme ich von Herzen bei," warf May der Pessimist ein. „Das Interesse für das größere Publicum liegt nicht in der Beleuchtung, welche durch die Anatomirung des „„Erfolges"" auf Lindau geworfen wird, sondern in dem Reflex, welchen die rasche Carriere just dieses Stückes auf unsere allgemeinen Theaterzustände zurückwirft. Wenn ich die Absicht unseres Idealisten recht verstand, so kann er für das, was er beweisen will, nur Stücke wählen, die schon überall gegeben sind."

„So ist's," bejahte Johann. „Ich will jedoch von der erhaltenen Erlaubniß, ausführlich sein zu dürfen, keinen unbescheidenen Gebrauch machen. Zwei ins Einzelne erörterte Beispiele werden genügen, um die vollständige Verwerflichkeit des gegenwärtig vorherrschenden Theater-Princips nach allen Seiten hin außer Zweifel zu stellen. Ich werde also dem heute zu anatomirenden „„Erfolg"" in der nächsten Sitzung nur noch die Zergliederung eines einzigen ebenfalls allbekannten Stückes nachfolgen lassen."

Er nahm das Buch zur Hand und begann:

„Der Ort der Handlung des „„Erfolges"" ist, wie auf dem Theaterzettel steht, die Hauptstadt. Aus der Atmosphäre des Stückes erhellt, daß hierunter nur Berlin verstanden werden kann. Das Personenverzeichniß enthält unter Anderm die Namen Schallmeyer, Schandauer und Fallbein, womit je ein Vertreter der Tagespolitik, der Feuilleton-Kritik und der dramatischen Kunst bezeichnet wird. Die Wahl dieser Namen lasse ich, wenn sie auch sehr an die Mode der deutschen Staberliaden-Periode erinnert, als moderne „„Genialität"" gelten. Die

Tagespolitik ist hiernach also: Schall; die Tageskritik: Schande; und die dramatische Kunst der Gegenwart, in welcher sich beide spiegeln: eine Mäusefalle! Eh bien! Nun zur Sache!

„Erster Act: Zimmer bei Dr. Klaus.

„Erste Scene: Fritz Marlow, Dr. Klaus, seine Frau Gertrud, Redacteur Schallmeyer und Theater-Regisseur Fallbein. — Der Journalist Fritz Marlow hat eben ein dreiactiges Lustspiel „„Ein Erfolg"" vorgelesen. Wir hören noch die Schlußreden der zwei Hauptpersonen des Stückes und ersehen daraus, daß wir muthmaßlich als Thema des Lustspieles eine Selbstportraitirung des Verfassers, nämlich des Herrn Paul Lindau, zu erwarten haben. Fallbein charakterisirt ihn als unsern zweiten Lessing. Dr. Klaus, ein eingebildeter Tropf, der zeitlebens an einem Lustspielchen schreibt und über die Mitte des dritten Actes nicht hinauskommt, wendet als „„Fachkundiger"" einige nichtssagende Phrasen gegen das Stück ein. Gertrud wiederholt, als dessen getreues Echo, wie noch öfter während der nachfolgenden Acte, die Phrasen ihres Mannes. Der politische Leitartikelschreiber Schallmeyer, ein charakteristischer Repräsentant der Reptilienfonds-Presse, nennt die dramatische Dichtung eine „„secundäre Kunst"", weil ihr die Eigenschaft der „„Nützlichkeit"" fehle. Die Scene schließt mit den Worten:

„„Klaus. Aber die Kritik!
Fritz. Die gute Kritik! — Gerade ihr zu Liebe habe ich ja den schönen Titel (nämlich: „„Ein Erfolg"") gewählt. Wenn der Autor nicht dafür sorgt, daß seine kritischen Freunde ein paar wohlfeile Witze machen, wer soll es denn thun? Und ich lese schon im Geiste die Scherze unserer bewährtesten feuilletonistischen Witzbolde: „„Ein Erfolg" hat leider — Gedankenstrich — „keinen gehabt" oder: Das Stück heißt — lucus a non lucendo — „„Ein Erfolg" und führt diesen Titel mit demselben Recht, wie die „„Germania"" den ihrigen." Oder: „Der Titel ist gut; Fritz Marlow müßte immer nur Titel erfinden und es Anderen überlassen, die Stücke dazu zu schreiben." O, der Geist unserer Feuilletonisten ist unerschöpflich — ein Fünkchen genügt, und sie prasseln los. Mein Titel ist so ein Fünkchen.
Schallmeyer. Das sind wieder Ihre beliebten Feuilletonwitze.
Fritz. Feuilletonwitze? Wie unterscheiden sich denn die von den andern?
Schallmeyer. Feuilletonwitze? — — nun das sind Witze — — das sind eben Witze, die Sie machen!
Fritz. Und die andern machen Sie? Nun begreife ich den Unterschied.""

„Meine Herren, Sie werden vielleicht schon hier ausrufen: „„Das ist eine Pointe, die man noch viel drastischer täglich vom Pöbel auf dem

Straßenpflaster hören kann.“ Aber — nein, urtheilen Sie nicht vor-
schnell! Unter der Hülle dieses wohlfeilen Wortgefechtes finden Sie die
ganze Lindau'sche Weisheit versteckt, — der citirte Passus enthält zwischen
den Zeilen die Grund-Idee des Stückes: die Glorification der sich an
Stelle der Wahrheit breitmachenden und diese verdrängenden Picanterie! Der Wortwitz hat also hier Bedeutung, er giebt Ihnen das richtige Stimmungsbild. Ich muß gleich hier beifügen, daß — wie aus
dem weiterem Verlaufe erhellt — der Autor sich mit der Picanterie
identificirt und mittelst des derart ausstaffirten Haupthelden sodann ein
gar absonderliches Sitten-Evangelium verherrlicht! Meine Herren, kennen
Sie jene bedauerliche Gattung weiblicher Geschöpfe, welche z. B. in Wien
jeden Abend nach Sonnenuntergang bis Nachts zehn Uhr vom ehemaligen
Rothenthurmthor über den Graben bis zum Michaelerplatze prächtig
aufgeputzt hin- und herpromenirt, bereit zwischen vier Wänden Jedem,
der an einen ekeln Genuß einige klingende Münze wagen will, ihre
Reize preiszugeben? Die armen Geschöpfe! Es befinden sich unter ihnen
so Manche, die in Wahrheit zu bejammern sind, denn der Hunger trieb
sie zum Verzicht auf ihre menschliche Würde. Hier werden Sie das
Seitenstück zu jener Prostitution finden, nur mit dem Unterschiede,
daß Herr Paul Lindau nicht die Nuditäten seines Cadavers, sondern
die Nuditäten seines Geistes zum Amüsement der Zuschauer und Zuhörer
öffentlich ausstellt. Der Witz trifft! So, wie Lindau schon in der Einleitungsscene den Reporter Schandauer und den Tagesstimmen-Redacteur
Schallmeyer portraitirt, just so ist er selbst, wie er leibt und lebt. Der
Witz enthält sogar eine allgemeine Wahrheit. So wie Lindau leibt
und lebt, so leiben und leben zur Zeit im deutschen Reiche hunderte von
Preßvertretern, — man könnte sie in jeder größeren Stadt zu Rudeln
mit Namen aufzählen. Sie treiben für eiteln Geldgewinn schamlos mit der
Lüge öffentlich Unzucht und narren das Publicum, wie Hamlet (III. Aufzug,
2. Scene) von Claudius' Höflingen genarrt wird. Würde ein ethischer
Charakter die Pfeile seiner Satire gegen dieses sittenlose Preßgebahren
schleudern, so könnte man seinen Spott wohl nur freudig begrüßen; wenn
aber ein Paul Lindau gleich der sich zum Strich aufputzenden Dirne
mit seinem eigenen Bilde coquettirt; wenn er mit selbstgefälligem Lächeln
die Sklavenkette seines eigenen Naturells dem Publicum zur Belustigung
hinhält, dann vermag die Kritik nur noch Notiz zu nehmen von dem
hohen Grade der Obscönität, für welche dem Esprit sogar der letzte

Rest des Schamgefühls abhanden kam. — Meine Herren, Sie haben in dieser der Einleitungsscene anvertrauten Grund-Idee eigentlich schon das ganze Stück genossen — der Vorhang könnte hier auf Nimmer-aufgehen sinken. Was in den vier Acten nachfolgt, beweist mir, daß ich die Einleitungsscene richtig deutete, und daß der Verfasser des „„Erfolges"" das Ideal der Menschheit in einem Menschenschlage er-kennt, der ihm selbst gleicht. Das Stück ist kein Lustspiel, sondern eine dialogisirte Satire, welche das Eigenthümliche besitzt, daß der Autor dadurch sein liebes Ich zu verhimmlichen wähnt, während er in der That sich selbst und die Journalistik der von ihm als Schauplatz des Gespräches — der Handlung kann ich nicht sagen — gewählten Haupt-stadt arg prostituirt. Später will ich untersuchen, ob nicht vielleicht hierin der Grund zu finden sei, aus welchem die Berliner diesen „„Erfolg"" mit Protest zurückwiesen, und die Wiener ihn als einen Gegenstand köst-licher Unterhaltung beklatschten. Wer eine garstige Visage hat, haßt den ungalanten Photographen; der Nachbar aber kichert über das getroffene Monstrum und wiegt sich in dem Gedanken: „„Ich danke dir, o Himmel, daß ich neben solcher Häßlichkeit noch für schön gelten kann!"" — Doch vorerst im Texte weiter!

„Zweite Scene: Anmeldung, daß Frau Drossen mit Fräulein Tochter und Baron Fabro in den Salon eintraten. Abgang Aller unter entsprechenden Complimenten, bis auf

„Dritte Scene: Dr. Klaus und Fritz Marlow. Klaus erzählt seinem Freunde Marlow, daß die in den Salon eingetretene Frau Hermine Drossen, seine Tante, zwar etwas verschroben, im Uebrigen jedoch eine prächtige Frau sei, auf die er Rücksicht nehmen müsse. Sie habe schon vor Jahren sich durch ein überspanntes Epos „„Arminius und Thusnelda"" lächerlich gemacht. Unser Fritz kennt „„natürlich"" dies Opus, es ist sogar sein „„Lieblingsbuch"", denn er hat unter dem Pseudonym „„Timotheus"" ein „„wunderschönes Feuilleton darüber geschrieben"", worin er die Tante als „„verdrehte Schraube"" bewitzelte. Klaus, welchem der Pseudonym bisher undurchsichtig gewesen war, macht ihn aufmerksam, daß er „„dies Geheimniß in seines Busens tiefster Tiefe begraben"" müsse, denn Tante Hermine hasse den Timo-theus tödtlich; „„das Verlangen, den Frevler ausfindig zu machen, sich an ihm zu rächen und ihn zu bestrafen"", sei „„bei ihr nahe zur fixen Idee geworden"". Marlow giebt zu, „„daß man höflicher sein kann"",

als er in seinen Feuilleton-Witzen ist. — Wir erfahren ferner noch, daß
der Geheime Ministerialrath von Harden, Klaus' Schwiegervater,
nicht viel auf seinen poesielosen Poeten von Schwiegersohn hält. Harden's
Frau zweiter Ehe, Josephine, scheint keine Verehrerin des Klaus'schen
Lustspiels zu sein, und dies „„Mißfallen überträgt sich naturgemäß auch
auf den Gatten““. Da hält denn die „„prächtige““ Tante Hermine dem
verkannten Genie „„in der Familie die Stange““. Ueber Frau Josephine
vernehmen wir vorerst nur, daß Harden's Heirath mit ihr „„nicht ganz
unbedenklich war““. Fritz Marlow hat diese Dame als junges Mädchen
gekannt und nennt sie „„reizend, geistvoll und verständig dabei““. Näheres
ist abzuwarten. — Schließlich erfahren wir in dieser Scene noch Einiges
über den Baron Fabro. Der Herr Baron macht Herminens Tochter,
der „„kleinen Cousine Eva“ energisch den Hof, denn seine Familienver-
hältnisse machen eine lucrative Vermählung wünschenswerth““. Im
Uebrigen ist der Herr Baron im Besitze einer „„neuesten Erfindung““,
wozu ihm Herr von Harden als Decernent für das Patentwesen im
Handelsministerium ein Patent verschaffen soll. Klaus ist ihm „„von
früher her verpflichtet““. Worin die „„neueste Erfindung““ besteht, erfährt der Zuhörer weder hier noch später. Er wird auch gar nicht
neugierig darauf, denn er hat genug am Baron selbst, den er im weiteren
Verlaufe nur als erbärmlichen Liebhaber und noch erbärmlicheren Ohren-
bläser kennen lernt.

„Vierte Scene: Die Vorigen, Baron Fabro. — Ehe ich den Inhalt dieser Scene erzähle, erlaube ich mir eine allgemeine Bemerkung
voranzusenden. Von einem Dramatiker, der sich die Verhöhnung aller
höheren Poesie und die photographische Reproduction des niedrig realistischen Menschen recht ostentatiös zum Ziele gesetzt hat, sollte man vor
Allem erwarten, daß er auch den modern conventionellen Anstand getreulich copire und seine Helden nicht Taktlosigkeiten begehen lasse, deren
in Gegenwart gebildeter Männer nur ungezogene Laffen fähig sind.
Wie mir scheint, wäre das just nicht von Ueberfluß in einem Charakter-
gemälde gewesen, in welchem der Autor sein eigenes Portrait und seine
eigenen Umgebungen zur öffentlichen Schau ausstellt. Wenn Lindau, —
wie vorauszusetzen aller Grund vorhanden zu sein scheint, — auch hierin
die Natur getreulich copirte, so ist ihm das Studium eines Lehrbuches
über den gesitteten Anstand dringend zu empfehlen. Doch — urtheilen
Sie selbst, meine Herren! Der dem Fritz Marlow noch unbekannte Baron

Fabro tritt ein, um mit seinem Freund Dr. Klaus ein paar Worte allein zu sprechen. Seine Anrede schließt mit den Worten: „„— aber ich sehe . . . . . .„" Fritz fällt ein: „Ich kann unglaublich taub sein, wenn ich nicht hören will„". Fritz aber macht sich nicht taub, sondern schickt sich an, jetzt erst recht zu hören: Er wendet, nur seine Hände mit den Büchern beschäftigend, beiden den Rücken zu. Und was hört er? Zwei Gemeinheiten, deren eine den Baron Fabro, deren andere den Dr. Klaus als Halunken kennzeichnet: 1. Fabro fühlt zwar nichts für Fräulein Eva, die Verwandte des Dr. Klaus; sie paßt auch nicht für ihn, aber er will ihr Geld heirathen. Auf des Doctors Gegenvorstellung erwidert er: „„Wir brauchen uns gegenseitig nichts weiß zu machen, dächte ich; wir kennen uns lange genug und wissen, daß ein hübsches Vermögen„" u. s. w. Dr. Klaus weiß darauf nur zu entgegnen: „„— Sie lassen es mich vielleicht doch zu empfindlich fühlen, daß Sie mir vor meiner Verheirathung, als es mir schlechter und Ihnen besser ging, bisweilen aus der Verlegenheit geholfen haben„"; 2. Dr. Klaus soll bei seinem ehrlichen Schwiegervater, dem Ministerialrathe von Harden, für den Baron ein Patent auf die „„neueste Erfindung„" erwirken, deren Beschaffenheit wir im ganzen Stücke nicht erfahren. Der Schwiegervater aber ist, wie Klaus versichert, „„unzugänglicher denn je„". So müsse man, meint Baron Fabro, ihm „„irgendwie beikommen, vielleicht durch seine Frau?„" Klaus entgegnet: „„Ich wüßte nicht wie?„" Fabro fährt fort: „„Es ist doch nicht anzunehmen, daß sie (nämlich Hardens Frau) die Hände in den Schooß gelegt hat, bis sie Herrn von Harden die eine zum ewigen Bunde gereicht, daß sie auf den angenehmen Vierziger gewartet hat.„" Klaus geht auf diese Gemeinheit gegen seinen Schwiegervater und dessen Frau unbedingt ein, denn das Gespräch spinnt sich ohne Zwischenrede weiter wie folgt:

> „„Klaus. Kurz vor ihrer Verlobung mit Harden soll sie allerdings mit einem ziemlich leichtsinnigen Menschen (ich schalte hier ein, daß hierunter Fritz Marlow zu verstehen ist) heimlich verlobt gewesen sein.
> Fabro. Das wäre herrlich! Wissen Sie mit wem?
> Klaus. Nein, es war eine halbe Kinderei, nicht der Rede werth.
> Fabro. Das ist ganz gleichgiltig; den Menschen muß man ausfindig machen. Sie glauben gar nicht, wie sehr die Mitwissenschaft der harmlosesten Geschichte, welche in geschickter Darstellung auch nur einen Schimmer von Verdacht auf die Gattin zu werfen geeignet ist, den Verkehr mit dem Gatten erleichtert und den stolzesten Rücken geschmeidig macht. Den Namen muß man erfahren.„"

„Klaus hat hiergegen weder ein Wort der Entrüstung noch einen Laut der Mißbilligung einzuwenden, er stimmt also äußerlich und innerlich bei. Das Alles hat Marlow-Lindau gehört. Die Scene möchte bis hierher angehen, noch kann der Zuschauer hoffen, daß Lindau die zwei Halunken Fabro und Klaus nur deshalb so erbärmlich hingestellt habe, um jetzt sein eigenes Alterego Marlow desto glänzender contrastiren lassen zu können. Aber nein!

> „„Ich sei, gewährt mir die Bitte,
> In Eurem Bunde der Dritte!““

Fritz Marlow entpuppt sich nun als der würdige Gesinnungsbruder dieser „„Mannesseelen““! Seine erste Heldenthat im Stücke beginnt. Er wendet den zwei Sprechern wieder das Vordertheil seines Körpers zu, mit der Frage an Klaus: „„Mensch! Wie kommst Du zu dieser Seltenheit?““ Die Seltenheit ist selbstverständlich er selbst, d. h. ein aus seiner eigenen Feder stammendes Buch, das er so eben in Klaus' Bücherschrank entdeckte. Die Anrede ist also gelungen: Marlow hat sich dadurch zugleich dem fremden Baron als seltener Schriftsteller präsentirt und artiger Weise kann sich das Gespräch jetzt nur um sein eigenes liebes Ich drehen; — mit dem Buche „„Verfinsterungen, Geheimnisse eines Pessimisten““ in der Hand, ist er der Held der Situation geworden. Sein Wunsch wird auch erfüllt. Zunächst erhält er von Klaus die Antwort: Das Buch „„ist ein Geschenk meiner kleinen hübschen Cousine Eva Drossen, einer begeisterten Verehrerin Deiner Muse, die Deine Werke auswendig weiß und alle Vielliebchen, die sie verliert, mit Deinen „„Verfinsterungen““ abträgt. Bei jeder ihrer Freundinnen findest Du ein Exemplar““. Fritz Marlow ruft: „„Der Engel!““, und wir bekommen diesen Ruf im Stücke noch Dutzend male von verschiedenen Lippen zu hören, denn stets, wenn der Autor etwas Rühmliches über irgend eine Dame sprechen lassen will, besitzt er für die betreffenden Personen nur das Wort „„Engel““! — Fritz Marlow muß zu seinem Schrecken von Klaus hören, daß dieser „„Engel““ eben dieselbe Eva ist, um deren Heirathsgut der Baron wirbt. Neue Gelegenheit zu noch komischerem Pathos. Fritz ruft jetzt: „„Es ist im Rathe der Götter beschlossen, ich verheirathe mich nie — nie!““ Große Spannung der Galerien auf die weitere Entwicklung dieses erregenden Moments. Klaus „„versteht kein Wort““. Fritz versichert ihm: „„Das ist auch nicht möglich, denn ich müßte Dir zunächst eine Geschichte erzählen — und ich will den Herrn Baron nicht ermüden"". Der Baron ist aber so galant, sich mit der Geschichte „„unterhalten"" zu lassen, — Fritz kann herausplatzen und macht nun hiervon den ausgiebigsten Gebrauch. Zunächst erzählt er ein Abenteuer, das zwar gar nicht zur Sache gehört, das aber dem Baron ermöglicht, beim Uebergang von der vierten zur fünften Scene des zweiten Actes in ihm den „„ziemlich leichtsinnigen Menschen"" zu erkennen, der mit Frau Josephine vor deren Heirath mit Harden „„heimlich verlobt"" war. Fritz beschreibt nämlich, wie er vor fünf Jahren „„einer anbetungswürdigen jungen Dame (das Wort „„jung"" vergißt Herr Lindau nie beizufügen, wenn er eine Dame als „„anbetungswürdig"" kennzeichnen will) bei der Chaine anglaise im Contre bedeutungsvoll die Hand gedrückt, sodann durch Deklamation eines Eichendorff'schen Gedichtes sie gesichert zu haben glaubte und dem „„jungen Mädchen einen Antrag"" machte. Klaus wirft ein: „„Und Du bekamst einen Korb?"""

> „„Fritz. Das gerade nicht, aber die Nachricht von dem unglücklichen Zusammentreffen ähnlich gearteter Verhältnisse. Sie (Sie? das Mädchen!) hatte sich selbigen Tages mit einem höchst respectabeln Beamten bereits verlobt.
> Fabro. In der That nicht ungewöhnlich.
> Fritz. Wie ich schon bemerkte und wie Sie treffend wiederholen.""

Also „„nicht ganz ungewöhnlich"" und „„treffend"" bemerkt? Das mag auf die Damen der Lindau'schen Kreise vielleicht treffen. Ich weiß nicht, ob es dort trifft, d. h. ob es trifft, daß Bräute sich gegen fremde Männer derart frei und liebesbedürftig benehmen, daß sie von ihnen selbstverständlich „„Anträge"" erhalten. Lindau ist in seinen Kreisen Autorität, und wir wollen hierüber nicht mit ihm rechten. Vielleicht hat er inzwischen, z. B. am 21. Dezember 1875 bei seiner Wiener Vorlesung über „„George Sand und Alfred de Musset in Venedig"" eine schwache Ahnung erhalten, daß es auch noch Damenkreise giebt, welche über gewisse weibliche Liebenswürdigkeiten noch ein Erröthen besitzen und seine Bemerkungen darüber sehr unzutreffend finden. Die Damen dieser letzteren Gattung, zu welchen ich trotz alledem und alledem die Mehrzahl der lebenden Frauengeneration zählen zu dürfen glaube, mögen sich für solche Schilderung bei Lindau bedanken. Sie ist noch bei Weitem nicht das schlimmste der Complimente, welche der Autor des Erfolges

ihnen zu kosten giebt. Daß er, obwohl ihm Fabro's beabsichtigter Mißbrauch bekannt ist, überhaupt hier die Erzählung seines Abenteuers mit
Frau Josephine am Platze finden kann — das ist, gelinde bemerkt, eine
renommistische Dummheit! Jedoch läßt sich hierüber mit dem Autor
nicht rechten, da er bezüglich dessen, was zu seiner eigenen Selbstcharak-
teristik gehört, unbedingt als Autorität anerkannt werden muß. Er zeigt
sich großmüthig, ja sogar uneigennützig, denn er hat — wie er weiter
erzählt — der anbetungswürdigen jungen Dame das Zusammentreffen
der ähnlich gearteten Verhältnisse „nicht einmal übel nehmen können!
Sie bedurfte eines starken Armes, auf den sie sich stützen konnte, und
ich,"" versichert er, „hatte nur eine Hand, um ihr die Locken zu zer-
zausen und ihre frischen Wangen liebkosend zu klopfen"". Sodann fährt
er fort: „„Die Bosheit des Schicksals""", die „„„noch einmal das Trug-
gebilde eines freundlicheren Geschickes vor ihm spiegeln lassen sollte""",
durch eine zweite Geschichte zu vervollständigen und damit seine zweite
renommistische Dummheit zu begehen. Aber Beide, sowie eine gleich nachfolgende Dritte, sind für ihn nöthig, nicht blos zur Vervollständigung des
Bildes seiner eigenen „„„Mannesseele""", sondern auch — wie wir später
sehen werden — weil der „„„Erfolg""" sonst gar nicht vom Flecke kommen
könnte. Die drei Dummheiten bilden im Stücke das, was man dramaturgisch das erregende Moment zu nennen pflegt. Baron Fabro —
und darauf beruht die Hauptbegebenheit des Stückes — Baron Fabro
macht in den nachfolgenden drei Acten von der erhaltenen Anregung
einen ebenso genialen Gebrauch, als sie Fritz Marlow genial in das
Stück einführte. Fritz thut also nur, was er zur Vervollständigung seines
gelungenen Portraits weder unterlassen kann noch unterlassen darf. So
beschreibt er denn dem Baron, welchen er als „„energischen"" Bewerber
um Eva's goldgespickte Hand kennt, jetzt haarklein, wie eben dieselbe Eva
schon eilf Exemplare seiner „„Verfinsterungen"" beim Verleger kaufte.
Den Namen der Käuferin hatte ihm der Verleger nicht nennen können,
denn sie bezahlte immer baar. Daß aber das „„junge Mädchen""
wirklich „„jung"" und zudem auch noch „„„allerliebst"" sei, hatte er von
ihm erfahren. Fritz endet seine Erzählung mit den Worten:

> „„Baar! Der Engel! Nun hatte ich einen Lebenszweck: Die Unbekannte
> suchen, finden, ihr zu Füßen fallen — und nun habe ich sie gefunden, und nun
> ist alles vorbei! O Eva, Eva!
> Klaus. Wie so, Alles vorbei?!

Fritz (mit einem bedeutungsvollen Blick auf Fabro). Nun — ich denke —

Klaus (leicht abwehrend). Ah! — Weißt Du, daß Du im Scherz einen Gedanken aussprichst, dessen Verwirklichung gar nicht übel wäre.

Fabro. Aber erlauben Sie!""

Und nun geht zwischen den Dreien der Zank um den Besitz von Eva's jungem Menschenfleisch los. Dem Baron wird von Klaus und Fritz rundweg erklärt, das „„junge Mädchen"" tauge für ihn ganz und gar nicht, man brauche in der Familie „„zwei Literaten"", um Herrn von Harden zu „„ärgern"". Fritz, obgleich er im Grunde seines Herzens den Dr. Klaus als einen Stümper von Schriftsteller verachtet, verspricht doch, für dessen „„Lichteffecte"" der „„dankbare Schlagschatten"" zu werden.

„„Klaus. Die Sache wird abgemacht! Ich bin der Mann, der dich ver=
heirathen kann, ich bin der Mann dazu!
Fritz. Ich habe ja gar nichts einzuwenden. Wir können uns ja das junge
Mädchen einmal kommen lassen und besehen. — Ist sie jung?
Klaus. Zehn Jahre jünger als Du.
Fritz. Hübsch?
Klaus. Allerliebst"" u. s. w.

Endlich ruft Fritz aus: „„Dann laß sie kommen — sie sei die Meine!"" Unmittelbar vorher hat Fabro für sich gesagt: „„Das kommt aufs Kerb= holz"" und wendet sich nun gegen Fritz: „„Gestatten Sie mir die Be= merkung, Herr Marlow: Ihre Sicherheit setzt mich in Erstaunen, und ich finde die Art und Weise, in welcher hier die Eigenschaften einer jungen Dame detaillirt werden, zum mindesten befremdlich."" Fritz Marlow trumpft ihn über diese antiquirte Auslassung tüchtig ab und fährt dann fort: „„eilf Exemplare der Verfinsterungen — und ich sollte nicht sicher sein! Ich bin in meinem Leben noch keinem weiblichen Wesen begegnet, das mich nicht gewollt haben würde, wenn ich es ernstlich gewollt hätte; denn ich besitze ein Universalmittel zur Eroberung aller jungen Mädchen= herzen."" — Meine Herren, unwillkürlich fällt mir hier der Name eines sehr berühmten Mimen ein, den in der Stadt, in welcher er engagirt ist, außerhalb des Theaters keine Dame eines Blickes würdigt, weil er an der fixen Idee leidet, daß jedes weibliche Wesen, dem er Auge in Auge begegnet, in ihn vernarrt sei und seine Anträge erwarte. Die Frauen= welt weiß sich gegen seine Belästigungen nicht anders zu sichern, als durch vollständige gesellschaftliche Jgnorirung seiner werthen Person. Jst nicht dieser Fritz Marlow als ein Object für pathologische Studien der Frauenwelt zu einer ähnlichen Schonung zu empfehlen? Doch — hören wir jetzt unser Musterexemplar von Renommisten noch weiter! Er zeigt jetzt abermals seine Großmuth, er macht den Halunken von Baron mit seinem „„Universalmittel zur Eroberung aller jungen Mädchenherzen““ bekannt, weil es demselben „„allerdings wenig nützen““ wird, …„denn die dazu erforderlichen Eigenschaften sind individuell““. Letzteres ist ihm wohl aufs Wort zu glauben: die „„erforderlichen Eigenschaften““ sind gewiß sehr „„individuell““ und zugleich — worin vielleicht die Genialität des Erfinders besteht — längst so vulgär, daß schon die Poeten der Staberliaden-Periode daraus eine stehende Figur von weinhandlungs-reisendem Bajazzo gebildet haben. Wenn nämlich der geniale Fritz das Herz eines Opfers erobern will, so macht er, wie er nun wörtlich be-schreibt, es so:

„„Jch knüpfe mit dem Opfer ein beliebiges Gespräch an. Nach fünf Mi-nuten sage ich: Sie sind ein ganz eigenthümliches kleines Mädchen! Darauf sagt sie: Wie so? Darauf sage ich: Sie haben zwei ganz verschiedene Naturen in sich. — Das kann man nämlich immer sagen, denn das stimmt immer. — Darauf sagt sie: Sie haben Recht! und bewundert meinen psychologischen Scharf-blick. Das Eis ist gebrochen. Die Theilnahme ist erweckt. Jetzt kommt die große Steigerung. Eine unabsichtliche Rosenknospe, die ich im Knopfloch trage oder mit der ich in der Hand spiele. Sie wirft einen verstohlenen Blick darauf — ganz unwillkürlich, aber auch ganz unfehlbar. Mein liebes Fräulein, sage ich und dabei betone ich „liebes“ mit zitterndem Ausdruck so: mein „liebes“ Fräulein, darf ich Jhnen diese Knospe, das keusche Symbol der erwachsenden Sympathie, zu Füßen legen? — Sie schlägt die Augen nieder — und nimmt die Knospe. Nun ist die Stimmung da — nun kommt Eichendorff!““

Athemlose Spannung aller weiblichen und männlichen Kretinen im Galerie-Publicum! Klaus, dieser „„Lichteffect““ von Marlow's „„Schlag-schatten““, macht der gepreßten Erwartung Luft und ruft als Chorus der Feyen aus: „„Ah endlich!““ — Fritz fährt fort:

„„Der Uebergang von der Rose zur Poesie ergiebt sich von selbst; dann kommt „Deutscher Dichterwald“ und endlich mit einem sinnigen Vorspiel — der „Deutsche Waldesdichter.“ Lieben Sie Eichendorff? frage ich; und um sie nicht in Ver-legenheit zu bringen, mir sagen zu müssen, daß sie wenig von ihm gelesen, fahre ich, ohne ihre Antwort abzuwarten, fort: Es ist doch ein herrlicher Poet. Diese Frische, diese Einfachheit, wie das lebt — wie das athmet! — Und nun —

Klaus, Du müßtest mich sehen! — Nun werde ich großartig. Allmälig senke ich das Organ in eine angenehme Mittellage, ich spreche mit halblauter Stimme, und in diesem vibrirenden poesiedurchzitterten Tone hebe ich also an: Die Welt ruht still im Hafen"" u. s. w.

Die nun folgenden zwölf Verse aus Eichendorff, welche sich von hier an als rother Faden durch das ganze Stück winden, sind die einzige wirklich poetische Stelle im ganzen „„Erfolg"". Es ist daher gut, daß Fritz Marlow den Hauptbestandtheil seines geheimen Universalreceptes von einem Dichter erborgte und so der Poesie wenigstens durch Stellvertretung noch ein winziges Plätzchen beließ. — Nach der Recitation des Eichendorff'schen Gedichtes fährt Fritz fort:

„„Ich kann das jetzt nicht so machen, denn eine gewisse Stimmung gehört immer dazu, — aber wenn ich einmal im Zuge bin, — ich bin mir oft selbst sublim vorgekommen! Dem Eichendorff hat noch Niemand widerstanden, und Fräulein Eva müßte aus ganz besonderer Masse geformt sein, wenn ich bei ihr meinen Effect verfehlen sollte. — Sehen Sie, Herr Baron, nun kennen Sie mein Geheimmittel.

Fabro. Einer Gebrauchsanweisung bedarf es nicht — ich hoffe es in der That erfolgreich verwerthen zu können.""

Hiermit endet die vierte Scene. Angesichts des saubern Literatenpaares Fritz Marlow und Dr. Klaus erscheint Fabro's Vorhaben, ersteren mit seinem Heirathsproject durch eine Gegen-Intrigue an die Luft zu setzen, noch als eine Art von Tugend, ungefähr so, wie man dem Diebe, welcher einem Mörder den Gewinn seiner Bluthat heimlich wegstipitzt, vergleichsweise noch eine Art von Tugend zugestehen kann! Fabro läßt es wenigstens ehrlich merken, daß er schwindeln muß, weil an ihm selbst nicht viel ist. Fritz und Klaus aber treiben Schwindel mit dem Heiligsten was der Mensch besitzt, mit den Familienbanden und mit der Liebe — und dennoch muthen sie uns zu, in ihnen Musterbilder von sittlichen und ge- sitteten „„Mannesseelen"" zu erkennen. Pfui über solchen Hocus- pocus, dessen Abscheulichkeit fast noch nothdürftiger, als eine eben ins Bad steigende Phryne durch das Schamtuch, vom Witzmäntelchen des Esprit verhüllt wird! Mißverstehen Sie mich ja nicht! Es giebt unter uns genug Marlowgestalten, und ich wiederhole nochmals: Hätte Lindau diesen Typus aufgegriffen, um daran eine echt moderne Leichtfertigkeit zu geißeln und dann gebührend abfahren zu lassen, so könnte man voll des Lobes sein über den ebenso kühnen als gelungenen Griff. Aber nein!

Lindau kennzeichnet diesen Typus als sein eigenes Portrait und will daran zeigen, wie hoch er von der deutschen Nation zu ehren sei. Darin liegt seine ungeheuerliche Lascivität, zu der selbst der schmutzigste Pariser Vorstadt-Dramatiker sich schwerlich je erniedrigen möchte. Unter einer erbärmlichen Gesellschaft erscheint der am mindesten Erbärmliche immerhin noch als respectabel, denn alle Begriffe der Menschen sind relativ, nicht absolut. Man vergegenwärtige sich die Scene recht lebhaft in der Wirklichkeit, in einem anständigen Salon unter gebildeten Männern spielend! Dann wird man nicht umhin können, seine eigenen Geruchsorgane mit dem Taschentuche gegen den sich als Parfum ausgebenden Gestank abzuschließen und sogar noch dem abtretenden Fabro einen dankbaren Blick zu gönnen, weil er aus dem moralischen Bankerott wenigstens eine schwache Spur von Anstandsgefühl gerettet hat und den Auftritt „...zum mindesten befremdlich"" findet. — Meine Herren, ich habe Ihnen diese Scene so ausführlich ins Gedächtniß zurückgerufen, weil ich Ihnen schon in der Unterlage, auf welcher das Stück fußt, den Beweis liefern wollte, daß Lindau wirklich nicht blos die Nuditäten seines Geistes, beziehungsweise seine unsittliche Leichtfertigkeit zur öffentlichen Schau ausstellt, sondern auch sich selbst verspöttelnd dabei noch dreist in alle Welt hinausschreit: Seht doch, wie ich in meiner Nacktheit ...mir selbst sublim vorkomme!"" Meine Herren, das ganze Stück ist gespickt von ähnlichen ...Sublimitäten"", die auf dem Traggestell der Alltagswitze des weiland weinhandlungsreisenden Bajazzo glitzernd einherstolziren und eine gewisse Klasse von gedankenleeren Theaterbesuchern ohne Zweifel standesgemäß zu unterhalten vermögen. Jedoch werden Sie von mir nicht erwarten, daß ich jede „„Sublimität"" ins Detail zergliedere. Ich würde damit Stoff zu einem ganzen Buche lasciver ...Sublimitäten"" aufspeichern, und dies ist das Ephemeron nicht werth. Es wäre überhaupt von mir schwerlich auch nur berührt worden, würde nicht in der so ausgebreiteten Bevorzugung, welche die Mehrzahl der Intendanzen und Directoren ihm angedeihen ließ, sich der Geschmack unserer Bühnenleiter und die Richtung unserer Theater so drastisch kennzeichnen. Ich muß also die Spitze meines Vorwurfs noch schärfer gegen letztere kehren, als gegen den Autor des „„Erfolges"". Herr Lindau handelt als gewandter Speculant: er würde sich bemühen anders zu schreiben, wenn er nicht wüßte, daß er just so, wie er schreibt, den meisten Bühnen-Vorständen am willkommensten wäre! Jedoch gehört es nicht zu den Zwecken unserer Genossenschaft, allen Koth bis auf die untersten Schichten der Bestialität zu durch-wühlen. Unsere Aufgabe ist erfüllt, sobald über die Verwerflichkeit der Kunstbestrebung, beziehungsweise über die Kunst-Verirrung kein Zweifel mehr besteht. Ich kann daher um so mehr die Inhaltsangabe des noch Folgenden kürzer fassen, als sich an der Charakteristik der Hauptperson nichts mehr ändert, und das Ganze eine eigentlich dramatische Handlung gar nicht besitzt. Die Situationen werden durch Wortwitze kümmerlich getragen; Fritz, der ja Eigenthümer der Geheimnisse des Erfolges ist, bekommt selbstverständlich im letzten Act seine „„junge"" Eva; Fabro, trotz des reichen Materials, welches Bajazzo Fritz ihm zur Ohrenbläserei bereits geliefert, fährt ohne Braut und Patent mit Glanz ab; Klaus streicht an seinem ihn „„unsterblich"" machenden Lustspielchen so lange, bis nichts mehr davon übrig bleibt; und Mama Hermine Drossen begräbt ihren tödlichen Haß gegen den „„boshaften Timotheus"", sobald sie das Glück erfährt, dem großen Fritz Marlow-Lindau als künftigem Schwiegersohn in die Arme sinken zu dürfen. Dies ist das Schlußresultat einer Reihe von Situations-Bildern, die ohne nothwendig innern Zusammenhang auf einander folgen und von Anfang an so durchsichtig sind, daß der Autor nach jeder Scene und auf jeder beliebigen Seite des Manuscriptes mit wenigen Worten den Schluß hätte herbeiführen können, wenn er nicht durch subjectiv dramatische (!) Gründe veranlaßt worden wäre, die Spielzeit auf zwei Stunden und fünfzig Minuten auszudehnen."

„So können wir" — warf Hermann der schalkhafte Alterspräsident ein — „die Zergliederung des „„Erfolges"" wohl beschließen, um den eigentlichen Gegenstand der Tagesordnung, nämlich die Untersuchung über die künstlerische Phantasie, wieder aufzunehmen. Lindau gewinnt dadurch den Vortheil, sagen zu können, daß unsere Kritik nur gegen die Hühneraugen seiner Füße etwas unsanft angerannt sei, weil wir seinem Kopf nichts hätten anhaben können. Er wird sich darüber gemüthlich ins Fäustchen lachen und ausrufen: „„Pah!"- denn just sein Kopf ist's, auf den er stolz sein zu dürfen glaubt. Den ethischen Standpunkt, den Sie ihm abgesprochen haben, hat er selbst von jeher mit großem Eclat als überwundenes Antiquarium verurtheilt, und eben deshalb putzen die Gänsekiele seiner Charaktergenossen und er selbst ihn zum großen Manne des Tages heraus. Daß sein „„Erfolg"" Theatererfolge hat, ist unbestreitbar. Daher läßt sich auch nicht bestreiten, daß der Autor Kopf, daß er sogar Genie besitzt. Es lebe die moderne Genialität!"

„Kopf? Genie? Genialität?" replicirte Johann. „Wohl! unter=
suchen wir denn, wie es sich mit diesen dem echten Dramatiker unent=
behrlichen Substanzen verhält! Ich fahre, weil wir zur Ziehung unseres
noch unausgesprochenen Schlußurtheils einer Uebersicht über das Ganze
bedürfen, im Resumé der Inhaltsangabe fort:

„Fünfte Scene: Gertrude tritt zu den Helden der vierten Scene
und verkündet ihnen, daß sie „„unvorsichtigerweise"" ihren Gästen im
Salon, nämlich der Tante Hermine Drossen und der jungen Eva, die
Anwesenheit des berühmten Fritz Marlow verrathen habe. Nun brennen
diese Gäste, und insbesondere Eva, vor Verlangen „„ihn kennen zu lernen.""
Diese Nachricht kommt selbstverständlich „„ganz gelegen"", — Fritz kann
jetzt ohne lange Umschweife das „„junge Mädchen"" gleich „„besehen"".
Sechste Scene: Hermine Drossen, welche von Gertrude „„Wunder=
dinge"" über Fritz Marlow's „„Erfolg"" gehört, beräuchert den Autor
neun Seiten des gedruckten Manuscriptes lang mit Lobeserhebungen und
kommt vom Hundertsten aufs Tausendste, wobei Schopenhauer und der
abgedroschene Witz, daß sie alle Augenblicke einen klassischen Kraftspruch
citiren will und kein einziges Citat richtig im Kopfe hat, ihr die Ueber=
gangsbrücken zimmern muß. Fritz bemüht sich, den weitschweifigen Pane=
gyrikus interessant anzuhören. Er schweigt, weil ihm „„merkwürdig""
(ein häufig wiederkehrender Lieblingsausdruck Lindau's) oft nichts ein=
fällt."" Evchen Drossen benützt die „„Besichtigung"" ebenfalls, um sich
den Erkornen ihrer stillen Träume zu „„besehen"". Ihre Augen ver=
schlingen ihn, aber sie verharrt in stumm anbetender Bewunderung und
Fabro findet in ihrem Mienenspiel genug Anlaß zu dem verstärkten Vor=
satz „„ihr die Freude zu versalzen"". Die gegenseitige Besichtigung endet
mit gegenseitiger Sympathie, und das Liebespärchen könnte sich sogleich
zu ewigem Bund in die Arme fallen, wenn schon Text genug geliefert
wäre, um mit der Braut zugleich eine volle Tantieme einzuheimsen.
Darum muß jetzt für Fabro eine Gelegenheit geschaffen werden, seine
ersichtlich schon verspätete Ohrenbläserei anbringen und dadurch noch
drei weitere Acte gewinnen zu können. Die ganze Gesellschaft ladet
sich auf Klaus' Anregung für den nächsten Tag zu einem Rendez-vous
in Herminens Garten, wo auch Frau Josephine zugegen sein wird. In=
zwischen findet der als Wunderding begaffte Fritz Marlow hinter der
Bühne Muße, Monologe über den Satz zu halten: „„Das Mädchen kann
merkwürdig anregend schweigen."" Vielleicht auch wird er darüber nach=

denken, wie er am nächsten Tage seiner früheren Jugendgeliebten Josephine gegenübertreten und diese, außer dem Rahmen des Erfolgs liegende, Begebenheit mit dem Ganzen verbinden soll!

„Zweiter Act: Garten bei Hermine Droſſen.

„Erſte Scene: Eva. Frau Droſſen's alte Dienerin Sabine.

„Sabine richtet den Kaffeetiſch zurecht. Eva iſt heute mit ihrem eigenen „„Geſichte gar nicht zufrieden"", bis auf ihre Bitten die Dienerin ſie für „„hübſch"", für „„ſehr hübſch"" gelten läßt und ihr eine Roſe ins Haar ſteckt. Die gefällige alte Jungfer iſt nicht auf den Kopf ge= fallen, ſie weiß, was derlei Unzufriedenheit zu bedeuten hat, und wird deshalb von Eva unter dem Zuruf: „„Herzensbünnchen, klügſtes, engel= hafteſtes Geſchöpf der ganzen Welt"" umfaßt und im Garten herum= gewalzt, während Baron Fabro eintritt.

„Zweite und dritte Scene: Eva. Fabro. Später Joſephine.

„Fabro macht Eva mit Marlows Univerſalmittel zur Eroberung aller jungen Mädchenherzen bekannt und erſucht ſie, bei deſſen zu er= wartender Erklärung die Steigerung a) eigenthümliches Mädchen, b) Roſen= knospe, c) Eichendorff, nicht zu vergeſſen. Eva, die ihren Fritz ſchon „„ſo gern gehabt"", iſt empört und geht (dritte Scene) den Ohren= bläſer Fabro der Geſellſchaft der eben eintretenden Frau Joſephine über= laſſend ins Haus ab, um Eichendorff's Gedicht zu ſuchen und es ſpäter dem ſauberen Fritz „„ſelbſt vorleſen"" zu können.

„Vierte Scene. Joſephine. Fabro.

„Ein Zwiegeſpräch, das weder die Handlung weiter fördert, noch Neues zur Charakteriſtik der Perſonen beiträgt. Fabro erfährt, daß auch Joſephine aus früherer Zeit die Wirkung von Eichendorff's Gedichten kennt und zwar „„von der Tanzſtunde in einem etwas vorgerückten Stadium"".

„Fünfte Scene. Fritz Marlow tritt zu den Vorigen ein und iſt bei Joſephinens Anblick „„etwas betroffen"", wodurch er auch die Dame in „„ſichtliche Verlegenheit"" bringt. Er hat alſo, obwohl er dieſe be= vorſtehende Begegnung ſchon ſeit vierundzwanzig Stunden kannte, im Zwiſchenact kein Mittel gefunden, über dieſe delicate Situation tact= feſt hinweg zu voltigiren. Das iſt an dem ſtets ſchlagfertigen Univerſal= mittel=Inhaber ſehr auffallend, jedoch liegt ſeine Entſchuldigung recht nahe. Eigentlich ſpielt er nur ſcheinbar, nur aus Gefälligkeit gegen den Autor, ausnahmsweiſe den Unbeholfenen, denn der Autor braucht hier

seine Unbeholfenheit, um den Faden der magern Begebenheit weiter
fortspinnen und namentlich auch noch einen vierten Act gewinnen zu
können, der — wie wir später sehen werden — nur ein den drei ersten
Acten noch angehängter, gänzlich überflüssiger sogenannter Schwanz ist.
Fabro, die Verblüffung des ehedem jugendlich ins Geheim verlobten
Liebespärchens beobachtend, sagt für sich:

> „„Nun bin ich meiner Sache gewiß, und nun brauche ich, um mein Patent
> zu bekommen, nicht mehr den Plebejer Klaus — jetzt werde ich selbst mit Herrn
> von Harden ein Wörtchen reden.""

„Sechste Scene. Josephine. Fritz Marlow.

„Die Beiden haben sich wirklich seit Jahren nicht wieder gesehen.
Da sie gegenseitig ihre Jugendträume schon begruben, so beschließen
sie, sich gegenseitig fortan in rein befreundeter Stellung näher zu rücken.
Das ist von ihnen recht human gedacht, und Fritz drückt sich dabei sogar
auffallend vernünftig aus. Nur Schade, daß seine Schilderung des be-
endigten Liebesverhältnisses in unvereinbarem Widerspruch mit seiner in
der vierten Scene des ersten Actes über eben dasselbe Verhältniß ent-
worfenen Schilderung steht und daher nur ihn selbst gegenüber dem Zuschauer als einen Mann kennzeichnet, der auch in seinen innersten Gefühls-
angelegenheiten den Mantel gewandt nach dem Winde zu drehen und zu
wenden vermag. Ueberdies ist nicht zu ersehen, wozu diese ganze Scene
im Stücke nöthig sein soll, wenn nicht etwa dazu, um dem ehedem
„„heimlich verlobten"" Pärchen ein Erröthen im gänzlich überflüssigen
vierten Acte zu ersparen. Josephine sammt ihrer früheren Ueberspanntheit
ist — wie ich später nachweisen werde — im Gange der Handlung
oder vielmehr der novellistischen Begebenheit ein fünftes Rad am Wagen,
verträgt sich also nicht mit den Eigenschaften eines wahrhaft dramatischen
Kunstbaues, von dem alles episodische Beiwerk grundsätzlich fern gehalten
werden muß. — Josephine erfährt im Verlaufe des Gespräches von
Fritz, daß Klaus ein Bruchstück aus seinem Lustspiel vorlesen will. Sie
beschließt, sich der Belästigung dieses „„lächerlichen Ahasver der komischen Dichtung"" zu entziehen. Auch hat Josephine — wie der Zuschauer
ohnehin aus der vorigen Scene weiß — schon gehört, daß Fritz ihre
Nichte Eva reizend findet. Fritz aber verläugnet gegen seine frühere Geliebte seine neue Herzensflamme! Josephine entgegnet darauf, der Gedanke,
daß die kleine Eva ihm so recht eigentlich gefallen könne, habe für sie

selbst „„etwas merkwürdig(!) Beruhigendes und Erfrischendes““. Merkwürdig! Dies Wort läßt sich Herr Lindau, wenn er etwas recht stark be-
jahen will, ebenso wenig je entgehen, als das Wörtchen „„jung““ bei
Bezeichnung von Damen, die er „„verehrungswerth““ findet. Es ist das
wohl eine Eigenheit, die man zu den mannigfachen „„Schönheiten seines
gewandten Stils““ zu rechnen hat. Sei's! Nur sollte er — da bekanntlich
der Stil der Mensch ist — derlei Eigenheiten bescheiden für seine
Marlow-Gestalten verwerthen und nicht verschwenderisch solch charakte-
risirende Sprachbereicherung allen Personen seiner dialogisirten Novelle
in den Mund legen.

„Siebente, achte und neunte Scene enthalten nur Situations-
schilderungen, durch welche weder die Charakteristik Neues gewinnt, noch
die Handlung weiter gefördert wird. Fritz, Josephine, Gertrude, Klaus,
Hermine, Fabro und später Eva befinden sich auf der Bühne. Josephine,
welche der Folter der Klaus'schen Lustspiel-Vorlesung entrinnen will, entschuldigt sich mit Unwohlsein ihres Mannes und geht. Fabro, der ihr
gern einen Vortrag in Angelegenheiten seines Patentes halten möchte, be-
gleitet sie zum Wagen und verschwindet ebenfalls. Klaus kommt mit seiner
Vorlesung nicht über den Titel hinaus und schlägt endlich das Manuscript wieder zu, weil heute augenscheinlich Niemand Sinn für seine erhabenen Poesien hat. Uebrigens erfahren wir doch, daß sein Opus durch
zwei neue große Striche wieder „„außerordentlich gewann““. Ja, sein
Weibchen Gertrude macht ihm darüber sogar das Compliment, daß er
„„merkwürdig (!) productiv““ ist. Eva, welche das Eichendorff'sche Gedicht in der Hausbibliothek glücklich fand, kommt mit verweinten Augen
zurück. — Die Gehaltsarmuth und die abgedroschenen Situationen der
drei Scenen sind, — wie dies bei Lindau selbstverständlich ist, — durch
Wortwitzeleien überzuckert. Wieder müssen Herminens verkehrte Citate,
Schopenhauer und Timotheus' „„verdrehte Schraube““ aushelfen. Ja
Klaus hat sogar den „„genialen““ Einfall, Frau Herminen ins Ohr zu
flüstern, daß er dem Timotheus „„seit gestern auf der Spur ist““.
Und nun:

    „„Hermine. Wir kommen gleich wieder, mein Kind! Klaus hat mir
eine Mittheilung zu machen, die keinen Aufschub duldet — wir gehen blos
den großen Weg entlang und sind auf der Stelle wieder hier! — Entschuldigen
Sie, Herr Marlow! — Ach, wenn's wahr wäre, Klaus! Gefährlich in's
den Löwen zu wecken.““

Mit diesen Worten verschwindet sie in Klaus' Begleitung. Klaus blickt im Abgehen sein Weibchen Gertrud an, welches als seine willen- lose Maschine ihm sodann gehorsam folgt. Endlich kann die „Zehnte Scene, die sogenannte dramatische Handlung, welche in den zwei Acten eigentlich noch gar nicht begonnen hat, um einen Krebs- schritt vom Flecke kommen, Fritz und Eva stehen oder sitzen sich endlich allein gegenüber, die Liebeserklärung kann endlich losgehen. Sie geht auch wirklich los, ganz nach dem „„Universalmittel"", welches wir in der vierten Scene des ersten Actes von Fritz dem Baron Fabro, und in der zweiten Scene des zweiten Actes von Baron Fabro dem Fräulein Eva mittheilen hörten. Was wir aus Eva's eigenem Munde ebenfalls schon wissen, geschieht: sie läßt den hoffnungsvollen Jüngling gebührend abfahren. Fritz ist jedoch nicht faul, er zeigt jetzt seine „„überlegene Würde, aber nicht pathetisch"". Nein! er versichert:

„„Ach, mein Fräulein, mein verehrtes Fräulein . . . . . . Ich habe Ihnen, wie ich zugeben muß, die Berechtigung gegeben, mich der Frivolität zu zeihen; aber Sie haben nicht das Recht, irgend einer meiner Handlungen ein niedriges Motiv unterzuschieben.""

Recht hübsch gesagt das! Fritz jedoch weiß seine „„überlegene Würde"" noch imponirender zu manifestiren. Er schwingt sich zur Hochsinnigkeit empor, fühlt sich als Sieger in seiner „„heikeln Situation"" und versteigt sich zu dem Ausspruche, daß er des Fräuleins „„Unbilligkeit verzeihe!"" Eva aber ist für diese Höhe der Poesie noch nicht vollständig reif, — sie bedarf, um dem Adlerfluge des Herzallerliebsten zu folgen, der Er- wägungen eines Zwischenactes und läuft ihm erst im nächsten Acte wieder nach, — vorerst erhält er von ihr die Weisung ...„sich von hier zu entfernen"".

„„Fritz. Ihre Andeutungen lassen an Verständlichkeit nichts zu wünschen übrig. (Er nimmt seinen Hut.) Ich habe es ja immer gesagt, ich habe kein Glück. — Nun, mein Fräulein, leben Sie wohl! Denken Sie das Schlimmste von mir, ich muß es über mich ergehen lassen; aber lassen Sie sich in Ihr reines Gemüth nie wieder einen so häßlichen und unsauberen Gedanken ein- pflanzen, wie der, dem Sie vorhin Ausdruck gaben! Ich werde versuchen, mir Ihre Vergebung zu verdienen. (Im Abgehen.) Es ist wirklich Schade! Sie ist reizend! Ich habe kein Glück! (Er verbeugt sich nochmals und geht.)""

Großartiger Jubel von den Galerien herab über den edelmüthigen Abgang des Helden, der sich seinem so unverdienten tragischen Schicksal so stoisch zu unterwerfen weiß und sogar später um „„Vergebung"" einkommen will, nachdem seine eigene Offerte, „„verzeihen"" zu wollen, mit Protest abgewiesen wurde! In der That, ein Moment, der den Autor eines „„Erfolges"" wohl verleiten mag, „„sich oft selbst (1. Act 4. Scene) sublim vorzukommen!""

„Eilfte und zwölfte Scene. Tragischer Monolog Eva's über den Schuldbeweis. Dann ruft sie dem eintretenden Fabro zu:

> „„Ach, Herr Baron! Gut, daß Sie kommen! Ich schulde Ihnen Dank für Ihren prophetischen Blick — wirklichen Dank! Und ich will ihn abtragen"" u. s. w.

Schließlich sagt Fabro halblaut:

> „„Nun kann Alles gut werden. Wenn nur noch das Stück durchfällt! — und dafür läßt sich ja Manches thun.""

Der Vorhang fällt. — An Bühnen, welche trotz der Aufführung des „„Erfolges"" noch nicht allen ästhetischen Tact verloren haben, wurden diese beiden Scenen, sowie auch die stärksten der schon erwähnten und noch nachfolgenden „„Frivolitäten"" gestrichen, und Eva schließt den Act mit den als Monolog eingeschalteten Worten: „„Ich kann mir doch nicht denken, daß er es so gesagt haben soll!"" Dieser Anfang von „„Strichen"" nach dem Recept des hierin mustergiltigen Meisters Dr. Klaus ist löblich. Wozu sollte Eva's überraschende Auslassung gegen Baron Fabro nützen, da wir später gar nichts mehr davon erfahren, und die hier wirklich halb verrückt gewordene Schwätzerin nach wie vor nicht dem Baron, sondern ihrem theuren Fritz nachlaufen sehen? Die gestrichenen zwei Scenen rangiren zur Gattung der bei Lindau nicht mehr ungewöhnlichen Reizmittel, welche man füglich mit der Werthlosigkeit der für echtes Gold in Umlauf gesetzten falschen Spielmarken eines Jongleurs vergleichen könnte. Der sinkende Vorhang entzieht rasch die falsch ausgetrumpfte Spielmarke unserem Blick. Wenn der Vorhang sich wieder hebt, so wird uns unter der Gestalt einer pikanten Foyer-Unter-

haltung Sand in die Augen geschleudert und darüber vergißt der ge-
dächtnißschwache Zuschauer, daß dem Autor selbst der Faden der Handlung abhanden kam. In dieser Art von Federgewandtheit ist Lindau
Virtuose. Wer ihn darum beneidet, der verdient nicht unsere Sympathie,
wohl aber unser Mitleid.*)

„Dritter Act. Das Foyer.

„Die erste und zweite Scene, ein breit angelegtes Situations-
Gemälde, füllen die überwiegend größere Hälfte des ganzen Actes, im
gedruckten Bühnen-Manuscript dreizehn Seiten, aus. Sämmtliche Personen
des Lustspiels, mit Ausnahme der Nebenfigur Sabine, befinden sich auf
der Scene. Dazu kommen noch abwechselnd viele Herren und Damen

---

*) Obiges wurde von mir schon 1877 in einem Wiener Journal ausgesprochen,
worauf Herr Lindau der betreffenden Redaction die Erklärung zugehen ließ, daß
zwar die eilfte und zwölfte Scene des zweiten Actes von ihm wirklich geschrieben
worden seien und in dem Bühnen-Manuscript ständen, nach welchem hier kritisirt zu
werden scheine. Durch solche Kritik aber geschehe ihm schreiendes Unrecht, denn er
selbst habe beide Scenen vor der ersten Aufführung beseitigt und auch in der, dem
Publicum zugänglichen, Ausgabe des Buches unterdrückt. — Die Antwort, welche
in dem erwähnten Journal Herrn Lindau auf diese Reclamation damals (am 22. Febr.
1877) öffentlich ertheilt wurde, lautet: „Dies, geehrter Herr, ist in allzu euphemistischer
Fassung ganz dasselbe, was auch ich angedeutet hatte. Nur hielt ich mich noch ge-
nauer, als es Ihnen beliebt, an die ungeschminkte Wahrheit, denn ich besaß selbstverständlich keinen Grund, dem so leicht reizbaren Nervensystem Ihrer Schriftsteller-
eitelkeit zu schmeicheln. Wie Sie richtig vermuthen, kritisirte ich „nach dem Bühnen-
Manuscript“, welches s. Z. Sie selbst den Theatern ursprünglich ungestrichen zugehen
ließen. In dem mir vorgelegenen Texte — dem Soufflirbuch eines hervorragenden Hoftheaters — waren die Ihnen jetzt so viel Schmerzen verursachenden
Schlußscenen des zweiten Actes, ganz in der von mir angegebenen Weise, gestrichen,
jedoch — wie die handschriftlich beigefügte Textänderung mir bewies — nicht von
Ihnen, sondern von der Hand des betreffenden Bühnen-Chefs. Daß Sie einen
derart praktischen Strich sich auch für die andern Bühnen bereitwilligst aneigneten,
ist gegenüber einem so klugen Mann, wie Sie sind, wohl um so eher vorauszusetzen,
als es gewiß außer allem Zweifel steht, daß ohne diesen und einige ähnliche Striche
Ihr „Erfolg“ auch nicht einmal eine ephemere Bühnenwirkung hätte erzielen
können. Mir war es bei Besprechung Ihres eigenartig pikanten dramatischen Cu-
riosums darum zu thun, dasselbe in seiner Totalität zu beurtheilen und nicht in
der Castration, die es unter dem Rothstift verschiedener Regisseure, oder nebenbei
wohl auch unter dem Drucke Ihrer eigenen anderweitigen Erfahrungen nachträglich
hat erleiden müssen. Just die hinterher für das größere Publicum unterdrückten
Stellen liefern den Schlüssel zum richtigen Verständniß dessen, was trotz aller Ueber-
kleisterungen dem Opus als unverwischbarer Kern noch anhaften geblieben ist. Was
würden Eure Wohlgeboren wohl sagen, wenn ich mir erlaubt hätte, Sie für die

vom Theaterpublikum. Wir sehen ein recht bewegtes Bild des Lebens und Treibens der Theaterbesucher während eines Zwischenactes, wie denn überhaupt Lindau Geschick zur realistischen Genre-Malerei besitzt, sofern es sich dabei nur um die Reproduktion kleiner und kleinlicher Charakterzüge handelt, die auf einmal und in wenigen kecken Feder= strichen aufs Papier zu werfen sind. Das Festhalten und die Durch= führung entwicklungsbedürftiger Situationen bereiten ihm desto mehr Schwierigkeiten, und er verwickelt sich fast immer in Inconsequenzen, weil er stets der Sklave des ihn augenblicklich beherrschenden Witzein= falles bleibt und darüber das Vorangegangene und das Nachfolgende außer Betracht läßt. — In den zwei Scenen dreht sich das Gespräch um Fritz Marlow's „„Erfolg""", der an diesem Abend die erste Dar= stellung erlebt. Der Einleitungsact hatte eine „„gute Stimmung"" er zeugt; im zweiten Act war der Autor — der, wie sogar der Logen= schließer wahrnimmt, „„nicht viel gute Freunde zu haben scheint"" — von den Gegnern tüchtig ausgezischt worden. Die zwei Literaten Schall= meyer und Schandauer machen der Bedeutung ihrer Namen und der Beschreibung, welche Fritz Marlow schon zu Anfang des Lustspiels von den echt modernen Feuilletonisten zum Besten gab, in vorzüglichem Grade Ehre: Das Literatenthum der modernen sogenannten Theaterkritiker steht in diesen zwei werthen Persönlichkeiten am wohlverdienten Pranger, und

haarsträubenden Textverunstaltungen verantwortlich zu machen, in denen ich Ihren „„Erfolg"" auf ein paar kleinen Theatern mimen sah? Gewiß würden Sie dann — und zwar dann mit vollstem Rechte — sich über arge Unbill beklagen. Man kann — wenn man den Dramatikern gerecht bleiben will — gegenüber dem grenzen= losen Schlendrian, der in Handhabung des Rothstifts und im Memoriren an gar vielen Bühnen zur Zeit noch herrscht, ihre Leistungen im Allgemeinen wahr= lich nur nach dem Texte beurtheilen, den sie selbst den Theaterbureaux gedruckt zu= senden und nicht nach den Declamationsübungen, die man manchmal zufällig von den Brettern herab zu hören bekommt. Sie, geehrter Herr, sind nach dem von Ihnen selbst gelieferten Text beurtheilt worden. Daher besitzen Sie kein Recht zu beanspruchen, daß Ihnen als ein Verdienst angerechnet werden müßte, was an Ihrem verfehlten Opus Andere gemildert und Sie nur adoptirt zu haben scheinen. Wohl begreife ich Ihren Unmuth über den Zweck und das Ziel meiner Kritik. Ich be= daure sogar, daß beide mit Ihren persönlichen Bestrebungen unvereinbar sind. Aber mir stand von jeher die heilige Sache der Kunst hoch über den persönlichen Interessen, und die Wahrheit hoch über der literarischen Täuschung. Daran gedenke ich auch fortan festzuhalten. Mit aller Achtung Eurer Wohlgeboren ganz ergebener:

Köberle."

ich will hier nicht noch einmal wiederholen, was ich schon bei Besprechung
des ersten Actes hierüber äußerte. — Der Autor paraphrasirt die uns
schon aus den vorigen Acten bekannten Beziehungen zwischen den bluts-
verwandten Familien Drossen, von Harden und Dr. Klaus, ohne hierüber wesentlich Neues vorzubringen; die Theaterbesucher ereifern sich für
und gegen den „„Erfolg““, wobei neben vielen schlechten auch einige
treffende Witze fallen; Fabro wirbt um Zischer, engagirt Schandauer zu
einem Schmähartikel und stellt ihm zugleich „„den Stoff zu einem der
amüsantesten Feuilletons““ (nämlich die Erzählung von Marlow's früherer
heimlichen Verlobung mit der jetzigen Frau Josephine von Harden) in
Aussicht. In dem ganzen an und für sich recht ergötzlichen Situations-
gemälde befinden sich nur zwei flüchtig vorübergehende Momente, die zur
Fortsetzung der Begebenheit ein Bischen beitragen: 1. Herr von Harden
beobachtet Fabro's Umtriebe und wird dadurch noch mehr gegen den
zweideutigen Baron verstimmt. Aber just diese erhöhte Mißstimmung
trägt nicht zu einer Steigerung, sondern zur Abschwächung unsers In-
teresses am weitern Verlaufe bei: wir können jetzt mit Bestimmtheit vor-
aussehen, daß Harden im vierten Acte Fabro mit seiner ohnehin in der
Luft schwebenden „„neuesten Erfindung““ und mit seiner Denunciation
bezüglich Josephinen's gebührend abfahren lassen, und daß das Schluß-
Resultat des dritten Actes auch als Schluß des ganzes Stückes aufrecht
bleiben wird, was sich später denn auch wirklich bewahrheitet; 2. Eva
hat von Fritz einen Brief erhalten, welcher die schon am Schluß des
vorigen Actes in Aussicht gestellte Bitte um „„Vergebung““ enthält und
ihr „„Alles nett explicirt““. Aber just in diesem Briefe, dessen nähern
Inhalt wir nicht einmal erfahren, liegt die größte dramatische Schwäche
des ganzen Stückes und der stärkste Beweis von Lindau's Unfähigkeit
zur Lösung wahrhaft dramatischer Probleme. Wir sahen am Schlusse
des vorigen Actes Eva's sittliches Gefühl aufs tiefste entrüstet über
Fritz Marlow's „„Frivolität““; sie war sogar entschlossen, sich eher dem
gemeinen Fabro zu ewigem Bunde in die Arme zu werfen als diesem
lasciven Mädchenjäger, der in der That das zarte Damenherz tödlich
verwundet hatte. Nun kommt sie ohne alle und jede Vermittelung, beruft sich auf ein empfangenes Briefchen, in welchem Fritz sein engelreines
Gemüth „„nett explicirt““ habe, und zappelt auf diesem seichten Fuß-
gestelle wieder so willenlos im alten Flammenmeer der Liebesbrunst herum,
daß ihr Ohr nicht einmal die Zischlaute im Zuschauerraum aushalten

kann, weil sie gegen eine Arbeit gerichtet sind, die aus dem Tintenfaß ihres ewig angebeteten Ideals Fritze stammt! Ein wahrer Dramatiker hätte diese, von einem Extrem ins andere überspringende Umwandlung niemals hinter die Coulissen zu verlegen vermocht, außer wenn er sie etwa (was hier nicht der Fall ist) als tragische Schuld für die hierüber stürzende Heldin eines Trauerspiels zur späteren Katastrophe benützen wollte; sein eigener Taktsinn hätte ihm gesagt, daß es gerade hier gelte, seine dramatische Kraft zu bewähren und nicht unvermittelt die zwei Extreme, sondern die psychologische Nothwendigkeit und den stufenweisen Zwang des Uebergangs zur Seele der Handlung zu machen. Hier wäre die Gelegenheit zur Schöpfung eines Charakterbildes vorhanden gewesen, welches den sonst nur von den hohlsten Photographien der Convenienz bevölkerten „„Erfolg"" auch für ein ästhetisch gebildetes Auge und Ohr nicht blos zu einer erträglichen, sondern sogar zu einer interessanten Bühnendichtung hätte erheben können. Lindau ging dieser Aufgabe aus dem Wege. Warum auch nicht? Die Kunst der „„Mache"" hilft ja heutzutage über derlei Bagatellen hinweg, und das leicht leitbare Publicum ist schon so wohldressirt, daß es die undramatischen Salti mortali gar nicht mehr bemerkt. Man hat das Alles ja längst den Franzosen richtig abgelauscht! Aber halt! den Franzosen? Ich gebe zu: den theatralischen Fabrikarbeitern der Spectakelstücke für die Pariser Vorstadtbühnen, nicht den bessern französischen Theaterdichtern. Ein Scribe z. B. verstand sich wohl auch, und gewiß besser als Herr Lindau, auf die Kunst der „„Mache"", — und wie fein und treffend weiß just Scribe psychologische Knoten aufzugreifen, sie durch die ganze Scala der Steigerung zu führen und reizend zu lösen! „„Le verre d'eau"" (1842), „„Les contes de la reine de Navarre"" (1852) und andere seiner bessern Werke können hierin geradezu als Muster gelten. Und was hätte erst ein Lessing, als dessen Geistesverwandten (!) sich Lindau im Erfolg austrommelt, aus dieser Eva zu machen vermocht! Das, was Lindau vom zweiten auf den dritten Act mit der Phrase „„nett explicirt"" überspringt, wäre für Lessing, wie man aus „„Minna von Barnhelm"" schließen kann, ein ausreichendes Thema für fünf fette Acte geworden, und er hätte dabei das Meiste, was Herr Lindau uns in vier magern Acten auftischt, als unbrauchbaren Ballast über Bord springen lassen. Hiezu würde nun freilich ein bischen sittlicher Ernst und poetische Vertiefung gehören, — selbst im Lustspiel. Sittlicher Ernst und poetische Vertiefung gehören aber nicht zu Lindau's schriftstellerischen Requisiten, und er beweist deren Mangel noch schlagender, wenn er, wie z. B. in „„Tante Therese"" oder in der „„Gräfin Leah"" ihren Besitz affectiren will, als wenn er leichtfertig darüber hinwegspringt, wie im „„Erfolg"".

„Dritte Scene: Eva allein. Sie hat nicht vermocht, mit ihrer Mutter zum Anhören des letzten Erfolg-Actes wieder in die Loge zu treten, — sie würde sonst „„krank"" über das „„fürchterliche"" Ereigniß des Durchfalls. Sie paraphrasirt also jetzt lieber das Wolf'sche „„Einsam bin ich nicht alleine"". Auch fehlt es ihr nicht an Unterhaltungsstoff. Sie hatte ja beim Eintritt ins Theater einen Lorberkranz, zierlich in Seidenpapier eingewickelt, mit sich gebracht und unter dem Divan versteckt! Den sollte nach beendeter Vorstellung Sabine, — welche sich nicht im Theater, sondern zu Hause befindet, — heimlich in Fritzens Wohnung bringen. Warum sie dennoch den Kranz nicht bei Sabine zu Hause liegen ließ, sondern ihn ins öffentliche Foyer schleppen mußte, wird uns im fünften Auftritte klar werden. Einstweilen sentimentalisirt Eva über Sabinens frühes Aufstehen und über Fritzens schreckliche Lage hinter den Coulissen, und stellt sich, den papierumhüllten Kranz für Jedermann sichtbar auf das Polster legend, in Positur. Diese Attitüde ist für das in der fünften Scene zu erwartende Kunststückchen unerläßlich. Wir werden dort den Kranz brauchen, um das Präsent, deren Absenderin hübsch verborgen handeln will, durch einen sonderbaren Zufall an seine Adresse gelangen sehen zu können. O, es geht nichts über die Virtuosität der „„Mache!""

„Vierte Scene. Regisseur Fallbein. Fritz. Eva unbemerkt auf der Seite.

„Fritz will vom Schauplatz seiner Niederlage heimlich fliehen und wird auf der Retirade von Fallbein geführt, der ihn in der ersten Scene des ersten Actes als „„unsere Zukunft, unsern zweiten Lessing"" beräucherte, jedes Wort im Erfolg „„brillant, großartig"" fand und als „„alter Prakticus"" von Strichen und Aenderungen sehr energisch abrieth. Jetzt verhöhnt er das Stück des durchfallenden Debütanten als verfehltes Machwerk „„mit herausforderndem Titel, ohne Pointen, ohne Rollen, ohne alles Mögliche."" Er wird sogar herzlich grob gegen den „„in seines Nichts durchbohrendem Gefühle"" wie ein Nachtwandler einherschreitenden Unglücksmenschen, mit dessen Schund „„man sich Wochen lang vergeblich geplagt hat"". Doch schon in der siebenten Scene verwandelt er sich,

da inzwischen das Publicum zu klatschen anfing, wieder in die Schmeichel-
katze des ersten Actes und faselt vom genialen „„Herzensdoctorchen““!
Und das wäre auch ein lebensfähiger realistischer Charakter? Nein, so
plump metamorphosirt ein Hoftheater-Regisseur äußerlich nicht, wenn er
auch in seinem Innern ganz Fallbein sein mag. Das ist nur eine vom
Autor als Theaterpuppe ausstaffirte Carricatur auf die blinden Anbeter
der augenblicklichen Erfolge. Die Carricatur muß dem Autor zur Gewinnung einer wohlfeilen Actschluß-Pointe verhelfen. Fallbein empfiehlt
hier dem gebeugten Poeten „„calmirenden Camillenthee““ zu trinken.
Wenn dann in der drittfolgenden Scene derselbe Fallbein ihn mit den
Worten: „„Na, was habe ich Ihnen gesagt, Herzensdoctorchen?““ zur
Empfangnahme seiner Lorberen aufs Theater zurückruft, so antwortet
der inzwischen wieder zum Löwen aufgedunsene Fritze; „„Camillenthee!
— Ich folge dem Rufe der Ehre““. Hilf, Samiel!

„Fünfte Scene. Fritz. Eva.

„Eva will dem von aller Welt verlassenen Fritze „„Gesellschaft
leisten““. Fritze fühlt das Bedürfniß, sich wegen der „„frivolen““ Vergangenheit nochmals zu entschuldigen, wird aber mit den Worten unterbrochen: „„Ach lassen Sie das jetzt, davon sprechen wir zu einer ge-
legenern Zeit!““ Recht praktische Lebensmaxime das! Zuerst verstrickt
man sich zu ewigem Bunde; — ob man damit eine Thorheit begehe,
braucht nicht geprüft zu werden, denn das sieht man ja hinterher von
selbst! — Eva findet Fritzens Theaterstück „„merkwürdig (!) sympathisch““.
Fritz ist „„zerstreut““. Zerstreut sind eigentlich Beide; und in der Zerstreuung ergreift Fritz den papierumhüllten Lorberkranz „„ohne zu wissen
was er thut““. Eva erschrickt gewaltig darüber: „„Aber lassen Sie doch
das Ding da liegen, wo es liegt““. Fritz aber hört nicht und schwenkt
während seiner „„zerstreut““ erregten Rede das Ding so lange in der
Luft hin und her, bis das Seidenpapier zu Boden fällt und das seiner
Hülle entkleidete „„Ding““ ihn aus der Zerstreuung weckt: „„Was knittert
denn da so! Ach Du mein Gott! für mich?““ Eva leugnet nicht,
und Fritz küßt ihr die Hand. Nun ist das Eis gebrochen, — die Liebenden
sind Eins, und unser Fritz wird jetzt ausnahmsweise einmal, aber nur in
einer einzigen Phrase, wirklich poetisch: „„Mag in aller erzürnten Heiligen
Namen das Stück in die Brüche gehen, — ich habe doch einen Erfolg
gehabt““. Da hört man vom Theater herüber klatschen.

„„Eva (außer sich). Aber das Stück hat ja Erfolg.

Fritz. Nun das schadet nichts.““

Die Scene ist an und für sich recht gut gearbeitet und der Beifall begreiflich, den sie bei der Aufführung erntet. Ständen nicht beide Personen durch das der Scene Vorangehende in einer schiefen Stellung, dann könnte man dem Jubel der Menge über diesen Höhepunkt des Lustspiels sogar von Herzen beistimmen.

„Sechste Scene. Die Vorigen. Hermine.

„Hermine stürzt aus ihrer Loge heraus und meldet, was wir schon wissen. Sie erfährt zum Dank dafür von Fritz, daß er dem Timotheus auf der Spur ist und ihn ihr Morgen aus Messer liefern wird.

„„Hermine (seine Hand ergreifend). Das vergesse ich Ihnen nie.

Fritz. Bitte, bitte, hat nichts auf sich.“

Das ist wieder eine von Lindau's „„genialen““ Witzwendungen. Fritz wurde also in der Schule der Liebe um nichts geläutert: selbst in diesem feierlichen Momente findet seine Zunge in Gegenwart seiner Braut nur einen Ausdruck für die alte Hänselei auf die „„verdrehte Schraube““ der künftigen Schwiegermama. Aeußerst rücksichtsvoll gegen das Kindesgefühl der daneben stehenden Tochter! Fritz aber kann das wohl wagen — ist er ja doch der Mann des Erfolges! weiß er doch, daß selbst diese „„verdrehte Schraube““ ihm nicht zu widerstehen vermag, sobald er ihr im nächsten Acte zulispeln wird, daß der „„obscure Winkelrecensent““ Timotheus, ein „„hämisches Nichts““, sich in den großen Fritz Marlow verwandelt hat! Ja der Autor hat in gewissem Sinne Recht, sich im großen Narrenhaus, modernes Theater genannt, für den einzigen großen Weisen zu halten und schließlich nicht blos die „„Schraube““, sondern das gesammte Publicum zu närren. Der, wenn auch durch die Partei-Organe forcirte und deshalb rasch in Decadence gerathene, Jubel über seinen „„Erfolg““ beweist, daß er hiermit nur wagte, was heutzutage kein Wagniß mehr ist. Man denke sich die ganze Scene als in der Wirklichkeit spielend — denn kahl realistische Gemälde muß man nach der Wirklichkeit beurtheilen, weil sie jeden idealen Maßstab ausschließen — man denke sich also die ganze Scene als in der Wirklichkeit spielend, und man wird sofort das Ekelhafte der auf Schrauben gestellten Situation lebhaft empfinden.

„Siebente Scene. Die Vorigen. Fallbein.

„Fallbein ruft den Dichter auf das Theater zurück, ganz so, wie ich schon in der vierten Scene beschrieb. Fritz geht, um sich dem Publicum als siegreicher Held des Tages vorzustellen. Eva ist überglücklich und „könnte die ganze Welt umarmen". — Ein gewisser Friedrich von Schiller schrieb einst: „„Diesen Kuß der ganzen Welt!"" Jedoch bediente sich Lindau hier gewiß keiner Reminiscenz, und es ist purer Zufall, daß ihm fast regelmäßig, wenn sein Fuß sich von der Sandsteppe der Prosa zum Steigbügel des Pegasus erheben will, das Unglück begegnet, den belesenen Zuhörer an irgend einen klassischen Kraftspruch erinnern zu müssen, — ungefähr so wie Herminen's Citate an die Stellen erinnern, welche sie durch ihre Umschreibungen zu verunstalten beliebt! — Daß Marlow-Lindau hier an der Umarmung seiner geliebten Eva nicht auch „„realistisch"" die ganze Welt Theil nehmen läßt, d. h. daß Marlow nicht von der Bühne rasch wieder ins Foyer zurückkehrt, um mit dem Segen der schon anwesenden Mama Hermine Verlobung und Stück kurz abzuschließen, — dies würde mir bei einem Virtuosen der „„Mache" unbegreiflich vorkommen, wenn mich nicht ein Blick auf die Seitenzahl des Bühnen-Manuscripts überzeugen könnte, daß noch nicht zwei volle Stunden ausgefüllt sind, und die Rücksicht auf volle Tantièmen-Bezüge hier noch einen weitern Act zu einer subjectiv dramatischen Nothwendig-keit macht! Das aber ist keine Hexerei für eine Feder, deren sprudelnder Wortwitz mit lose an einander gereihten novellistischen Situationsgemälden schon bis zu einer effectvollen dritten Actschluß-Scene kam. Die volle Tantième verdient noch ein Ueberflüssiges zu thun. Also frisch darauf los, und dem bereits erstrittenen Erfolg einen Zopf, alias Schwanz, hübsch ans Hintertheil angedrechselt! Zwar mit dem Hauptliebespärchen ist nicht mehr viel anzufangen: Fritz kriegte seine Eva schon und muß sie behalten. Auch Klaus ist unfruchtbar geworden, er hat an seinem un-sterblichen Lustspiel nur noch einen einzigen Strich anzubringen, dann existirt gar nichts mehr davon, und selbst seine Gertrude muß aufhören, noch etwas daran „„merkwürdig" productiv zu finden. Aber da steht ja in tiefstem Hintergrunde noch der bereits vergessene Reporter Felix Schandaner. Der kann für den Autor jetzt ein wirklicher Felix werden, da er das Donnerwetter des von Baron Fabro ihm eingeblasenen per-sönlichen Schandartikels noch loszulassen hat! Da steht ferner der saubere Baron selbst, der sammt seiner „„neuesten Erfindung" zwar ebenfalls schon vergessen ist, aber immerhin noch ein Mal auf den Schauplatz seiner Triumphe hervorgezogen zu werden vermag! Wozu hätte er im Stücke gedient, wenn man ihm seine Heldenthaten nicht vollenden ließe? Da steht ferner noch Frau Josephine Harden mit ihrer früheren „…heimlichen Verlobung"" in vorgerückter Tanzstunde! Wir wissen zwar bereits, daß sie inzwischen eine ganz vernünftige Hausfrau geworden ist, und ließen ihr deshalb gern Ruhe. Aber sie muß dem Autor ein Opfer bringen, denn womit anders könnte sie ihm sonst den Dank für die Ehre abstatten, überhaupt in den „"Erfolg"" eingeführt worden zu sein? — Da ist ferner noch der bisher ganz nebensächlich und interesselos gebliebene Ministerial- rath von Harden! Der kann jetzt als der Alles entscheidende Haupt- leithammel ins Vordertreffen geschoben und zugleich als prächtige Schluß- Illustration von Fritz Marlow's hohen Tugenden ausgeknetet werden. Zwar weiß er uns nichts Neues mehr zu sagen, denn: daß er mit seiner Josephine zufrieden lebt, daß er den Abenteurer Fabro abfahren läßt und dem ihm persönlich noch unbekannten Fritze alle Erfolge in- und außerhalb des Theaters gönnt, haben wir schon im dritten Acte gesehen. Aber „"das schadet ja nicht!"" Dem kurzdenkenden Publicum kann man immerhin eine gute Sache zweimal vortragen, und wenn man sie gar mit ein paar noch unverbrauchten faulen Witzen schmackhaft macht, so merkt das Publicum nicht einmal, daß der Autor mit ihm nur ein Repetitions-Examen vornimmt! — Da ist endlich sogar dem Bandwurm „"verdrehte Schraube"" der Kopf noch nicht abgetrieben, und er kann jetzt zu einer wirklichen Scheinsteigerung nochmal ausgetrumpft werden. Zwar wissen wir bereits, daß Blaustrumpf Hermine „…Alles vergessen"" kann, wenn nur Eva dadurch „"glücklich"" wird. Man kann den Blau- strumpf aber dessenungeachtet Fritzen noch ein „…Leben Sie wohl"" auf Nimmerwiedersehen zudonnern lassen; dann spitzen gewisse Insassen der Galerie nochmal die Ohren und müssen die „…merkwürdige"" Rührung der sich selbst besiegenden Heldin von einer „…Engelsmama"" nur um so entzückender finden. Das Alles ist Stoff, nicht blos zu einem, sondern wohl auch noch zu zwei und mehr Acten, wenn hierzu das dramatische Bedürfniß des vollen Tantiemen-Bezuges vorläge. Doch Lindau ist nicht der Mann, über seinen dramatischen Zweck hinaus dem Publicum noch eine Dreingabe zu schenken. Er begnadigt es hochherzig nicht zu zwei oder mehreren, sondern nur zu einem einzigen Schwanze. Also:

„Vierter Act. Salon bei Herrn von Harden.

„Erste Scene. Ministerialrath von Harden und Josephine.

„Harden macht seiner Josephine zärtliche Vorwürfe darüber, daß sie seit ihrer Verheirathung ‚Fritz Marlow ...mit einer Vorsicht, die beinahe an Scheu grenzt, gemieden‘‘ ‚ und ‚sich dem Verkehr mit diesem ‚..liebenswürdigen, anregenden und geistvollen Menschen entzogen‘‘ hat, den übrigens er selbst — wie wir wissen — noch gar nicht persönlich kennt. Die Scene schließt:

   „„Josephine. Ich werde ihn bei erster passender Gelegenheit einladen. Harden. Bringe mir das Opfer!‘‘“

„Zweite Scene: Harden's Diener meldet den Herrn Baron von Fabro an.

„Dritte Scene. Harden und Fabro.

„Fabro will sein Patent durch die Ohrenbläserei erschleichen, deren Inhalt wir schon kennen. Harden trumpft ihn ab und schreibt in seiner Gegenwart an Marlow einen Brief, in welchem er seinem Verlangen nach der persönlichen Bekanntschaft mit Theresens ‚..bestem Jugendfreund‘‘ Ausdruck giebt und ‚Fritz Marlow sans façon zum kleinen Familiendiner einladet, um dem siegreichen Dramatiker seine Gratulation zum ‚..großen und verdienten Erfolge‘‘ darbringen zu können. Fabro hat hieran genug und entfernt sich, da ihm Harden zudem noch die Unmöglichkeit bedeutet, hier ebenfalls ‚..Gast zu sein.‘‘

„Vierte Scene. Harden und Josephine.

„Zwiegespräch ohne Inhalt — Josephine hat an ihr Kleid eine ‚„Schleife‘‘ geheftet, und dies wird von Harden bemerkt!

„Fünfte Scene. Die Vorigen. Eva.

„Eva hat von ihrem Fritze ein ‚..himmlisches Gedicht‘‘ erhalten. Den Text behält der Autor bescheiden als Geheimniß für sich und läßt dagegen seine Heldin die alltäglichsten Phrasen eines verliebten Springinsfeld schwatzen. Josephine versichert, daß Fritz die Einladung annehmen werde. Sie wird deshalb von Eva als ‚..Engel‘‘ umarmt. Harden muß ihr bezeugen, daß sie wirklich ‚..hübsch‘‘ ist, und wird ebenfalls ‚..Engel‘‘ genannt. Auch Mama, die sich noch in der ‚..Volksküche‘‘ befindet, aber sogleich kommen muß, wird von Eva in den Sternenhimmel der „„Engel‘‘ versetzt.

„Sechste Scene. Die Vorigen, Fritz Marlow.

„Harden bringt seine Gratulation zum „„Erfolg"" an, Josephine folgt seinem Beispiel und Eva thut dasselbe. Sie bezeichnet das ihr gesendete Gedicht als „„entzückend"" und dankt für den von Fritz an Mama gesendeten Brief, von dessen Inhalt wir so wenig als vom In halte des Gedichtes etwas erfahren. Fritz giebt sich Eva als „„Timotheus"" zu erkennen. Großartige Spannung, denn wir befinden uns jetzt auf dem Höhepunkte der Erfolgshandlung und schon unmittelbar vor ihrer Schlußkatastrophe. Eva jammert:

> „„Entsetzlich! — Josephine! Nun ist Alles aus! — Nun dürfen Sie nie wieder in unser Haus kommen! — Nun ist Alles, Alles aus! — — — Ach, Du kannst Dir gar nicht denken, Onkel, welche Wuth Mama gegen diesen Timotheus langsam in sich angesammelt hat. Du wirst es ja sehen, es ist Alles aus! — Sagen Sie ihr nur heute Nichts mehr! Damit wir wenigstens noch einen vergnügten Abend mit einander verbringen können — noch einen — den letzten! —""

Die glückliche Eva, die noch „„vergnügt"" beim Diner sitzen könnte, wenn es wirklich das Henkersmahl ihres Bräutigams wäre! Lindau scheint aus Boccaccio's „„Decamerone"" etwas gelernt zu haben, wenn auch nicht die Kunst, die Angst eines weiblichen Charakters in seiner Liebesekstase zu portraitiren. — Ein Diener bringt die Abendzeitungen. Harden, einen Blick auf dieselben werfend, ruft lachend: „„Da haben wir's!"" Und wirklich haben wir's, denn da steht schon schwarz auf weiß zu lesen, daß dem Reporter Schandauer „„von befreundeter Seite"" über Fritz Marlow „„zuverlässiges und höchst pikantes Material zugesichert worden, dessen Bearbeitung namentlich unsern schönen Leserinnen willkommen sein dürfte"". Fritz wird — wie er versichert — „„ihm schon die Lust benehmen."" Nun läßt uns der Autor nochmals kurz mittheilen, was wir von Schandauer's und Fabro's Umtrieben längst wissen. Auch mit Fabro will Fritz „„abrechnen"", besinnt sich aber eines Andern, weil Eva dagegen protestirt und auf die Frage, weshalb sie sich denn so aufrege, die leise Antwort giebt:

> „„Weil ich Sie lieb habe; — das müssen Sie doch merken (!).
> Fritz (drückt ihr die Hand und führt sie an seine Lippen). Dann ist Alles gut! — Ich verspreche Ihnen, was Sie wollen! (Leise.) Was Du willst.

Eva (ebenfalls leise). Aber dutze mich noch nicht, wenn Andere dabei sind.""

Damit schließt die Scene. Hatte der „„junge Mensch""", genannt „„unsere Zukunft und zweiter Lessing""", sein Rendez-vous vom gestrigen Abend im Foyer schon so völlig wieder vergessen, daß seine Braut ihn hier mit einem Kolbenstoß an ihre Liebe erinnern mußte? Nein! wie die zweitfolgende Scene zeigt, vergaß nur der Autor über einen ihm witzig vorkommenden Einfall abermal den Zusammenhang und was sich für den Mund seines Helden ziemt.

„Siebente Scene. Die Vorigen. Klaus. Gertrud.

„Die Scene enthält nur die Wiederholung eines vom Autor schon in den früheren Acten breit getretenen Witzes. Klaus hat in der Erfolg-Vorstellung wieder einen großen „„Strich""" machen gelernt. Nun muß er von seinem eigenen Lustspiel „„allerdings den dritten Act fallen lassen und die beiden ersten umarbeiten — aber dann ist es reif""".

„Letzte Scene. Die Vorigen. Hermine.

„Große und nicht erfolglose Anstrengung des Autors, den gehalt-leeren Ausgang mit glitzernden Witzeleien zu überkleistern! Mama Her-mine, die sehr „„hungrig""" aus der „„Volksküche""" kommt, hat sogar dort von Marlow's Dichterruhm sprechen gehört. Fritz schwelgt im Bewußtsein seines Glücks, ja er hat, auf seinem Sopha sitzend und dunkle Blätter aus einem Kranze pflückend, die ganze Nacht hindurch „„geschwelgt wie ein Seliger""", und hat dabei „„von Zeit zu Zeit einen Namen ausgesprochen, wahrscheinlich mit den verschiedensten Betonungen, aber immer denselben"". Hermine stellt ihm das Zeugniß aus, daß er sein Glück verdiene; ja sie versteigt sich sogar zu dem Bekenntniß: „„Herr Marlow . . . . . Sie sind ein Mensch — — ein Mensch zum Verlieben!"" Wie das dem Fritze so wohlthun mag! Verliebte verzeihen viel, und er kann jetzt ohne Gefahr den Timotheus „„gebunden einliefern."" Aber — o weh! Das Donnerwort: „„Leben Sie wohl, Herr Timotheus!"" erschallt, und die „„verdrehte Schraube""" macht sogar ernsthaft Miene zu verschwinden. Doch — nur muthig fort gefochten, Herr Timotheus! Es handelt sich nur um eine der in Nichts zerfließenden Coulissen-spannungen, auf welche der Autor sich „„merkwürdig""" versteht. Wir befinden uns ja in einem Lustspiel, daher darf Mama nicht vom Fleck kommen. Du wirst gleich erleben, wie sie sich dreht, sobald das theure

Töchterchen ernstlich fragt, ob sie ihr einziges Kind unglücklich machen wolle? Und die „„verdrehte Schraube"" dreht sich wirklich und lispelt gerührt: „„Wenn Du glücklich bist, will ich Alles vergessen."" Und Eva ist nicht blos glücklich, sondern auch dankbar. Sie dehnt ihren Dank sogar auf das ganze Publicum aus, denn sie declamirt ihm jetzt Eichendorff's schon dreimal gehörtes Gedicht vor und verleiht dadurch dem Erfolg seinen poetischen Abschluß. Der Autor hängt sodann noch den Refrain an:

„„Fritz. So gut habe ich es nie declamirt.
Eva. Weil Du es noch nie so tief empfunden hattest.
Hermine (mit einiger Wichtigkeit). Von Eichendorff! O, ich kenne das! In meiner Jugend kannte ich einen jungen Mann, der gerade dieses Lied wunderbar vortrug!
Eva (droht Fritz schelmisch). Du! Du!
Fritz. Das war ich wahrhaftig nicht!
Hermine. Ob wir denn heute noch essen werden! — ich habe einen Hunger!"""

Damit endet das Stück; — während sich Alle anschicken, in den Eßsaal zu gehen, fällt endlich der Vorhang, denn nun ist der Text umfangreich genug, um den Anspruch auf eine volle Tantième zu rechtfertigen; der Souffleur kann nach beendigter Aufführung jetzt dem letzten Blatte des Manuscriptes die Bescheinigung beifügen: „„Das ganze Stück spielt zwei Stunden und vierzig Minuten."" — Meine Herren, ich habe über den Schlußact wenig mehr zu sagen. Dramatische Schwänze anatomirt man nicht, sondern schneidet sie einfach ab. Nur die eben citirte letzte Pointe verdient noch unsere Aufmerksamkeit. Uebersehen Sie die „„Sublimitäten"" dieser Schlußwendung nicht! Wie zart läßt Herr Lindau hier nochmals seinen dramatischen Grundgedanken durchschimmern, den er schon so klar in der Einleitungsscene des ersten Actes aussprach und im Verlauf der vier Acte rastlos veranschaulichte! Blaustrumpf Hermine erinnert sich, daß man schon in ihrem Lebensmai mit Eichendorff schwärmte, und daß ein junger Mann aus ihrer Bekanntschaft „„gerade dieses Lied wunderbar vortrug"". Damit ihre Rückerinnerung ja realistisch aufgefaßt werde, ertheilt der Autor in der Anmerkung der Darstellerin den Wink: „„mit einiger Wichtigkeit"". Backfisch Eva, welche als Josephinen's „„beste Freundin"" (II. Act, 4. Scene) deren frühere „„heimliche Verlobung"" mit ihrem eigenen Fritz wohl ohne Zweifel

kennt, — denn die beiden Freundinnen haben vor einander „„kein Geheimniß"", — Backfisch Eva faßt als ein modernes Mädchen „„gerade
wie es sein muß"" (eben citirte Scene) augenblicklich den unter eine
sentimentale Phrase versteckten realistischen Sinn auf und hält ihren Fritze
in Verdacht, auch schon der heimliche Verlobte ihrer eigenen Mutter
gewesen zu sein. Damit über diese, wenn auch nur „„schelmisch"" ge-
äußerte Auffassung ja kein Zweifel haften bleibt, betheuert Fritz allen
Ernstes: „„Das war ich wahrhaftig nicht"". Wir können ihm diesmal
aufs Wort glauben, denn schon der Zeit nach muß der „„jung"" vor
ihr stehende Fritze, als der bereits alternde Blaustrumpf anstobte, noch
von der Amme gewickelt worden sein, und somit zeigt die ganze Schluß-
witzelei nur abermals, daß der Autor des „„Erfolges"" der Sklave der
ihn augenblicklich beherrschenden faden Witzeleien bleibt, selbst wenn er
damit den baarsten Unsinn aufs Papier kritzelt! Aber auch seine Eva
richtet mit ihrer Schlußschelmerei sich selbst, und der Zuschauer beginnt
zu begreifen, warum sie (Act III, Scene 5) auf eine „„gelegnere Zeit""
die Besprechung der Motive verschieben konnte, aus welchen sie eben
demselben „„frivolen Menschen"", welchen sie mit ostentatiösem Abscheu
im zweiten Acte aus ihrer Nähe verbannte, ohne alle ersichtliche Reinigung
im dritten Acte wieder nachlaufen mußte. Wir können nun dem Autor
die auf „„gelegnere Zeit"" vertagte Besprechung erlassen, denn das
Geheimniß ist jetzt vollständig enthüllt: Eva lief und mußte laufen, weil
sie zum „„frivolen"" Bräutigam paßt. Schon ein altes Sprichwort
sagt: „„Schöne Seelen finden sich""! — Wahrhaft classisch sind die
Schlußworte des Ganzen: „„Ob wir denn heute noch essen werden? —
ich habe einen Hunger!"" Das trifft, und mancher in seiner Empfindung
noch nicht völlig verwahrloste Zuschauer wird beim Verlassen des Theaters
wiederholen: „„Ich habe einen Hunger"" — einen Hunger nach Bühnen-
Novitäten, die genießbar sind! Daß dennoch der Erfolg von allen
Theatern gegeben wurde, hat, außer in der schon früher charakterisirten
Verwahrlosung der modernen Reportoire-Wahl, seinen Hauptgrund wohl
just in der Ungeheuerlichkeit der hier zur Schau ausgestellten Verirrung.
Mit solcher Waare läßt sich speculiren: denn wer besäße nicht die Neugierde, einmal in den Kram eines so viel Spectakel machenden Journalisten hinein zu blicken, der die Gefälligkeit besaß, nicht blos seine
Werkstätte um ein geringes Entrée für Jedermann zu erschließen, sondern
sogar sich selbst in vollster Geistesnacktheit zu prostituiren? Daß aber

selbst unsere zwei ersten Bühnen, das k. k. Hofburgtheater in Wien und das königl. Hof-Schauspielhaus in Berlin, sich, wie einst die Hellenen um Homer's Geburtsort, um die Ehre der Priorität in der Aufführung zu beeifern für angezeigt fanden, dies, meine Herren, ist eine Zeiterscheinung, durch welche unsere dermaligen Theaterzustände schärfer blosgestellt werden, als es von der schärfsten Kritik geschehen könnte.*) Und haupt-sächlich deshalb gehe ich — wie von mir schon früher betont wurde — gerade auf dieses Ephemeron und auf dessen Autor so gründlich ein. Es liegt darin implicite zugleich eine Charakteristik der Geistes-richtung unserer ersten „„Kunstanstalten““, welche auf die kleineren Bühnen geschmackverderbend zurückwirken, statt ihnen mit guten Beispielen voranzuleuchten. Man wird wahrlich nicht behaupten können, daß die Rücksichten, aus welchen jene zwei ersten „„Kunstan-stalten““ sich, wie seiner Zeit in allen Blättern zu lesen war, so sehr sogar um das Erstaufführungsrecht gleichsam als um eine besondere Auszeichnung bemühten —, daß diese ungewöhnlichen Rücksichten aus ästhetischen Beweggründen herzuleiten seien. Ueber die wahren Be-weggründe will ich hier schweigen; — sie sind leicht zu errathen, sind aber für den Kunstkritiker unbesprechbar, weil sie weit abseits aller Kunst liegen! Leider scheinen auf unseren modernen Theatern jene Rücksichten und Beweggründe bei der Auswahl der Novitäten überhaupt den ent-scheidenden Ausschlag zu geben. Muß man sich da wundern, daß dem Publicum jahraus jahrein „„Erfolge““ aufgetischt werden, d. h. gehalt-lose Schalheiten, die um kein Haar besser sind als das Lindau'sche Pro-duct? Was sollen die wenigen ausnahmsweise noch für edlere Werke verwendeten Spielabende ausbessern können an den Bühnen, die derart die Geschmacks- und Sittenverschlechterung zur stehenden Regel erheben? Was soll selbst die Feier einer alljährlichen „„Shakespeare-Woche““, wenn der andere Theil des Jahres größtentheils mit Machwerken ausgefüllt

---

*) Auch der schon oben (in der Anmerkung auf Seite 49) erwähnte Intendant hatte seine Thätigkeit an der zweiten Hofbühne, welche er für Trivialien urbar machen zu können in die Lage kam, mit raschester Darstellung dieser Bluette inangurirt: der „Erfolg“ war die erste von ihm aus Lampenlicht beförderte Novität, und er ließ ihr Lindau'sche Stücke, die dort vor seiner Zeit für hofunfähig gehalten waren, so lange nachfolgen, bis das hierüber consternirte Publicum durch ostensatiöses Fern-bleiben ihn zu einiger Vorsicht zwang. Zeigen derlei Vorgänge nicht schlagend, wem der Verfall der dramatischen Kunst hauptsächlich auf Rechnung zu stellen ist?

128

wird, die ein wahrer Hohn sind auf Shakespeare und auf die dramatische Poesie überhaupt? Was soll, oder vielmehr, was kann sie als that= sächlichen Gewinn noch anderes liefern als — ein Material für die Haus=Journalisten, um durch dessen marktschreierische Ausbeute in der Tagespresse des Pudels wahrem Kerne, nämlich der grundsätzlichen Bühnen=Mißleitung, ein armseliges Beschönigungsmäntelchen zu schneidern und der „„feinfühligen Genialität““(!) des Leiters speichelleckerischen Weihrauch zu streuen? Wer das ganze Jahr hindurch Bluetten im Genre des „„Erfolges““ mit besonderer Vorliebe zu cultiviren vermag, dem ist fast unmöglich ein echtes Herz für Shakespeare zuzutrauen. Und in der That erscheint hier auch Shakespeare selbst nicht mehr in seiner echten Gestalt, sondern in einer mitunter recht modern hofräthlichen Paraphrasirung, die manchmal hart ans Bluettenhafte streift.*) Doch — meine Herren, verzeihen Sie diesen Seitenblick, zu welchem ein heiliger Eifer für die mit Füßen getretene Würde der dramatischen Poesie mich unwillkürlich fortreißt! — Ich kehre zu Lindau's Curiosum zurück. Nach= dem wir uns seinen Inhalt ausführlich ins Gedächtniß zurückgerufen, kann ich nunmehr, wie mir scheint, mein resumirendes Schlußurtheil kurz fassen. Das ganze Stück ist eine Art von Blendlaterne, in deren Halb= dunkel der Autor seinem Publicum Blindekuh zumuthet. Wer sich gern mit verbundenen Augen hänseln läßt, der tappt den tragikomischen Veitstanz oder Gänsemarsch unter des Autors Anleitung lachend mit und geht dann gedankenlos weiter. Hinter dem glitzernden Nichts darf man weder Sinn noch Verstand suchen, sonst stößt man überall auf den Koth der Frivolität. Auch ist von dem, was man „„dramatische Handlung““ zu nennen pflegt, im Stücke kaum eine schwache Spur zu entdecken. Wir finden nur eine Reihe lose nach einander aufgerollter Situationsbilder, durch die uns eine Thatsache veranschaulicht wird, ohne daß diese That= sache den geringsten Einfluß auf die Charaktergestaltung, oder umgekehrt

*) Ueberhaupt sind wohl die Histories nicht derjenige Theil von Shakespeare's unsterblichen Meisterschöpfungen, mit deren theatralischer Verkörperung sich nach= wirkende Gewinne für die heutige Bühne erzielen ließen. Eine wahrhaft befruch= tende „Shakespeare=Woche“ wäre nach meiner Ansicht aus seinen Tragedies und Comedies zusammenzustellen. Die Histories, so großartig sie auch in den Charakter= zeichnungen und Situationen sind, entsprechen doch in ihrer Gliederung nicht den Anforderungen, die von unserer modernen Bühne mit Recht an zündende Theater= stücke gestellt werden. Johann.

die Charakterentwickelung zurück auf den Verlauf der Thatsache äußert. Wir erhalten also nur eine dialogisirte Erzählung von Begebenheiten, in denen viel geschwatzt, aber nicht gehandelt, d. h. nicht dramatisch gehandelt wird. Sämmtliche Personen des Stückes sind mehr oder minder der Demimonde entnommene Photographien, mit allen Schatten-seiten einer bloßen Photographie: sie sind bei all ihrer äußer-lichen Lebendigkeit ohne innerliches Leben, sie werden wie der Becher auf dem Tische des Taschenspielers je nach den Zwecken des Autors hin- und hergeschoben und gestoßen und „„verdreht““; die Begebenheiten rollen spurlos über und an ihren Gemüthern dahin, schließlich haben sie weder etwas gelernt noch etwas vergessen. Das Stück verräth also eine „„merkwürdige““ Unkenntniß oder Verleugnung des Wesens der dra-matischen Kunst. Ein Drama, welches Anspruch auf den Namen „„Kunst-werk““ erhebt, muß Charakter-Entwickelung haben. Stabilirte Figuren sind keine dramatischen Charaktere, sondern Objecte für den Maler; im Drama können sie nur als Staffage, nur gleichsam als Chorus, also nur in sehr beschränktem Maße, verwendet werden. Ja wirklich große Dramatiker, wie z. B. Shakespeare, vermeiden die Charakter-Stabilität vollständig und wissen sogar den kleinsten und unbedeutendsten Neben-personen individuelle Charakter-Entwickelung einzuhauchen. Im „„Erfolg““ versumpfen selbst die Hauptpersonen im mechanischen Stabilismus, und dadurch werden die auf den ersten Blick scheinbar wohlgetroffenen Photo-graphien im weiteren Verlaufe der Begebenheiten zu schalen Marionetten auf dem Schachbrette des Autors. Die Begebenheit dient nur dazu, uns mit jedem Ruck, den der Autor zur Gewinnung der Partie macht, eine neue Blöße der ihm dienstbaren Marionetten zu zeigen. Wo der Autor, wie z. B. in der Nebenfigur Fallbein, eine Charakter-Entwickelung versuchen will, da entwickelt er nicht, sondern läßt den Charakter aus der Rolle fallen und unterschiebt eine neue Photographie an Stelle der ursprünglichen. Fallbein ist in der Einleitungsscene des ersten Actes eine pikante Photographie aus der Theaterwelt, ein den „„boshaften““ Jour-nalisten Marlow gedankenlos oder selbstsüchtig beräuchernder Phrasenheld. Im dritten Acte will der Autor ihm individuelle Entwickelung einhauchen, bringt aber statt derselben (4. und 7. Scene) nur eine anwidernde Carricatur auf das photographische Bild des ersten Actes zu Stande und läßt dann beide verschwinden, ohne sie für einen dramatischen Zweck auszunützen. Die einzige zu einem entwickelungsfähigen Handeln an-

gelegte Figur, Baron Fabro, ist nicht nur ihrer luftigen Verschwommen-
heit wegen von Hause aus interesselos, sondern bleibt auch unentwickelt,
ohne Charakter-Peripetie und ohne Charakter-Katastrophe. Fabro versucht einen entscheidenden Schachzug für sein Schicksal erst (IV. Act,
3. Scene), nachdem die Hauptbegebenheit längst abgeschlossen ist. Dann
verschwindet auch er eben so verschwommen prahlend, wie wir ihn verschwommen hin- und herduselnd durch das ganze Stück mitlaufen sahen.
Das Alles sind nun zwar ohne Zweifel Vorkommnisse, die sich im wirklichen Leben tausendfältig ereignen. Aber wenn jedes Vorkommniß des
wirklichen Lebens Gegenstand künstlerischer Gestaltung werden könnte, so
müßten wir auch zugeben, daß sogar die Localität und der Actus, zu
welchem selbst der Kaiser ohne Begleitung auf höchst eigenen Füßen zu
wandern pflegt, der dramatischen Verkörperung ein famoses Thema böte.
Damit wären wir dann allerdings auf einem Standpunkt der Aesthetik
angelangt, welchen die von der heutigen Bühnenpraxis vorzugsweise
gesuchten und gepflegten realistischen Naturalisten für den einzig richtigen
und zeitgemäßen zu erachten scheinen! — Nicht besser als die Charakter-
Entwickelung ist dem Autor des „„Erfolges‟‟ die Composition der
Begebenheit gerathen, die ohnehin, wie ich schon nachwies, auf den
Namen einer dramatischen Handlung keinen Anspruch hat. Die Einheit
fehlt, — das Ganze besteht aus drei lose zwischen und neben einander
eingeschachtelten Begebenheiten, die ohne allen und jeden nothwendigen
innern Zusammenhang nur durch das Hin- und Herlaufen der Personen
nothdürftig zusammengekleistert sind. Die Hauptbegebenheit besteht in der
Amourschaft (der Ausdruck „„Liebe‟‟ wäre hier nicht bezeichnend) zwischen
Eva Drossen und Fritz Marlow. Diese Hauptbegebenheit gelangt schon
in der sechsten Scene des ersten Actes zu ihrem innerlichen und in der
fünften Scene des dritten Actes auch zu ihrem äußerlichen Abschlusse.
— Die zweite Begebenheit bildet die Aufführung des Marlow'schen
„„Erfolges‟‟. Sie steht außer allem Zusammenhang mit der Hauptbegebenheit. Eva hatte sich ursprünglich nicht in Marlow vernarrt, weil
er den „„Erfolg‟‟ geschrieben, sondern weil sie die Verse in den „„Ver-
finsterungen‟‟ entzückend fand und sich daraus in ihrer Phantasie ein
Bild von der Aeußerlichkeit des ihr persönlich noch unbekannten Autors
entwarf. Bei dem ersten Zusammentreffen vernarrt sie sich — wie
(I. Act, 6. Scene) ihr sprachloses Gaffen zeigt — auch in Marlow's
Gesicht und Manieren, denn dort spielt nicht Marlow's Geist, sondern

nur Herminen's Plauderhaftigkeit eine Rolle. Der Uebergang von der romanhaften Schwärmerei in reale Liebesgefühle entspringt also nur sinnlichen Eindrücken, und deshalb wird Eva im dritten Acte auch so leicht über den im zweiten Acte (10. Scene) ausgebrochenen „„frivolen"" Conflict hinweggetragen. Der „„Ruhm"" des vom „„boshaften"" Feuilletonisten plötzlich zum siegreichen Dramatiker auf- steigenden Liebhabers trägt weder zur Einleitung noch zum Ab- schluß des Herzensbundes bei, sondern dient nur als illustrirende Staf- fage zur Selbstberäucherung des Autors. — Die dritte Begebenheit besteht aus der Doppelbeziehung Josephinen's zu ihrem „„besten Jugend- freunde" Fritz und zu ihrem glücklich verheiratheten Gemal Harden. Sie steht weder mit Eva's und Marlow's Herzensangelegenheit, noch mit dem theatralischen „„Erfolg"" in irgend einer nothwendigen Verbindung und muß nur dem Autor die Anhängung eines sieben und zwanzig Seiten langen Schwanzes zu dem bereits angedeuteten Zwecke ermöglichen. — Meine Herren, habe ich noch gründlicher auseinander zu setzen, daß hier von dem Vorhandensein einer künstlerischen Composition keine Rede sein kann? — Was aber verbleibt denn noch von einem Lustspiel, das weder Charakter-Entwickelungen noch eine dramatische Handlung noch auch nur eine regelrecht componirte novellistische Begebenheit hat? Antwort: für den Autor die Tantième, für das zahlende Publicum ein pikanter Einblick in die Alluren der journalistischen Kellerwohnungen der deutschen Reichshauptstadt, und die Verhimmelung frivoler Charaktere und einer frivolen Schreibweise. — Meine Herren, ich habe den „„Erfolg"" zer- gliedert, um den Beweis zu führen, daß Paul Lindau nur ein mit der glitzernden Blendlaterne des Esprit irrewandelnder realistischer Naturalist sei. Ich glaube dies, und dazu noch etwas mehr, bewiesen zu haben. Die Ver- herrlichung der Frivolität im Familienleben und in der schöngeistigen Literatur ist ein der keuschen Muse ewig fremdes Beginnen. Ich muß Ihnen über- lassen zu entscheiden, ob ich so ganz Unrecht habe, wenn ich auf den mit seiner eigenen Geistesnacktheit derart öffentlich sich prostituirenden Autor einen Vers unsers Schiller anwende und hier mit den Worten schließe: die drama- tische Kunst ist ihm nur „„eine tüchtige Kuh, die ihn mit Butter versorgt!""

Nach dieser Rede Johann's des Idealisten trat eine kleine Pause ein, welche vom Realisten Paul, dem muthmaßlichen Doppelgänger Lindau's, mit einem gewohnheitsmäßigen „Hm, hm" ausgefüllt wurde. Dann erklärte Hermann der schalkhafte Alterspräsident:

„Da gegen die vernommene Kritik Niemand das Wort ergreift, so können wir jetzt wieder zum Gegenstand unserer ursprünglichen Tages- ordnung zurückkehren. Wenn über dem langen Donnerwetter der Präsi- dentenfaden mir nicht entfallen ist, so staken wir noch mitten in der Phantasie."

„Richtig!" replicirte Heinrich der Optimist. „Ich will den Faden wieder aufnehmen, und habe zunächst eine Interpellation an unsern sprech- lustigen Idealisten zu stellen."

„Ich höre," sagte Johann kurz.

Heinrich interpellirte:

„In unserer vierten Sitzung bezeichneten Sie die Phantasie als die Mutter der Künste. Heute entschlüpfte Ihnen bei Besprechung der Natu- ralisten der Ausdruck „„Kunstdenker"", und Sie schienen zu bedauern, daß seit Gründung der systematisirten Aesthetik manche Künstler nicht mehr selbstständig über gewisse Kunstgesetze nachdächten! Ich finde hier einen Widerspruch. Wenn ohne selbstständiges Denken kein echtes Kunstwerk zu schaffen ist, so hat der Verstand, und nicht die Phantasie, Anspruch auf die Ehre, Mutter der Künste zu heißen.""

„Unser geehrter Heinrich kann nun einmal den Mund nicht öffnen, ohne mir Gelegenheit zur Rectification irgend einer Begriffsverwechse- lung zu schaffen," entgegnete Johann der Idealist. „Vor Allem habe ich zu bemerken, daß im Deutschen der Verstand männlichen Geschlechtes ist und also zur Ausübung der Functionen einer Mutter sich schwerlich eignet. Da aber nach dem gewöhnlichen Verlaufe der Natur jedes Er- zeugte neben der Mutter auch einen Vater oder etwas dem Aehnliches zu besitzen pflegt, so habe ich durchaus nichts einzuwenden, wenn Sie für jedes wahrhafte Kunstwerk auch dem Verstande ein Bischen Ver- dienst zugestehen. Ja ich müßte, falls es bestritten würde, für ihn die Ehre der Vaterschaft sogar reclamiren. Wie mich bedünken will, könnten Sie just an dem eben zergliederten „„Erfolg"" recht klar sehen, welche Ungeheuerlichkeiten in der Kunst der schöpferische Drang ausbrütet, wenn beim Zeugungsact Papa Verstand fehlt! Was ist überhaupt die Phan- tasie ohne Verstand? Eine Geisteskrankheit, deren höchsten Grad Sie in den Narrenhäusern studiren können! Und sollte, wenn von den zur Schöpfung eines Kunstwerkes erforderlichen Eigenschaften die Rede ist, Jemand an dieses traurigste aller menschlichen Leiden zu denken ver- mögen? Meine Herren, Heinrich's Einwurf überzeugt mich, daß es nicht blos für die officiösen Journal-Aesthetiker des neuen Reiches, sondern auch für einen Theil unserer eigenen Genossenschaftsangehörigen nicht überflüssig ist, die von dem geschätzten Mitgliede May ertheilte Warnung wohl zu beachten und, ehe wir zum Ensemble der theatralischen Darstellung vorschreiten, noch so Mancherlei in die Debatte hereinzuziehen. Nur dadurch werden wir für einen künftigen Reformversuch feste Grundlagen gewinnen und nebenbei zugleich der Lindau'schen Mißgeburt vom „„Bühnenreformator mit lächerlichstem Kunstunverstande"" einen gründlichen Laufpaß ausstellen können. Ich beginne mit einer kurzen Zergliederung des dem technischen Kunstausdrucke „„Phantasie"" innewohnenden Begriffes. Unter Phantasie oder Einbildungskraft versteht man die Thätigkeit, durch welche sich Bilder von Gegenständen in der Seele erzeugen. Die gesunde Phantasie ist nur der Erzeugung solcher Bilder fähig, zu denen ihr die Stoffe durch die äußeren oder durch den innern Sinn geliefert wurden. Ein Bild, das nicht durch Anregung der gesunden Sinne in der Seele entstand und nicht etwa Wirkliches noch erkennbar abspiegelt, ist kein Product der künstlerischen Phantasie, sondern eine Ausgeburt der Sinnentäuschung, die man Wahn, und in ihrem perpetuirlichen Auftreten Wahnsinn nennt. Der Mensch im normalen Zustande besitzt in seiner Seele keine Bilder aus Bereichen, für die ihm der betreffende Sinn mangelt. Das sieht man klar z. B. an den Blind- und Taubgeborenen. Der Blindgeborene hat keine Farbe, der Taubgeborene keine Töne in seiner Phantasie. Selbst zur Veranschaulichung übersinnlicher Erscheinungen oder Begriffe muß die Phantasie des Künstlers das Bild einem durch die Sinne empfangenen Empfindungsstoffe entnehmen. So besitzt z. B. der Maler oder Bildhauer zur Darstellung einer Gottheit nur die menschliche Gestalt, oder er greift zum Nothbehelf des Symbols, indem er, wie wir auf vielen Bildern christlicher Künstler sehen können, z. B. ein Auge mit leuchtenden Strahlen wählt, um dadurch die Gegenwart des Allsehenden und Allwissenden anzudeuten. Meine Herren, ich könnte hier an einen schon früher ausgesprochenen Satz anknüpfen und untersuchen, warum dem wahren Ideal stets etwas Wirkliches zu Grunde liegt und in dem echten Kunstwerke noch deutlich zu erkennen ist; und warum utopische Bilder nicht Gegenstand der echten Kunst werden können, sondern dem Bereiche des Ueberschwänglichen und krankhaft Phantastischen angehören. Ich überlasse dies jedoch Ihrem eigenen Nachdenken und fasse hier nur die Phantasie des Drama-

tifers ins Auge. Die Thätigkeit der Phantasie des dramatischen Schriftstellers ist eine andere beim Entwurfe, und eine andere bei der Ausführung des Werkes. Jene nennt man die schöpferische oder empfindende,
diese die dichtende Phantasie. In jener ist das Denken als Ordner des
Ganzen herrschend; in dieser tritt das Denken in die bescheidene Stellung
eines Mentors zurück, der nur da ist, um die kühn auffliegende Begleiterin
gegen Verirrungen zu schützen und sonst ihre Laufbahn nicht mehr zu
kreuzen. Den Entwurf hat also der Verstand unter Begleitung der Phantasie, und die Ausführung die Phantasie unter Begleitung des Verstandes
zu schaffen. Wie dies geschehen soll, werde ich zu zeigen versuchen, wenn
wir bei den Specialien zur Zergliederung einiger von der heutigen
Bühnenpraxis verworfenen Dramen kommen. — Ich gehe jetzt zur Erklärung eines andern Begriffes über —"

„Die Zeit" — fiel Heinrich der Optimist, seine Uhr aus der Tasche
ziehend, ein — „die Zeit der gewöhnlichen Sitzungslänge ist längst überschritten. Daher schlage ich Vertagung der Debatte vor."

Die Versammlung stimmte diesem Antrage bei und trennte sich, sobald
der Präsident sein ehrwürdiges Haupt mit der Schalksmütze bedeckt hatte.

So schloß die fünfte Sitzung der Reformfreunde.

Heinrich der Optimist und Paul der Realist verließen den Saal
Arm in Arm, in vertraulichem Gespräche. Einige glaubten dies als ein
Vorzeichen auffassen zu dürfen, daß Paul in der nächsten Sitzung, auf
das gewohnheitsmäßige „Hm, hm" verzichtend, der Genossenschaft seine
reformatorische Jungfernrede vortragen werde. Wie sehr sie hierin irrten,
und welche Ueberraschung statt dessen der Genossenschaft bevorstand, wird
der freundliche Leser aus dem weitern Verlaufe unserer stenographischen
Mittheilungen ersehen.

VIII.

Zwei Epitaphia. Heut und vor einhundert und zwölf Jahren.
Der Stilbegriff. Felix Dahn's „König Roderich" und Heinrich
Laube's „Karlsschüler". Ein Zukunftsdrama „Friedrich
Schiller". Die wahre Frucht des Realismus in der
dramatischen Kunst.

 ie sechste Sitzung eröffnete der Alterspräsident Hermann
mit der Erklärung:

„Grillparzer, der bekanntlich erst nach seinem Tode
zu vollem Ruhme kam, begann seine erste Tragödie,
„„Die Ahnfrau"", mit den Versen:

Nun wohlan, was muß, geschehe!
Fallen seh ich Zweig auf Zweig.

Meine Herren, hielte ich meinerseits nicht an dem Sprichworte fest, daß
jedem Narren seine eigene Kappe gefällt, so brächte ich heute den Antrag ein, diese Verse Grillparzer's als Wahlspruch für unsere Genossenschaft zu wählen. Wieder sind zwei Blätter vom Baum unserer Erkenntniß welk abgefallen, und ich habe ihnen die Leichenrede zu halten."

Er ergriff einen auf dem Präsidententisch liegenden Brief, öffnete
ihn und las:

„„Verehrte Herren! Die persönlichen Angriffe, denen ich mich in der fünften
Sitzung ausgesetzt sah, legen mir die Pflicht auf, Ihnen hiermit meinen Austritt
aus Ihrer zanksüchtigen Genossenschaft zu notificiren. Ganz ergebenst:
Heinrich.""

Er wendete das Blatt um und las weiter:

„„Praemissis praemittendis! Dem vorstehenden Schritte Heinrich's schließt sich auch der Unterzeichnete an und scheidet in der Ueberzeugung, daß die Genossenschaft nach dem Verluste ihrer beiden einflußreichsten Mitglieder ihre Ohnmacht bald fühlen wird. Ganz ergebenst: Paul.""

Der Präsident legte das Blatt auf den Tisch zurück und fuhr fort: „Meine Herren, soll ich, wie Antonius an Cäsar's Leiche, Ihnen eine lange Trauerrede halten über die Vorzüge der zwei Verlorenen, von denen uns nichts blieb als diese theuren Autographa? Ich bin hiefür zu alt — ich habe in meinem langen Leben schon zu viele Leichen begraben sehen, um nicht zu wissen, daß schließlich Jedermann sterben muß, sei's natürlichen Todes, sei's durch Selbstmord. Halten Sie also die Exequien kurzweg nach militärischer Sitte! Das autographische Vermächtniß in den Katakomben unseres Archiv's aufgespeichert, dann den Jubelmarsch intonirt und unverdrossen voran unter Schiller's Banner:

Prächtig im glühenden Morgenroth
Was blitzt dorther vom Gebirge?
Seht Ihr des Feindes Fahnen wehn?
Wir sehn des Feindes Fahnen wehn,
Gott mit euch, Weib und Kinder. .
Lustig! Hört ihr den Gesang?
Trommelwirbel, Pfeifenklang
Schmettert durch die Glieder.
Wie braust es fort im schönen wilden Takt!
Und braust durch Mark und Bein.
Gott befohlen, Brüder!
In einer andern Welt wieder."

Max der Pessimist entgegnete: „So fällt denn mir Marc Anton's Rolle zu, und ich bedaure, daß ich keine Copie liefern kann. Ich zähle Herrn Heinrich zur Classe der sensibeln Realisten. Sein vorgeblicher Optimismus bestand von jeher in der Eitelkeit, Alles, was er selbst schrieb und that, für das Beste in der Kunst anerkannt sehen zu wollen, obgleich er diese Ehre so bescheiden wie Julius Cäsar die Krone, von sich abgelehnt und schon wiederholt nur von „„Versuchen"" zur Bildung für Andere gesprochen hat. Stets galt ihm der Gegner seiner Kunstanschauungen als ein Feind seiner

Perſon, ſtets verwechſelte er ſein liebes Ich mit der Sache. Inſofern
hat er den Collegen für ſeinen Austritt gut gewählt und ſchwimmt jetzt
offen in ſeinem eigentlichen Fahrwaſſer; denn auch der realiſtiſche Paul
iſt in Heinrich's Sinne ein vollendeter Optimiſt: Beide erhoben den
augenblicklichen Erfolg, d. h. das Blendwerk ihrer eigenen Experimente
zum wahren Maßſtab für die Beurtheilung der Kunſt überhaupt. Meine
Herren, die Gegenwart ſanctionirt dieſen Grundſatz. Erfolg heißt das
Evangelium unſerer Generation — augenblicklicher Erfolg, bei dem
man unter dem Jubel von heute die Vorahnungen nachhinkender Ent-
täuſchungen erſtickt! Stimmten die Gefühle meines Herzens mit den
Reſultaten meines Verſtandes überein, ſo könnte ich nur freudig begrüßen,
daß Sie abermals um zwei Körbe, ich weiß nicht ſoll ich ſagen ärmer
oder reicher geworden ſind. Der Vorfall ſpricht für die Richtigkeit
meines ſogenannten Peſſimismus. Sie können Grillparzer's zwei Verſe,
die unſer ſchalkhafter Präſident Ihnen als Wahlſpruch vorſchlug, noch
durch die ſich hieran zunächſt anſchließenden drei weiteren Verſe aus der
„„Ahnfrau"" ergänzen und ausrufen:

> Kaum noch hält der morſche Stamm.
> Noch Ein Schlag, ſo fällt auch dieſer,
> Und im Staube liegt die Eiche —

Was wollen Sie mit Kunſtprincipien in einer Zeit, in der ſelbſt die
Hauptvertreter der dramatiſchen Kunſt nur noch ein einziges Princip
kennen — ein Princip, laut welchem die Frage nach dem Wahren oder
Falſchen, nach dem Guten oder Schlechten ſich längſt in die Frage auf-
löſte: was fördert oder was hemmt unſern augenblicklichen Erfolg?
Ein Zeitalter, welchem die zunächſt erreichbare oder erreichte Wirkung
über Alles geht, bildet den in jedem Menſchen ſchlummernden Egoismus
ſyſtematiſch aus. Darum, meine Herren, werden Sie mit jedem neuen
Princip, das Sie klar ſtellen, ſich nur eine neue Legion von Gegnern
auf den Hals laden und ſchließlich in Ihren Protokollen ein vollendetes
Theater auf dem — Papier beſitzen, das Sie ſelbſt in eine Sackgaſſe
abſperrt und Ihnen unmöglich macht, auch nur einen einzigen Ihrer
ſchönen Grundſätze auf den Brettern einbürgern zu können. Meine
Herren, wollen Sie, daß Ihr Werk gedeihe, ſo müſſen Sie mit irgend
einer großen Thorheit beginnen. Das iſt heutzutage der Weg, die

Geifter und Alle, die fich für große Genie's halten, ftutzen und auf Ihr Unternehmen aufmerkfam zu machen. Haben Sie durch irgend eine thörichte Picanterie Auffehen erregt, dann mögen Sie Mephifto's Rolle in gutem Sinne fpielen und unmerklich wieder auf den rechten Pfad einlenken; die Menge wird Ihnen dann willig folgen, wie dem Schaf-hirten die Herde zu folgen pflegt. Beginnen Sie alfo ftatt mit äfthetifch-ethifchen Anfichten mit einem Programm, deffen erfter Paragraph un-gefähr lautet: „„Das Wort Wahrheit ift fofort aus allen deutfchen Wörterbüchern zu ftreichen, weil feine Bedeutung im Erfolge aufging, und daher der Gebrauch des Ausdrucks als eines fchon vielfach anti-quirten Wortes nur noch Anlaß zu unliebfamen Mißverftändniffen liefern könnte““. Gewiß, das wird als Manifeftation modernfter Genialität fofort in taufend Seelen zünden. Selbft Paul und Heinrich, die Ihnen heute den Rücken fo fchnippifch zukehrten, werden bald fchmunzelnd wieder mit Ihnen zu liebängeln beginnen und — wenn Sie diefelben nicht fogleich mit offenen Armen aufnehmen — endlich fuß-fällig Ihre Protection nachfuchen, denn Sie haben dann erreicht, was Ihnen bis jetzt noch abgeht: Sie haben einen Erfolg für fich und können den glücklich eingefackten Nimbus Ihrer Genialität ausbeuten, wie es Ihnen belieben wird. Dixi et salvavi animam meam."

„Ich muß unfern Peffimiften wiederholt erfuchen, nicht in das Rollen-fach des Schalkes einzugreifen," bemerkte der Präfident lächelnd.

„Die Rollenfächer laffen fich nicht immer genau abfchachteln," ent-gegnete Max, ebenfalls lächelnd. „Wenn der Schalk den Optimiften fpielt, fo mag wohl auch der Peffimift als Schalk debütiren."

Johann der Idealift erhob fich und replicirte:

„Wieder muß ich als der Friedensftörer gelten, weil die Principien der dramatifchen Kunft den Hühneraugen von zwei Egoiften Schmerz ver-urfachten. Meine Herren, ich decke mich mit den Ausfprüchen, welche fchon am 1. und am 19. April 1768 unfer Leffing („Dramaturgie, fechs und neunzigftes, hundertunderftes, zweites, drittes und viertes Stück) in einem nicht unähnlichen Falle fich erlaubt hat. Auch wir befitzen ...ein Gefchlecht von Verfaffern und Kritikern"", welche der Zeit fchmeicheln, damit die Zeitgenoffen fie „„für Genie's halten follen"". Auch uns fehlt es nicht an Männern, deren ...fittlicher Charakter"" darin befteht, ...keinen eigenen haben zu wollen"". Einhundert und zwölf Jahre find verfloffen, feit Altmeifter Leffing feine dramaturgifche Feder mit den geflügelten Worten

niederlegte: „„Ueber den gutherzigen Einfall den Deutschen ein National-
theater zu schaffen, da wir noch immer die geschworenen Nachahmer
alles Ausländischen, noch immer die unterthänigen Bewunderer der nie
genug bewunderten Franzosen sind!"" Der Vorwurf trifft heute wie
damals, trotz neuem Kaiser und neuem Reiche, trotz der unerhörten Siege,
die uns in der Religion und Politik, aber nicht in der Kunst, vom neuen
Babel emancipirt haben. Schlösse Lessing erst im Jahre 1880 sein unsterbliches Meisterwerk, so könnte er nochmals schreiben:

> „„Alles was uns von jenseits dem Rhein kommt, ist schön, reizend, aller-
> liebst, göttlich; lieber verläugnen wir Gesicht und Gehör, als daß wir es anders
> finden sollten; lieber wollen wir Plumpheit für Ungezwungenheit, Frechheit für
> Grazie, Grimasse für Ausdruck, ein Geklingle von Reimen für Poesie, Gebeule für
> Musik uns einreden lassen, als im geringsten an der Superiorität zu zweifeln, welche
> dieses liebenswürdige Volk, dieses erste Volk der Welt, wie es sich selbst sehr
> bescheiden zu nennen pflegt, in Allem, was gut und schön und erhaben und an-
> ständig ist, von dem gerechten Schicksale zu seinem Antheil erhalten hat. Doch
> dieser Locus communis ist so abgedroschen und die nähere Anwendung desselben
> könnte leicht so bitter werden, daß ich lieber davon abbreche.""

Auch ich breche davon ab und lasse unerörtert, wie viel Heinrich
und Paul sich von den französischen Liebenswürdigkeiten angeeignet
haben. Aber ich fahre mit Lessing fort:

> „„Seines Fleißes darf sich Jedermann rühmen; ich glaube die dramatische
> Kunst studirt zu haben, sie mehr studirt zu haben, als zwanzig die sie ausüben. —
> — — — — — Ich verlange auch nur eine Stimme unter uns, wie so
> Mancher sich eine anmaßt, der, wenn er nicht dem oder jenem Ausländer nach-
> plaudern gelernt hätte, stummer sein würde als ein Fisch. — Aber man kann
> studiren und sich tief in den Irrthum hinein studiren. Was mich also versichert,
> daß mir dergleichen nicht begegnet sei, daß ich das Wesen der dramatischen
> Dichtkunst nicht verkenne, ist dieses, daß ich es vollkommen so erkenne, wie es
> Aristoteles aus den unzähligen Meisterstücken der griechischen Bühne abstrahirt
> hat. Ich habe von dem Entstehen, von der Grundlage der Dichtkunst dieses
> Philosophen meine eigenen Gedanken, die ich hier ohne Weitläufigkeit nicht
> äußern könnte. Indeß stehe ich nicht an zu bekennen (und sollte ich in diesen
> erleuchteten Zeiten auch darüber ausgelacht werden), daß ich sie für ein ebenso
> unfehlbares Werk halte, als die Elemente des Euklides nur immer sind. Ihre
> Grundsätze sind eben so wahr und gewiß, nur freilich nicht so faßlich und daher
> mehr der Chikane ausgesetzt als Alles, was diese enthalten.""

Meine Herren, sollten neu hereinbrechende Chikanen uns zaghaft machen dürfen? Ich antworte abermals mit Lessing:

„„— — — — was halte ich mich mit diesen Schwätzern auf? Ich will meinen Gang gehen und mich unbekümmert lassen, was die Grillen am Wege schwirren. Auch ein Schritt aus dem Wege, um sie zu zertreten, ist schon zu viel. Ihr Sommer ist so leicht abgewartet.““

Daher:

„„Lustig! Hört ihr den Gesang?
Trommelwirbel, Pfeifenklang
Schmettert durch die Glieder.““

Ich nehme den Kampf an der Stelle wieder auf, bei der wir ihn in der vorigen Sitzung sistirten. Wir beschäftigten uns mit denjenigen allgemeinen Vorbegriffen, welche bei jedem dramatischen Kunstwerke in Betracht kommen. Ich wollte eben zur Erklärung des technischen Ausdruckes „„Stil““ übergehen, als Sie die Vertagung der Debatte aussprachen. Stil, vom lateinischen stilus, d. h. Griffel, bezeichnet ursprünglich in der Rhetorik die Kunst des guten schriftlichen Ausdrucks und des mündlichen Vortrags. Schon in der Rhetorik pflegt man die Fertigkeit, dem correcten Ausdrucke einzelner Gedanken Phrasen aus Mustern einzuflechten und das Fremde mit Eigenem zu verbinden, nicht Stil zu nennen, sondern handwerksmäßiges Geschick. Büffon sagt: „„Le style, c'est l'homme““, der Stil ist der Mensch selbst, d. h. die Form der Darstellung bildet sich mit dem Charakter aus dem selbstständigen Urtheile über die darzustellenden Dinge. Der Stil ist also die durch das Ganze herrschende Darstellungsart, welche theils vom darstellenden Redner, theils vom darzustellenden Gegenstande abhängt. Aus der Rhetorik ging der Ausdruck in die Aesthetik über, und hier hat man drei Momente des Stilbegriffs wohl zu unterscheiden: Den Stil als Gesetz der einzelnen Kunstarten, den Stil als Kennzeichner der Zeit, und den Stil als Ausdruck der höchsten künstlerischen Idealität. Das erste Moment leuchtet wohl ohne Erklärung ein. Jede Kunst hat ihre besondern Regeln. Der Architekt arbeitet nicht nach den Vorschriften des Poeten, der Bildhauer nicht nach jenen des Malers. Ja selbst innerhalb der einzelnen Künste walten verschiedene Gesetze. Der Compositeur für Kirchenmusik darf sich nicht in den Opernstil, der Dramatiker nicht in den epischen Stil verirren. Meine Herren, ich

beschränke mich auf diese Andeutung. Wer den Stilbegriff gründlich er=
fassen will, der studire Lessing's „...Laokoon oder über die Grenzen
der Malerei und Poesie"", worin er die Stilverschiedenheit der bil=
denden und redenden Kunst mit aller Schärfe gekennzeichnet findet. Die
Kunst ist „...der innerste Ausdruck des menschlichen Denkens und
Fühlens"". Weil die Entwickelungsstufen der Menschheit in den ver=
schiedenen Zeitaltern verschieden sind, so ist auch der Kunstausdruck in
den verschiedenen Zeiten verschieden. Man nennt dies z. B. in der
architectonischen Kunst den Charakter des Monumentalen und spricht von
einem ägyptischen, griechischen, römischen, gothischen, italienischen Stil
u. s. w. Die Aesthetik nennt den Stil, sofern derselbe ein Denkmal
und Zeugniß der einzelnen Völker und Zeitalter giebt, den Kennzeichner
der Zeit oder den Stil in seiner geschichtlichen Bedeutung. Von einem
Zeitalter, welches für die verschiedenen Kunstgattungen keinen festen all=
gemein bindenden Stil hat, sondern in allen möglichen Stilarten herum=
experimentirt, sagt man, daß es in Manier, in Dilettantismus verfallen
sei. Meine Herren, das zweite Moment des Stils, der Stil in seiner
geschichtlichen Bedeutung, ist vom Dramatiker ebenso zu beachten, wie
der Stil als Gesetz der Kunstart. Zwar ist der Dramatiker nicht an
das gebunden, was in der Geschichte geschehen ist. Wenn er aber
seinem Werke geschichtlichen Anstrich verleiht, so ist für ihn um so bindender
die Rücksicht auf das, wie etwas in der Geschichte geschehen ist. Wenn
z. B. der Königsberger Professor Dahn einen „...König Roderich""
schreibt und den Charakteren seines Drama's die Reden der Berliner
Reichstagsabgeordneten bei Votirung der Maigesetze in den Mund legt,
so fingirt er eine geschichtliche Unmöglichkeit und zwingt dem Stoffe einen
mit demselben unverträglichen Inhalt auf. Er hat nicht das geschichtliche
Factum idealisirt, sondern nur die Geschichte zu einer Tendenzarbeit miß=
braucht. Sein Drama in seiner geschichtlichen Bedeutung ist stilos, es
verfolgt augenscheinlich einen Nützlichkeitszweck, nicht den Selbstzweck der
Veranschaulichung des Schönheitsbegriffes; es rangirt also nicht unter
die Kunstwerke, sondern unter die Erzeugnisse des veredelten Handwerks,
trotz der sehr anerkennenswerthen Gediegenheit einzelner Verse und Ge=
danken. Der große Haufe bejubelt zwar diese einzelnen Verse und Ge=
danken, aber der feiner fühlende Zuschauer kann darüber zu keinem
reinen Kunstgenusse kommen, sondern wendet sich mit Goethe's Worten
ab: „„Man merkt die Absicht und man ist verstimmt."" Wenn Herr

Dahn uns den zu dramatischer Behandlung für die Gegenwart gewiß sehr geeigneten Conflict zwischen Staat und Kirche kennzeichnen wollte, so mußte er entweder in seinem König Roderich diesen Conflict in einer ganz andern Entwickelungsstufe vorführen oder — falls er die heutige Entwickelungsstufe künstlerisch verkörpern wollte — mußte er den Stoff aus der Gegenwart nehmen. Antigone z. B. bedarf, um im Zuschauer einen überwältigenden ästhetisch-ethischen Eindruck zu erzeugen, keines Streites über das Recht der Ernennung und Absetzung von Priestern. Das Unbeerdigtbleiben der Leiche des Bruders genügt vollkommen. Jede Beifügung eines andern Motivs wäre hier nicht blos von Ueberfluß, sondern geradezu unkünstlerisch und würde nur den rein ästhetisch-ethischen Charakter des Werkes aufheben. Was die Helden in Dahn's „Roderich" auszusprechen haben, ist erst durch die Entwickelungsstufen des achtzehnten und neunzehnten Jahrhunderts zum Bewußtsein der Menschheit gelangt, kann also nur in einem den letzten zwei Jahrhunderten entlehnten Stoffe als innerster Ausdruck des menschlichen Denkens und Fühlens künstlerisch verwerthet werden. Im Zeitalter eines Königs Roderich sieht es den Menschen an wie ein Maskenkleid, unter dem sich die wahre menschliche Gestalt vermummt. Es macht also nothwendig nur den Eindruck der Phrase, hinter der wir nicht die Natur finden, sondern nur die zierlich geschnitzte Marionette des Dichters, welcher zufällig die Laune hatte, als Regisseur hinter der Marionette uns mit seinem eigenen religiös-politischen Glaubensbekenntniß bekannt zu machen. Es ist nicht zum Besten mit der Kunst eines Dramatikers bestellt, wenn den Zuhörer bei Aufführung seines Werkes beständig der Gedanke quält, daß er durch die vor ihm auf den Brettern herumwandelnden Gestalten nicht ins innerste Sein und Fühlen der Charaktere des Drama's eingeführt werde, sondern statt dessen durch unselbstständige Sendboten eine Vorlesung über die Klugheitsmaximen des Dichters empfange. Im Drama darf nie die Individualität des Dichters subjectiv hervortreten. Will er diese dem Publicum bieten so hat er sich der lyrischen Dichtungsart zu bedienen, oder kann sie wohl, auch episodisch in jeder andern Dichtungsart verwerthen, nur nicht in der dramatischen. Die Subjectivität des Autors besitzt im Drama keine Berechtigung, womit jedoch durchaus nicht gesagt sein soll, daß der Dramatiker nicht ebenso gut, wie jeder andere Künstler, aus seinem eigenen innersten Denken und Fühlen dem Werke seiner Phantasie die Seele einzuhauchen habe. Der Dramatiker soll kat' exochen unter allen

Künstlern der vollendetste Nachbildner der Welt sein. Wie der Mensch als ein Product der ewig schaffenden Naturkraft zwar ein Abbild dieser Urkraft, aber dennoch eine auf eigene Füße gestellte und selbstständig ihre eigenen Zwecke verfolgende Erscheinung ist, so soll auch in der nachbildenden Schöpfung des Dramatikers sich zwar sein eigenes innerstes Denken und Fühlen abspiegeln, aber nicht als ein subjectives Abstract, sondern objectiv, d. h. in den lebensfähig mit Fleisch und Blut ausgestatteten Gestalten der dramatischen Charaktere. Hiermit, meine Herren, komme ich zum dritten Moment des ästhetischen Stilbegriffs, nämlich zum Stil als Ausdruck der höchsten künstlerischen Idealität, oder vielmehr: die Erklärung dieses dritten Moments ist, sofern es die dramatische Kunst betrifft, in dem so eben Gesagten bereits enthalten. So wichtig auch das erste und zweite Moment des Stilbegriffs, die technischen Anforderungen und die geschichtlichen Einwirkungen, immerhin sind: die belebende Seele des Kunstwerkes bleibt doch die nach sinnlich ergreifender Gestaltung ringende Idee, das nach angemessener Veranschaulichung der Idee strebende Empfinden des Künstlers. Wenn es ihm nicht gelingt, Idee und Form in einander aufgehen zu lassen; wenn er Zufälliges, der darzustellenden Idee Fremdes beimengt, so wird er nie ein vollendetes Kunstwerk zu erzeugen vermögen. Wo die Idee verzerrt zum Ausdruck kommt, da herrscht Manier und das Werk ist stillos."

Gerson der Impresario erwiderte:

„Das erste und das zweite Moment des Stilbegriffes sind mir verständlich, obgleich ich offen gestehen muß, daß mir diese Methode, ein Drama zu beurtheilen, bisher fremd war, und ich bei der Auswahl des Reportoires nie nach dem Stil fragte. Ueber das dritte Moment bin ich selbst nach dem eben Gehörten noch in voller Unklarheit und stelle den Antrag: der Herr Redner möge uns den Stil in seiner Eigenschaft als Ausdruck der höchsten künstlerischen Idealität an einem Beispiele erläutern."

„Wohl" — entgegnete Johann der Idealist — „ich wähle hierzu ein allbekanntes Schauspiel: Die Karlsschüler von Laube."

„Warum greifen Sie zu keinem Producte jüngeren Datums?" fragte Gerson.

Johann fuhr fort: „Wende mir Niemand voreilig ein, daß die Zergliederung eines Drama's, welches für Sie noch den Reiz der Neuheit besäße, Ihnen mehr Unterhaltung böte. Vielleicht entdecken wir just im Allbekannten noch einiges Neue, und jedenfalls verfolge ich durch meine

Wahl einen über dem Stücke stehenden allgemeinen Zweck. Nachdem wir in der vorigen Sitzung ein verfehltes Schauspiel schlimmster Sorte zergliedert haben, stelle ich — um die zwei Hauptströmungen innerhalb des Kunstrealismus zu beleuchten — jetzt dem Lindau'schen „„Erfolg"" ein im Stil ebenfalls verfehltes Stück edlerer Gattung gegenüber. Mein Zweck erlaubt mir also nicht, nach einem Drama zu greifen, das nur auf einzelnen Bühnen oder noch gar nicht zur Darstellung kam; — ich kann mich nur an ein für die Kunstgattung tonangebend gewordenes Product halten, sonst vermöchte ich nicht, an dem einzelnen Beispiele den Irrthum der ganzen Zeitrichtung nachzuweisen. Ja ich werde, um mich auf dies eine Beispiel beschränken zu können, sogar sehr ausführlich auf die Karlsschüler eingehen müssen."

Hermann der schalkhafte Altersprädident unterbrach den Redner mit den Worten: „Ueber die Karlsschüler ist in unserer Tagespresse schon so viel geschrieben worden, daß Laube seiner Gewohnheit gemäß sich längst veranlaßt sah, in einer 57 Seiten langen Vorrede die Gegner abzufertigen. Er hat dies in scharfen Ausdrücken gethan. Meine Herren, wenn ein Autor selbst sich über sein Werk ausspricht, so erfordert wohl die Billigkeit, ihn zunächst anzuhören. Laube äußerte sich klar über all das, was er mit seiner Leistung anstreben wollte und was er mit ihr wirklich erreicht zu haben glaubt. Ich schlage daher vor, vor Allem jetzt ihm selbst das Wort zu geben."

„Machen Sie diesen Vorschlag in Laube's Interesse?" fragte Max der Pessimist.

Der Schalk entgegnete lächelnd: „Ich gedenke meines Wahlspruchs und halte fest am Rechte der Wahrheit."

„Nichts kann mir erwünschter sein als der eingebrachte Vorschlag," replicirte Johann der Idealist. „Wir werden auf diesem Umweg die hier in Betracht kommenden Fragen um so gründlicher untersuchen können. Ich habe nur die Bitte, daß Jemand aus unserer Genossenschaft den abwesenden Autor vertreten möge."

„Dazu bin ich bereit," rief Gerson der Impresario. „Mein Unternehmen dankt den Karlsschülern so gute Cassa-Einnahmen, daß ich mich dem Autor dieses Stückes sehr verpflichtet fühle und gern die Gelegenheit ergreife, für ihn eine Lanze einzusetzen. Laube versichert in seiner Vorrede, daß die Idee zu den Karlsschülern schon neun Jahre vor deren Bearbeitung in ihm aufgetaucht sei, und zwar bei Abfassung seiner

Literaturgeſchichte. Hofmeiſter's damals erſchienenes Buch: „„Schiller's Leben, Geiſtesrichtung und Werke im Zuſammenhang"" (1. Band) habe ihn angeregt. Die erſte Entwickelung des großen Dichters ſei ſo ungemein belebt durch charakteriſtiſche Verhältniſſe und Begebenheiten, daß ſie ſich von ſelbſt zu einer Kunſtform darböten. Nur einen Schluß für das Schauſpiel habe er lange nicht finden können. Meine Herren, man hat den fünften Act vielfach bös getadelt. Wie ich glaube, geſchah dies mit Unrecht. Wenn ein Mann wie Laube, deſſen Scharfſinn und Bühnenkenntniß ſelbſt von ſeinen Gegnern nicht beſtritten wird, neun Jahre lang über ein Problem nachdenkt, ehe er es löſt, ſo ſollte, namentlich da zugleich der Erfolg für ihn ſpricht, die Tageskritik mit ihrem Urtheile wohl vorſichtig ſein. Ich halte den Schluß für ſehr gelungen und angeſichts des auf ihn verwendeten Nachdenkens für einen Beweis, daß ein beſſerer gar nicht zu finden wäre."

„Dennoch halte ich ihn für verfehlt und finde den richtigen Schluß außerordentlich nahe liegend," entgegnete Johann. „Laube hat ſich ſo lange mit einem Bedenken gequält, welches für den Dramatiker eine vollſtändige Nebenſächlichkeit iſt. Mit Recht ſpricht er ſelbſt in der Vorrede ſein Verwundern aus, daß er ſo lange nicht darüber hinweggekommen. Sein ganzer Anſtoß drehte ſich um eine Frage, die gar keine Frage mehr iſt, ſobald man die Regeln für den Dramatiker nicht mit den Regeln für den Hiſtoriker im Nebenſächlichen und Unorganiſchen verwechſelt. Laube hatte ſich nämlich ſo lange daran ſtoßen können, daß die Räuber zu Mannheim ſchon Mitte Januar 1782 aufgeführt wurden und Schiller erſt Mitte September desſelben Jahres aus Stuttgart floh. Endlich faßte er den Muth, die zwei Thatſachen für ſein Stück in eine und dieſelbe Woche zu verlegen. Damit glaubte er alle dramatiſchen Schwierigkeiten gehoben zu haben! Daß er neun Jahre lang über die Compoſition der Charaktere zu den Karlsſchülern nachgedacht hätte, behauptet er ſelbſt in der Vorrede nicht. Dennoch wäre nur durch eine größere Vertiefung der Charaktere das Fundament zu einem genügenden Abſchluſſe zu legen geweſen."

„Und wie ſollte nach Ihrer Meinung dieſer Abſchluß lauten?" warf Max der Peſſimiſt ein.

„Ich werde beſtimmt und gründlichſt darauf zurückkommen," verſicherte Johann. „Noch hat der Autor das Wort, und ich gedenke meine Kritik erſt zu beginnen, wenn wir ſeine ganze Vertheidigung gehört haben."

Gerson fuhr fort: „Man hat getadelt, daß der Schiller der Karlsschüler nicht dem Bilde entspreche, welches wir aus Schiller's eigenen
Werken in unsern Herzen besitzen. Laube schreibt darüber:

„„Freilich dachte ich nie an einen andern Schiller als an den Schiller von
Stuttgart, an den Karlsschüler und Regimentsfeldscheer, den Verfasser der Räuber
und des Fiesco. In seinem Werden lag mir seine Romantik. Den fertigen
Dichter, den gereiften Mann, den großen Schiller darzustellen, das schien mir
stets und scheint mir noch ein Wagstück, welches nicht nur meine Kräfte übersteigt, sondern welches auch meines Erachtens für den künstlerischen Zweck noch
nicht geeignet ist. Erfundene Helden der Gegenwart kann man in Scene setzen:
sie brauchen nur den Ansprüchen Rede zu stehen, welche wir selbst mit
ihnen erwecken. Geschichtliche Größen aber, welche noch ganz und gar der
Gegenwart angehören, gerathen in falsches Licht. Die Atmosphäre ist noch zu
durchsichtig, die Verhältnisse des Bildes erscheinen nüchtern, nüchterner wenigstens
als sie in unserer Phantasie ruhen, die so nahe liegende Wahrheit der Alltags-
verhältnisse wirkt platt, weil sie nicht Gegensatz genug bildet zu der Gedanken-
und Thatenhöhe des Helden, und was die Hauptsache ist: der Held soll ganz,
ganz so wie er kurz vorher unter uns gestanden, wieder geschaffen werden. Um
den vollen Dichter Schiller wieder zu schaffen, müßte man also wenigstens die
Dichtungsfähigkeit eines Schiller haben. Wem wird solche Dreistigkeit beikommen."""

Meine Herren, da also Laube selbst uns nur das Werden Schillers zeichnen
wollte, so ist es ungerecht, ihm den Vorwurf zu machen, daß er uns
nicht den gewordenen großen Dichter vorgeführt habe."

„Wir werden also zu untersuchen haben, ob sich in den Karlsschülern der werdende Schiller entwickelt," warf Johann ein. „Nach
meiner Ansicht verwechselte Laube hier das Schwerere mit dem Leichtern.
Würde ohne Zweifel zur lebenswahren Zeichnung des großen Schiller
ein gleich großer Dichter erfordert, so gehört zur Zeichnung des erst
werdenden vollends das Genie eines Proteus: für jenen besitzt der nachbildende Dramatiker als ungefähren Wink die Werke des Vorbildes, für
diesen fließt ihm gar keine ausreichend befruchtende Quelle, wenn er den
Maßstab dazu nicht in seiner eigenen Brust besitzt. Vorerst nehme ich
nur Notiz von dem Zugeständniß, daß die Wahl eines geschichtlich hervorragenden Helden den Dramatiker zu gewissen Rücksichten verpflichtet,
an die er bei Phantasie-Stoffen nicht gebunden ist. Weiter!"

Gerson fuhr fort: „Man erhob gegen die Karlsschüler den Vorwurf, ihr Stil sei verfehlt! Laube selbst wirft die Frage auf: ob es

angemessen sei, die Figur Schiller's aus solchem oft putzigen Treiben her=
vorgehen zu lassen, ob dem großen Poeten nicht auch schon von vorn=
herein ein strengerer Stil nöthig gewesen wäre? Er antwortet:

„„Darauf habe ich zweierlei zu erwidern. Erstens habe ich, wie schon ge=
sagt, keineswegs den großen Poeten zum Helden meines Schauspiels machen
wollen und also nicht einen Stil einzuhalten gehabt, wie er in Wallenstein und
ähnlichen Werken Schillers herrscht, sondern ich habe den dreiundzwanzigjährigen
Jüngling herausschälen wollen aus einem Schul= und Kamaschenthum des Ro=
coco's, welches er nicht ohne Kampf und Lärmen abstreifte. Zweitens habe ich
um jeden Preis wahr sein wollen. Der erkünstelte Stil hat uns ums Leben
des Drama's gebracht, in dem natürlichen Stil allein können wir meines Er=
achtens Leben und mit dem Leben Größe wieder finden. Ohne die leicht ein=
hergehende erste Hälfte des Stücks mußte ich für die wahrhafte Wirkung eines
jungen überspannten Poeten den Weg nicht zu bahnen, mußte ich die Zeit nicht
zu schildern, aus welcher er sich empor rang. Und da man doch die richtige und
starke Wirkung der zweiten Hälfte überall erkannt hat, so kann ich mir den
mannigfach begründeten Tadel des Weges wohl gefallen lassen. Wenn die zweite
Hälfte des Stückes von Manchen wie etwas ganz Anderes und Selbstständiges
und unter Lobpreisung Abzutrennendes geschildert wird, so ist dies eben ein
Fetzen jener in der Luft fahrenden, auf keinem Bein ruhenden Kritik, welche
einer absterbenden, im Schaffen unerfahrenen Zeit angehört. Ohne die Wurzeln
in der ersten Hälfte wächst kein Strauch oder Baum für die zweite; ohne die
natürlichen und in ihrer Natürlichkeit steigenden Vorgänge weiß ich für die noch
unreife Welt eines übertreibenden jungen Poeten keinen Nachdruck zu gewinnen
gegenüber einer gefestigten Welt des absoluten Mannes. Mit Declamation ist's
eben nicht gethan!““

„In diesem Passus finde ich Richtiges und Unrichtiges bunt durch=
einander gemengt," entgegnete Johann. „Wohl hatte Laube nur den
dreiundzwanzigjährigen Jüngling zu zeichnen, aber er durfte nicht über=
sehen, daß dieser Jüngling das natürliche Rüstzeug zu einem künftigen
Schiller, und nicht die Gemüthsanlagen zu einem spätern Lenau oder
Hölderlin braucht! Wohl widerstrebt jeder erkünstelte Stil dem Leben
des Drama's, aber die Wiederbelebung wird deshalb nicht aus den
Platitüden des nackten Realismus aufkeimen! Wohl ist mit der Decla=
mation zur Förderung der dramatischen Kunst nichts gethan, aber just
deshalb hätte Laube uns keinen declamirenden Karlsschüler liefern, hätte
nicht novellistische Begebenheiten mit dramatischer Handlung verwechseln
sollen! Meine Herren, ich glaube aus dem Stücke selbst den Beweis
liefern zu können, daß es eine dramatische Handlung im wahren

148

und höhern Sinne des Wortes gar nicht besitzt, weil sich im Geschehenden nicht der Held entwickelt, sondern nur fünf Acte hindurch über ihm ein Knoten schwebt, der schließlich durchhauen wird. Freilich schält sich der Held aus dem Schul- und Gamaschenthum im fünften Acte durch die Flucht los, aber er ist bei seinem Verschwinden innerlich noch ganz derselbe, der er bei seinem Erscheinen im ersten Acte war. Ich werde dies nicht mit einem „„Setzen jener in der Luft schwebenden, auf keinem Beine ruhenden Kritik unserer absterbenden, im Schaffen unerfahrenen Zeit"" belegen, sondern mit einer Beurtheilung, die selbstschöpferisch auf zwei „„Beinen"" stehend eingreift. Vorerst hebe ich nur hervor, daß laut des eben Gehörten der Autor den äußern Bühnenerfolg für einen Talisman hält, durch welchen die Unantastbarkeit seines Werkes gleichsam privilegirt, und der Kritik jede Berechtigung zu Ausstellungen entzogen worden sein soll! — Nun weiter!"

Gerson fuhr fort: „Der Ton, den die Umgebung — darunter sogar der niedrig gestellte Koch — gegen den Herzog anschlägt, ist zimperlichen Theaterbesuchern vielfach unangenehm aufgefallen. Man hat ihn für eine unzulässige Ausschreitung erklärt. Laube rechtfertigt sich dagegen mit den Worten:

„„Ob der freie, dreiste Ton neben diesem durchfahrenden Fürsten möglich gewesen sei, wird man bei näherer Betrachtung dieses gewaltsamsten und doch populärsten schwäbischen Fürsten mit leichter Mühe entdecken. Ein kerniges Naturell wie das seinige war nicht einen Augenblick besorgt um Verlust seines herrschaftlichen Ansehens. Er forderte heraus und gestattete den Seinigen die muntere Herausforderung; zu den Seinigen gehörten aber die Karlsschüler ganz und gar. Darüber fehlt es nicht an den buntesten Geschichten in derbem Tone, und über die geschichtliche Berechtigung des zwanglosen Verkehrs in der ersten Hälfte meiner Karlsschüler, ein Verkehr, welcher manchem Norddeutschen Bedenken erregt, bin ich nicht einen Augenblick verlegen gewesen.""

„Ist Alles, was sich geschichtlich nachweisen läßt, auch für die Kunst verwerthbar?" fragte Johann. „Und wenn Alles verwerthbar wäre, — es ist es nicht, doch nehmen wir an, der Vordersatz sei richtig — würde nicht dann die historische Treue just in diesem Punkte den Autor verpflichten, auch für die Charakterzeichnungen sich strengstens an die geschichtliche Relation zu halten? Das ist in den Karlsschülern nicht geschehen. Der Herzog der Karlsschüler steht über dem geschichtlichen Herzog Karl. Kein Zug im ganzen Stücke — außer der episodischen

und mehr gegen Rieger als direct gegen den Fürsten zugespitzten Er=
zählung Bleistift's im zweiten Acte — deutet auf Karl's befleckte Ver=
gangenheit hin, und auch in der Gegenwart zeigt er sich, trotz der mannig=
fachen ihm belassenen Schrullen, fernsichtiger und klüger, als der geschicht=
liche Karl je war. Wer gegen die Nachwirkungen eines Theaterstückes
Gründe hat, wie solche von Karl im vierten Acte gegen die Räuber
ausgesprochen werden, der duldet schwerlich in seiner Lieblingsschule die
im Stücke von Koch repräsentirte Sprache der rücksichtslosesten persön=
lichen Opposition, denn er weiß, daß die Nachwirkungen einer solchen
Sprache mit der Zeit die Throne weit sicherer niederwerfen als zehn
blos auf dem Papier stehende und blos im Theater abgespielte Räuber=
Dramen. Um so weniger durfte die geschichtlich begründete Zwanglosig=
keit des Verkehrs bis zur vollen Ungebundenheit gesteigert werden. Laube
selbst empfand, trotz seiner so entschiedenen Verwahrung, das recht wohl,
wie sich aus einem unter die Bemerkungen des vierten Actes versteckten
Winke an die Darsteller vermuthen läßt, auf den ich zurückkommen werde.
Die Ungebundenheit des Tones in der ersten Hälfte des Stückes erscheint
mir, wenigstens theilweise, als eine Concession an gewisse Fractionen im
Publicum, die für picant zündende Schlagwörter stets dankbar sind. Das
Picante, blos um der Picanterie willen, halte ich in einer künstlerischen
Schöpfung für fehlerhaft, wogegen das Picante, das den Contrast tref=
fender Charakteristiken steigert, stets einen ebenso großen Reiz als eine
echt künstlerische Wirkung besitzt. Wie wir später sehen werden, kommen
in den Karlsschülern beide Gattungen vor."

„Laube" — fiel Gerson wieder ein — „Laube kann sich auf nam=
hafte Zeugnisse berufen, daß er die Zeit und die Personen richtig ge=
schildert. In seiner Vorrede citirt er noch lebende Karlsschüler und Ver=
wandte Schillers, welche sich während der Stuttgarter Periode des Dich=
ters in dessen Nähe befanden und jetzt (d. h. 1846) das Erscheinen der
Karlsschüler mit Jubel begrüßten. Daher ist Laube wenigstens in diesem
Punkte ganz unangreifbar."

„Jene Zeugnisse beweisen für unsere Kunstfrage gar nichts," repli=
cirte Johann. „Daß sich in den Karlsschülern mehrere Züge befinden,
die lebhaft an anecdotenhafte Vorfälle jener Periode erinnern und jetzt
in dramatischer Reproduction den zeitgenössischen Matronen und Greisen
als liebe Reminiscenzen aus ihrer eigenen Jugend imponiren, wurde noch
von Niemandem bestritten. Hier handelt es sich um die Frage, ob

die Karlsschüler, als ein Ganzes betrachtet, Anspruch auf den Namen eines Kunstwerkes im höhern Sinne haben, oder ob sie derjenigen Gattung von Schauspielen beizuzählen seien, die auf äußern Theatereffect um jeden Preis berechnet wurden?"

„Sie wollen doch die Karlsschüler nicht für ein Werk erklären, mit dem nur eine Speculation auf den Beifall der Galerien getrieben wurde?" warf Gerson heftig ein. „Gegen einen solchen Vorwurf würde Laube von allen Einsichtsvollen in Schutz genommen. Auch er selbst hat sich feierlich gegen derlei Unterstellungen verwahrt, denn er schreibt wörtlich:

„„Die wohlwollenden Zuschauer mögen also nicht zweifeln, daß ich die Zugeständnisse an das Theater-Publicum mit vollem Bewußtsein mache und daß ich diesen Weg (nämlich die populäre Dramatisirung eines Lieblings der Nation) für nichts weiter erachte als für einen Weg, auf welchem das Ziel zu finden sein könne. Welches Ziel? Eine wirksame Dramenform, welche unseren lebendig verbleibenden und lebendig gewordenen Eigenschaften entspreche, welche unseren tüchtigen und eigenthümlichen Eigenschaften und Kräften entspreche, welche sich also nicht blos auf Autoritäten oder gar nur auf Vergangenes berufe, sondern welche aus bestehendem Leben künstlerische Gestalt bilden will und endlich in gewonnener Fülle von Gestalten und Wendungen einen Stil herstellen kann. Die Götter mögen wissen, wann dieses Ziel erreicht wird. Von der jetzigen Generation schwerlich."

„Die Götter wissen es" — fiel Johann ein — „und wenn sie den Mund öffnen wollten, so bekämen wir wahrscheinlich die Antwort: auf dem eingeschlagenen Wege nie. Laube mengte auch in diesem Passus Wahres und Falsches bunt durcheinander und wußte einem hinkenden Schluß den Schein der Unumstößlichkeit zu verleihen. Wahr ist, daß das Drama einer neuen Form bedarf, welche „unseren lebendig verbleibenden und lebendig gewordenen Eigenschaften entspreche". Wenn aber Laube über alle Autorität und über alle Vergangenheit blindlings den Stab bricht, so schießt er weit über das Ziel hinaus und läuft Gefahr sich zum Mitschuldigen einer Barbarei zu machen, die eben zu der jetzigen Stillosigkeit der dramatischen Kunst geführt hat. Sollte eine Mitursache der dermaligen Theaterversumpfung jetzt das Mittel zur Theaterreform werden können? Wenn man von blinder Verwerfung aller Autorität und alles Vergangenen oder von blinder Nachahmung beider spricht, so möchte doch wohl nur die Frage entstehen, welches von diesen zwei Extremen das verwerflichere sei? Verwerflich sind beide: jenes schleudert uns mit einem colossalen Ruck in primitive Zustände zurück, dieses erzeugt Stillstand, also beginnendes Absterben. Gewiß können uns die Leistungen selbst der größten Autoritäten und Genie's vergangener Zeiten nur unter Beachtung der vom allgemeinen Fortschritt der Gegenwart gebotenen Modificationen als förderliche Winke zum eigenen Schaffen und Vorwärtsstreben dienen. Das aber schließt, insbesondere bezüglich des Drama's, nicht aus, daß sich in jenen Leistungen auch ganz bestimmte allgemeine Grundregeln entdecken lassen, gegen die keine nachfolgende Generation sündigen darf, wenn sie nicht die richtigen Begriffe vom Wesen des Drama's und der dramatischen Kunst verlieren will. Wozu also sogar diese Grundregeln verlengnen, nur weil sie schon vor ein paar tausend Jahren der hellenischen Menschheit klar geworden sind? Wozu sich in einen primären Zustand zurückstürzen, nur um sich in dem wollüstigen Traum der Hoffnung wiegen zu können, daß vielleicht in einer unbestimmten und unbestimmbaren Zukunft ein zweiter dramatischer Euklid sich als glücklicher Taucher bewähren und die verloren gegangenen Grundregeln wieder hervorholen werde aus den Abgründen einer wahrhaft babylonischen Begriffsverwirrung? Ich besitze, wie ich schon einmal hervorzuheben die Ehre hatte, für eine derartige subjective Originalität weder Sinn noch Neigung; vielmehr erkenne ich in einer genauen Prüfung der Geistesschätze aus früheren Kunstperioden eine reiche Quelle befruchtender Anregungen für das eigene Weiterstreben. Es giebt gewisse Grundprincipien, die sich unter allen Wechselfällen der Mode schon seit Jahrtausenden bewährt haben, — Principien, deren Verletzung sich noch stets bitter rächte, weil sie noch unter allen Umständen das Wesen der Kunst schädigte. Eine jener für den ganzen Kunstbereich giltigen Grundregeln aus früherer Zeit lautet in ihrer modificirten Anwendung auf den allgemeinen Fortschritt unseres Zeitalters: Die kahle, nackte Wirklichkeit eignet sich selten oder nie zum schlechtweg copirbaren Kunst-Vorbilde, obgleich sich in der Kunst das Bild der Wirklichkeit erkennbar abspiegeln soll. Die Hellenen bestritten z. B. dem Portraitmaler, der nicht das Zufällige und Unschöne des Originals aus dem Bilde fern zu halten und dennoch das Original auf den ersten Blick kenntlich zu reproduciren verstand, den Anspruch auf den Namen eines Künstlers und zählten den sklavischen Copisten der Natur zur Zunft des Handwerks. Diese Unterscheidung ist, weil sie sich aus dem Begriff der Kunst ergiebt, auch für den Dramatiker aller Zeiten von wesentlicher Bedeutung. Wo nicht mehr die Veranschaulichung der

Schönheit als der Selbstzweck gilt, da hört der Begriff der Kunst auf, — die Kunst verliert ihren Selbstzweck und dient nur noch als Mittel zu andern ihr fremden Zwecken. Hiernach ist wohl klar, daß der Dramatiker unserer Tage sein Ideal weder in irgend welchen Aussprüchen früherer Autoritäten noch in der Vergangenheit überhaupt finden kann: er hat es in sich selbst zu suchen, hat es aus seinen nächsten und zeitgenössischen Umgebungen herauszuschälen, ja er kann es für manche Fabel sogar auf der Gasse aufgreifen, nur muß er sich vor dem Mißgriff solcher Portraitmaler hüten, welche schon von den alten Griechen kunstunverständige Handwerker gescholten wurden. Laube's Vorrede enthält auf dies Grundprincip nicht einmal eine leise Anspielung. Er deckt sich mit dem Ausspruche, daß sein Schauspiel der wirklichen Geschichte angepaßt sei, und daß der Theatererfolg für ihn spreche! Hat sogar der gemeine Handarbeiter, z. B. der Maurer, den ihm von der Natur gelieferten Rohstoff, z. B. Lehm, Backsteine, Kalk u. s. w. erst zu präpariren, ehe er daraus eine sturmfeste Mauer errichten kann, um wie viel mehr wird der Meister der Kunst, der uns die tiefen Räthsel der Psyche lösen und gleichsam den Welt-Organismus in einem Miniatur-Abdrucke prägnant veranschaulichen soll, — um wie viel mehr wird gerade er gewisser vom Selbstzweck der Kunst gebotener Umformungen seiner Rohstoffe bedürfen! Man hat neuestens viel darüber gestritten, was im Drama das richtige Ideal für unsere Zeit sei? Wie mir scheint, ist dies ein Streit um des Kaisers Bart. Das richtige Ideal für das Drama unserer Zeit wird durch Beachtung der Grundregeln unter Einhaltung der richtigen Grenze bei Umformung des dramatischen Rohstoffs angestrebt. Erzielt man durch die Umformung ein ideales Vorbild, ohne die Erkennbarkeit des natürlichen Originals geopfert zu haben, so kann man sich schwerlich auf falschem Pfade, sondern muß sich schon sehr nah am Ziele befinden. Wo und wie die richtige Grenze zu ziehen sei, wird der bloßen Verstandeskritik ebenso unentdeckbar bleiben, als ein künftiger großer Dramatiker sie zuverlässig treffen und dann wunderbare Wirkungen erzielen wird, ohne lange darüber theoretisirend gedacht und gebrütet zu haben. Bis solch ein Dramatiker unter uns ersteht, hat die Verstandeskritik das ihr möglich Höchste geleistet, wenn es ihr gelingt mit einigem Erfolge die offenbarsten Verirrungen zu bekämpfen und für eine bessere Zukunft tabula rasa zu machen. Den Zeiterscheinungen, die, als im Widerspruche zu dem Wesen der Kunst stehend, ganz entschiedene

Verirrungen sind, gehört nun wohl ohne Zweifel der sich auf unseren Brettern breit machende Realismus in seiner kahlen Nacktheit an. Meine Herren, ich bitte hierbei wohl zu unterscheiden zwischen Realismus und Natürlichkeit. Der Realismus schmuggelt das Räuspern und Spucken der Natur an Stelle des Ideals in die Kunst ein: Die Natürlichkeit beruht manchmal ebenfalls auf realistischen Elementen, aber sie machen ¶sich nur in so fern geltend, als sie jedem Kunstwerke nöthig sind, um der ideellen Schöpfung die volle Lebensfähigkeit mit einhauchen zu helfen. Ich habe schon früher, bei Besprechung der individualisirenden und der idealisirenden Dramatik Shakespeare's und Schiller's, meine Gedanken über das Zukunfts-Ideal des Drama's angedeutet. Hier will ich nicht darauf zurückkommen. Vielleicht bietet sich mir ein andermal die Gelegenheit, jene allgemeinen Andeutungen ins Einzelne weiter auszuführen. Wir stehen jetzt bei Laube und haben zu untersuchen, wie sich seine uns von Gerson so eben reproducirten dramaturgischen Anschauungen in den Karlsschülern verwerthet finden. Verehrte Herren, ich schicke meinen Erörterungen eine Inhaltsangabe des Schauspiels voran."

„Das dürfte wohl unnöthig sein," unterbrach ihn Gerson. „Das Stück ist Jedermann bekannt."

„Wohl" — replicirte Johann — „ich halte eine genaue Recapitulation des Hauptinhaltes dennoch für unerläßlich, nicht blos um Ihren etwaigen Gedächtnißschwächen entgegen zu kommen, sondern auch um meine nachfolgende Kritik aus dem Inhalte begründen und sie gegen den Vorwurf der Unhaltbarkeit panzern oder — wie Laube selbst verlangt — auf gesunden „„Beinen"" einherschreiten lassen zu können, statt sie als einen „„Fetzen jener in der Luft fahrenden, auf keinem Beine ruhenden Kritik einer absterbenden im Schaffen unerfahrenen Zeit"" in Nebeldunst einhüllen zu müssen."

Da Niemand hiergegen Einsprache erhob, so fuhr Johann fort:

„Erster Act. Erste Scene. Francisca von Hohenheim liest das Gedicht: „„Selig durch die Liebe"", und bezieht es auf sich. Sie erfährt von der Generalin Rieger, daß es an Laura gerichtet sei, und wird darüber unwirsch. Wir erfahren, daß die Karlsschüler Clavigo Probe halten, daß Herzog Karl ein rigoristischer Fürst, und daß Francisca seine Gemahlin ist. Die Generalin charakterisirt ihre Pflegetochter Laura mit den Worten: „„Das dumme Ding weiß ihn (Schiller) gar nicht zu schätzen! Der ist er nicht hübsch genug, und ungeschickt und ungalant und wunderlich ist er

auch, das ist freilich wahr!" Ein Einverständniß zwischen den zwei
jungen Leutchen bestehe nicht. — Diese ganze Scene wird meiner Kritik
viel Stoff liefern: sie bietet weder ein zutreffendes Stimmungsbild, noch
beruht sie auf einem für die Handlung fruchtbaren Motiv.

„Zweite Scene. Laura tritt, in die Lectüre des Gedichtes „...Laura,
Laura mein"" vertieft, zu den Vorigen und entspricht aufs drolligste der
eben gehörten Charakterzeichnung. Wir erfahren, daß sie den Karlsschüler Koch für den Autor des Gedichtes hält und daß die „...Bande""
der Karlsschüler sich die Spitznamen aus den Räubern beigelegt hat. —
Diese Scene ist an und für sich recht possirlich. Auf Laura's Charakterzeichnung komme ich später zurück.

„Dritte Scene. Kammerherr Silberkalb tritt dazu. Wir hören,
daß der Herzog, der eben den Besuch des Großfürsten von Rußland
erwartet, noch auf der Jagd ist, und daß der Kammerherr zu den Spähern
und Ohrenbläsern des Herzogs gehört. Er ist eben der „...verdächtigen
Communication"" der Karlsschüler auf der Spur. Franziska beauftragt ihn
Friedrich Schiller und Anton Koch unmittelbar nach Schluß der Clavigo-
Probe zu sich zu bestellen. Dieser Bedienten-Mission sich unterziehend
geht der Kammerherr ab. — Warum wird statt seiner nicht ein Lakai
abgesendet? Antwort: Der Autor kann in der nächsten Scene den
Kammerherrn nicht auf der Bühne brauchen, und darum muß Franziska
die Ungeschicklichkeit begehen, ihn während derselben als Lakai zu beschäftigen.

„Vierte Scene. General Rieger, auf herzoglichen Befehl vom
Asperg herab nach Stuttgart kommend, tritt zu den Vorigen. Wir
lernen in ihm den Peiniger Schubart's und einen Pietisten schlimmster
Sorte kennen, dem es gelang, durch Kerkerqualen Schubart's Geist zu
brechen und ihm „„die Gnade des Herrn aufgehen"" zu lassen. Er ist
da, um Schiller beim Herzog zu verklagen. Der Schluß der Scene lautet
wörtlich:

„„Gräfin. Schiller, wie ich gefürchtet.
Generalin. Schiller!
Laura. Wieder Schiller! Das ist wirklich der Matador! (Trommelwirbel
und klingendes Spiel von unten.)
Gräfin. Da kommt der Herzog! — O Gott, Bäbele, und nun muß ich
auch gerade den unglücklichen Menschen, den Schiller, hierher bestellen, daß der
Herzog an ihn erinnert werde! Richtig, da ist der Hauptmann zurück, und der
ist auch falsch, ich wag es nicht ihn mit Contreordre zu beauftragen und über

diesen Rieger, deinen Mann, vermag ich nichts, er weiß, wie fest er beim Herzog steht.

Laura. Mama! Der garstige Hauptmann will die beiden Leute nicht abbestellen!

Generalin. Komm mit! Du mußt Kundschaft einziehen. (Geht mit ihr an die Thür rechts, dort bedeutet sie dieselbe pantomimisch an der Schwelle, schickt sie fort und bleibt hart an der Thüre stehen. Unterdessen kommt Silberkalb zum Sopha, sieht das Blatt des „Magazins", liest halblaut „Entzückung an Laura" und steckt es rasch zu sich, während die Frauen nach rechts, wo Laura abgeht, Rieger aber nach links sehen.)"

Meine Herren, ich habe den Text des Schlusses dieser Scene sammt den Anmerkungen Ihnen ausnahmsweise wörtlich citirt, um an diesem Beispiele die Kunst Laube's im Arrangement theatralischer Spannungen zu zeigen. Laube stellt hier ein so bewegtes Bild hin, als ob sich Wunderdinge vorbereiteten, auf welche die Aufmerksamkeit der Zuschauer besonders wuchtig hinzulenken sei. Und was entwickelt sich? Gar nichts. Schiller und Koch sollen abbestellt werden, — dennoch treten sie in der sechsten Scene unabbestellt ein, weil der Autor ohne ihr Erscheinen den Faden nicht fortspinnen könnte. Laura wird auf Kundschaft ausgesendet! Auf welche? Auf gar keine; nur der Autor befiehlt ihr durch den Mund der Generalin, gefälligst für ein paar Minuten die Bühne zu verlassen, weil er sie in der nächstfolgenden Scene dort nicht brauchen kann. Weder ist etwas zu erkundschaften, noch erkundschaftet sie etwas. Ja sie geht nicht einmal zu der Seite ab, auf welcher sie den ausgesprochenen Wunsch Franziska's erfüllen könnte. Sie kehrt in der sechsten Scene ebenso unmotivirt auf die Bühne zurück, als sie zwecklos weggeschickt wurde. Der Autor braucht hier ihre Rückkehr gegenüber dem gleichzeitig von der andern Seite eintretenden Schiller. Und welche Ursache hat Franziska, ihren Abbestellungsbefehl nicht offen vor dem zurückkehrenden Kammerherrn zu ertheilen? Klänge es nicht ganz selbstverständlich, daß sie im Moment, wo der Herzog eintritt und ihre Aufmerksamkeit ihm gewidmet werden muß, die zwei jungen Leute noch draußen warten ließe? Was könnte der Kammerherr Arges dahinter vermuthen? Und warum erfüllt er nicht ohne ausdrücklichen Befehl den ihm bekannt gewordenen Wunsch Franziska's, da er doch schon vorher auf Befehl ganz willig den Lakaiendienst versah? Diesmal könnte er sich, eben weil kein directer Befehl erfolgte, als wirklich galanter Hofmann zeigen. Aber nein, das darf er nicht, nicht blos weil dann dem Autor der Faden zu der fortzuspinnenden Handlung entfiele, sondern auch weil der Autor, auf dessen theatralischem Schachbret der Kammerherr Silberkalb nur eine Marionette ist, dieser Figur jetzt auf der Bühne bedarf, um durch sie die „Entzückung an Laura" von Franziska's Sopha wegstipitzen zu lassen. Ein schöner Kammerherr, der sich mit solchen Heldenthaten einführt! Und wozu stipitzt er das Blatt vom Sopha der Gattin seines Fürsten? Der Autor bedarf es, um dasselbe im vierten Act hinter der Scene durch den Kammerherrn dem Herzog überreichen und diesen dort in der zweiten Scene damit auftreten lassen zu können. War das nicht auf andere Art zu erreichen? Konnte der Kammerherr, nachdem er das Blatt auf dem Sopha gesehen, nicht in der Zwischenzeit hinter der Scene sich vom Buchhändler oder sonst woher ein Exemplar verschaffen? Mußte es absolut stipitzt, und just durch einen Kammerherrn stipitzt sein? Und was sollen am Schluß der Scene die spähenden Blicke Franziska's und der Generalin nach der rechten Seite in die Coulissen hinein? Dort geschieht absolut nichts und von dorther kommt absolut nichts Neues, weder für die Personen auf der Bühne noch für den Zuschauer im Parterre. Die Damen müssen aber nach der Seite sehen, damit der Kammerherr auf der Bühne stipitzen kann! So verdient denn dieser ganze Scenenschluß — Text und Anmerkungen für die Darsteller — bei Lichte betrachtet nicht den Namen einer dramatischen Spannung. Er ist schlimmer, als nur überflüssig. Der dramatisch richtige Schluß wäre in den Moment zu verlegen, in welchem Rieger anklagend den Namen Schiller ausspricht. Dann hätte sofort der Herzog einzutreten, und Franziska könnte indeß noch kurz für sich ungefähr sagen: „Zu spät, um Contreordre an Schiller zu senden." Doch sogar diese kurze Zwischenrede ist nicht unentbehrlich. Franziska kann augenblicklich ganz vergessen haben, daß sie früher Schiller auf die Scene beordern ließ. Da ohnehin Rieger jedenfalls beschwerend gegen den unglücklichen Dichter auftritt, so ist es überhaupt für sein Schicksal ganz gleichgiltig, ob er in der sechsten Scene auf der Bühne erscheint oder wegbleibt. Der Herzog beschließt so wie so über ihn, was seiner eigenen Laune beliebt. Dramatisch spannen heißt: eine Handlung vorbereiten, aus welcher sich für die Helden des Stückes später wichtige und zur Zeit noch unerkennbare Folgen entwickeln. Spannen auf etwas, das gar nicht geschieht oder ohne irgend welchen Einfluß auf den weiteren Verlauf der Handlung und auf das Schicksal der Helden, wieder im

Sande verläuft, ist undramatisch: es zählt zu den Coups, deren sich die sogenannten Meister der Mache zu bedienen pflegen, wenn sie für nöthig finden, den Zuschauer durch eine entweder seine Phantasie oder seine Neugierde beschäftigende Ablenkung über die Hohlheit des Inhaltes zu täuschen. Hier handelt es sich in der That nur um einen solchen Coup. Der Autor hat vor lauter theatralischem Geschick vergessen, dramatisch weiter voranzuschreiten: Hinter seinem äußerlich tadellosen Arrangement verjteckt sich in Wahrheit ein vollständiges Nichts! Meine Herren, die Karls-schüler sind durchgängig nicht arm an solchen Wendungen. Um Wieder-holungen zu vermeiden, beschränke ich mich auf die Hervorhebung dieses einen Beispiels. Nachdem Ihre Aufmerksamkeit einmal darauf hingelenkt wurde, werden Sie selbst bei Recapitulation der Handlung ähnliche Wen dungen leicht erkennen, ohne daß ich auf jede einzelne wörtlich einzugehen brauche. Nun weiter!

„Fünfte Scene. Die Vorigen. Herzog Karl und Sergeant Bleistift treten auf. Wir hören zur Charakterisirung des Herzogs und zur Situationszeichnung allerlei, z. B. daß er nicht zu religiösen Scrupeln neigt, daß er sich für die Demoisellen-Schule und für die Karls-Akademie interessirt, daß ihm das Arrangement der Jagd noch Noth macht, daß die Herbsttemperatur von 1782 warm war und Durst verursachte, daß Bäbele den Ulmer Vers, welchen Schubart den Hals brach, answendig weiß, daß die Spielerei der Clavigo-Aufführung zum Unterhaltsimbiß der russischen Gäste dienen soll, daß die Damen diesmal von Elevinnen der Demoisellen-Schule gespielt werden, daß Laura hübsch ist u. s. w. General Rieger erstattet Bericht vom Hohenasperg. Er beginnt mit der uns schon be-kannten Neuigkeit, daß Schubart's Geist endlich gebrochen und glücklich zum Pietismus bekehrt sei. Nur manchmal noch komme der Teufel über ihn und flüstere ihm Gedichte ein. Sodann erzählt Rieger dem Herzog Dinge, die uns mit Recht höchlich befremden, denn wir sind laut seiner Erzählung gezwungen, den in der vorigen Scene von den Damen und sogar von seiner eigenen Gattin so schwarz geschilderten Kerkertyrannen für einen äußerst humanen Mann zu halten. Schubart kann von ihm gar nicht in strenger Haft gehalten sein, sondern muß sich auf dem Asperg in wahrhaft beneidenswerther Freiheit bewegen, denn er verbreitet nicht blos Schriften, von deren Existenz Rieger selbst erst durch Stuttgarter Stadtgerüchte Kenntniß erhält, sondern er verkehrt und unterhält sich auch mit aller Welt. Rieger berichtet nämlich hier ganz naiv wie folgt:

Schubart habe erst neulich wieder ein Gedicht: „„Die Fürstengruft"" gemacht. Er selbst, d. h. Rieger, kennt dies Gedicht noch nicht und hofft es
zu haben, aber es soll — wie er versichert — schon in Stuttgart sein, und
in diesem Betracht hat er zu vermelden, „...daß Schubart in den Ruf der
Heiligkeit komme, wie ein Prophet in der babylonischen Gefangenschaft,
und daß die neuen Juden aus allen vier Winden gewandert kommen,
sein Auge zu sehen, seine Stimme zu hören. Nicht nur allerlei fremdes
Volk wallfahre zum Asperg seinetwegen, auch von Stuttgart selbst komme
man heraufgestiegen. Sogar Leute, die sonst die Kleider des Herzogs
tragen, kommen in bürgerlicher Hülle, zum Beispiel gestern ein junger
Mann —"". Hier beginnt, wahrscheinlich um durch Unterbrechung die
unbefriedigt gebliebene Neugierde des Zuhörers zu steigern, die

„Sechste Scene. Schiller und Koch sind eingetreten und haben die
Aufmerksamkeit des Herzogs auf sich gezogen, der von Koch einige derbe
Redensarten launig hinnimmt, Schiller als schlechten Mediziner tüchtig
abkanzelt, ihn — obgleich dieser selbst sich für ungeeignet erklärt   zur
Darstellung des Clavigo zwingt, deshalb von Schiller in aller Bescheiden-
heit eine bittere Wahrheit zu hören bekommt und dann beide barsch ent-
läßt. Die Scene dient, wie alle vorgehenden, nur zur Situations- und
Charakterzeichnung. Schiller zeigt schon hier in kurzen Worten, daß er
der ist, als welchen er sich im spätern Verlaufe des Stückes und namentlich am Schlusse des vierten Actes gegenüber dem Herzog in langen Reden
zu erkennen giebt. Er könnte eigentlich schon hier fliehen und sich dadurch
auch die Clavigo-Blamage ersparen. Daß er von diesem Herzog keine
entsprechende Behandlung zu hoffen hat, weiß er bereits gründlichst; und
was sich in der Stuttgarter Schule an seinem Innern noch entwickelt, reicht
nicht aus, um den Aufenthalt von vier Acten dramatisch zu rechtfertigen.
Seine ganze weitere Charakter-Entwickelung besteht — wie wir sehen werden
— nur in Worten, im Grunde seines Herzens scheidet er im fünften Acte
so unreif für seine höhere Mission, wie er im ersten Acte auftrat. Und
so haben wir es denn auch — wie zu beweisen mir noch obliegt — im
großen Ganzen mit eben derselben Kunstgattung zu thun, die ich im
Einzelnen am Schluß der vierten Scene schon nachwies. Die Karlsschüler gleichen einer geschickt durchgeführten Schachpartie, sie sind ein
mit umsichtiger Ausbeute des scenisch Wirksamen durchgeführtes Virtuosen-
stück der theatralischen Mache. — Nach Schiller's und Koch's Abgang
soll Rieger in seinem Rapport fortfahren, wird aber wieder unterbrochen.

diesmal durch einen Lärm im Hofe. Der Herzog sendet den Sergeanten Bleistift ab, um nachzusehen. Nun nimmt Rieger, trotz der erneuten Aufforderung von Seiten des Herzogs, seinen Rapport nicht mehr auf. Dagegen zeigt sich jetzt seine Gattin beredt, welche ihren Gemahl der Anschwärzung und Klatscherei beschuldigt. Kammerherr Silberkalb glaubt den augenblicklichen Klatsch aufklären zu können und beginnt von einer riesigen Verschwörung zu faseln, welche sein dienisteifriges Hirn sich aus den nächtlichen Zusammenkünften der Karlsschüler ausgeklügelt hat. Die jungen Leute wollen nach seiner Ansicht als Bande in den Schwarzwald ausbrechen, dann alle rüstigen Männer Schwabens hinwegführen übers Meer und auf einer Insel der Südsee ein neues Reich gründen unter neuen, natürlich verbrecherischen Grundsätzen. Hier wird Silberkalb's De- magogen-Riecherei durch Bleistift's Rückkehr wieder unterbrochen, welcher die Meldung bringt, daß der Lärm im Hofe vom Avancement der Herren Hunde und Hundejungen nach der Treibhauslinie hinauf herrühre. Der Herzog geht ab, muthmaßlich um in hocheigener Person für eine zweck- mäßige Hundevertheilung zu sorgen. Die Zwischenzeit bis zu seiner Rück- kehr wird von Franziska, der Generalin und Laura mit Vorwürfen gegen Rieger und Silberkalb wegen deren Angebereien ausgefüllt. Nach dem Wiedereintritt des Herzogs vervollständigt Silberkalb seinen Bericht durch Namensnennung der Verschworenen und bezeichnet den Regimentsmedicus Schiller, der auch eine epouvantable Tragödie aus lauter Spitzbuben- Charakteren abgefaßt haben soll, als den Hauprädelsführer. Der Herzog beschließt, die Bande bei ihrer nächsten Zusammenkunft, Abends um neun Uhr, persönlich zu überraschen, und zu gleicher Zeit soll Rieger dem Medicus Schiller in dessen Privatwohnung alle verdächtigen Papiere beschlagnahmen. Um bis dahin die Entdeckung als Geheimniß zu be- wahren, nimmt der Herzog die drei Damen zu Tische. Laura hofft die bedrohten jungen Leute retten zu können, falls der mit Aufstellung der Wache betraute Sergeant Bleistift ihr helfe. Sie beginnt sogleich die Einleitung zu diesem Rettungswerk, indem sie dem Sergeanten zuruft, daß der zum Complott gehörende Hundejunge, der kleine Christoph, sein eigener Sohn sei. Bleistift drückt, während der Vorhang fällt, seine Zer- schmetterung über dieses neue Familienglück in dem kurzen Monologe aus: „„Kreuz Millionen Heidekuckuck!‟‟

„Zweiter Act. Die Scenerie stellt den Saal vor, in welchem die nächtlichen Zusammenkünfte der Karlsschüler stattfinden.

„Erſte Scene: Laura; Bleiſtift. Bleiſtift, noch außer ſich, vertheidigt gegen Laura ſeinen Charakter durch Erzählung ſeiner Lebensſchickſale. Die Scene giebt ein recht lebendiges Bild von den knechtenden Staatseinrichtungen und den Volksleiden des Zeitalters. Bleiſtift will ſeinen Buben, Laura will Schiller und die Karlsſchüler retten. Dies hat beide zu dem gemeinſamen Gange in den Saal vereinigt. Laura nimmt die Druckſchriften, welche nicht in die Hände des Herzogs fallen dürfen, an ſich, legt an ihre Stelle einen Warnungszettel und entfernt im Abgehen den Druckſchlüſſel von einer Seitenthüre, um dem Herzog eine vorzeitige Ueberraſchung der Karlsſchüler zu erſchweren und für dieſe die Zeit zur Flucht zu ſichern.

„Zweite Scene: Bleiſtift. Herzog. Kammerherr Silberkalb. Verwunderung, daß ſich keine Schriften auf dem Tiſche befinden; Entdeckung und Wegnahme des Warnungszettels. Da der Druckſchlüſſel an der Seitenthüre fehlt, ſo muß der Herzog einen langen Umweg machen, um die Niſche zu erreichen, von der aus er die Zuſammenkunft beobachten will.

„Dritte Scene: Laura hat, hinter der Thüre horchend, die vorige Scene nicht verſtanden. Koch und Schiller treten, in der Dunkelheit ſie nicht bemerkend, ein. Das äußere Arangement iſt von hier an bis zum Eintreten des Herzogs in der nächſtfolgenden Scene mit gutem theatraliſchen Geſchick der zweiten Scene des erſten Actes der Räuber nachgebildet. MoorSchiller iſt in Verzweiflung, weil er von Mannheim über die Annahme der Räuber und über die erbetene Anſtellung als Theaterdichter noch keine Nachricht hat. Die Nothwendigkeit einer baldigen Flucht aus Stuttgart wird zwiſchen Beiden beſprochen. Das praktiſche Talent SpiegelbergKoch's bildet einen draſtiſchen Gegenſatz zu dem an ſich ſelbſt zweifelnden idealen Dichter. Laura verſchwindet mit dem Ruf: „„Flieht, flieht, Ihr ſeid in Gefahr!"" Ihr Ruf wird unter dem Lärm der heranrückenden Bande von den Beiden nicht verſtanden und hiermit ſcheitert Laura's zweiter Warnungsverſuch.

„Vierte Scene. Die Vorigen. RollerPfeiffer. SchweizerScharpſtein. SchufterlePeters. RatzmannHoven. Chriſtoph. Später der Herzog. Theatraliſch lebendige Copie der vorhin genannten RäuberScene. Chriſtoph, genannt Nette der Hundejunge, bringt Ifflands Brief über FranzDalberg's Entſchließungen. Schiller überſetzt Moor's „„Menſchen—Menſchen, falſche heuchleriſche Krokodilenbrut"" u. ſ. w.

ins Theatralische: „„Alles umsonst, umsonst die Beweisführung, daß der Dichter in diesem Gamaschendespotismus"" u. s. w. Der Aufbau und die Steigerung bis zum Actschluß sind sehr bühnenwirksam. Laura, flüchtig unter der Nebenthür erscheinend, ruft: „„Der Herzog kommt, rettet Euch."" Allgemeiner panischer Schrecken, wie beim Räuber Troß in der dritten Scene des zweiten Actes der Räuber. Nur Moor-Schiller, in sich selbst versunken, nimmt keine Notiz davon. Weil der Warner nirgends zu finden ist, so legt sich die Aufregung wieder, und endlich kommt sogar Nette der Hundejunge in Verdacht, sich einen Spaß erlaubt zu haben. So ist auch Laura's letzter Rettungsversuch gescheitert. Wozu aber überhaupt der dreimal wiederholte Rettungsversuch, da er doch ohne Folgen bleibt? Wäre, um Laura's Theilnahme für Schiller und für die Karlsschüler zu zeigen, ein einmaliger Zuruf nicht ausreichend gewesen? Nein! die Virtuosität der Mache bringt es mit sich, daß selbst Spannungen auf ein absolutes Nichts so hoch als möglich gesteigert und so lang als möglich erhalten bleiben, auch wenn unter diesem theatralischen Kunststück der dramatische Fortgang in Stillstand geräth. — Da auf dem Tische die Bücher fehlen, so liest Schiller der Bande die „„Fürstengruft"" von Schubart vor, den er gestern besuchte und bereits an Leib und Seele zerstört gefunden hat. Schon in der vierten und in der fünften Scene des ersten Actes wurde uns die Geisteszerstörung dieses Opfers der Tyrannei ausführlich geschildert. Sie ist ohne Einfluß auf den Gang der Handlung und hat in dem Stücke nur als Perspective für Schiller eine dramatische Berechtigung. Daher ist ihre dreimalige Wiederholung von Ueberfluß, und die vom Autor beabsichtigte Wirkung würde schwerlich verlieren, wenn uns erst Schiller hier in das düstere Geheimniß des Aspergs einweihen könnte, und wir dann nur noch einmal in der Schlußscene des letzten Actes aus dem Munde des Herzogs selbst den Namen Schubart zu dem Zwecke aussprechen hörten, diesen Fleck in seiner Regierungsperiode reinigen zu wollen. — Während der Vorlesung der „„Fürstengruft"" tritt der Herzog ein. Allgemeiner Schrecken. Schiller wird genöthigt die Vorlesung fortzusetzen und zu beenden. Laura, dem Dichter wie ein Engel erscheinend, tritt bittend vor und hat auf des Herzogs Befehl den groben Mantel dem Kammerherrn Silberkalb zu überlassen. Hiermit verliert sie an den gefährlichsten Feind das Räuber-Exemplar, welches sie in der ersten Scene des Actes vom Tische nahm und in die Manteltasche steckte. Wozu dies Versteckspiel mit dem Räuber

Exemplar, da Rieger — wie wir aus der letzten Scene des ersten Actes wissen — schon auf dem Wege ist, die ganze Räuber-Auflage ins Schloß vor die Augen des Herzogs zu schleppen? Antwort: Die dem Autor beliebte Mache bedarf dieses Versteckspiels, um im nächsten Acte dem saubern Kammerherrn eine neue Niederträchtigkeit aufhalsen und sodann durch Laura's Initiative seinen Dichter endlich den Muth zu einer offenen Liebeserklärung finden lassen zu können. So sehen wir denn Zeit und Mühe, die zur innern Charakterentwicklung unentbehrlich wären, mehr und mehr an äußerliche Spielereien verschwenden. Schiller's innerlich überschäumende Liebe kommt im dritten Acte nicht aus eigener Kraft zum Durchbruch — nein, dieses Memmenherz findet in sich selbst nur Stoff zu kläglichen Lamentationen, bis der Backfisch Laura ihm endlich mit der unumwundensten und offensten Erklärung ihr Herz zu Füßen legt. Erst dann kann dieser Liebesritter von der traurigen Gestalt endlich über ein Glück jubeln, das nicht er selbst eroberte, nein, das ihm fast mit Gewalt an den Hals geworfen werden mußte!

„Letzte Scene: Die Generalin Rieger bringt die Meldung, daß der Großfürst von Rußland schon in der nächsten Minute im Schloßhofe vorfahren könne. Dies veranlaßt den Herzog, die nähere Untersuchung zu verschieben und an seine Pflichten als Wirth zu denken. Während er dem Kammerherrn Silberkalb Befehle ertheilt, erfahren Schiller und die Generalin, daß sich das Räuber-Exemplar in dem Mantel befindet und von Silberkalb zurückerobert werden muß. Der Herzog läßt die ganze Bande von den Wachen unter Anführung des Sergeanten Bleistift in den großen Saal escortiren, wo sie, ihr Schicksal erwartend, sich für ihre Rollen in der einprobirten deutschen Comödie anzukleiden hat, jeden Augenblick während der Nacht gewärtig, das Stück vor den Gästen aufzuführen. Schiller muß seinen Degen abgeben. Die Generalin und Laura nehmen sich des mißhandelten Dichters aufs kräftigste an, doch ohne Erfolg.

„Dritter Act. Erste Scene: Koch, Schiller und die Karlsschüler sind, in ihren Clavigo-Costumen, auf den Beginn der Vorstellung wartend, eingeschlafen. Es ist schon gegen Morgen. Die Generalin Rieger kommt, um die armen Jungen, die nun endlich die Comödie beginnen sollen, mit ein paar großen Kannen Kaffee aus der Kuchel zu erfrischen. Sie weckt Koch Spiegelberg, der gewaltig frierend erwacht, trotz seines jugendlichen Feuers und obwohl der alternde Herzog etwa acht Stunden früher noch über so heiße Temperatur geklagt hat, daß „...der Herbst den Sommer nicht vergessen"" könne. Noch erfährt von der Generalin, daß die Bande, insbesondere Schiller, nichts Gutes zu hoffen habe, namentlich da inzwischen noch zwei Hauptvertheidigerinnen, Franziska und Laura, eingebüßt wurden. Laura soll vom Herzog ganz umgewandelt und dem Kammerherrn Silberkalb zur Ehe versprochen sein. Das „„dumme Kind"" habe nun während der Nacht Franziska, die sich jetzt getäuscht und lächerlich vorkomme, bezüglich der Laura-Gedichte „...Alles gebeichtet"". Ob und warum Franziska erst durch diese Beichte ärgerlich auf Schiller geworden sein soll, wird nicht recht klar, da Laura Nichts beichten konnte, als was der Gräfin schon in der ersten und zweiten Scene des ersten Actes bekannt geworden war. Wir müßten denn die Unwahrscheinlichkeit voraussetzen, daß sie dort durch Laura's Benehmen verleitet worden sei, noch naiver als das junge Mädchen zu denken und schließlich ebenfalls Koch für den Autor der Lauragedichte zu halten. Auch erfahren wir in dieser Scene, daß Laura eine natürliche Tochter des Herzogs Karl ist. Die Generalin spricht nämlich davon, wie sehr der Herzog sie liebt. Koch antwortet darauf: „...Nun, sie geht ihm wohl auch nahe genug an."" Dem widerspricht die Generalin nicht; sie antwortet: „...Das geht ihn nichts an! Merk' er sich das! In diesem Punkte bin ich als Pflegemutter des unschuldigen Mädchens wie der Herzog, ich lasse mir nicht einen Muck gefallen."" Wenn in dem Stücke nur Laura, Franziska und die Generalin sich in Gegenwart des Herzogs frei gehen ließen, so läge hierin ein sehr feiner Beitrag zu Karl's Charakteristik. Da aber seine ganze Umgebung, insbesondere auch Koch, und sogar der gewitzigte General Rieger den vor Fürsten üblichen Ton hintansetzen, so ist diese Enthüllung, die ohnehin keinen Einfluß auf den Gang der Handlung gewinnt, mindestens zwecklos. Während die Generalin noch von Laura's muthmaßlicher Verkuppelung an den Kammerherrn schwatzt, erwacht Schiller und findet in dem Zwiegespräch der Beiden Stoff, abermals seinem gepreßten Herzen Luft zu machen. Er will fort aus Stuttgart, aber sein Entschluß ist — wie er selbst sagt — „...die That der Verzweiflung"". Die Räuber-Exemplare und das Manuscript des Fiesco will er als seinen ganzen Reichthum mit sich nehmen. Da erfährt er von der Generalin, daß gestern Abend Rieger in sein Quartier commandirt worden sei, um alle dort befindlichen Schriften — worunter sich auch die Räuber und Fiesco befinden — in Beschlag zu nehmen. „...In mein Quartier?"" ruft er aus und fährt dann fort:

„„Himmel und Erde, das Thier des Waldes hat seine Höhle, wohin ihm
die Zudringlichkeit seiner Feinde nicht folgen kann, nur der Mensch hat keinen
Schlupfwinkel mehr vor den schmutzigen Tatzen der menschlichen Jagdherren.
Holla, auf Ihr trägen Schläfer — wer hat Euch zu schlafen erlaubt? Die Natur?
Diese lumpige Natur ist ein Kinderspiel. Euer wirklicher Herr befiehlt Euch,
Komödie zu spielen““ u. s. w.

Diese Wendung ist, obwohl sie aus der letzten Scene des vierten Actes
der Räuber copirt wurde, ein wirklich feiner Zug. Die Copie ist
hier am Platz: sie ist nicht zu blos theatralischem Aufputz verschwendet,
sondern gewährt einen wahrhaften Einblick in Schiller's eigenes Innere.

„Zweite Scene: Nette bringt den angekündigten Kaffee. Die
Karlsschüler, bis auf Koch und Schiller, entfernen sich mit demselben in die Garderobe. Die zwei Zurückgebliebenen lassen sich durch
Nette bei Streichern die Kutsche zur Flucht bestellen. Die Generalin
warnt vor gewaltsamen Schritten und Uebereilungen. Rieger tritt mit
den in Schiller's Wohnung confiscirten Schriften ein. Heftiges Auf-
einanderplatzen der leidenschaftlichen Charaktere, in welchem sich Rieger's
ganze Bosheit und Heimtücke verräth. Schiller's Flucht ist jetzt gelähmt,
da auch das Fiesco Manuscript, „die Arbeit eines Jahres"", ihm ent-
rissen wurde.

„Vierte Scene: Franziska tritt ein und verweist die im Clavigo Beschäftigten aufs Theater, da die Herrschaften sogleich kommen.
Sie fertigt Schiller, der sich an sie als den „stets tröstenden Schutz-
engel"" wendet, mit herzlos kalten Worten ab, und Schiller bricht darüber
vollständig zusammen. Wenn solch eine Frauenseele keinen Antheil mehr
fühle, dann verdiene er keinen, sei kein Dichter und ihm geschehe ganz
recht. So sagt er selbst und zieht sich in solcher Stimmung zur Darstellung des Clavigo auf das Theater zurück. Diese Wendung, ohnehin
zu einer real-idealen Portraitirung Schiller's kaum verwerthbar, blaßt
um so mehr ab, da wir bisher von Franziska's Charakter nur eine naiv-
coquette Seite kennen gelernt haben. Franziska erhält von der Generalin einen Vorwurf wegen ihrer Härte gegen den unglücklichen Mann.
Der gleichzeitig von dem Sergeanten Bleistift gebrachte Befehl, in der
Clavigo-Vorstellung den ersten Act zu streichen, und die Art wie der
gleich darauf eintretende Herzog diesen Befehl motivirt, liefern ein
recht drastisches Bild von der gewöhnlichen Kunstliebe der Großen dieser
Erde. Franziska geht in ihrer Antwort darauf nicht ein, sie ist unzu-

frieden mit sich selbst geworden. General Rieger, dem der Wein in den Kopf gestiegen zu sein scheint, läßt die Pfeile seiner pietistischen Hoffart gegen den Herzog spielen und fährt mit seinem „„Salbader ohne Geschick"" gebührend ab. Die bei Schiller confiscirten Papiere sollen dem Herzog auf den Nachttisch gelegt werden, und der Betbruder muß trotz der „„Empörung seines Innern"" das „„nackte Spiel der Eitelkeit mit seinem Aeußern"" mitmachen, d. h. den Herzog in die Comödie begleiten. Die Scene ist mit wahrhaft köstlichem Humor geschrieben, das Picante soll hier nicht zur bloßen theatralischen Ausschmückung dienen, sondern kennzeichnet drastisch die Gegensätze in den Charakteren des Herzogs und Rieger's.

„Fünfte Scene: Laura; Kammerherr Silberkalb. Die Clavigo-Vorstellung hat begonnen, Laura ist erst im nächsten Acte beschäftigt. Sie will dem Kammerherrn den Mantel entlocken, in dessen Taschen sich das Räuber-Exemplar befindet. Wozu aber das jetzt noch, da die ganze Räuber-Auflage schon der Confiscation verfiel? Der Autor der Karlsschüler bedarf dieser Wendung, um in der zweitfolgenden Scene das Exemplar vor den Herzog bringen zu können, was zwar weit einfacher dadurch zu bewerkstelligen gewesen wäre, daß er hinter der Scene durch Silberkalb den mit der ganzen Auflage in die Demoisellen-Schule wandernden Soldaten ein Exemplar abgenommen oder ohne Laura's Intervention das im Mantel verborgene Exemplar entdeckt hätte! Aber dann wäre es ihm unmöglich geworden, den Knoten zwischen Schiller und Laura endlich zu schürzen. Die Nothwendigkeit der Scene beruht also auf einem Kunststück der Mache, durch welches — wie ich schon in der vierten Scene des zweiten Actes hervorhob — ein Mangel der innern Selbsttriebkraft der Charaktere geschickt bedeckt wird. Silberkalb beredet die bereits bei ihrer Peripetie angelangte Laura, daß es in Schiller's Vortheil liege, das Räuber-Exemplar in ihrem (d. h. Laura's) Auftrage dem Herzog überreichen zu lassen. Laura tappt in diese plumpe Falle, ohne daß es ihr beifiele, zuerst noch den Dichter selbst oder wenigstens ihre eigene Pflegemutter hierüber zu befragen, und obwohl sie weiß, daß alle Freunde Schiller's in der Geheimhaltung der Räuber-Affaire vor dem Herzog noch die einzige Rettungsmöglichkeit des unglücklichen Dichters erkennen!

„Sechste Scene: Herzog; Gräfin; Generalin; Kammerherr. Der Herzog ist wüthend über die abscheuliche Clavigo Vorstellung, aus der ihm der Großfürst davonlief. Der Kammerherr wird heruntergeputzt, daß er sich um die Proben nicht gekümmert. Der jämmerliche Clavigo wird zitirt.

„Siebente Scene: Die Vorigen; Schiller und Koch. Schiller wird tüchtig abgekanzelt und giebt klein zu. Er nennt sich selbst „„ein verfehltes und verschrobenes Menschenbild““. Der Kammerherr über= reicht in Laura's Auftrage dem Herzog die Räuber. Schiller ist innerlich ganz vernichtet, besonders weil dieser ärgste Schlag von der Dame seines Herzens kam. Er erhält Befehl, sich als Gefangener auf der Schloß= wache zu stellen.

„Letzte Scene: Schiller; Laura. Das Mißverständniß wegen Einlieferung des Räuber-Exemplars wird dem Dichter aufgeklärt, Laura's entgegenkommendes Liebesgeständniß läßt ihn endlich den eigenen senti= mentalen Liebesspleen vergessen, und er ruft selig aus: „„Ein Augenblick, gelebt im Paradiese, wird nicht zu theuer mit dem Tod gebüßt““. Silber= kalb hat dem Schluß dieses Auftritts erstaunt zugesehen.

„Vierter Act. Erste Scene: Franziska; Generalin. Fran= ziska findet den Inhalt der Räuber „„entsetzlich““. Auf den Herzog hat er einen „„fürchterlichen““ Eindruck gemacht. Schiller müsse fliehen, sein Leben stehe in Gefahr; aber er wolle nicht fliehen, er schwelge, un= bekümmert um sein Schicksal, in seiner erhörten Liebe.

„Zweite Scene: Der Herzog; der Kammerherr; Rieger. In der Haltung des Herzogs ist, durch die Lectüre der Räuber ver= anlaßt, eine Modification eingetreten. Er zeigt sich den ganzen Act hin= durch „„so gewiß verhalten in Stimme, Bewegung und ganzem Wesen, daher Alles um ihn her zu erhöhter Furcht genöthigt wird““. Diesen Wink giebt uns der Autor in einer Anmerkung. Er hätte vielleicht besser gethan, ihn von der Umgebung des Herzogs in dramatischer Ver= körperung zur Kenntniß des Publikums bringen zu lassen. Dadurch wäre die so gänzliche Verschiedenheit des Stils, die von da an bis zum Schluß des Schauspiels im Vergleich mit den drei ersten Acten vorherrscht und aus den Situationen sich entschuldigen läßt, auch äußerlich besser ver= mittelt worden. Der Zuschauer sollte sehen, daß die Umgebung sich mit vollem Bewußtsein der vorhandenen Nothwendigkeit einen gemesseneren Ton aneignet, dann erschiene der Stilunterschied nicht mehr als eine Stil= verschiedenheit, sondern als das natürliche Ergebniß der richtigen Charakter= zeichnungen. Der vom Autor in die Anmerkungen verlegte Wink läßt

vermuthen, daß der Autor selbst diese Lücke im Text fühlte. Aus der
Scene ersehen wir, daß der Herzog dem Kammerherrn Hoffnungen auf
seine natürliche Tochter gemacht hat, daß dieser hinwieder dem Herzog
über Schiller's Liebesverhältniß Bericht erstattete und ihm die Laura-
Gedichte überreichte, die er im ersten Aufzuge von Franziska's Sopha
wegstipitzt hatte. Auch hat der Kammerherr nach Mannheim an Dalberg
geschrieben und erwartet von dort die Ausfolgung des Räuber-Manu-
scripts und die Nachricht, daß eine Aufführung nicht stattfinden werde.
Der Herzog, der sich sogleich auf die Jagd begeben will, ertheilt Rieger
den Auftrag, Schiller Abends gefangen auf den Hohenasperg abzuführen
und jetzt im Dienstzimmer noch auf die näheren Weisungen zu warten.

„Dritte Scene: Herzog; Franziska. Franziska möchte von
den Unterhaltungen fern bleiben, sie ist nicht gestimmt zu Festlichkeiten,
wird aber vom Herzog belehrt, daß ihre Anwesenheit nöthig sei, um
über ihre Stellung keinen Zweifel bei den Gästen aufkommen zu lassen.
Die „„berühmte"" Kritik über das Räuberstück beginnt. Der Herzog
will Buch und Autor dem Henker überantworten. Franziska bemüht sich,
ihm aus dem Buche und aus ihrem eigenen Herzen zu zeigen, daß er
hierdurch eine Kluft zwischen ihnen Beiden reiße, die auch sie fortan
trennen, die sie Beide ebenfalls dem Tode überliefern müsse. Der Herzog
zeigt sich als consequenter Politiker des autokratischen Systems; Franziska
kommt, weil sie keine Argumente aus des Dichters eigener Seele beizu-
bringen weiß, aus der bloßen Phrase nicht heraus, was den objectiven
Zuhörer um so empfindlicher berührt, als es hier so nahe lag, der leeren
Phrase volle lebenskräftige Wahrheit einzuhauchen und diesen theatralischen Höhepunkt des Stückes auch dramatisch zu einem Höhepunkt der
Idee zu gestalten. Ich werde eingehend darauf zurückkommen. So, wie
der Autor hier sprechen läßt, neigen sich zwar die Sympathien unserer
Herzen willig der fürsprechenden Dame zu, aber unser Verstand muß —
und daraus erhellt der große Fehler dieser Scene — widerwillig zugeben,
daß Herzog Karl in vollem Rechte stehe, und Franziska in einer liebens-
würdigen Schwäche befangen sei. Karl, der seine Gattin wirklich liebt,
beruhigt sie durch ein Scheinzugeständniß, indem er vor dem Handeln den
Dichter nochmals sprechen und dadurch sein Schicksal in seine Hand geben
will, obgleich er selbst, der den Dichter als „„wahr und ehrlich"" kennt,
recht gut wissen muß, daß Schiller ihm bei der Besprechung nur neue
Scheinargumente — oder vielmehr nach Karl's Standpunkte: wirkliche

Argumente — zu strengstem Einschreiten liefern kann. Wozu also die Komödie der nochmaligen Besprechung? Um für den Helden des Stückes eine Effect-Scene zu gewinnen, deren Inhalt und Ausgang jeder denkende Zuschauer schon im voraus erräth.

„Vierte Scene: Schiller; Laura; die Generalin; Franziska; dann Koch; zuletzt der Herzog. Diese ganze Scene motivirt nur Dinge, die in den vorangegangenen Acten und Scenen schon hinlänglich motivirt sind. Sie wird deshalb bei der Darstellung an den meisten Bühnen ausgelassen, und auch ich übergehe sie.

„Letzte Scene: Herzog; Schiller. Der Herzog ruft: „...Rieger!" und sagt ihm: „...Bleibe dort (nämlich im Nebenzimmer), wie ich befohlen. Wenn Du mich fortreiten siehst, ohne daß ich Dich nochmals gerufen, so besteige Dein Pferd und kehre friedlich auf Deine Festung heim. Rufe ich Dich aber noch einmal und sage: es bleibt beim Alten, so handle nach Sonnenuntergang, wie ich Dir befohlen."" Wozu dieser erneute Befehl, da Rieger schon in der zweiten Scene dieses Actes den höchsten Auftrag erhielt, im Nebenzimmer bis zum Fortreiten des Herzogs zu warten? Fürchtet vielleicht der Herzog, daß ihm Rieger während der Unterredung mit Schiller durchgehen könnte? — Schiller hält dem Herzog die ihm in der Karlsschule gewordene Behandlung, beziehungsweise Mißhandlung vor, und schließt seine Vertheidigung mit den Worten:

„„Mußten da nicht die Räuber entstehen, welche man so entsetzlich findet? Sie mußten entstehen, und die deutsche Karlsschule ist die Mutter des Stückes, der Herzog von Würtemberg ist der Vater desselben.""

Dies Argument wäre in Franziska's Munde dem Herzog gegenüber trefflich zu verwerthen gewesen und hätte dort zur höchsten dramatischen Steigerung führen können, auf die ich später zurückkomme. In Schiller's Munde seinem Monarchen gegenüber bricht sie dem kecken Sprecher den Stab, er verwundet dadurch den Herzog persönlich und im empfindlichsten Theile von dessen innerster Seele, — er kann nach dieser Rede nur noch tragisch enden, sie drückt ihn dem Herzog gegenüber ganz in dieselbe Situation, in die sich z. B. in „Maria Stuart" (Act III., Scene 4) Maria durch den Vorwurf stürzt:

„„Der Thron von England ist durch einen Bastard
Entweiht, der Britten edelherzig Volk
Durch eine list'ge Gauklerin betrogen.
— Regierte Recht, so läget ihr vor mir
Im Staube jetzt, den ich bin euer König."""

Da der Ausgang für Schiller dennoch glücklich endet, so erscheint seine
Rede als ein unkünstlerisches Zugeständniß an den Beifall der Menge.
Karl fühlt den erhaltenen Dolchstich recht wohl, und daß er ihn fühlt,
gereicht nicht zu des kühnen Dichters, sondern zu des in der Scene sehr
gemäßigt auftretenden Fürsten Vortheile. Die Wendung ist eine vollständige tragische Peripetie. Stände sie in einer Tragödie, so wären
ihr die höchsten Lobsprüche zu spenden; hier ist sie ein großer Fehler.
Der Herzog zeigt sich ungewöhnlich mild, und darin liegt ein vom Autor
fein angebrachter Zug, die Milde charakterisirt hier treffend des Herzogs
Liebe zu seiner Gattin. Er möchte Schiller retten und ihn, nach seinen
eigenen Begriffen, zu einem praktischen Menschen und Dichter erziehen.
Schiller soll fortan nichts mehr schreiben und veröffentlichen, ohne es
dem Herzog zur Censur vorzulegen. Das kann er nicht, und auch der
Autor der „Karlsschüler" kann ihm kein Zugeständniß in den Mund
legen, welches uns den Helden geradezu verächtlich machen müßte. Aber
der Autor beschränkt seinen Helden nicht auf die einfache Ablehnung, er
läßt ihn abermals die Schranken überspringen und seine tragische Schuld
noch vergrößern. Schiller vergleicht den Herzog mit dem „„Mörder auf
der Straße!"" Der Act schließt mit einem rein theatralischen Coup.
Karl ist zum Handeln entschlossen, und wir wissen aus den vorangegangenen Scenen mit Franziska und Rieger, worin das Ziel seines
Handelns besteht. Dennoch hält er dem schon zum Grabe Verurtheilten
einen Vortrag über den Inhalt der Grabrede, die auf seiner eigenen
Gruft Schiller ihm einst halten soll! Kann man diese Wendung, der sich
ein bühnengewandtes Raffinement allerdings nicht abstreiten läßt, mit
den Augen des Verstandes betrachten und sich dabei des Lächelns enthalten? — Karl giebt Rieger den Auftrag: „„Es bleibt beim Alten!"",
und Schiller wendet sich mit dem seiner Situation ganz anpassenden
Appell an die Galerie:

„„Der Dichter stirbt, die Dichtung aber nicht, und wer sie tödten will, stirbt
wie Prometheus ein ewiges Sterben, einen ewigen Tod.""

So endet der vierte Act, in dem wir viel Scheinhandlung und viel Cha-
rakterpomp sich entfalten, aber in Wahrheit weder die dramatische Action
noch die Charakteristik weiter über die Situation des dritten Actes hinaus
gediehen und entwickelt fanden. Nur der Hauptheld wurde um eine
tragische Schuld bereichert; und da der Autor ihn im fünften Acte
voraussichtlich nicht untergehen lassen darf, so ist's entschieden, daß wir
es hier mit einem Theaterstück zu thun haben, welches zwar durch die
Virtuosität der äußern theatralischen Mache blendet, aber den Gesetzen
der dramatischen Kunst nicht entspricht. Der Autor beschwerte unsern
Schiller nur mit einem Makel, der ihn mit Recht zum großen Praß gewöhnlicher politischer Flüchtlinge herabdrückt — mit einem Makel, von
dem die Geschichte nichts weiß, und der auch gerade nicht geeignet erscheint, uns das ideale Bild des Dichters zu klären oder zu verklären.
Dem Landesherrn Impertinenzen ins Antlitz schleudern, liegt nicht im
deutschen Nationalcharakter, scheint also just unserm Schiller als dem
individuellsten Repräsentanten des Deutschthums nicht untergeschoben
werden zu dürfen, selbst wenn der Autor durch die künstliche Virtuosität
seiner eigenen Mache ihm eine pikante Situation andichtet, in welcher
die Impertinenz sich uns als menschlich vollkommen gerechtfertigt darstellt.

„Fünfter Act. Erste Scene: Koch kommt auf die Schloß-
wache, um Schiller zur Flucht zu entführen. Schiller ist entschlossen,
müsse aber vorher seinen Fiesco und seine Laura haben.

„Zweite Scene: Monolog Schiller's: Bleiben sei der Tod des
Geistes und Leibes, fliehen sei der Tod des Herzens! — Laura und
die Generalin treten auf. Schiller erbittet sich das Kind zum Geleite
auf der Flucht. Laura ist resignirt: „...Geh, flieh, rette Dich und sei meiner
gewiß!" Abschied der Liebenden. Schiller findet in Laura's Versicherung, daß sie unter allen Umständen auch in der Ferne ihm treu bleiben
werde bis zum Tode: „...eine Seligkeit zu weinen!"" Dies aus dem Munde
des idealen Dichters seltsam klingende Geständniß im entscheidenden
Schlußmomente zeigt, daß er durch die Liebe weder geläutert noch zu
seinem Berufe eingeweiht ist. Aber der Autor des Stückes hat jetzt keine
Zeit mehr, das für seinen Helden in den vier Acten Versäumte nachzuholen. Schon hört man aus der Ferne Jagdhörnerruf, und der Held
hat jetzt eiligst die Scene zu räumen. So behilft sich denn der Autor mit
einer Schlußphrase. Schiller hofft, daß das deutsche Vaterland den vom

Liebesglück verstoßenen Schwärmer an sein großes Herz nehme. Er
schließt seine Ansprache an diese neue Herzensdame mit den Worten:

„„Und kannst du's nicht, weil meine Kraft zu schwach und zu gering erfunden wird, und kannst du's nicht! o so schenke mir, mein Vaterland, doch
einen frühen Tod und widme mir zur Grabschrift doch die Worte:
Der arme Schwabe trachtete nach Großem,
Wir segnen ihn für das, was er geträumt!““

Mit dieser Dissonanz endet die Rolle, und der Autor schiebt dadurch die
Frage, wie aus dieser blos bis zur „„Seligkeit des Weinens““ vor-
geschrittenen Figur sich der große Nationaldichter entpuppen soll, bescheiden
dem Publicum zur Beantwortung zu. Das Publicum wird sich die
Antwort wohl zu geben wissen, denn: wenn es auch im Stücke den sich
entwickelnden Dichter nicht gefunden haben sollte, so weiß es doch aus
der Literaturgeschichte, daß Schiller damals wirklich schon die Räuber
und Fiesco geschrieben hatte und daß er später sogar noch Gelungeneres
schrieb! — Kaum sind Schiller und Koch unsichtbar geworden, so hört
man hinter der Scene fünf Schüsse. Allgemeiner Schrecken! Ist Schiller
wirklich standrechtlich ins Elysium befördert worden? Keine Furcht
Publicum! Der Autor fühlte, daß er hier für dich eines neuen erregenden Moments bedurfte, und du erfährst in der nächsten Scene, daß du
irrthümlich die harmlosen „„Signale zum Feuerwerk““ für eine blutige
Execution hieltest.

Fünfte und letzte Scene: Rieger stürzt aus dem leeren Schiller-
Zimmer und commandirt: „„Holla, Reiterpatrouille marsch!““ Der Herzog
kommt, seine Gemahlin zum Feuerwerk abzuholen. Kammerherr Silberkalb liest ihm Dalberg's eben angekommenen Brief vor, oder vielmehr
beginnt ihn vorzulesen, denn sobald er bei dem Passus über den großen
Eindruck der bereits stattgefundenen Räuberaufführung anlangt, befällt
ihn ein pflichtgemäßer Schwindel, — er liest schlecht, und die Generalin
übernimmt seine Rolle. Herzog Karl, der (Act IV, Scene 5) von dem
„„schrecklichen Ungewitter jenseits des Oceans unter jenem Washington““,
von der „„gefräßigen Stiefmutter der fürstlichen Macht““ jenseits des
Kanals, von den „„überspannten Lafayette's und frechen Beaumarchais'““
und vom „„durch und durch von Neuerungen angesteckten großen Friedrich““ nichts als standhafte Opposition zu lernen vermocht hatte, — derselbe Herzog Karl, den wir noch im vierten Act gegen alle eben ge-

nannten Mitfactoren der neueren Weltgeschichte mehr klüglich als weise
donnern sahen, er weicht jetzt urplötzlich vor dem Theatererfolg des
ercentrischen Schauspiels aus der Feder eines noch weltunerfahrenen
dreinndzwanzigjährigen Jünglings! Warum kam der kleine Herzog des
winzigen Schwabenländchens nicht etwas früher, etwa beim größten und
wirkungsreichsten Weltereigniß des Jahrhunderts, nämlich bei Washington's
Erfolgen und bei der Anerkennung der nordamerikanischen Freistaaten, zu
dieser weisen Selbstbescheidung?*) Dann wären für Laube die Karlsschüler unmöglich geworden, oder er hätte für die Schlußkatastrophe ein
anderes Motiv schaffen müssen, auf welches ich zurückkommen werde.
Das von Laube gewählte Motiv reicht zur Bekehrung dieses Charakters
nicht aus, vielmehr wird nur das in mancher Beziehung früher so treffend
gezeichnete Fürstenbild zu einer bloßen Theaterfigur erniedrigt. wenn Karl
nun ohne Weiteres mit dem Befehle an Rieger herausplatzt:

„Die Reiterpatrouille zurückziehn, der junge Mann soll ungehindert von
dannen gehen — der Prediger Hahn soll mir einen Bericht erstatten über
Schubart — die Welt richtet nach dem Erfolge und nennt ihn ein Gottesgericht.--

Das Stück endet mit einem väterlichen Herzenserguße Karl's. ‚„Mein
Kind“ — wendet er sich an Laura — ‚„wir beide müssen mit Schmerzen
bezahlen, was die Welt ihren Gewinn und Fortschritt nennen wird, tröste
Dich an meinem Herzen!“ — Ihm die Hand reichend, antwortet Laura:
‚„Meines Dichters Zukunft ist mein Trost.“- — Diese Schlußwendung ist
an den meisten Bühnen gestrichen, und der Vorhang fällt schon bei den
Worten: ‚„Gottesgericht“.
„Meine Herren, Sie werden schon während meiner Erzählung des
Inhalts errathen haben, worin die blendende Eigenschaft und worin die
Schwäche der „„Karlsschüler““ besteht. Der fünfte Act bestätigt nur mein
nach Schluß des vierten Actes abgegebenes Urtheil. Wir sehen hier den
Helden des Stückes als ‚„Schwärmer““ und ‚„Träumer““ scheiden. Er

---

*) Als das folgenreichste Ereigniß des achtzehnten Jahrhunderts, das jedoch
erst sieben Jahre nach obiger Scene begann, pflegt man sonst die französische Revolution von 1789—93 zu bezeichnen. Da unser Idealist jede Anspielung auf diese
letztere vermeidet, so scheint er hier nur den Entwickelungsgang der Idee ins Auge
zu fassen und die französische Staatsumwälzung für eine Tochter des nordamerikanischen Freiheitsgedankens zu halten. Der Protokollführer.

hat nicht den Muth gefunden, aus der unabgeklärten Schwärmerei und
Träumerei sich empor zu arbeiten zu einer klaren Weltauffassung und
Menschenanschauung, — ja nicht einmal den Muth sich dazu hindurch=
arbeiten zu wollen. Noch in seinen letzten Worten weiß er nur um
einen frühen Tod und um eine gnädige Grabschrift zu betteln. Der
Autor täuschte sich, als er in seiner Vorrede schrieb: Schiller sei von ihm
durch Dramatisirung des putzigen Treibens jener Zeit aus dem Schul=
und Gamaschenthum herausgeschält worden. Nein, Schiller ist am Schluß
noch ganz derselbe, der er im Anfang war. Schon in seinen ersten
Worten verurtheilt er mit Recht die gegen seine Natur laufende Dressur
des Schul= und Gamaschenthums, und darüber hinaus entwickelt sich
während des Stückes in seinem Innern absolut kein neuer Standpunkt.
Er entzieht sich im fünften Acte dem Drucke der Dressur, nicht weil er
sich endlich als den berufenen Apostel gegen jenes Schul= und Gamaschen=
thum fühlt, nein! nur weil der Herzog ihm den Henkerstrick zu drehen
droht, entweicht er aus jenem Schul= und Gamaschenthum in eine „...Selig=
keit zu weinen!‟ Er ist also nicht der G e i s t e s h e l d Schiller, der in
der Stuttgarter Leidensschule sich zu künftigen Siegen stählte, sondern nur
ein gewöhnlicher politischer Flüchtling, der die edle Aufwallung einer
jugendlichen Ueberreiztheit mit dem Verlust seines engern Vaterlandes büßt.
Das Stück ist mit rein äußerlich theatralischem Firlefanz und, — wie
Ihnen schon aus der Inhaltsangabe klar geworden sein muß, — mit
spannenden und dann sich wieder in Nichts auflösenden Anläufen allzu
überladen, als daß dem Autor noch Raum zu der Charakterentwickelung
geblieben wäre. Das ist ein Fehler nicht blos der „„Karlsschüler‟‟, sondern
aller derjenigen Stücke, in welchen der „„Mache‟‟ nach dem Vorbilde
des modernen französischen Drama's alle anderen Rücksichten sich blind=
lings unterordnen müssen. Es ist also ein Grundfehler der dramatur=
gischen Ansichten der Schule Laube's. Diese Schule verwechselt durch=
gängig eine picante Begebenheit mit dramatischer Handlung. Auf den
Namen Handlung haben, wie ich schon früher nachwies, im Drama nur
solche Begebenheiten Anspruch, durch welche sich die Charaktere entwickeln
und läutern. In den „„Karlsschülern‟‟ sind, mit einziger Ausnahme Fran=
ziska's und Laura's, alle Charaktere schon von Anfang an, fertig oder
unfertig, so hingestellt, wie sie während des Stückes bleiben, — sie sind
gleichsam auf dem Schachbrett=Theater die Typen, durch welche der Spiel=
meister Laube das putzige Treiben jener Zeit dialogisiren läßt. Und selbst

Franziska's und Laura's Entwickelung, auf die ich zurückkommen werde, entspricht nicht dem Stil, welcher nöthig wäre, um nicht den Haupthelden in eine schiefe Beleuchtung zu stellen. Ueberdies leidet Franziska's Entwickelung an einer ungelösten Dissonanz: ihr Eingreifen im vierten Acte beruht auf einem ganz andern Grund-Charakterzuge als der ist, den wir ihr laut ihres eigenen Benehmens im ersten Acte zutrauen dürfen. Sie hat sich nicht so eigentlich entwickelt, sondern ist vom Autor willkürlich dem Zwecke angepaßt worden, zu welchem er sie auf seinem Schachbrett im vierten Acte dem agressiven Vorgehen Herzog Karl's gegenüber braucht. Folglich verbleibt als sich wirklich entwickelnder Charakter eigentlich nur Laura. Was sich aus der Art ihrer Entwickelung für den Haupthelden ergiebt, werden wir noch zu untersuchen haben. Der letztere, nämlich Schiller selbst, ist in dem Stücke vollständig passiv, sofern man nicht die lange Reihe von Ergüssen über eine Melodie, aus der er nicht weiter kommt, als ein genügendes Surrogat für den Mangel an entwickelungskräftiger Handlung hinnehmen will. Die That, aus welcher die Begebenheiten im Stücke herauswachsen, nämlich die Autorschaft der Räuber und der Laura-Gedichte, liegen in der Zeit schon vor dem ersten Aufgehen des Vorhangs. Im Stücke thut er, außer der als Compositionsfehler bereits hervorgehobenen Beleidigung des Herzogs im vierten Acte, gar nichts, was auf den Namen einer wirklich dramatischen Handlung Anspruch erheben könnte. Nicht einmal den Gegenstand, von dessen Besitz nach seinem eigenen Geständniß für ihn Sein und Nichtsein abhängt, versucht er zu erobern: Dieser Gegenstand selbst, nämlich Laura, muß sich ihm entgegentragen, sonst bliebe das so leicht Erreichbare für ihn ewig unerreicht. Hätte er nicht in der fünfactigen Leidensschule wenigstens gelernt noch vor Thorschluß davon zu laufen, so wüßte ich wahrlich nicht, welche Art von Weisheit er in dieser Dichterschule noch der ganz richtigen Ansicht beigefügt hätte, die er selbst schon im ersten Acte über die Aenderungsunmöglichkeit seiner eigenen Natur gegen den Herzog offenherzig aussprach. Verlohnt es sich aber des Aufwandes und der Mühen von fünf Acten, nur um in einem Argumentum ad hominem zu zeigen, daß, wer einem autokratischen Landesherrn auf die Hühneraugen trat, schleunigst den Weg über die Grenze suchen soll, wenn er nicht Gefahr laufen will, an einem Orte einlogirt zu werden, wo er das Gehen verlernt? Wahrlich nicht. Darum sind auch diese „„Karlsschüler"" kein Drama im wahren und höhern Sinne des Wortes, sie sind nur eine picante Dialogisirung

einer picanten Begebenheit, sind ein mit dem ganzen Geschick des gründlichen Kenners der augenblicklich zündenden Bühnen-Effecte arrangirtes
theatralisches Tableau. Meine Herren, unsere modernste Dramaturgen-
Schule hat vor lauter Haschen nach dem Virtuosenthum in der Mache
den Begriff des echt Dramatischen verloren. Das ist die Folge der blinden
Verleugnung aller Autorität und des blinden Bruches mit aller Vergangenheit, während man gleichzeitig mit noch größerer Blindheit sich
einer offenbaren Verirrung so zuversichtlich in die Arme schleudert, als
ob sie der zweifellose Wegweiser zu einem neuen, erlösenden Theater-
Evangelium wäre. Wir haben es hier mit einer Originalitätssucht zu
thun, über welche wir das Wesen der Sache zu Grabe getragen sehen,
— mit einer Originalitätssucht, die nicht einmal Originales bietet, weil
sie nur den realistischen französischen Vorbildern abgelauscht ist."

„Ich möchte den Sturm nicht aushalten, den Sie durch diesen Angriff gegen sich heraufbeschwören," rief Max der Pessimist. „Man kann
eine ganze Zeitrichtung tadeln und sich damit noch Freunde machen.
Fährt man aber gegen den Führer der dominirenden Zeitströmung derart
aus, dann wird sein zahlreicher Anhang nur das Bedürfniß zu so vielen
Nadelstichen empfinden, daß darüber selbst ein Löwe verbluten müßte."

„Sei's!" entgegnete Johann fenrig. „Wenn der Verblutende wirklich ein Löwe ist, so findet er noch im Sterben die Kraft, eine Laube-
Schiller'sche Wahrheit an sich selbst zu bewähren und sodann sein eigenes
Testament mit den Worten machen zu können: „„Der Kritiker stirbt,
seine Kritik aber nicht, und wer sie tödten will, stirbt wie Prometheus ein ewiges Sterben, einen ewigen Tod."" Meine Herren, Rettung oder völliger Verlust des Kunststil-Begriffes bedeutet
nichts Geringeres als: Wahrung oder gänzlicher Untergang
der dramatischen Kunst überhaupt. Darum kümmere ich mich in
dieser Frage weder um die Nadelstiche der kleinen, noch um die Machi-
nationen der großen Kläffer."

„Dennoch haben Sie bisher noch kein Wort über den von Laube
in den „„Karlsschülern"" gehandhabten Stil gesprochen," warf Max ein.
„Die Ihnen durch Gerson's Interpellation gestellte Aufgabe bestand darin,
daß Sie durch Besprechung des Stückes das dritte Moment des Stilbegriffs practisch und gemeinverständlich erläutern sollten."

„Sie tadeln, daß ich das Pferd nicht beim Schweif aufzuzäumen
versuchte," replicirte Johann. „Ich werde nicht blos diese gewünschte

Erläuterung erst zu geben, sondern auch den schon ausgesprochenen Tadel noch tiefer zu begründen haben. Ohne genaue Vergegenwärtigung der Action des Stückes wäre für mich Beides ein Ding der Unmöglichkeit gewesen. Ich bin also erst jetzt in der Lage, die erwartete Kritik auf einer stichhaltigen Grundlage beginnen zu können, und das bisher Gesagte bildete hierzu nur das Vorspiel. — Meine Herren, schon bei Recapitulation der Handlung werden Sie selbst sich die Frage beantwortet haben, welche Bewandtniß es in den „„Karlsschülern"" mit den ersten zwei Stilmomenten habe! Laube selbst bezeichnet in der Vorrede sein Stück nur als einen Versuch zur Auffindung des zeitgemäßen Kunststils. Er glaubt nicht, daß der richtige Kunststil für das Drama von der jetzt lebenden Generation gefunden werden könne. Logischer Weise kann er also auch nicht glauben, daß seine eigenen „„Karlsschüler"" im richtigen Kunststile geschrieben seien, obgleich er — wie die ganze übrige Haltung der Vorrede beweist — sie dennoch für ein Muster- und Meisterwerk zu halten scheint. Doch — sehen wir jetzt von der Vorrede ab, beschäftigen wir uns nur mit der Dichtung selbst! Das erste Moment des Stilbegriffes, der Stil als Gesetz der Kunstart, ist -- wie dies vom Meister der Mache nicht anders zu erwarten steht — scheinbar in hohem Grade vorhanden, wenn sich auch viel darüber rechten ließe, ob ein blos theatralisches Arrangement und die ostentatiöse Anlehnung an Momente aus Schiller's Werken als Unterlagen für die äußere Handlung mit der innerlich tief angelegten Gestalt des historischen Schiller zu vereinbaren seien! Davon abgesehen, und statt der Persönlichkeit Schiller's irgend eine unbekannte Größe in das Stück hineingedacht, kann die Mache — in französischem Sinn und nicht als das griechische ποιεῖν aufgefaßt — geradezu für mustergiltig erklärt werden. Sie ist bühnenwirksam, also theatralisch correct. Was ihr dennoch abgeht, um das erste Moment des Stilbegriffes als tadellos vorhanden bezeichnen zu können, das liegt in der wesentlichen Verschiedenheit zwischen den Begriffen von der modernen „„Mache"" und dem uralten ποιεῖν, liegt in dem Drucke, welchen die Mängel des zweiten und das Fehlen des dritten Moments nothwendig auch auf die Mache zurück äußern mußten. Das zweite Moment, der Stil in seiner geschichtlichen Bedeutung, kommt nur im Herzog Karl und in den Nebenpersonen zur dramatischen Geltung: Bezüglich der Hauptperson hat Laube für den dramatischen Stil den Stil des Literarhistorikers substituirt. Das tritt in der Rolle der Franziska, und insbesondere in der vielbewunderten großen Scene zwischen Franziska und dem

Herzog, recht unangenehm auffallend zu Tage. Franziska ruft wiederholt
aus, daß Alle verloren wären, wenn der Herzog den Dichter Schiller
vernichten würde. Wie kam sie zu diesem ebenso klugen als zutreffenden
Ausspruche? Zwar heutzutage enthält er eine gleichsam auf der Gasse
zu findende Weisheit: Jeder Literar-Historiker neuern Datums, der Schiller's
Werke und deren Einfluß auf die gesammte Entwickelung des
deutschen Volkes kennt, wird jedenfalls nur bestätigen können, daß das
beste Theil deutscher Denkart ermordet worden wäre, und Deutschland
sich vielleicht jetzt in einer noch weit traurigern Lage befände, wenn Schiller
unter der Despotie des Herzogs Karl das Schicksal Schubart's hätte
theilen müssen. Aber war dies zur Zeit, in welcher „die Karlsschüler"
spielen, auch schon eine so ausgemachte und feststehende Sache, daß der
Autor des Stückes sie ohne alle tiefere Begründung voraussetzen und
kurzweg einer Dame in den Mund legen darf? Muß, weil der realen
Politik das Heiligthum der Poesie für unantastbar zu gelten hat, ein
Staatsmann sofort auch in jeder excentrischen Emanation eine geheiligte
Offenbarung des Genius anerkennen und verehren? Franziska beruft
sich auf ihr Herz, aber das kann hier nicht genügen, — aus verschiedenen
Gründen, auf die ich zurückkommen werde. Schiller hatte damals erst einige
überschwängliche Liebesgedichte und seine zwei Erstlingsdramen geschrieben, wovon die „Räuber" nur wenigen Personen, „Fiesco" noch Niemandem bekannt war. Mit den „Räubern" stand er an einem abschüssigen
Scheideweg, und es lag außer aller Vorberechnung, ob er nach links zum
Terrorismus eines Robespierre weiter abschweifen oder nach rechts zur
hohen Warte eines prophetischen Volkslehrers emporstreben würde.
Karl's Strenge erscheint also dramatisch weit berechtigter als Franziska's
nur auf ihr weibliches Gefühl sich stützende Fürbitte. Kurz: es liegt
hier ein Conflict vor, der nicht mit leeren Flosteln zu überspringen,
sondern dramatisch zu lösen war, und nur durch psychologische Vertiefung
der Charaktere glücklich hätte gelöst werden können. Laube ist dieser
Schwierigkeit und damit zugleich auch der Aufgabe ausgewichen, welche
der Autor der „Karlsschüler" durch die Wahl des geschichtlichen
Stoffes sich gestellt hatte. Er beweist uns nicht aus dem Charakter
seines Haupthelden, sondern läßt uns nur aus dem Munde von Karl's
Herzensdame die Ahnung vernehmen, daß Schiller, der jetzt noch
in roher Genialität übersprudelnde Sänger der Zügellosigkeit, sich später
zu einer rein leuchtenden Geistesgröße entwickeln müsse. Wird uns auch

in dem Stücke zum Ueberfluß viel von dieser unausbleiblichen Entwickelung declamirt, so finden wir doch im ganzen Verlaufe keine Begründung
der Unausbleiblichkeit, d. h. keine Handlung, aus der sie mit zwingender
Nothwendigkeit sich ergäbe. Geradezu unbegreiflich ist, daß Laube obendrein seine Schiller-Advokatin Franziska nicht einmal mit den Argumenten
ausstattete, für welche ihr die Vorrede zu den „„Räubern"" so leicht eine
reale Stütze hätte liefern können. Jene Vorrede wurde von Schiller
schon in der Ostermesse 1781, also v o r der Zeit geschrieben, in welcher
die „„Karlsschüler"" spielen; sie beweist, daß unser Nationaldichter schon
während seines Stuttgarter Aufenthaltes ein viel klarerer Kopf und —
um Goethe's Ausdruck zu gebrauchen — ein ganz anderer „„Kerl""
war, als wir ihn aus dem vom Autor der „„Karlsschüler"" karrikirten
Phantasten herauszufinden vermögen. Meine Herren, setzen Sie im
Personenverzeichniß der „„Karlsschüler"" statt Schiller den Namen Müller
oder Schulze, lassen Sie diesem Herrn Müller oder Schulze die ganze
von Laube unserm Schiller unterbreitete Handlung, lassen Sie ihm auch
den Inhalt seiner Phantasien an Laura oder Franziska sammt der Ideen-
richtung der „„Räuber"", sehen Sie aber vollständig ab von der aus Schiller's
späteren Leistungen in Ihrer Seele haftenden Gestalt unseres großen
Nationaldichters, halten Sie sich nur an das, was dieser Herr Müller
oder Schulze im Stücke thut, und was seine Umgebung an ihm bemerkt!
— dann lesen Sie die vielbewunderte große Scene zwischen Franziska und
Karl, — und Sie werden bei dem Ausruf, daß Alle verloren seien, wenn
dieser aller Welt noch unbekannte Herr Müller oder Schulze seine Rolle
nicht fortspielen könne, etwas ganz Anderes empfinden als Bewunderung
für den Helden des Schauspiels und für seine Vertheidigerin. Meine
Herren, wenden Sie mir nicht ein: ...Laube konnte sich diese Licenz wohl
erlauben, denn das wahre Bild Schiller's steht ohnehin in unser Aller
Herzen fest; die Phantasie des Zuschauers legt unwillkürlich in die
Phrasen des Stückes hinein, was ihm an Handlung und an Charaktervertiefung mangelt"". Ein Drama, das Anspruch auf den Rang eines
Kunstwerkes erhebt, darf die Verständnißmöglichkeit nicht in Momente
verlegen, die gänzlich außerhalb des Rahmens der dramatischen Dichtung
liegen, es muß seine Erklärung in sich selbst tragen. Doppelt schlimm
wenn Inhalt und Gehalt so sehr wackeln, daß die Aenderung eines einzigen Namens im Personenverzeichnisse genügt, um das Ganze als haltlos
über den Haufen werfen zu können. ...Romeo und Julia"" bleiben

die große Liebestragödie, auch wenn wir „„Hans und Grethe"" auf
den Theaterzettel drucken ließen; „„Fauſt"" wird ſich als koloſſales
Trauerſpiel des menſchlichen Geiſtes Geltung erringen, auch wenn wir
ihn in einen „„Herrn Meier"" umtaufen wollten; „„Antigone"" wird
uns als Heroine der Gewiſſensfreiheit imponiren, auch wenn der Regiſſeur
die Laune beſäße, ſie uns unter dem Namen „„Aglaia"" aufzutiſchen.
Die Helden eines jeden Drama's haben ſich durch die Handlungen zu
legitimiren, die im Drama ſelbſt vor unſern Augen vollführt werden,
und nicht durch Begebniſſe, die erſt Jahrzehende ſpäter eintreten. Laube
hat ſich die Aufgabe ſehr leicht gemacht. Statt den Charakter ſeines
Helden durch eine pſychologiſche Peripetie und Kataſtrophe zu läutern,
legt er ihm viel ſchöne Worte in den Mund und wendet dann auf
Schiller, den excentriſchen Autor der Räuber, kurzweg die hohe Meinung an, welche die Mitwelt erſt ein Vierteljahrhundert ſpäter von
Schiller, dem Dichter des Liedes von der Glocke und des Wilhelm
Tell, gewonnen hat. Das iſt um Nichts beſſer, als wenn Laube
im vierten Acte Franziska geradezu ausrufen ließe: „„Höre Karl,
mein Schulze iſt ein großer Mann; ſo ſagt der Autor durch meinen
Mund, und darum mußt Du es glauben, denn der Autor iſt kein
geringerer als Herr Laube ſelbſt."" Ja, wenn das im Drama
ginge, d. h. wenn der Autor einfach uns durch einen Herold melden
dürfte, „„dieſen oder jenen Charakter mußt Du, Publicum, für das
und das gelten laſſen, obgleich ſeine Handlungen im Drama mich
Lügen ſtrafen"", wenn man mit einem Wort das zweite Moment des
dramatiſchen Stilbegriffs kurzweg durch ein Bischen literarhiſtoriſchen
Stiles überflüſſig machen könnte, dann freilich gäbe es in dieſer Kunſt-
gattung gar keine Probleme mehr, zu deren Löſung das Theater noch
Dichter nöthig hätte. Man könnte über jedes pſychologiſche Problem
leicht durch irgend einen Coup der Mache hinweg voltigiren und hülfe
ſich im äußerſten Nothfalle wohl auch, wie Laube hier that, über jede
dramatiſche Schwierigkeit durch einen geſchickt zwiſchen die Zeilen ein
geſchmuggelten Appell an das geſchichtliche Schlußreſultat glücklich
hinweg. Ich ſchlüge aber der Conſequenz wegen ſodann vor, künftig
in Stücken dieſer Gattung Alles, was ohnehin außerhalb der Handlung
liegt, auch formell außerhalb des Rahmens der Dichtung zu ſtellen. Der
Theaterzettel könnte hierbei gute Dienſte leiſten und überdies als Herold
des Autors noch eine erhöhte Bedeutung gewinnen. Wie viel ließe ſich

z. B. in den „„Karlsschülern"" streichen, wenn auf dem Theaterzettel statt „„Friedrich Schiller, Regimentsfeldscher"" ungefähr die Worte ständen: „„Friedrich Schiller, Regimentsfeldscher, nebenbei unbeholfener Mensch und erbärmlicher Schauspieler, aber nach Beendigung des Stückes großer Nationaldichter!"" Da fielen gleich mit einem Schlage alle langen Ach's und Oh's des Haupthelden und eine ganze Reihe von unfruchtbaren Begebenheiten sammt Franziska's Declamation als nebenhertrippelnder Bombast hinweg, und das Stück wäre um mehr als eine volle Stunde gekürzt. Mein Vorschlag muß also just denjenigen Dramatikern, welche so laut „„die Mache über Alles"" schreien, ungemein bühnenpraktisch erscheinen, falls ihnen bei diesem Kürzungsversuche nicht klar werden sollte, daß selbst von der künstlichst ausgeklügelten Mache, wenn die Pointe auf einem undramatischen und blos theatralischen Coup beruht, Nichts mehr übrig zu bleiben pflegt, sobald man ihr den Bereich der hohlen Phrase entzieht! — Noch schlimmer als mit dem zweiten Moment des Stilbegriffs ist es in den „„Karlsschülern"" mit dem dritten Moment bestellt. Gab sich Laube Mühe, den Mangel des Kunststils in seiner geschichtlichen Bedeutung durch ein der Kunstgattung widerstrebendes Surrogat zu ersetzen und uns die fehlende Charakter-Entwickelung des Haupthelden durch einen literarhistorischen Vortrag aus weiblichem Munde vergessen zu lassen, so fehlt für das dritte Moment sogar der Versuch einer solchen Unterschiebung, oder vielmehr: jenes angewendete Surrogat muß zugleich auch den gänzlichen Mangel des dritten Moments vertuschen helfen. Oder wo fände sich in diesen „„Karlsschülern"" der Kunststil in seiner Bedeutung als Ausdruck der höchsten künstlerischen Idealität? Meine Herren, wenn das dritte Moment überhaupt in keinem Kunstwerke fehlen darf, wenn es jedem Kunstwerke sogar die eigentliche Seele einhauchen muß, so ist es gewiß doppelt nöthig in einem Drama, welches mit dem Anspruche auftritt, uns das Jugendbild unsers idealsten Nationaldichters vorführen zu wollen. Ich habe schon bei der Erklärung des Stilbegriffes bemerkt, daß das dritte Moment nichts Zufälliges, nichts der darzustellenden Idee Fremdes vertrage, daß die Idee in angemessener Veranschaulichung zum Ausdruck kommen müsse. Was nun ist die Idee in den „„Karlsschülern"" — oder was sollte sie sein? Der Autor ließ sich keine freie Wahl, uns etwas Beliebiges als seine Idee zu bieten, vielmehr hat er schon durch den gewählten Stoff sich eine ganz bestimmte Idee vorgeschrieben und den Zuschauer gezwungen, den lebendigen Aus-

druck derselben zu erwarten. Damit, daß er sich in seiner Vorrede
ärgert, weil der tiefer blickende Theil des Publicums die rechte Idee
im Stücke vermißt, daß er seine Tadler als „...in der Luft schwebende
Kritiker einer im Schaffen unerfahrenen Zeit" herunterkanzelt, — damit
ist's eben auch nicht gethan. Die hohle Declamation ist in der Kritik
so werthlos wie im Drama. Es handelt sich um Schiller's Schicksal,
Geistesrichtung und Bedeutung. Zwar will ich dem Autor einer Karlsschule das Recht nicht bestreiten, daß er — falls es ihm beliebt — jede
ihm convenirende Dichtergestalt in den Rahmen seines Werkes hinein-
stellen darf; aber er wähle dann hierzu den Herrn Schulze oder Meier.
Das Recht, den verehrten Namen Friedrich Schiller nur als Aushängeschild für die Reclame zu mißbrauchen, d. h. unter der Firma dieses
Namens den Genius Schiller's in den Staub herab zu ziehen — dies
Recht muß ich ihm aufs entschiedenste bestreiten. Der Schiller der
„„Karlsschüler"" hat keine Ader von unserm unsterblichen Volksliebling
Schiller, sondern ist in Wahrheit nur die pseudonyme Copie eines jetzt
unter uns lebenden Epigonen, Namens Hinz oder Kunz. Das Zufällige
und der Idee fremde, das unserm Schiller als Resultat einer despotisch
hofmeisternden Erziehung in seiner Jugend anhaftete, hat Laube emsig
aufgegriffen und zu einer Reihe theatralisch pikanter Coups benutzt. Das
ideale Bild der menschlichen Dichtergestalt, das uns in all seinen Werken
so bezaubernd anheimelt, suchen wir in dem Stücke vergebens. Es wird
viel darüber geschwatzt, aber die Handlungen des Dichters drücken seine
eigenen Reden und die Fanfaren seiner Lobredner zur leeren Phrase
herab. Wir beurtheilen auch im Drama, wie im Leben, den Menschen
nicht nach dem, was er radotirt, sondern nach dem, was er vor unseren
Augen thut. Betrachten wir nun diesen Laube'schen Schiller in der
Nähe! Worin besteht seine dramatische Handlung? Er schwärmt über
Freiheit und Liebe und sagt uns zum Schluß, daß er sich fortan dem
Vaterland in die Arme werfe! Das wäre an und für sich ganz gut,
wenn er es nur auch auf die rechte Art thäte. Von Freiheit pflegt jeder
Junge zu träumen, welcher unter der Knute eines rauhen Schulmeisters
steht, der talentlose fast in der Regel sogar noch lauter als der begabte.
Von Schiller's jugendlichen Freiheitsträumen in ihrer künstlerischen d. h.
dramatischen Reproduction verlangen wir, daß aus ihnen schon himmel
hoch und hellleuchtend einzelne Blitze aufsteigen, aus denen wir mit
innerer Nothwendigkeit den werdenden künftigen Propheten der

für diese Welt möglichen Freiheit, d. h. der Freiheit innerhalb der
Schranken einer gesetzlichen Ordnung, herauswachsen sehen. Davon hat
der Laube'sche Schiller keine Spur. Es fehlt die Gedanken-Ver-
tiefung, es fehlt das individualisirende Colorit. Alles, was er uns
pathetisch vordeclamirt, sind allgemeine Redensarten, ganz so, wie sie vor
nicht sehr langer Zeit bei den Epigonen dieses Jahrhunderts unter uns
gang und gebe waren. Die "Karlsschüler" erschienen bekanntlich in einem
Jahrzehend (1846), in welchem von den Brettern herab nur das Wort
Freiheit mit Stentorstimme gedonnert werden durfte, um des lärmendsten
Beifalls der Galerien versichert sein zu können. Es war die Uebergangsperiode des Freiheitsbegriffes, die zwei Jahre später (Ende 1848—49)
in der Bezeichnung "absoluteste" culminirte und eben deshalb Nichts
als eine gewaltige Reaction zu erzeugen vermochte. Der große Beifall,
den die "Karlsschüler" damals fanden, ist wohl zunächst diesem Zeitpunkte ihres Erscheinens und dann auch dem zugkräftigen Namen Friedrich
Schiller zuzuschreiben. Damals wurde unter dem blos hohlen Wortge-
kreisch von Freiheit gar Vieles übersehen, und es ist nicht zu verwundern, daß
auch seither noch Niemand gewagt hat, die verletzende Carricatur zu beleuchten, welche uns in den "Karlsschülern" von der deutschesten aller deutschen Geistesgrößen aufgetischt worden ist. Angesichts der Erfolge dieses
Stückes und des klangvollen Namens seines Autors würde dazu einiger
Muth und weniger Coteriewesen gehört haben, als man heutzutage in
den die Bretterwelt beherrschenden Regionen findet. Lassen wir uns dadurch nicht abhalten, ungescheut auch die weiteren Eigenschaften dieses
Laube'schen Schiller-Charakters zu betrachten. Er liebt! — Wirklich? Ich
sage: nein! er ist nur sinnlich vernarrt und vollständig unklar über seine
eigene Gemüthsbeschaffenheit. Oder giebt es eine Liebe ohne geistiges
Verständniß? Die Liebe ist, wie Halm sehr richtig meint:

Zwei Seelen und Ein Gedanke,
Zwei Herzen und Ein Schlag.

Der Laube'sche Held lodert in den zwei ersten Acten für ein Wesen,
das ihn gar nicht versteht. Was also bleibt vom Begriff der Liebe?
Nur die Wirkung äußerer Eindrücke oder Selbsttäuschungen, nur ein
rein komisches Element. Zwar versichert uns der Held in hochtrabenden
Tiraden des Gegentheils, aber sie alle prallen ab gegenüber dem klaren

Augenschein, angesichts des drolligen Gänschens, auf welches sie gemünzt sind. Just in solcher Liebesschwärmerei erscheint uns der Held als ein recht oberflächlich alltäglicher Mensch, wenn wir ihm nicht gar eine pathologische Eigenschaft unterstellen sollen. Nein, er liebt nicht, in den zwei ersten Acten gewiß nicht. Die unerläßliche Vorbedingung der Liebe taucht erst in der letzten Scene des dritten Actes auf. Bis dahin leidet er nur an überspannter Sensibilität. Und das wäre eines Schiller würdig? — Aber es ist ja geschichtliche Thatsache? Nein, Laura ist Laube's Erfindung. — Aber Schiller hatte schon in Stuttgart ein Liebesverhältniß, sonst hätte er die Gedichte an Laura nicht geschrieben! der Name der Geliebten ist gleichgiltig. — Mag sein! auch Schiller war ein Mensch und dazu noch ein sehr feuriger Dichter. Dichter fangen für weibliche Schönheiten leicht flammen und verwechseln, namentlich in solch jugendlichem Alter, das unbestimmte Sehnen nach Ausfüllung einer klaffenden Lücke im eigenen Herzen nicht selten mit der Liebe. Vielleicht handelt es sich auch hier um diesen unbestimmten Drang, der sich zufällig an Laura's liebliche Erscheinung anklammert, und den der unerfahrene Jüngling für seine wirkliche und wahrhaftige Liebe hält? Wohl! wenn Ihr unsern Schiller auf einer solchen Menschlichkeit überrascht habt, so wird sein Biograph sie gut zu verwerthen wissen, — in ein dramatisches Meisterwerk gehört sie nicht hinein, am wenigsten als Mitträgerin der Haupthandlung; da wollen wir das Wesentliche und Bleibende des Charakters in einer den ganzen Menschen kennzeichnenden Handlung sehen, nicht das Zufällige, nicht das Vorübergehende, nicht das dem innersten Sein und Fühlen des Helden so gänzlich fremde. Darüber ist sich auch der Autor der „...Karlsschüler" vollkommen klar, darum putzt er das unbestimmte Sehnen zu einer wirklichen und zielbewußten Liebe auf. Drei Acte hindurch quält sich sein Feldscher Schiller mit der Wahnvorstellung: er sei kein Dichter, besitze kein Talent, wenn Laura ihn nicht liebe, wenn das zarte Geschlecht sich ihm kalt gegenüberstelle! Was? auf so schwachen Füßen stände der deutsche Genius dieses Heros, daß seine Lebensfähigkeit von der Larve eines unausgewachsenen Backfisches abhängt? und dennoch wird er zu den Sternen auffliegen, wenn nur dieser Backfisch sich schließlich nicht als Gänschen davontrollt? Weg mit dieser Travestie auf den historischen Schiller! Mag er auch im Leben Tage und Stunden gehabt haben, in denen das von tausend Stürmen bewegte Dichtergemüth den Halt außerhalb des eigenen Selbst suchen

zu müssen glaubte, — es waren vorübergehende Augenblicke, in denen
das poetische Naturell seinen Schmerzenstribut der Menschlichkeit zollt
und sich zu seinem Lebensberufe stählt: ein Schiller findet schließlich
die wahre Quelle seiner Kraft immer wieder in sich selbst, sonst ist er
eben kein Schiller, sondern nur ein Versemacher vom großen Praß. —
Meine Herren, man wird zwar dem nachbildenden Dramatiker das Zugeständniß machen müssen, daß er die geschichtlich gegebenen Charaktere
für die Zwecke seines Kunstwerkes ummodeln dürfe, aber die Ummodelung
muß derart sein, daß dabei schließlich nichts Schlechteres herauskomme,
als in der kahlen Geschichte steht. Schiller ist nicht deshalb die lebendige
Offenbarung des deutschen Genius geworden, weil schließlich Laura ihn
erhörte, sondern weil in ihm selbst dieser Genius sich mächtig genug ent-
faltete, um alle äußeren Hemmnisse siegreich überflügeln zu können. Vermag der nachbildende Dramatiker dem geschichtlich gegebenen Charakter
nicht die real-ideale Reproduction abzugewinnen, so thut er wohl in der
Regel am klügsten, sich einfach an das geschichtlich Gegebene zu halten.
Kann er weder das Eine noch das Andere, d. h. kann er weder die
Geschichte noch das Ideal abspiegeln, so ist dies ein sicheres Zeichen,
daß entweder der Stoff seiner eigenen Geistesrichtung widerstrebt oder
überhaupt seine eigenen Kräfte übersteigt. Im Laube'schen Schiller
finden wir weder die geschichtlich gegebene Erscheinung unsers Volkslieblings noch deren real-ideal veredelte Abspiegelung; wir finden nur
den Namen als Aushängeschild für einen Charakter, der vom Namens-
träger nichts besitzt als „„wie er räuspert und wie er spuckt““! Er
tanzt sein ihm vom Autor vorgezeichnetes Pensum auf der Nadelspitze
eines Liebeserfolges ab! Und darin läge der Kern von Schiller's
Charakter? Nein, darin liegt nur das Embryo zu einem Hölderlin, der
später im Kampfe gegen die realen Hindernisse einer unpoetischen Welt
mit seinem eigenen Verstande scheitern muß und an subjectiven Schwächen
untergeht. Was? ein Schiller hätte je am Augenblicke kleben, so sklavisch
daran kleben können, daß Peripetie und Katastrophe seiner Charakter-
entwickelung hiervon abhängig gemacht werden dürften? Schiller, der
dem echten Dichter und Künstler zur Pflicht macht, daß er das Urtheil
seiner Zeitgenossen „„verachte““ und sein eigenes Ideal „„in allen sinnlichen und geistigen Formen schweigend hineinwerfe in die unendliche
Zeit““? Ei, kommt mir nicht mit solcher Fratze! Das ist nicht der Geistes-
heros des achtzehnten Jahrhunderts, das ist ein Marlow-Charakter,

der als sein Lebenselixir augenblicklicher Erfolge bedarf, der vorerst mit sentimentalen Herzensergüssen großthut und sich darüber nur in den Wahn der Seelengröße hineinredet. Wir können ihm unmöglich glauben, daß er sich im fünften Acte mit wirklich geläuterter Seele dem Vaterland in die Arme warf. Wir sahen ihn zum Ueberflusse nicht blos über Laura's Naivetät sondern auch schon über das Stirnrunzeln einer andern Dame unglücklich werden. Vielleicht kreuzt, nachdem der Vorhang zum letzten Male sank, schon auf dem nächsten Schritte eine neue Laura seinen Pfad, vielleicht taucht auch das Gespenst der Geldnoth recht bald noch garstiger grinsend als der weiland Despot Karl vor dem Blicke des siegeslüsternen Träumers auf, und dann muß der alte Jammer wieder von Vorne beginnen. Weg mit dieser verzerrten Carricatur auf den idealsten aller deutschen Geistesheroen! Man setze auf den Theaterzettel Feldscher Hinz statt Friedrich Schiller, und ich will sagen, daß die „...Karlsschüler"" eine sehr bühnengewandte Leistung nach der Tagesmode, daß sie ein recht prak tisch arrangirtes Theaterstück für ein Publicum seien, das im Theater gern viel geschehen sieht ohne dabei viel zu denken. So lange ich aber diesen realistisch sentimentalen Feldscher mir als unsern Schiller oktroyiren und das Bild, welches ich aus den Werken des Volkslieblings gewann, zer setzen lassen soll, — für so lange kann mich das Ganze nur anwidern, und ich glaube, daß mein Gefühl von gar Vielen lebhaft empfunden wird, selbst wenn sie bisher über den im Mangel an Stil liegenden Grund ihres Mißbehagens zu keiner Klarheit gelangt sein sollten."

Gerson der Impresario entgegnete: „Ich nehme Act von Ihrem Zugeständniß, daß selbst die schärfste Kritik den „...Karlsschülern"" die Eigenschaft, ein „„recht praktisch arrangirtes Theaterstück"" zu sein, nicht bestreiten kann. Aber auch noch ein weiteres Verdienst ist ihnen unbestreitbar: „...Die Karlsschüler"" sind ein gesinnungstüchtiges Stück, das dem Volks- und Menschenfreund Laube zur höchsten Ehre gereicht, selbst wenn in seinem Schauspiele das Bild Schiller's so gänzlich verzeichnet sein sollte, wie Sie behaupten."

„Das gebe ich gern zu," warf Johann ein.

Gerson fuhr fort: „Dann müssen Sie auch zugeben, daß Laube sich um die deutsche Bühne sehr verdient gemacht hat, selbst wenn wir aus seiner Feder nur die „...Karlsschüler"" besäßen. Gerade der Mangel an Gesinnungstüchtigkeit und an bühnenpraktischem Arrangement ist's, was der Mehrzahl unserer jüngsten Dramatiker fehlt, und sie unfähig

macht, sich auf den Brettern einbürgern zu können. Folglich hatte Laube
ganz Recht, seinen reformatorischen Scharfblick zunächst auf diese zwei
Punkte zu concentriren und in deren Wiedergewinnung das Material
zu erkennen, aus dem in Zukunft der neue Kunststil für ein wahrhaft
zeitgemäßes Drama zu gewinnen sein dürfte. Nehmen Sie dazu noch,
daß unseren idealisirenden Dramatikern neuesten Gepräges in ihren Buch-
dramen die Natürlichkeit fast durchgängig abgeht, und daß Laube den
Weg zur Wiedergewinnung eines auf dem Theater fesselnden Kunststils
ausdrücklich in der Rückkehr zur Natur anstrebt, so finde ich wahrlich
unbegreiflich, wie Sie so gar hart über eine Dichtung urtheilen können,
die ja Laube selbst nur für einen jedenfalls nicht ganz mißlungenen
Versuch und ersten Anlauf angesehen und beurtheilt wissen will."

„Ihre Replik" — entgegnete Johann — „wird uns für eine künftige
Sitzung Stoff zu Erwägungen bieten, aus denen ich sehr lehrreiche
Resultate für uns Alle erhoffe."

„Wollen wir auf diese Erwägungen nicht sogleich näher eingehen?"
fragte Gerjon.

„Ich habe vorher noch einiges Andere zu erörtern, das für heute
unsere Zeit vollauf in Anspruch nehmen wird," entgegnete Johann.
„Um jedoch nicht in den Verdacht zu gerathen, als wäre ich selbst noch
unklar über die zu ertheilende Antwort, so will ich hier nur kurz und
gleichsam in Parenthese andeuten, nach welcher Richtung hin ich bei
jenen späteren Erwägungen gravitiren werde. Aus der ganz richtigen
Erkenntniß, daß unsere dramatischen Zustände sich in einem heillos zer-
fahrenen Wirrwarr befinden, wurde Laube schon früh ein Mann der
energischen Opposition. Jede Opposition, sei sie auch noch so berechtigt,
pflegt auf Widerstand, ja nicht selten sogar auf böswillige Gegenkämpfe
zu stoßen. So erging es auch unserm Laube. Seine Vergangenheit ist
reich an Geistesschlachten, aus welchen er nicht selten als Sieger glänzend
hervorging. Aber für jeden Menschen, selbst für den begabtesten, ist es
schwer, unter der Leidenschaftlichkeit des Ringens nicht die Objectivität zu
verlieren, sich nicht in einen einseitigen Standpunkt zu verrennen. Nur
allzu leicht verleitet der Aerger über den kurzsichtigen Widerstand, in
der Hitze des Gefechtes das ferne Endziel aus dem Auge zu verlieren.
Dann tritt an die Stelle der ursprünglichen Objectivität unmerklich eine
gewisse subjective Einseitigkeit, die nicht selten in rechthaberischen Starrsinn umschlägt. Scheint es doch theilweise sogar unserm genialen

Richard Wagner nicht erspart zu bleiben, daß er — der das Zeitübel der Oper einst so richtig herausfand und dennoch mit seinem Reformwerk früher auf eine absurde Opposition stieß — sein Reformprincip auf eine Spitze treiben muß, die ihn der Gefahr, im Einzelnen zum Absurden umzuschlagen, schon sehr nahe rückt! Wenn Laube gegenüber den nicht selten schauderhaft bühnenunpraktisch schreibenden deutschen Dramatikern die „„Mache"" sehr scharf betonte, so hatte er vollkommen Recht. Als er aber die Kunst der Mache schlechtweg von den modernen Franzosen adoptirte, statt sie aus dem Wesen der dramatischen Poesie in zeitgemäßer Form für das deutsche Theater neu zu construiren, da begann er eine Richtung einzuschlagen, die nicht nur für eine naturgemäße Entwickelung und für einen gedeihlichen Neuaufschwung der deutsch-nationalen Kunst ihre sehr bedenklichen Schattenseiten hat, sondern auch dem Theater überhaupt zu keinem neuen Zeitalter der Blüthe verhelfen kann. Laube's Hauptverdienst um die Bühne besteht also in seiner Opposition, d. h. in dem, was er an der dramatischen Dicht- und Darstellungskunst als stichhaltslos tadelt, weniger in dem, was er an Stelle des stichhaltslos Gewordenen hinzustellen strebt. Das hindert mich nicht, ihm nach einer Richtung hin auch ein großes und bleibendes Verdienst um das Bühnenwesen zuzusprechen. Die berechtigte Opposition ist, wenn die Welt fortschreiten soll, nicht weniger nöthig als die berechtigte Affirmation. Ein thatkräftiger Opponent, den wir in Laube besitzen, scheint mir recht sehr geeignet zu sein, den schwerfälligen deutschen Epigonen den Staar zu stechen und ihnen endlich klar zu machen, daß man, um im modernen Repertoire einen Platz zu erobern, lernen muß, den bühnentechnischen Anforderungen des modernen Theaters Rechnung zu tragen. Hierin liegt die relative Berechtigung der Laube'schen Bestrebungen, denen selbst die bedauerliche Thatsache, daß wir ihnen als nächste Wirkung eine beschämende Ueberwucherung fremdländischer Ephemeren über die deutschen Geistesproducte vindiciren müssen, nur wenig oder vielleicht gar nichts von ihrer heilkräftigen Bedeutung rauben kann. Es giebt Krankheiten, die nur durch eine Dosis Gift zu heilen sind! Macht der Arzt die Dosis zu stark, dann freilich kann er den Patienten tödten, statt ihn zu retten, — und hierin liegt die Gefahr des Experiments. Unser Theater, zur Zeit krank wie alle unsere socialen Verhältnisse, befindet sich in einer Uebergangsperiode. Wenn die schon lange andauernde Krisis sich endlich zur Genesung wenden soll, so werden vor Allem

unsere einheimischen dramatischen Dichter die für das Bühnenbedürfniß
des Jahrhunderts g e e i g n e t e „Mache‘‘ entdecken müssen, die ganz
bestimmt weder in einer blinden Nachäffung des französischen Theater-
Ideals noch in einer blinden Rückkehr zu der Einfachheit der altklassischen
Form, sondern nur in einer für die neue Welt metamorphosirten Anwendung derjenigen Grundsätze zu finden sein dürfte, auf welchen die
Auslegung des griechischen ποιεῖν für die alte Welt beruhte. Meine
Herren, erlauben Sie mir, nach diesem erst später noch gründlicher zu
motivirenden Seitenblicke wieder zu unserem heutigen Berathungsgegen-
stande zurückzukehren!‘‘

„Thun wir das‘‘, nahm jetzt M a x das Wort. „Auch ich finde
Ihre Kritik über die „Karlsschüler‘‘ denn doch allzu hart. Der Idealist
Johann nöthigt dem Pessimisten diesmal sogar das Geständniß ab, daß
man selbst den Pessimismus nicht auf die äußerste Spitze treiben darf.
Ein Schauspiel, für welches so große und so nachhaltige Erfolge sprechen
wie für die „Karlsschüler‘‘, muß denn doch auch wesentliche Vorzüge besitzen. Und in der That sind die Vorzüge dieses Stückes so einleuchtend,
daß wir nicht lange darnach zu suchen brauchen, — sie springen zündend
in die Augen. Welch köstlichen Humor entwickelt der Autor in einzelnen
Scenen, z. B. gleich Anfangs in der Rolle der Gräfin Franziska von
Hohenheim, die Schiller's Laura-Gedichte auf sich selbst bezieht, bis sich
herausstellt, daß Laura, die Pflegetochter der Generalin Rieger, gemeint
ist! Welch köstliche Naivetät zeigt bei dieser Gelegenheit Laura! Wie
vortrefflich ist die Entwickelung des unbefangenen Kindes zur leidenschaftlich
liebenden Jungfrau gezeichnet! Wie groß ist die Schilderung der Seelen-
kämpfe des Dichters, der an seinem Talente verzweifelt, bis die Liebe
sein Selbstvertrauen wieder erweckt! Dazu noch die pompöse Charakterzeichnung des Herzogs Karl und der übrigen Personen! Dies Alles sind
Vorzüge, welche den sonst etwa vorhandenen Schwächen eine milde Beurtheilung erwirken sollten und welche zuverlässig dem Werke noch für
geraume Zeit einen Platz im Repertoire sichern.‘‘

Johann der Idealist replicirte: „Ich kann einen Theil dieser Vorzüge zugeben, ohne von meiner Kritik ein Jota opfern zu müssen. Nicht
Alles, was, als Einzelnes betrachtet, an und für sich gelungen ist, ist
es auch in Beziehung auf das Ganze. Selbst Vorzüge können in einem
Drama zu Unarten werden, wenn sie am unrechten Platze verwendet
sind, d. h., wenn sie den Stil der Kunstgattung vernichten. Es kann z. B.

etwas in der Posse bezaubernd klingen, während es, in die Tragödie
verpflanzt, als eine anwidernde Plattheit erschiene. Es kann etwas im
bürgerlichen Schauspiel sich köstlich ausnehmen, während es, auf einen
idealen Stoff angewendet, das ganze Bild zerstören würde. Um so
gleich die Pointe des mir gemachten Vorwurfes hervorzuheben, frage
ich: was würden Sie wohl urtheilen, wenn z. B. dem Don Carlos
an Stelle des idealen Marquis von Posa irgend ein abgefeimter Spitz-
bube als Freund und Vertrauter zur Seite gestellt wäre? Gewiß müßte
Ihnen nicht blos das Unpassende solcher Composition sofort einleuchten,
sondern Sie würden auch nicht umhin können, Don Carlos selbst für
einen unedleren Charakter zu halten, als wie er Ihnen in Posa's Um-
armungen erscheint. Man versetze in den Karlsschülern jede andere Dame,
nur nicht die ernste Vertheidigerin Schiller's, in die Täuschung, vom
Dichter, der gar nicht an sie dachte, besungen zu sein, — dann finde auch
ich den darin liegenden Humor köstlich. Welchen dramatischen Zweck
fördert Franziska's Selbsttäuschung? Sie verkleinert die Vertheidigerin
und noch mehr den Charakter Schiller's, der im dritten Akte über den
Widerwillen der enttäuschten Dame sich fast ebenso unglücklich geberdet
wie über Laura's Korb. Die Täuschung ist also nicht blos zwecklos sondern geradezu zweckwidrig. Der Humor, welcher, in einem passenden
Zusammenhange verwerthet, in Wahrheit köstlich wäre, sinkt hier durch
die für blos theatralischen Aufputz dienende Verwerthung zu einem episodischen Hemmschuh der Haupthandlung und zur Bedeutungslosigkeit
einer schalen Spielerei des Esprit herab. Dasselbe gilt von Laura's
Naivetät. Der durch das Schauspiel zu veranschaulichende G r u n d g e -
d a n k e verlangt die Natürlichkeit einer Julia, die zwar erst vierzehn
Jahre alt, aber für Romeo r e i f ist. Man gebe dem naiven Backfische
Laura jeden beliebigen Anbeter, nur nicht den idealen Schiller, — dann
erscheint auch mir just diese weibliche Charakterzeichnung ebenso anmuthig als bezaubernd. Der Fehler liegt also nicht in der Charakterzeichnung dieser Nebenpersonen, die an und für sich ganz vorzüglich
zu nennen ist; er liegt in der unpassenden Verbindung, in welche
der Autor der „„Karlsschüler"" sie zu seinem Haupthelden gestellt hat. Diese
Verbindung bereitet dem Haupthelden Lustspiel-Situationen, und er selbst
wird dadurch, daß er diese Situationen tragisch auffaßt, nicht groß,
sondern sehr klein. Ueberdies will ja das Stück ebensowenig ein Lustspiel sein, als sich der Haupthelds desselben nach dem ganzen Bilde, welches

wir von ihm selbst aus seinen eigenen Werken empfangen haben und von welchem wir uns nicht zu trennen vermögen, sich zu einem Lustspiel= stoffe eignen dürfte. Daß der schillernd geschürzte Knoten schließlich nicht endgiltig gelöst, sondern nur durch einen kümmerlichen Nothbe= helf umgangen wird, habe ich schon besprochen. Daher bleibt mein Tadel in all seinen Beziehungen aufrecht: die „„Karlsschüler““ leiden an eben demselben Gebrechen, an dem überhaupt unsere gesammte moderne Dramatik und Darstellungsart kränkelt. Wer uns einen neuen Stil schaffen will, der hätte vor Allem streng diejenigen Gesetze zu beachten, welche, — weil sie dem Wesen der Kunstgattung unentbehrlich sind, — für jeden Stil ihre volle Giltigkeit behalten. Mit den eiteln Versuchen, rein idealen Stoffen eine niedrig realistische Form aufzuzwängen, wird nichts als nur ein noch heilloserer Stilwirrwarr erzielt werden. Meine Herren, wir können es mit dem Mangel an Stil niemals zu genau nehmen, — ohne ernstestes Streben nach Wiedereinführung des stichhaltigen, d. h. des jeder dramatischen Kunstgattung nach der Natur ihres Genre's an= gepaßten Kunststils, bringen wir den Thespiskarren in alle Ewigkeit nicht wieder aus den Sümpfen heraus. Ich habe zur gemeinverständ= lichen Kennzeichnung des Stilbegriffs ein Laube'sches Stück gewählt, just weil sich in Laube's einflußreicher Schule die Stillosigkeit systematisch ausgebildet hat, und weil von den Anhängern dieser Schule in der Regel über einer geschickten „„Mache““ Alles übersehen zu werden pflegt, was außer Dem noch nöthig wäre, um dem geschickt Gemach= ten zugleich auch die höhere Weihe des correct Gedichteten zu ver= leihen. Das Vermengen aller möglichen Stile, das Streben aus den verschiedensten Abzweigungen der Dramatik einen für alle dramatischen Genre's passenden neuen Stil zu construiren ist in Wahrheit kein Kunst= stil sondern Manier und begünstigt nur das hohle Blendwerk der auf augenblickliche Erfolge abzielenden Effecthascherei. Darum, meine Herren, urtheilte ich über diesen Punkt so scharf. Der Gegenwart ist der Stilbegriff schon so völlig aus dem Bewußtsein geschwunden, daß selbst der bessere Theil unserer Tageskritik sich vor jedem Zerrbild der Manier demüthig beugt, wenn nur das Zerrbild mit hinlänglichem Raffinement herausgeputzt ist, um wenigstens der sich blind dem ersten Eindrucke des Augenblickes hingebenden Menge Beifall abtrotzen zu können. Weg mit allem blos theatralischen Firlefanz, der vor den Schranken der Vernunft nicht Stich hält! Er ist eitel Spiegelfechterei.

die in der idealen Kunst so wenig als im realen Leben zu etwas Gutem führt. Wie Cato jede Senatssitzung mit dem Ausspruche schloß: Ceterum censeo Carthaginem esse delendam, so sollten heutzutage die Theater referenten jede ihrer Kritiken mit dem Verlangen beginnen und enden: Stil im Repertoire, Stil in der Darstellung!"

Gerson der Impresario entgegnete: „Nachdem der Vorredner uns gezeigt hat, daß in den „„Karlsschülern"" Friedrich Schiller verzeichnet sei, und daß als Grund dieses Mißgriffs sich die Vernachlässigung des dritten Stil-Moments herausstelle, so wäre zur vollen Klärung wohl zu wünschen, daß er uns noch andeuten möchte, wie Schiller dramatisch behandelt werden müßte, um in dem Schauspiele das Vorhandensein des Stils als des Ausdruckes der höchsten künstlerischen Idealität constatiren zu können?"

„Ich fürchte, daß Sie unserm Freunde zu viel zumuthen", wendete sich Max der Pessimist gegen den Impresario. „Tadeln ist leichter als besser machen. Wenn ich z. B. Jemanden, der mit einer Flugmaschine statt mit einem Schiffe nach Amerika hinüber will, sammt der Maschine im Wasser versinken sehe, so weiß ich zwar, daß seine Maschine nichts taugt: aber mein Wissen setzt mich nicht in den Stand, ihm eine Maschine zu schaffen, die ihn glücklich durch die Luft auf amerikanisches Festland trägt. Mir scheint, daß — wie sogar Laube in seiner Vorrede auf richtig bekennt — zur Dramatisirung des Dichters Schiller ein Drama tiker nöthig sein würde, dessen Genie dem Genie Schiller's ebenbürtig wäre."

„Unser Freund Max spricht mir aus der Seele," nahm Johann der Idealist wieder das Wort. „Läßt sich — wenn man nicht blos die Worte sondern auch den Geist und Sinn richtig wieder geben will — schon die Poesie eines großen Dichters nur von einem ebenbürtigen Kopfe in eine fremde Sprache übersetzen, so wird diese Ebenbürtigkeit um so mehr demjenigen nöthig sein, der sich unterfängt, einen genialen Dramatiker uns dramatisch vorzuführen d. h. die Quintessenz seines Lebensgehaltes an dem Leitfaden einer einheitlichen Handlung innerhalb des engen Rahmens einer dramatischen Dichtung zu verkörpern. Es könnte, wenn die geistige Ebenbürtigkeit fehlt, ihm leicht noch schlimmer ergehen, als es bisher allen Ergänzern des Schiller'schen Torso „„Demetrius"" erging."

„Und wie erging es diesen?" fragte Max der Pessimist.

Johann entgegnete: „Wie dem Wirthe, welcher seinem Gast, der eben ein Glas vom besten Champagner getrunken hatte und nach der

Repetition verlangte, statt des Schaumweines eine Schüssel voll lauen Regenwassers auftischte. Noch alle bisherigen Ergänzer des „„Demetrius"" haben durch ihre Experimente nur bewiesen, daß die Größe ihres Abstandes von Schiller der Größe ihrer eigenen Selbstüberschätzung vollkommen gleich kommt."

Max der Pessimist nickte dem Redner beifällig zu. Gerson der Impresario wendete ein:

„Dennoch sollte von einem Kritiker, der sich so scharf und so bestimmt über das Verfehlte aussprach, das Richtige uns wenigstens angedeutet werden können. Ich verlange von Ihnen nicht die ausgearbeitete Dichtung, sondern nur annäherungsweise die Angabe der Grundidee, und wie dieselbe in einem Schauspiel „...Schiller"" ungefähr zum Ausdruck kommen müßte, um dem Werke die Eigenschaft der höchsten künstlerischen Idealität zugestehen zu dürfen. Ein Beurtheiler, der nicht zu sagen vermöchte, wie etwas hätte gedichtet werden sollen, wäre nicht berechtigt, über die vorhandene Dichtung den Stab zu brechen. Was frommt eine Kritik, die nur die Sympathien für das, woran wir bisher Vergnügen fanden, uns verkümmert, ohne zugleich den Weg zu zeigen, auf dem wir reinere Kunstgenüsse anzustreben vermöchten? Negationen, die nicht zugleich etwas Positives bieten, scheinen mir ebenso grausam als unfruchtbar zu sein."

„Dem muß ich entschieden widersprechen," fiel Max der Pessimist dem Impresario ins Wort. „Mit Ihrem Grundsatze kämen wir wieder auf den alten Standpunkt zurück, daß die Kritik die Ertragsfähigkeit des Gewerbes störe und folglich zu Gunsten des Coteriewesens abzudanken habe. Jede Negation, welche den Nagel auf den Kopf traf, nützt recht viel. Sie weckt das Nachdenken. Die Erkenntniß des Irrthums ist der Anfang der Krisis zum Besseren. So lange der Wandrer auf dem rechten Pfade zu sein wähnt, wandert er blindlings weiter und beginnt erst sich zu besinnen, wenn bei einbrechender Nacht der Pfad sich in eine Wildniß verliert, und die Dunkelheit schon den Fernblick nach allen Seiten hin verrammelt. Ich berufe mich hier abermals auf unsern Lessing. Der Passus in seiner Dramaturgie über den Nutzen und Werth der Kritik ist zu lang, um uns hier durch seinen Vortrag ermüden zu dürfen. Lesen Sie ihn zu Hause nach, dann werden Sie mir beistimmen müssen."

„Ich theile auch in diesem Punkte vollkommen Lessing's Ansicht" —
begann Johann der Idealist wieder — „und eben deshalb will ich
Gerson's Wunsch erfüllen, um dadurch zu zeigen, daß ich mir wenigstens
Mühe gebe die Kritik in Lessing's Sinne zu üben, wenn ich auch bescheiden eingestehen muß, daß mir nicht blos sein unerreichter Scharfsinn,
sondern auch seine umfassende Gelehrsamkeit fehlt. Nach meiner Ansicht
würde ein Lessing auf die an mich gestellte Frage ungefähr antworten:
Jeder Dichter, der eine geschichtliche Individualität dramatisch veranschaulichen will, hat sich vor Allem volle Klarheit über den Lebens-
gehalt seines Helden, d. h. über dessen letzte und höchste Lebensziele
und über das, was er in seinem eigenen Kunstwerke ihm als Strebensziel
vindiciren will und darf, zu verschaffen. Ist er hierüber mit sich selbst
im Reinen, so sucht er in der Lebensbeschreibung seines Helden diejenige
Periode zu entdecken, welche sich am besten eignet, in einer einheitlichen
Handlung den Kampf um dies höchste und letzte Ziel am lebendigsten
zur Veranschaulichung zu bringen. Erst wenn der Verstand an der Hand
der geschichtlichen Forschung diese zwei Vorfragen erledigt hat, — erst
dann läßt der Dramatiker seine eigene Phantasie in Mitthätigkeit treten,
erst dann beginnt er das Gerippe, d. h. die Skizze oder das Scenarium
für seine poetische Schöpfung zu entwerfen. Bei diesem Entwurfe wird
er ein vorzügliches Augenmerk darauf zu richten haben, daß er alles Zufällige und Episodische vermeide, daß er den Streit und Widerstreit scharf
markire. Dem entsprechend wird er auch die Charaktere des Drama's
wählen, beziehungsweise erfinden. Alles, was nicht mit innerer Nothwendigkeit das Ziel des Helden fördert oder nicht mit innerer Nothwendigkeit sich diesem Ziele entgegenbäumt, ist im Drama nicht blos ent-
behrlich, sondern geradezu verwerflich, denn es würde bei der Ausarbeitung
den Autor nur zu einer Verletzung oder gar zur Unterdrückung des Kunststils nöthigen. Ein correcter Entwurf zählt also bei Schöpfung eines
jeden Drama's zu den Hauptvorfragen des Autors. Ein Dramatiker,
welcher seiner Phantasie freien Zügel läßt, ehe sein Verstand ihr die Vorarbeiten geliefert hat, wagt sich stets auf eine gefährliche Brücke und
fördert in der Regel nur Mißgeburten zu Tage. Aus verfehlten Ent-
würfen vermöchte selbst das Genie eines Shakespeare oder Sophokles
keine Meisterwerke zu gestalten, wenn es auch in die stümperhafte Skizze
immerhin noch genug Schönes hineinzulegen wüßte, um einem offenbaren
Fiasco zu entgehen. Kleinere Geister werden jederzeit daran scheitern.

Das Versäumniß dieser Compositionsregel ist wohl hauptsächlich schuld, daß wir heutzutage unter den dramatischen Novitäten so selten einem wahrhaft geglückten Wurfe begegnen und in der Regel nur von gelungenen Einzelheiten in der Ausführung, aber fast nie von einem gelungenen Ganzen sprechen können. Jedes Drama ist, falls der Dramatiker den zur Ausarbeitung nöthigen Grad der Phantasie besitzt, schon mit dem Entwurfe geglückt oder unrettbar verloren. Folglich greift der Dramatiker seine Arbeit ganz verkehrt an, wenn er sich von seiner Phantasie zur Ausführung einzelner Scenen oder Acte verleiten läßt, schon bevor ihm in kurzen prägnanten Zügen ein Bild des Ganzen klar vor Augen schwebt. Vergegenwärtigen wir uns — um hier nochmals auf das schon gewählte Beispiel zurückzugreifen — eine Skizze zu den Karlsschülern! Da springen uns alle Mängel, die in der Ausarbeitung geschickt übertüncht wurden, gleich auf den ersten Blick als eben so viele Compositionsfehler scharf in die Augen. Ich hebe, um Wiederholungen zu vermeiden, nur die vier Hauptmißgriffe hervor, durch welche der Autor sich den Ausdruck des dritten Stil Moments unmöglich gemacht hat. Schon Franziska's erste Scene — ihr köstliches Mißverständniß der Laura-Gedichte - macht uns in der Skizze gewaltig stutzen, und wir rufen: Halt, welche Aufgabe hat Franziska in diesem Stücke zu lösen? Sie ist Schiller's Hauptvertheidigerin gegenüber dem Herzog, sie dient also einer Mission, für welche eine ausnehmend feine Menschenbeurtheilungsgabe sich als erstes Haupterforderniß herausstellt, — ihr unter allen Personen des Stückes werden wir am wenigsten eine Neigung zu oberflächlichen Mißverständnissen aufbürden dürfen, sonst unterbinden wir von Anfang an den Nerv der Triebkraft und schwächen die Gegensätze zu Gunsten einer pikanten Episode empfindlich ab. Also heraus damit! Aber der Einfall soll deshalb nicht verloren gehen, sein Autor wird ihn in einem andern Stücke an rechter Stelle in Wahrheit köstlich verwerthen können, denn auch hier heißt es: „...Reif sein ist Alles.“ Wir gehen in der Skizze weiter und stoßen auf eine unerquickliche Spannung zwischen Franziska und Schiller, die ihren versteckten Grund in der unterlaufenen Mißdeutung der Laura-Gedichte hat. Diese Spannung ist gegenstandslos geworden, weil der versteckte Grund ausfiel. Also ebenfalls weg mit ihr! Damit sind ein Theil des ersten Actes und ein paar Einzelheiten in den zwei folgenden Acten aus der Skizze herausgefallen, und das übrig Gebliebene füllt die fünf Acte nur noch kümmerlich aus. Aber was? Stoffmangel für die dramatische Behandlung eines geistigen Colosses, von dem man wohl glauben möchte, daß alle Kunst der dramatischen Präcision dazu gehöre, um ihn in fünf Acten bewältigen zu können? Das ist nicht möglich! Es muß also außer den schon entdeckten zwei Compositions-Fehlern noch ein Dritter vorhanden sein, der den vorwärts treibenden Pulsschlag der Seele des Stückes unterband. Dieser dritte Fehler scheint wie ein Alp auf der Charakter-entwickelung des Haupthelden zu lasten. Wir erkennen in der Skizze leicht, daß Schiller's Charakter-Entwickelung durch die angebrachten zwei Striche nichts verlor, wohl aber um ein paar unfruchtbare Exclamationen des sentimentalen Weltschmerzes erleichtert wurde. Bei Prüfung der Skizze des vierten Actes kommen wir ohne Mühe sogar zu der Ent-deckung, daß der Autor muthmaßlich durch den Mißgriff in den Intro-ductionsscenen zu der Nothwendigkeit gedrängt wurde, hier das zweite Moment des Stilbegriffes fallen zu lassen und sich (in der großen Scene zwischen Karl und Franziska) mit dem unkünstlerischen Nothbehelf einer rein literar-historischen Präsumption aus der Situation zu ziehen. Er hat also die vorangehenden Acte an nebensächliche Lappalien verschwendet, die zwar dem Meister der Mache eine reichliche Gelegenheit zu specifisch theatralischem Aufputze gewähren, aber zugleich auch das reine Bild des Haupthelden trotz seiner vielen Declamationen allzu sehr verschleiern. Schwerlich darf die im vierten Acte so ideale Theilnahme Franziska's für Schiller aus der Katastrophe einer Situation herauswachsen, die ursprünglich spaßhaft ist. Statt der komischen Mißdeutung der Lauragedichte gehört in den Anfang des Stückes ein sehr ernstes Motiv, durch welches Schiller im zweiten oder dritten Acte genöthigt wird, der Gräfin von Hohenheim die innersten Falten seiner Seele zu enthüllen. Statt der Spielerei der Laura-Gedichte sollte Franziska beim erstmaligen Steigen des Vorhangs ein Räuberexemplar in der Hand haben und ihrer Bestürzung über die Wildheit dieses Genie-Werkes Worte leihen, sollte darüber mit dem Dichter zusammenprallen und von diesem schon im Verlauf der ersten Acte neben einigen andern Aufschlüssen ungefähr das zu hören bekommen, was Laube seinen Helden erst in der Schluß-scene des vierten Actes dem Herzog direct ins Antlitz schleudern läßt. Dadurch empfinge die Dame unwillkürlich ein Material, das ihr er-möglichte, später dem Herzog gegenüber sich nicht mit einem unklaren Schauder vor dem Inhalte der „„Räuber"" behelfen zu müssen, welche Schiller selbst schon im Jahre 1784 für „ein durch den naturwidrigen

Beischlaf der Subordination und des Genius in die Welt gesetztes
Ungeheuer"" erklärte und von deren Excentricitäten er wohl noch
während seines Stuttgarter Aufenthaltes eine klare Ahnung besitzen kann.
Es wäre wenigstens ein feiner und gewiß Schiller gut anstehender Charak=
terzug, daß die scharfe Opposition gegen sein Erstlingswerk schon sehr früh
im feurigen Dichter den strengen Selbstprüfer und Selbstkritiker weckt. Nicht
blos seine eigene vertraute Umgebung, sondern auch der Zuschauer empfinge
dadurch eine sichtlich zur dramatischen Verlebendigung kommende Bürg=
schaft für Schiller's künftige Größe. Der ebenso armselige als unkünstlerische
Nothbehelf des literar-historischen Arguments würde für Franziska un=
nöthig, und das zweite Moment des Kunststiles ließe sich in dem Stücke
retten. Wenn Franziska, statt uns anfänglich mit einer unfruchtbaren
Laune ihrer weiblichen Eitelkeit zu amüsiren, als tiefe Menschenkennerin
und als fein gebildete Dame einige Galle über die in den „Räubern"
liegende Beleidigung ihres ästhetisch-ethischen Gefühls zeigen wollte, so
schüfe sie für Schiller schon in den mittleren Acten eine ganz ungezwungen
herbeigeführte Gelegenheit, ihr gegenüber sein Werk zwar nicht als eine
vollendete Meisterschöpfung zu retten, wohl aber aus den Verhältnissen
zu rechtfertigen und dabei die ganze Reinheit seiner eigenen Seele glänzend
manifestiren zu können. Dann bedürfte Franziska später dem Herzog
gegenüber keiner bloßen Silbenstechereien, keiner zweifelhaften Argumente
aus dem für die Zukunft des Dichters nichts beweisenden Werk, -- sie
besäße schärfere und echt dramatische Waffen, sie könnte aus des Dichters
eigenen innersten Tiefen heraus beweisen, daß es sich hier um Rettung
einer seltenen Geistesperle handelt, die, wenn auch augenblicklich noch
mit Schlacken bedeckt, nur richtig gepflegt zu werden brauche, um bald
in fleckenloser Reinheit zu strahlen. Daraus ließe sich vor Eintritt der
Schlußkatastrophe überdies noch eine dramatische Steigerung erzielen, in
welcher ein überreicher Ersatz für den Verzicht auf die blos theatralischen
Spielereien der vorhergehenden Acte läge. Es könnte eine ergreifende
Peripetie für das Ganze gewonnen und dadurch auch dem Charakter
des Herzogs ein echt menschlicher Abschluß gegeben werden. Der Herzog
verstände seine eigene Geliebte nicht mehr, die große Scene schlösse mit
einem vollständigen Bruche zwischen ihr und ihm, und der Zuschauer
würde am Schluß des vierten Actes fast nicht minder für Franziska's
als für Schiller's Schicksal zittern müssen. Damit wäre denn auch ein
psychologisches Motiv für die Lösung des Knotens gewonnen. So wie

Laube den Herzog sich im fünften Acte geberden läßt, wird der durch vier Acte so hartnäckig consequent handelnde Fürst plötzlich erschreckend inconsequent. Ein Herzog Karl kann unmöglich vor dem Theatererfolg eines Schauspiels als vor einem Gerichte Gottes zurückweichen. Höchstens wird er, sowie er bisher gegen das diabolische Talent des Dichters eiferte, seinen Zorn fortan auch entweder gegen den Unverstand oder gegen die Schlechtigkeit der Menge kehren. Er braucht zum Weichen stärkerer, tief ins eigne Herz einschneidender Argumente. Sonst war er in den ersten vier Acten kein Held der Ueberzeugung, sondern nur ein aberwitziger Starrkopf. Das aber soll er nicht sein, wenigstens nicht im Drama. Er repräsentirt hier die reale Welt gegenüber der idealen Kunst. Für ihn kann der augenblickliche Theatererfolg nur ein mit= laufendes Neben=Motiv bilden. Das Haupt=Motiv, welches auch einen Karl zu beugen vermag, hat in der Skizze gefehlt, ist aber durch die vorgenommene Aenderung hineingekommen. Karl verliert jetzt im vierten Acte die Dame seines Herzens, die ihm fast noch unentbehrlicher ist als die Herzogskrone. Das Motto der „„Räuber"", das er durch Anwendung äußerer Gewalt so streng gegen den Dichter kehren wollte, macht seine Kraft mit psychologischem Zwange auch in seinem eigenen Innern be= merkbar. Indem er seine Franziska nicht mehr versteht, verliert er gleich= sam sich selbst, und es vollzieht sich dadurch vom vierten zum fünften Act eine wohlmotivirte Gesinnungsmodification, der er sich willig unter= wirft, weil sie ihm die einzige Möglichkeit gewährt, zugleich für sich ein Gut zurückzugewinnen, welches für den Reiz seines eigenen Lebens ihm unentbehrlich geworden ist. Er bekehrt sich nicht zu Schiller's idealer Welt, aber er versöhnt sich mit ihr, denn er beginnt zu ver= stehen, daß der despotische Autokrat, der sogar den Segen seiner eigenen Häuslichkeit zerstört, der Menschheit schwerlich je ein beneidenswerthes Dasein zu schaffen vermag. — Meine Herren, Sie ersehen aus diesen flüchtigen Andeutungen, daß ein wahrhaft dramatischer Bau zwar auf manche theatralische Ueberraschung nothwendig verzichten muß, — daß er aber auch den Grundstein für Bühnenwirkungen legt, welche der bloßen Mache unerreichbar bleiben. Gehen wir nun in Betrachtung der Skizze weiter! Gleich Laura's erstes Auftreten macht uns nicht minder stutzen als Franziska's Mißdeutung der Laura Gedichte. Welche Mission hat in den „„Karlsschülern"" die Liebe — oder welche sollte sie haben? Sie ist das Mädchen aus der Fremde, ist die gütige Muse mit dem reichen

Füllhorn, welche den Dichter zu seinem Berufe läutert und einweiht. Wäre dies durch eine unreife Erscheinung zu erreichen, in der wir den Helden einen gewöhnlichen Roman erleben und in allen Tonarten nur die Gemüthsscala eines alltäglich oberflächlichen Menschen uns vorspielen sehen? Gewiß nicht. Also mit dem naiven Backfische ebenfalls weg! So anmuthig er drein schaut, hier steht er nicht am Platze. Wir brauchen eine weibliche Seele, welche zwar durch ihre Natürlichkeit bezaubert, aber schon beim ersten Blick in das Herz des Dichters ausruft: „„Schiller oder keinen!"" Kurz: Laura hat da zu beginnen, wo sie endet, damit sie den Haupthelden des Stückes nicht nöthige, ebenfalls schon da zu verschwinden, wo seine Entwickelung erst beginnen sollte. Shakespeare macht, — weil er in Romeo und Julia nicht die detaillirte Genesis des Eros, sondern die Wirkungen und Folgen einer zwischen den Kindern von zwei Tod-feinden entbrannten Liebe zum dramatischen Vorwurf hat, — schon in der fünften Scene des ersten Actes mit wenigen Versen ab, wozu Laube in den „„Karlsschülern"" einen Anlauf für volle drei Acte nahm. Wozu das? Zum dramatischen Thema der „„Karlsschüler"" gehört so wenig als zu Romeo und Julia die detaillirte Schilderung des Entstehens einer weiblichen Liebe. Die Weitläufigkeit raubt hier nur dem Haupthelden Zeit und Raum zu seiner eigenen Entwickelungsmöglichkeit, und er kommt durch lange Acte hindurch nicht anders als mit leeren Worten vom Fleck. Die natürliche Durchführung einer schon entflammten Liebe durch eine ideale Peripetie bis zu einer idealen Katastrophe bereitet zwar dem Auter größere Schwierigkeiten als das mit Kolbenschlägen bewerkstelligte Aufbrechen einer noch geschlossenen Liebesrose, aber die Mühe wird sich lohnen. Wir gewinnen dadurch für das Schauspiel eine Hauptperson, der es möglich gemacht sein wird, vor unseren Augen in dem engen Rahmen von fünf Acten ihre Schlacken abschütteln und bei ihrem Scheiden aus Stuttgart zum glücklichen Adlerfluge in die Arme des Vaterlandes wirklich reif sein zu können. Der Auter braucht deshalb seine naive Laura für die Welt nicht verloren zu geben. Er wird sie gut an der rechten Stelle eines andern Werkes verwerthen können, wo sie uns wahr-haft dramatisch zu ergötzen vermag und nicht zu blos theatralischem Auf-putze dient. Erst dort wird auch sie zur vollen Geltung gelangen können. Die Zeichnung ihres Charakters ist an und für sich zu reizend und zu gelungen, um ihr nicht das Zeugniß ausstellen zu müssen, daß man sie ungern verschwinden sähe."

199

Da nach dieser Rede Niemand das Wort zu einer Replik ergriff, so fuhr Johann fort:

„Meine Herren, sehen wir nun von der Skizze der „...Karlsschüler"" ab! Nehmen wir an, Schiller sei noch gar nicht dramatisirt worden! Wie würde ein Dichter, der sich dieser schweren Aufgabe unterziehen möchte, und dem Lessing's und Aristoteles' Grundsätze heilig sind, sich selbst zunächst wohl fragen und antworten, noch ehe er zur Feder griffe? Ich glaube, so: Worin besteht die Quintessenz vom Gehalt des Lebens und der Werke Schiller's? Antwort: In einem Kampfe um Verbesserung des allgemeinen Menschenschicksals. Frage: Wodurch sucht er dies hohe Ziel zu erreichen? Antwort: Durch sein Ringen für eine allgemeine ästhetisch-ethische Bildung und für die Segnungen einer gesetzlich geregelten Freiheit, unter welcher die Göttlichkeit der Menschenwürde zur möglich besten Erscheinung zu gelangen vermag. Frage: Und welche Periode seines Lebens erscheint wohl am geeignetsten zu lebendig dramatischer Veranschaulichung dieses Thema's? Antwort: Wahrscheinlich die Zeit, in welcher der Verfasser der „...Räuber"" von den Republikanern des in seinen innersten Grundfesten aufgewühlten Frankreich durch Diplom zum französischen Bürger erklärt wird, und in welcher der inzwischen zum Idealismus eines Posa vorgeschrittene und in philosophische Forschungen vertiefte Schiller angesichts des Schaffots Ludwig's XVI. zurückschaudernd in eine Krisis verfällt, deren Katastrophe uns mit Schiller, dem wahrhaft real-idealen Propheten der menschlichen Freiheit, beschenkte. Das Drama begönne also gerade zehn Jahre (1792) nach der Zeit, in welcher Laube seine Karlsschüler (1782) enden läßt. — Meine Herren, ich will, indem ich vorgenannte drei Fragen aufwerfe und beantworte, keinen der unter uns lebenden Epigonen verleiten, sich an das Riesenthema zu wagen. Vielmehr warne ich vor dem allzu kühn scheinenden Versuche einer nochmaligen Dramatisirung Schiller's, — nicht etwa weil ich die Zeit zu einem objectiven Verständniß noch nicht gekommen glaube, sondern weil ein Epigone abermals den Stoff nur verunstalten könnte. Die Stunde zur Zeitgemäßheit seiner Behandlung hätte wohl geschlagen, — die Periode von 1792—94 mit all ihrem Jammer ist uns schon hinlänglich fern gerückt. Taucht einmal unter uns wieder ein wahrhaft großer Dramatiker auf, so wird er sich dies wundervolle Thema schwerlich entgehen lassen und daraus den Deutschen vielleicht ihr großartigstes Gedankendrama schaffen. Bis dahin möge der Stoff unentweiht bleiben! Das aber soll uns nicht hindern, hier einen Augenblick dabei zu verweilen. Ich will keine Skizze zu geben versuchen, deren Entwurf eben Sache des Genie's wäre. Ich halte mich nur an die Idee, weil ich an Schiller noch das dritte Moment des Stilbegriffes zu beleuchten habe.

Unsern Schiller in ein Ringen für sein liebes Ich mit der materiellen Misere des irdischen Daseins zu verwickeln steht, obwohl seine Biographie uns viel davon zu erzählen weiß, im Widerspruch mit dem Bilde, welches wir von ihm selbst aus seinen Werken empfangen haben. Der nachbildende Dramatiker wird die Anregungen für seine Phantasie aus diesen, und nicht aus jener, schöpfen dürfen: er hat uns die Idee in vollster Reinheit zu veranschaulichen und alles ihr Fremdartige, alles Unwesentliche oder Zufällige streng zu vermeiden. Gegen die Misere des irdischen Daseins für sein liebes Ich läßt Goethe mit Recht einen Tasso ringen, denn in Tasso reift der Gehalt seines Lebens schließlich nicht zum Siege, vielmehr geht er später am Zwiespalt seines eigenen Herzens zu Grunde, — Tasso endet im Wahnsinn. Schiller's wahres künstlerisches Ich ist die Menschheit: Schiller persönlich ist kein unter gehender Held: er beschließt seine irdische Laufbahn als prophetischer Genius einer Offenbarung, die sich über seiner Gruft bewährt und zündend fortwirkt. Der nachbildende Dramatiker wird sich deshalb freilich nicht verleiten lassen dürfen, seinen Helden zu einer Art von Halbgott aufzuputzen. Das wäre ebenso gefehlt, als wenn er ihn im Staube der Materie herumwühlen ließe. Gerade die Idee, deren Vertreter Schiller ist, bedingt, daß sich auch in seiner Individualität uns die Menschlichkeit veranschauliche, aber nicht die verzerrte Menschlichkeit in ihrem alltäglichen Jammer, sondern die zu innerer Harmonie gelangende Menschlichkeit, welche sich durch den in ihr sprühenden Götterfunken aus diesem Jammer emporzuarbeiten weiß. Der alltägliche Jammer ist in diesem psychologischen Gemälde nur zu den Hintergrundsfarben in discretester Anwendung verwerthbar, er darf nur von ferne hereinragen, nur um die Hauptfigur desto drastischer und desto heller zu beleuchten, nur um zu zeigen, wie unaussprechlich selig sie ist, — nicht etwa weil sie die nach gewöhnlichen Begriffen zur irdischen Seligkeit unentbehrlichen materiellen Schätze im Ueberfluß besitzt, sondern weil sie in ihrer Fülle höheren Reichthums das Gewöhnliche entbehren kann ohne sich deshalb elend zu fühlen. Schiller, der Träger der Idee höchster menschlicher Vollendung, erscheint uns in seiner dramatischen Reproduction zugleich als der Träger des höchsten irdischen Familienglückes: er ist der Wonnen spendende und Wonnen empfangende Gatte. Hier liefert schon die kahle Biographie dem Dramatiker ein reizendes Material, dessen sich seine Phantasie nur zu bemächtigen braucht, um ein wundervolles Lebensbild daraus zu gestalten. Charlotte von Lengenfeld ist ein Charakter, den zu Schiller's Gefährtin selbst das größte Genie nicht genialer erfinden könnte. — Betrachten wir nun etwas näher die Grundidee von Schiller's Streben, und wie dieselbe schon aus seiner Biographie während des für das Drama bezeichneten Zeitraumes klar hervorleuchtet! Wir werden dann bald erkennen, daß es für den berufenen Dramatiker nicht schwer sein könnte, für diese Idee auch eine dramatisch und theatralisch sehr wirksame äußere Handlung zu gewinnen. Die Charaktere, sowie die Anlässe zu einem auf's Höchste gesteigerten Conflict und zum Ausbruche der heftigsten Leidenschaften sind schon im rohen Geschichtsmaterial überreichlich vorhanden. Da ist es — um zunächst von den Charakteren zu sprechen — vor Allem der erste unserer beiden Dioskuren, Goethe, der Geisteskönig am großherzoglichen Hofe von Weimar, welcher seinen unerschütterlich festen Standpunkt bereits gefunden hat, von dem aus er als vollendeter Künstler das Wogen und Drängen der Welt mit dem sicheren Blicke eines Jupiter überschaut! Er ist der real-ideale Gegensatz zu dem sich seiner letzten Schlacken entledigenden Phönix des Stückes, — der Fels, an welchem dieser gleichsam seine Fittige aufschlägt, um den Rest des Staubes abzuschütteln, ehe auch er sich erhebt in die Regionen des wolkenlos reinen Lichtes. Da ist es ferner die genial-patriarchalische Fürstengestalt des Großherzogs Karl August, — ein köstlich verwerthbarer Charakter. Da ist sodann noch ein reicher Flor von Frauen- und Männer-Charakteren zu beliebiger Auswahl für die Nebenfiguren des Drama's. Ich will sie hier nicht der Reihe nach aufzählen, da Ihnen ja die Geschichte der klassischen Periode Weimar's genau bekannt ist, und schon der erste Blick auf dieselbe klar zeigt, daß dem nachbildenden Dramatiker die taktfeste Beachtung des Ausspruches: „„In der Beschränkung zeigt sich der Meister"" wahrscheinlich mehr Kopfarbeit machen wird als das Auffinden einer ausreichenden Anzahl lebenswahrer Charaktere, die sich zur Verkörperung der Idee eignen. Er wird Vieles fallen lassen müssen, was ihm die Geschichte zu überladen darbietet. Er wird mit weiser Beschränkung seinen Helden nur in Berührung mit denjenigen Kreisen setzen, die wesentlich

hemmend oder wesentlich fördernd auf dessen Ideengang einwirken. Alles
Andere hat er als Ballast über Bord zu werfen. — Meine Herren, betrachten wir jetzt nur noch, wie schon in Schiller's Biographie die Entwickelung
und Läuterung der Grund-Idee seiner ästhetisch-ethischen Bestrebungen sich
auf eine Art gliedert, die um so natürlicher die Unterlegung einer dramatischen Handlung ermöglicht, als sein Zeitalter von eben denselben
Ideen mächtig erregt ist, und erschütternde Weltereignisse in ihren Nach-
klängen bis in das Innerste jeder Familie hinein vibriren. Schiller, der
Dichter der „„Räuber““, hat sich durch eigene Kraft aus dem weltzertrüm-
mernden Chaos eines Karl Moor ins ideale Erdenparadies eines Posa
emporgeschwungen, aber das Erreichte genügt ihm nicht, und der unermüd-
liche Forscher vertieft sich in ernste philosophische Studien. So steht es,
wenn der Vorhang zum ersten Male aufgeht. War das Morgenroth der
Freiheitssonne in der neuen Welt unter George Waßhington ein Schiller's
Gemüth mächtig ergreifendes Ereigniß gewesen, so schlug sein Herz noch
sympathischer dem ersten Aufflackern des Brandes der französischen Revolution von 1789 zu, von der er eine heilsame Rückwirkung auf das
Schicksal der ganzen europäischen Menschheit hoffte. Namentlich war es
hier Lafayette, Waßhington's idealischer Schüler, den er als Bürgen für
eine segensreiche Entwickelung betrachtete. Aber dem kurzen Hoffnungs-
schimmer folgte bald die bittre Enttäuschung nach. Lafayette vermochte
die dunkeln Mächte nicht zu leiten, die er in Paris entfesseln geholfen:
statt des erträumten Segens einer wahren Volksbeglückung beginnen mehr
und mehr die Schreckensgestalten roher Zügellosigkeit aufzutauchen, an
Stelle der gestürzten Tyrannei von Oben drängt sich mehr und mehr die
Tyrannei von Unten vor, — das Ungeheuer des pöbelhaften Terrorismus
streckt schon, alle Gesittung und Bildung und Intelligenz und Kunst mit
Untergang bedrohend, seine Krallen gewaltig in die Scenerie hinein.
Das bildet nicht die Handlung, sondern liefert gleich in den Einleitungs-
scenen nur das erregende Motiv zur Handlung des Drama's, welche der
nachbildende Dramatiker der Grund-Idee seines eigenen Werkes entsprechend zu erfinden haben wird. Das Diplom, durch welches die französischen Schreckensmänner den Autor der eben in Paris mit Furore gegebenen „„Räuber““ zum Bürger Frankreichs ernennen, erfüllt den Em-
pfänger mit unheimlichem Schauder. Die Nachricht von der Ermordung des
Königs und von den unter der Guillotine fließenden Blutströmen erweckt
in ihm Bilder, von denen er furchtbar gepeinigt wird, wie Orestes von

den Furien, ehe er ins delphische Heiligthum gelangen konnte: das Grenel-
regiment der Pariser Schreckensmänner erscheint ihm als die praktische Nutz-
anwendung seines eigenen ersten, in den „„Räubern"" der Welt enthüllten
Jugend-Ideals. Es wird Nacht in seiner Seele: War früher die Menschheit durch die Tyrannei von Oben entwürdigend geknechtet worden, so
beweist jetzt die ihrer Knechtschaft entronnene Menschheit selbst, daß sie
eines besseren Schicksals nicht werth war! Der Glaube an den göttlichen
Kern der menschlichen Seele beginnt in des Dichters Brust zu wanken,
und der Verlust dieses Glaubens wäre ein Sturz in die Abgründe der
Verzweiflung! Aber gerade unter den Stürmen solch einer Geistesnacht
bewährt sich der Götterfunke in Schiller am leuchtendsten, und aus der
Peripetie entwickelt sich eine Katastrophe, die, inmitten einer betrübenden
Weltlage, und himmelhoch über sie emporragend, uns den begeisterten
Propheten der Zukunft des menschlichen Schicksals zeigt und mit den
unsterblichen Vorklängen derjenigen freiheitlichen Weltordnung abschließt,
welcher Schiller in seinem „„Lied von der Glocke"" und in seinem
„„Wilhelm Tell"" später den prägnantesten Ausdruck verlieh. —
Meine Herren, so ungefähr — glaube ich — müßte Schiller aufgefaßt
werden, wenn der Gedanke, welchen Laube in den „„Karlsschülern"" veranschaulichen wollte, zur dramatisch verkörperten Gestaltung gelangen soll, —
nämlich der Gedanke, daß an Schiller's Erhaltung oder Untergang der Sieg
oder die Verkümmerung des besseren und edleren Theiles der germanischen
Menschheit hing. In der verzerrten Charakterzeichnung der „„Karlsschüler""
taucht dieser Gedanke nur als unklare Phrase auf und kann daher auch
nur einem Publicum genügen, welches entweder hinlänglich seicht oder
in seinen Kunstansprüchen hinlänglich bescheiden ist, um sich mit bloßen
Phrasen abspeisen zu lassen. Darf aber, selbst wenn das Publicum sich
dabei begnügt, die leere Phrase auch dem Dramatiker genügen, der im
Ernst für die Würde und die Bedeutung der Bühne mitthätig sein
möchte? — Meine Herren, ich glaube bezüglich Schiller's kann noch
beifügen zu müssen, daß seine dramatische Behandlung nicht einer raffinirt auf äußere Ueberraschungen berechneten Mache bedarf, sondern eine
einfache Handlung erfordert. Nicht die Ueberstürzung complicirter Begebenheiten, sondern die Vereinfachung der auf einander prallenden
Gegensätze entspricht dem tiefern Begriff des wahrhaft Dramatischen
und läßt dem echten Dichter Raum, Conflicte und Leidenschaften bis
auf die höchste Spitze steigern zu können. Wie sich aus der größten

Einfachheit die größte dramatische Steigerung und Spannung gewinnen läßt, lernt man am Besten in der Schule der Alten. Der künftige nachbildende Dramatiker Schiller's wird jene Schule absolvirt haben müssen, sonst dürfte es ihm wohl nie gelingen, diesem nationalen Gedankendrama durch Beachtung des dritten Moments des Stilbegriffes, d. h. des Stils als Ausdruckes der höchsten künstlerischen Idealität, eine lebendige Seele einzuhauchen."

Hier machte Johann eine kleine Pause. Da Niemand das Wort zu einer Replik ergriff, so fuhr er nach kurzem Bedenken fort: „Verehrte Herren, ich schließe meine Erörterungen über den Stilbegriff mit einer ganz allgemeinen Bemerkung ab. Bekanntlich trug der Apollo-Tempel in Delphi die Inschrift: γνῶθι σεαυτόν, d. h. erkenne Dich selbst! Die Hellenen hielten die Selbsterkenntniß für die schwerste aller Wissenschaften. Dem Dramatiker ist diese Wissenschaft unentbehrlicher als dem Vertreter irgend eines andern Berufsfaches. Wer sich selbst und die Grenzen des ihm zuständigen Kunstzweiges mißkennt, der wird als Dramatiker stets nur blindlings in allen denkbaren und möglichen Stoffen auf's Gerathewohl herumtappen und an mißlungene Versuche seine Zeit verlieren, die er bei gründlicher Umsicht vielleicht gut hätte verwerthen können. Mangel an Selbstkritik ist eine Eigenschaft, die gar vielen unserer zeitgenössischen Dramatiker anhaftet. Erringen ihre Mißgeburten dennoch Theater-erfolge, so wähnen sie sich jeder Aufgabe gewachsen und experimentiren ins Blaue hinein fort, ja kleistern hieraus wohl gar ein neues Theater-Evangelium zusammen. Man kann zur Bekämpfung dieses scheinbar wissenschaftlich betriebenen Dilettantismus die Worte nicht scharf genug wählen. Lerne vor Allem ein jeder, der sich der dramatischen Production hingeben will, das ihm zur Bewältigung mögliche Genre verstehen, denn jedes Genre birgt in sich auch seine eigene Stil-Modification. Der Realist versteige sich nicht zu idealistischen, und der Idealist greife nicht zu realistischen Stoffen, sonst arbeiten beide nur für die ohnehin schon so schrecklich grassirende Stillosigkeit der modernen Bühnenkunst. Ueberhaupt wird diejenige Kunstgattung, welche man nicht mit Unrecht die Blüthe und höchste Spitze aller Poesie nennt, unter der Pflege des niedrig angelegten Realisten stets nur mißhandelt werden können. Die betrübende Thatsache, daß das höhere und ernstere Drama bei so vielen Theaterbesuchern in Verruf steht, und die Menge sich mehr und mehr den hohlsten Späßen oder gar der offenkundigsten Frivolität zuwendet, ist weit weniger einer Schuld des Publicums beizumessen, als viel

mehr aus dem Stilmangel des Genre's zu erklären. Den seichten
Spaßmacher schädigt dieser Mangel weniger, als den ernsten Bühnenschriftsteller: jener erschüttert durch seine einzelnen Einfälle immerhin noch
das Zwergfell des Zuschauers; dieser opfert und verliert den Eindruck
seiner ganzen Leistung. Dasselbe Verhältniß gilt auch von der darstellenden Kunst, von welcher erst später noch die Rede sein wird.
Eine Kunstrichtung ohne festen Kunststil, mögen ihr auch tausend Coterien
ein ephemeres Scheinleben fristen, zählt nur zum veredelten Handwerk,
nicht zur veredelnden Kunst. Was also zunächst unsere Dramatiker anzustreben haben, das heißt erstens: Stil! zweitens: Stil! drittens: Stil!
Hat sich dieser für die dramatische Production endlich wieder gefunden,
dann wird auch der verloren gegangene Stil in der dramatischen Reproduction sich ebenso leicht ergeben, als er bis dahin unwiederherstellbar bleiben dürfte."

„Stil in der Production und Stil in der Reproduction!" warf
Max der Pessimist ein. „Ich gebe zu, daß mit diesem kurzen Satze
nicht blos der Weg zur Bühnenreform treffend gekennzeichnet ist, sondern
daß die Reform sogar schon glücklich vollzogen wäre, wenn man für
die dramatische Production und für die theatralische Reproduction wieder
einen Stil gefunden hätte, der einerseits den Rücksichten auf die Zeitgemäßheit und andererseits den Anforderungen der Kunstgesetze entspräche.
Dennoch kamen wir mit dieser Entdeckung um keinen Ruck weiter. Der
Arzt hat jetzt die Diagnose gestellt, und sein Bülletin lautet: ...Krank-
heitsursache gefunden, Heilung unmöglich!‹‹ Oder wie könnten unsere
Theater, die ein tägliches Spielbedürfniß zu befriedigen haben, sich einen
den Kunstgesetzen und dem Zeitgeschmacke entsprechenden Darstellungsstil
aneignen, da es ihnen an genügend zahlreichen Novitäten fehlt, in welchen
die Grundlinien hierzu gelegt wären?"

„Auf diese Frage" — entgegnete Johann — „werde ich eine
gründliche Antwort erst geben können, wenn wir bei den Specialien zur
Besprechung der von der dermaligen Theaterpraxis verworfenen
Dramatiker übergehen. Vorerst verwahre ich mich nur gegen die un-
richtige Auffassung meiner Diagnose. Das heutige Bülletin lautet nicht:
„‚Krankheitsursache gefunden, Heilung unmöglich'‹". Es lautet: ...Krank-
heitsursache gefunden, als Gegenmittel vor Allem nicht mehr das wahre
dramatische Talent zu Gunsten der Virtuosen einer hohlen Mache zu
unterdrücken'‹"!

„So werde ich meine Zweifel später wiederholen und vorerst eine andere Frage aufwerfen," replicirte Max. „Die zwei Stücke ... Ein Erfolg" und „... die Karlsschüler", deren Schwächen Sie aufgedeckt haben, bezeichnen ganz treffend die Kunstrichtung, von welcher die heutige Bühnenwelt beherrscht wird. Beide Stücke fußen auf realistischen Grund-lagen, dennoch streben sie ganz verschiedene Ziele an. Laube ver-suchte — wie er in der Vorrede versichert — mit seinen „„Karlsschülern"" einen Beitrag zur Auffindung des künftigen Kunststils zu liefern. Dagegen proclamirte Lindau in seinem „„Erfolg"" offenbar die Verherrlichung gelockerter und lockernder Sittengesetze als des Evangeliums der Zeit! Was sagen Sie zu dieser Grundverschiedenheit der Bestrebungen auf gleich lautend realistischer Grundlage? Genügt zur Erklärung ein Blick auf die Verschiedenheit des Naturells der beiden Schriftsteller? Oder haben wir die Erscheinung aus anderen Ursachen herzuleiten?"

„Aus dem System," entgegnete Johann. „Es ist Laube's großer Lebensirrthum, daß er das rettende Elixir für die dramatische Kunst im kahlen Realismus entdeckt zu haben wähnte und trotz so vielfacher Op-position sich von dieser Selbsttäuschung nicht abbringen ließ. Schon unter seiner eigenen Feder, die sich noch ernstlich abmühte, der sprödrealistischen Behandlung poetischen Schein einzuhauchen, ist die Poesie zur Phrase herabgesunken, wie ich an dem weihevollsten der von ihm gewählten Stoffe, an Feldscher Schiller, nachwies. Laube's Nachtreter müssen nothwendig immer mehr und mehr verkommen, denn der Pegasus, auf welchem sie sich nach des Meisters Beispiel und Vorschrift erheben sollen, trägt Bleiklumpen statt der Flügel. Das Umsichgreifen des kahlen Realis-mus als des dominirenden Elements im Drama drängt von der schwach verhüllten Frivolität, die auf unseren Brettern bereits zu wuchern beginnt, zwingend der unverhülltesten Lascivität zu, mag auch Laube unbegreiflicher-weise das Gegentheil noch so zuverlässig und noch so unerschütterlich hoffen. Zur Verhinderung dieser Katastrophe ist die realistische Verstandescombi-nation unfähig. Nicht die sich für gesunde dramatische Poesie ausgebende, aber in der That realistisch angekränkelte Weinerlichkeit der „„Karlsschüler"", sondern der unwillkürlich zur Satire für den Autor selbst gewordene „„Erfolg"" sind die naturgemäß aufgeschossene Frucht von Laube's neuem Theater-Evangelium. Jene angekränkelte Weinerlichkeit ist diesem Evangelium aufgezwängt: der Kern seines Inhalts tritt im „„Erfolg"" portraitirt zu Tage, — dieser und die auf gleich niedriger Stufe stehenden neueren Producte ähnlicher Tendenz veranschaulichen uns in Wahrheit die correcte Verwerthung derjenigen modernst dramaturgischen Grund sätze, welche schon Laube den Franzosen abgeborgt und in seinen eigenen kritischen Schriften mit scheinbar wissenschaftlicher Begründung dem deutschen Publicum mundgerecht zu machen versucht hatte. Aber Laube war noch in dem Vorurtheile stecken geblieben, daß sich dem importirten Realismus der Keim zur Schöpfung eines höheren Drama's und eines zeitgemäßen ethischen Theaters für die Deutschen abgewinnen lasse. Er brachte es im komischen Genre bis zu einigen anerkennenswerthen Lustspielchen und zu einer mechanisch klappenden Reproduction, in der ernsten Gattung bis zur hausbackenen Sentimentalität und Weinerlichkeit ohne Ensemble auf den Brettern. Höher tragen die Schwingen des Realismus nicht. — Lindau versuchte als speculativer Kopf das importirte Theater-Evange lium zu den Zwecken auszubeuten, zu welchen es am Strand der Seine erfunden ward, und zu welchen es wirklich taugt —: er schuf die zweideutige Satire des „„Erfolges"". So gewiß diese Satire im Ver gleich mit Laube's „„Karlsschülern"" ein gewaltiger dramatischer Rück schritt ist, ebenso gewiß haben wir sie zugleich auch als ersten Grad einer consequenten Weiterentwickelung der Laube'schen Dramaturgie aufzufassen.*) Meine Herren, hätte ich diesem Gegenstande nicht schon fast zu viel Zeit und Raum gewidmet, so würde mich's kitzeln, hier noch eine eingehende Parallele zwischen beiden Stücken zu ziehen. Es ließe sich Scene für Scene nachweisen, daß der „„Erfolg"" eine Travestie der „„Karlsschüler"" ist. Jedoch stelle ich dies Ihrem eigenen Nachdenken anheim und will durch Hindeutung auf einen einzigen Zug Ihnen nur den Schlüssel dazu liefern. Laube läßt in den „„Karlsschülern"" seinen Fritz

---

*) Unser Idealist Johann hätte sich zur Bestätigung dieses Satzes sogar auf Lindau's eigenes Zeugniß berufen können. Der Lorberkranz, welchen Lindau zum 18. Septbr. 1876 an Laube sendete, trug die Ueberschrift: „Dem Meister Heinrich Laube sein dankbarer Schüler!" Offenbar ist also Lindau selbst der Ansicht, daß er als „Dramatiker" und Kritiker (!) Laube's Grundsätze praktisch verwerthe. Näher auf diese Gesinnungs Association einzugehen ist hier, wo es sich nur um die Sache handelt, nicht der Ort. Wer sich für Persönliches und für das auf Gegen seitigkeit beruhende Versicherungs Institut für zeitgenössische „Theater-Berühmtheiten" interessirt, der kann hierüber in den zahlreich erschienenen Schriften, so z. B. in Karl Fiedler's schon citirtem Buche: „Das deutsche Theater, was es war, was es ist, was es werden muß," eine wahre Musterkarte von pikanteßen Einzelheiten finden.   Der Protokollführer.

Feldscher jammern, daß er kein Dichter sei, wenn ihn die Frauen nicht lieben. Sobald aber Backfisch Laura mürbe wird, vergißt Fritz Feldscher über seinem Phantasieglücke alle Um= und Fernsicht, die ihm von der Mißlichkeit der Lage gebieterisch aufgedrängt wird! Das ist nicht der Er= guß eines gesunden poetischen Herzens, sondern die Ueber= und Abspannung eines nervös leidenden Gemüthes. Lindau führt im „„Erfolg"" seinen Fritz Marlow durch eben dieselbe Situation, läßt ihn aber den weiblichen Korb mit der lakonischen Aeußerung: „„Es ist wirklich Schade — sie ist reizend"", leichthin einstecken und, wenn später ihm seine Eva wie dem Fritz Feldscher seine Laura nachläuft, ruft er ebenso leichthin: „„Ich habe doch einen Erfolg gehabt"", und überläßt seinen poetischen Kummer „„allen erzürnten Heiligen,"" die, falls sie ihm als Dreingabe auch noch eine fette Tantième verschaffen, „„nicht schaden"". Das ist nicht blos eine Pa rodie auf Fritz Feldscher's Sensibilität, sondern zugleich echt realistisch. Fritz Marlow handelt hier consequent, wenn auch seine Consequenz von noch knolligeren Bleiklumpen niedergedrückt wird als Fritz Feldscher's Pe gasus. Und wozu ich — fragen Sie wohl — auf diese ungleichen Aehnlichkeiten beider Stücke hindeute? Vielleicht um zu untersuchen, ob der kahle Realismus in der dramatischen Kunst wirklich und nothwendig entweder in eine poesielose Heulerei oder in einen Alles verschlingenden Spott auslaufen müsse? Ich stelle die Antwort Ihrem eigenen Scharf= sinne anheim. Die Franzosen sind nicht blos für gewisse deutsche (!) Federn ein Muster, sie könnten zugleich auch für die gesammte deutsche Nation ein warnendes Vorbild sein. Schon seit mehr als einem Jahrhundert hatten sie sich abgemüht, für den Ausdruck des Spottes in ihren Theatern und in ihrer schöngeistigen Literatur die bezauberndste Form auszuklügeln. Sie waren, sich selbst beräuchernd, hierin längst sehr „„sublim"" geworden und darüber endlich soweit gekommen, daß sie auch für den Staat einen genügenden Verfassungs=Stil nicht mehr zu finden und mit der socialen Ordnung ebenfalls wie mit einem Bühnen=Manuscript nur noch zu ex= perimentiren vermochten, bis endlich eine Katastrophe demüthigendster Art ihren Taumel durchkreuzte, und der nationale Jammer die Noth wendigkeit, sich ernstlich wieder zu besinnen, ihnen unabweisbar aufzwang. Vielleicht holen wir auch hierin, trotz unsers viel gerühmten „„germa nischen Berufes"", durch eine derartige Katastrophe den westlichen Nachbar noch ein, die wir ihn ja schon auf einem andern Felde sogar plötzlich über= holt haben und uns in der gewonnenen Position recht sicher fühlen. Meine

Herren, die schöngeistige Literatur, deren wirksamstes Organ das Theater ist, übt — zwar langsam, aber unwiderstehlich — ihre Rückschläge auf alle Gestaltungen des Privat- und des öffentlichen Lebens. Es scheint an der Zeit zu sein, daß wir uns sammeln und wieder zur Vernunft kommen. Doch — hier endet die ästhetische Seite meines Thema's und die politische beginnt. Daher breche ich ab."

Nach dieser Rede Johann's des Idealisten vertagte sich die Versammlung, nicht ohne daß auf den Gesichtern mancher Theilnehmer der Ausdruck einer gewaltigen Erregung zu lesen gewesen wäre. Der Nimbus einer mit dem Geschick der „Mache" cultivirten Kunstverirrung, die zahlreiche Anhänger besitzt, war durch zum Theil unwiderlegbare Gründe erschüttert worden, aber man sah den Leuten an, daß sie noch der Zeit und der Ueberlegung bedurften, um das Gehörte objectiv würdigen und ihm die richtige Seite abgewinnen zu können.

IX.

Der dramatische Charakter. Shakespeare's „Tragedy of Coriolanus". Wahl des Stoffes. Schiller's „Wilhelm Tell". Unterscheidungsmerkmale zwischen dem Kunst-Realismus und zwischen der real-idealen Kunstrichtung. Gros des Schauspieler-Standes. Neue Fach-Eintheilung.

Motto: Dem glücklichsten Genie wird kaum Ein Mal gelingen,
Sich durch Natur und durch Instinkt allein
Zum Ungemeinen aufzuschwingen.
Die Kunst bleibt Kunst! Wer sie nicht durchgedacht
Der darf sich keinen Künstler nennen;
Hier hilft das Tappen Nichts, eh' man was Gutes macht,
Muß man es erst recht sicher kennen.
Goethe (Künstlers Apotheose).

In der siebenten Sitzung der Bühnenreform-Freunde fuhr Johann der Idealist fort:

„Meine Herren, unsere Tagesordnung bewegt sich noch immer innerhalb der zur Ausübung der dramatischen Kunst nöthigen allgemeinen Vorbegriffe. In der vorigen Sitzung haben wir versucht, uns über die drei Momente des Kunst-Stils in ihrer Anwendung auf das Drama einige Klarheit zu verschaffen. Wir schlossen mit dem Stil in seiner Bedeutung als Ausdruck der höchsten künstlerischen Idealität. Da das Ideal das vollendete Musterbild der Natur ist, und der Dramatiker den Menschen zu veranschaulichen hat, so wird ihm das Studium der menschlichen Natur unentbehrlich sein. Dies führt uns in consequenter Ideenfolge zur Aufwerfung der Frage: Was versteht man im gewöhnlichen Leben unter den Ausdrücken: Charakter, Individualität und Temperament? Wir berühren, indem wir uns hiermit der realen Anthropologie und Psychologie zuwenden, eine Seite des Kunstgebietes, von welcher die Realisten behaupten, daß damit alle Tiefen der dramatischen Kunst erschöpft seien, daß diese Kunst, weil sie den wirklichen Menschen zu zeichnen habe, das Ideal ausschließe. Es wird mir aber, glaube ich, nicht schwer werden zu zeigen, daß sie just wegen des eben genannten Grundes des Ideals bedarf; daß die realistische Kunstrichtung der Gegenwart nur deshalb dies Bedürfniß abstreifen konnte, weil sie nicht mehr den wirklichen, d. h. den natürlichen Menschen in seinem inneren Gehalte zeichnet, sondern nur noch den conventionellen Menschen, nur die von der Mode des Tages übertünchte Oberfläche seines Wesens. Die scharf photographirten Typen aus der Gesellschaft, denen wir in den modernen Theaterstücken begegnen, gleichen den Bildern eines Maskenballs. So wenig wir durch die Larve eines Vermummten die wahre Physiognomie zu erkennen vermögen, so wenig können wir in jenen blos vegetirenden Typen eine lebensfähige Seele erspähen. Es sind, — und das hängt genau mit der Erhebung des realistischen Begriffs „„Mache"" zum höchsten Criterium der Kunstgattung zusammen, — es sind trotz all ihrer scheinbaren Natürlichkeit keine wahrhaften Menschen mit menschenwürdigen Selbstzwecken; es sind — wie ich an zwei Beispielen nachwies — nur die Marionetten auf dem Schachbrett des Spielers, Autor genannt, der sie nach Belieben wendet und dreht und verdreht, so wie es ihm für seine eigenen unkünstlerischen Zwecke convenirt. Die Handlung wird nicht durch die Consequenzen der Charaktere und Conflicte erzeugt und getragen, sondern der Autor ordnet ihr die Charaktere unter und mißbraucht dieselben im Verlaufe des Stückes nicht selten zu den willkürlichsten Wandelungen. Meine Herren, das Ideal im Drama ist das vollendete Bild einer lebensfähigen dramatischen Figur: Jeder normale Mensch besitzt in seinem Innern ein ihm eigenthümliches Ideal, d. h. die Vorstellung von einem Zustande, der ihm als der Inbegriff der höchsten Schönheit und Glückseligkeit erscheint. Dies subjective Ideal steht nicht selten im vollsten Widerspruch mit dem objektiven Ideal, d. h. mit dem Begriffe wahrer Schönheit und Glückseligkeit. Nichts desto weniger gehört es zur innern Natur des Menschen und ist von ihr unabtrennbar. Die Marionette besitzt kein Ideal: sie liefert nur Stoff zu phantastischen Verzerrungen, die man mit den Augen des Verstandes nicht prüfen kann, ohne sich widerwillig davon abwenden zu müssen. — Das höhere Drama kann weder der subjectiven Ideale, noch des sich aus dem Conflicte derselben herauskrystallisirenden objectiven Ideals entbehren, und darum reichen für diese Kunstgattung bloße Marionetten nicht aus: sie bedarf naturwahr idealisirter Charaktere. Hierin liegt wohl ein Haupt grund, warum heutzutage die Trauerspiel-Novitäten fast in der Regel eher alles Andere sind als das, wofür sie sich ausgeben. Es sollen Tragödien sein, und sind in Wahrheit traurige Spiele oder weinerliche Possen. Die Zeichnung des conventionellen Menschen macht, sofern man den Gehalt des Stückes in sie verlegt, den Stil im höheren Drama zur Fratze. Die Mummerei reicht nur für ein mittelmäßiges Lustspiel und Mode-Schauspiel aus. Wir können die Phrase einer hohlen Convention bewitzeln und geißeln; sie bietet einer geistreichen Feder für das heitere dramatische Genre sogar die prächtigsten Stoffe, so ernst sie sich auch im realen Leben geberdet. Wer aber in der dramatischen Kunst diesen Ernst zur Tragik adeln will, der muß durch die conventionelle Hülle hinein-dringen in die inneren Tiefen und Untiefen des Menschen und dort den Rohstoff für das moderne Kunst-Ideal gewinnen, nicht in der Conven-tion. Ja selbst der Dramatiker des heiteren Genre's muß, wenn er den vollen Zauber des Lustspiels zur Erscheinung bringen und nicht — wie von der Mehrzahl unserer Lustspieldichter geschieht — ins bloß Possenhafte verflachen will, keck hineingreifen in jene Tiefen und Untiefen. Die ernsten Dramatiker der Gegenwart pflegen das Gegentheil zu thun und machen sich dadurch unvermögend, ihren Werken den Kunststil aufzuprägen. Wir haben unter den ernsten Novitäten, welche die Runde über die Bretter machten, schon seit dem Erscheinen des Gutzkow'schen ...Uriel Acosta-- (1846), also seit mehr als drei Jahrzehenden, keine Tragödie mehr zu verzeichnen, in welcher der Kunst-Stil mit Verständniß angestrebt worden wäre. Und auch Uriel Acosta ist kein ganz gelungenes Werk. Nament-lich herrscht das Didactische vor, dem Ganzen fehlt trotz der lebensvollen Individualitäten die poetische Wärme, und der Held als Repräsentant der Ueberzeugungstreue ist zu schwach gezeichnet. Der von den Bühnen-praktikern gezogene Schluß, daß die ernste Gattung beim Publicum in Verruf stehe, schwebt also in der Luft: erwiesen ist nur, daß die Bühnen-praktiker seit drei Decennien in diesem Fache dem Publicum verfehlte Novitäten vorführten; der voreilige Schluß wäre durch Vorführung einer gelungenen neuen Tragödie erst zu erweisen oder zu widerlegen. —

Meine Herren, schon im gewöhnlichen Leben pflegt man von Charakter oder von Charakterlosigkeit zu sprechen und mit diesen Ausdrücken die Zuverlässigkeit oder Unzuverlässigkeit eines Menschen, d. h. den Besitz oder den Mangel an Grundsätzen zu bezeichnen, von welchen seine Hand-lungen bestimmt werden. Der Ausdruck Charakter im allgemeinsten

Sinne ist gleichbedeutend mit dem Ausdrucke Individualität: mit Beiden deutet man das Eigenthümliche an, wodurch sich ein Ding von andern seiner Art unterscheidet. In ihrer Anwendung auf den Menschen versteht man unter Charakter das bewußt gewordene, und unter Individualität das unbewußt von der Natur verliehene Eigenthümliche. Charakter beim Menschen ist also eine fest bestimmte Gestalt des Wollens und die hierdurch geregelte Consequenz des Handelns. Die Individualität dagegen wächst im Menschen unwillkürlich heran, ihre Ursachen liegen theils in der Gesetzmäßigkeit des geistigen Lebens, theils in den Verhältnissen des Geistigen und Leiblichen; sie kann schwankend, unbestimmt und launenhaft sein; der Charakter weiß was er will."

„Was soll" — unterbrach May der Pessimist den Redner — „was soll mit dieser philosophischen Erklärung zur Sache, d. h. zur dramatischen Poesie und zur theatralischen Darstellung, gesagt sein?"

Johann erwiderte:

„Nichts Geringeres als: Wie jeder Mensch im Leben einen eigenen Charakter und eine Individualität besitzt, so müssen auch jeder Person im Drama beide Eigenschaften innewohnen. Wer das nicht in die Worte der Dichtung hineinlegen kann, der ist kein Dramatiker; und wer es in der Reproduction auf den Brettern nicht zur lebendigen Veranschaulichung bringen kann, der ist kein Mime, mag er auch seine Part sonst noch so gut hersagen."

„Wollen Sie damit behaupten, daß unter allen Umständen die Zeichnung der menschlichen Charakterlosigkeit im Drama keine Berechtigung habe?" fragte May.

„Nichts weniger als dies," fuhr jener fort. „Die Mitkennzeichnung sogenannter charakterloser Menschen wird, je nach der Wahl des Stoffes, dem Dramatiker nicht selten ganz unentbehrlich sein, ja sie wird ihm sogar manchmal die Unterlage zu den höchsten Wirkungen liefern müssen. Und was vom Dichter gilt, das gilt auch vom Darsteller. Es ist stets die Aufgabe des Letzteren, getreu den Inhalt und Gehalt des Textes zu verkörpern, den der Erstere ihm liefert."

„Vorhin sagten Sie, daß jeder Mensch im Leben irgend einen Charakter besitze," wendete May wieder ein. „Und eben sprachen Sie von sogenannten charakterlosen Menschen. Wenn Jedermann einen Charakter hat, kann es dann in der Wirklichkeit charakterlose Menschen geben?"

„Auf diese Frage ertheilen vielleicht der Moralist und der Aesthetiker Ihnen zwei verschiedene Antworten" — entgegnete Johann; — „Jener ein Ja, Dieser ein Nein. Dennoch hätten für ihren Standpunkt Beide Recht. Die Gesinnungs- und Handlungsweise eines Menschen kann moralisch ganz verwerflich sein, ohne deshalb charakterlos in ästhetischem Sinne zu werden. Sittlicher Werth und Besitz von Charakter sind keine unzertrennlichen Begriffe. Weder kann man aus dem sittlichen Werth an und für sich auf das Vorhandensein eines Charakters schließen, noch aus dem Fehlen des sittlichen Werthes an und für sich den Schluß folgern, daß ein Charakter nicht vorhanden sei; denn der Begriff des Charakters ergiebt sich, ohne Rücksicht auf das Gute oder Böse, aus der Festigkeit und Entschiedenheit des Wollens. Falls es zur Klärung der Grundidee eines Werkes dient, kann in der nachbildenden Dichtung, wie im Leben, der Charakter einer Person allerdings sogar in der Charakterlosigkeit bestehen. Nur wird es dann die Aufgabe des Dichters wie des Mimen sein, die Charakterlosigkeit als bezeichnenden Zug der Individualität darzustellen und uns ein den Charakter überwucherndes Naturell vorzuführen. Ich habe schon früher aus dem Begriffe des Drama's nachgewiesen, daß und warum sich aus moralisch vollendeten Menschen kein dramatisches Kunstwerk gestalten ließe; daß und warum der Dramatiker seine ethische Idee nicht in den Charakteren, sondern durch die Charaktere in den Folgen und Rückwirkungen der Conflicte und Katastrophen zu veranschaulichen hat. Vollendete Menschen als Musterbilder zur Nachahmung vorzuführen, ist Sache des Unterrichts in der Schule und Kirche. Die dramatische Kunst, deren Selbstzweck in der Veranschaulichung des Schönen besteht, wirkt zwar ebenfalls für die Ethik, aber sie wirkt unwillkürlich, absichtslos und mit ganz anderen Mitteln, nicht mit den Waffen des Moralpredigers. Das Lebenselement des Drama's entkeimt den menschlichen Leidenschaften. Vollkommene Wesen haben keine Leidenschaften, und in einer vollkommenen Welt wäre das Drama überhaupt ebenso gegenstandslos als überflüssig: es gehört zu den Kunstbedürfnissen einer mangelhaften Welt, die nach Vervollkommnung ringt. Ich habe schon früher hervorgehoben, daß man es nicht mit Unrecht als die „„Dialectik der sittlichen Weltordnung"" bezeichnete. Dialectik! was ist das für ein Ding? Altmeister Goethe antwortet: „„Die Dialectik ist die Ausbildung des Widerspruchsgeistes, welcher dem Menschen gegeben, damit er den Unterschied der Dinge erkennen lerne"". Hiernach muß ein wahrhaftes

Drama wohl derart gebaut sein, daß seine Handlung beiträgt, im Zu
schauer das Unterscheidungsvermögen zu läutern. „„Zur Verfassung eines
Drama's — schreibt eben derselbe Goethe — „„gehört Genie. Am Ende
soll die Empfindung, in der Mitte die Vernunft, am Anfang der Verstand vorwalten und alles gleichmäßig durch eine lebhafte klare Einbildungskraft getragen werden"". Meine Herren, ich glaube in den zwei
letzt vorangegangenen Sitzungen schon bewiesen zu haben, daß es den
modernen Schablonenmeistern der „„Mache"" an weiter nichts fehlt als
an einem richtigen Ende, an einer richtigen Mitte, an einem richtigen
Anfang, und an einer lebhaften, klaren Einbildungskraft! Diese Herren
zäumen ihren Pegasus beim Schweife auf: sie entwerfen zuerst die Ent-
stehungsgeschichte einer Thatsache und bemühen sich dann bei der Ausarbeitung, in ihre todte Geschichte Leben hineinzutragen. Weil aber der
Mensch keine Maschine ist, so widerstrebt in der Regel die Vorschrift
des Autors den natürlichen Eigenschaften des Individuums, welches sich
nach jenen Vorschriften geberden soll. Daher muß nothwendig eine Zwitter
schöpfung entstehen, in der wir statt dramatischer Handlung nur novellistische
Begebenheit, und statt individualisirter Charaktere nur personificirte Spiel
marken finden. Wenn z. B. Laube in den „„Karlsschülern"" seinen Herzog
Karl sich plötzlich vor dem Grundsatz: „„Volkes Stimme Gottes Stimme""
beugen läßt; wenn Lindau im „„Erfolg"" dem biedern Ministerialrath
Harden gegen Josephine wegen Vernachlässigung des „„frivolen""
Fritz Marlow Vorwürfe in den Mund legt, so handeln Karl und
Harden nicht mehr als naturwahre und selbstständig auftretende Cha
raktere, sondern sind zu personificirten Spielmarken in Laube's und
Lindau's Feder geworden. Ein Herzog Karl, selbst der von Laube
in den ersten vier Acten gezeichnete, anerkennt „„Gottes Stimme""
niemals in den Sympathien des großen Haufens, noch weniger weicht er
dem Anprall jener Sympathien zaghaft aus; und einem Harden, wie Lindau
ihn in den ersten drei Acten schildern läßt, wird eine frivole Marlow
Gestalt nicht minder als der abenteuernde Fabro ewig apathisch bleiben
müssen. Laube und Lindau unterstellen ihnen in den Schlußacten das
Gegentheil, weil sonst der Autor für die ihm an Stelle einer dramatischen
Handlung dienende Begebenheit einen Abschluß gar nicht zu finden ver
mocht hätte. Es gehört überhaupt zu den bedenklichsten Schattenseiten
der modernen „„Mache"", daß in ihr die Correctheit der Charakter
zeichnung zu einer beiläufigen Nebensache herabgesunken ist; daß ihre

blinden Anhänger die psychologisch nothwendige Entwickelung jedem ihnen beliebigen Theatercoup opfern, sofern sie nur den Riß mit einigen hohlen Redensarten nothdürftig zu überkleistern vermögen. Daß überdies in der schablonenhaften „„Mache"" das wahrhaft dramatische Element neben dem überwuchernden Firlefanz von allerlei kindischen Spielereien keinen Raum mehr findet, und daher diese ganze Kunst-Abart geradezu undramatisch ist, habe ich schon bei der Zergliederung der zwei eben genannten hierin „„mustergiltigen"" Stücke nachgewiesen und berufe mich hier einfach nochmals auf das dort Gesagte. Das Raffinement der „„französischen"" Mache ist ein trauriger Nothbehelf für die Handwerker der dramatischen Kunst: ein berufener Dramatiker wird die systematische Ausbeute hohler Theater-Effecte stets unter seiner Würde finden und sich dagegen der Fertigkeit im Gebrauche derjenigen Mache befleißen, welche, dem Sinne des griechischen ποιεῖν entsprechend, dem Wesen des Drama's gerecht bleibt.

„Sie meinen also" — interpellirte Max — „daß der Dramatiker zuerst die Charaktere zu gestalten habe, ehe er ein Scenarium der Begebenheit oder Handlung entwirft?"

„Es dürfte sich schwerlich empfehlen, den Unsinn der herrschenden Dressur durch Aufstellung einer neuen Schablone bekämpfen zu wollen," entgegnete Johann. „Ich wollte nur betonen, daß 1. keinem dramatischen Helden eine Handlung oktroyirt werden darf, welche seinen Charakter der Naturwahrheit beraubt und ihn zu einer lebensunfähigen Spielmarke in der Feder des Autors erniedrigt; daß 2. jede Begebenheit im Drama, welche nur den subjectiven Zwecken des Autors dient und nicht der naturwahr treibenden Willenskraft der dramatischen Charaktere entkeimt, undramatisch ist und den Namen einer Handlung nicht verdient. Um diese zwei Fehler zu vermeiden, wird der echte Dramatiker keiner zweitheiligen Compositionsabschachtelung bedürfen. Bei ihm drängt schon die eigene Inspiration, die Handlung aus dem Conflicte der Leidenschaften herauswachsen zu lassen und nicht umgekehrt die Charaktere ihrer natürlichen Eigenschaften im Interesse einer willkürlich vorgezeichneten Begebenheit zu entkleiden."

„Sie verlangen" — interpellirte Max weiter — „daß jede im Drama auftretende Person einen natürlichen Charakter und eine Individualität besitze, d. h., daß sie ein bewußt gewordenes und ein unbewußt von Natur entstandenes ihr Eigenthümliche besitze?"

„Ich verlange von ihr außerdem noch eine dritte Eigenschaft," antwortete Johann. „Jeder wahrhaft lebensfähigen dramatischen Figur muß eine durch den körperlichen Organismus bedingte Gemüthsart inne wohnen, mit andern Worten: sie muß diejenigen sinnlichen Anlagen besitzen, aus denen sich die Art und der Grad ihrer Gefühle und Leidenschaften naturwahr entwickeln kann. Man bezeichnet dies mit dem Ausdrucke Temperament und unterscheidet bekanntlich von jeher vier Temperamente: das melancholische, das phlegmatische, das sanguinische und das cholerische. Jedoch kann man diese Unterscheidung nicht erschöpfend nennen, denn es bestehen viele Mittelstufen, da fast jedes Temperament mit Elementen anderer Temperamente vermischt ist, und ein rein ausgeprägtes Temperament höchst selten vorkommt. Meine Herren, das Studium der Temperamente ist für den Theaterdichter und für den Schauspieler von großer Wichtigkeit: die Zutreffendheit und Schärfe der Charakteristik sind vom Temperament unzertrennlich. Ohne richtige Temperamentszeichnung würde es dem Dramatiker und dem darstellenden Künstler unmöglich bleiben, die Genesis und die Entwickelung der Leidenschaften und der daraus entspringenden Handlungen naturwahr darzustellen. Schon im gewöhnlichen Leben spricht man von Temperamentstugenden und von Temperamentsfehlern, d. h. von solchen Tugenden und Fehlern, zu welchen der Mensch vermöge seines körperlichen Organismus hinneigt. Das cholerische Temperament ist leicht reizbar, das phlegmatische träg, das sanguinische beweglich, das melancholische in sich gekehrt. Aus diesen Grundzügen entspringt die Anlage zu den Temperamentstugenden und Temperamentsfehlern. Der Choleriker neigt zu großer Lebhaftigkeit der Empfindungen, zu schnellen Entschlüssen, zu raschen und kräftigen Handlungen, zum Zorn, zum Stolz, sowie auch zur Großmuth und Freigebigkeit hin. Der Phlegmatiker macht sich durch Bequemlichkeitsliebe und Gemüthsruhe, durch leichten Verzicht auf die nicht anstrengungslos zu erreichenden Genüsse, durch den Mangel an heftigen Leidenschaften, aber auch durch Besonnenheit und durch Freiheit von übereilten Entschlüssen und Selbsttäuschungen bemerkbar. Der Sanguiniker pflegt die Dinge und Ereignisse mehr von ihrer heitern als von ihrer trüben Seite aufzufassen: er ist leicht erregt, ohne anhaltende Selbstthätigkeit zu besitzen; er zeigt viel Phantasie — ohne Tiefe des Gemüths; er ist dem raschen Wechsel nicht tief gehender Leidenschaften unterworfen; er hat Neigung zur Genußsucht und zum Leichtsinn. Der Melancholiker ist ernst, treu, beharrlich, sorglich; er neigt der Traurigkeit, dem Trübsinn, der Menschenfeindlichkeit zu, und Alles, was ihn berührt, pflegt ihm tiefe Spuren aufzudrücken. — Diesen geistigen Unterschieden, welche mit dem innern körperlichen Organismus zusammenhängen, pflegt in der Regel auch eine gewisse äußerliche Körperbeschaffenheit zu entsprechen. So ist der Melancholiker gewöhnlich mager, schwarzblütig, kalt und langsam; der Choleriker braun, fest, aber nicht fett; der Sanguiniker rothblütig, warm, blühend und beweglich; der Phlegmatiker fett, gedunsen und bleich. — Das Temperament tritt in der Regel beim ungebildeten Naturmenschen schärfer hervor als bei dem gut Erzogenen. Wie sehr aber auch Bildung und Erziehung mäßigend, mildernd und verwischend auf das Temperament einwirken können, — es verläugnet sich niemals ganz und übt den wesentlichsten Einfluß auf die Handlungsweise der Menschen. — Ebenso ist nach Boden und Klima dieses oder jenes Tempera-ment vorherrschend und bildet gleichsam einen nationalen Charakterzug. So findet man z. B. im Süden, unter den Spaniern und Italienern, auffallend viele Choleriker, in Frankreich auffallend viele Sanguiniker, in Deutschland auffallend viele Phlegmatiker und in England auffallend viele Melancholiker. — Im Allgemeinen erhält sich das Temperament bei den Frauen unvermischter als bei den Männern, tritt aber bei letzteren lebhafter hervor. — Meine Herren, es wird sich uns später, bei den Specialien, die Gelegenheit bieten, an Beispielen nachzuweisen, wie himmelhoch über den hohlen Theatercoups der blos handwerksmäßigen „Mache" die Wirkungen stehen, welche der Dramatiker durch eine psychologisch richtige Temperamentszeichnung für den Gang der Handlung erzielen kann. Die psychologisch motivirte Ueberraschung gewinnt an Eindruck, je öfter der Zuschauer sie betrachtet und je tiefer er darüber nachdenkt. Der hohle Theatercoup zerfällt bei ruhiger Prüfung in ein interesseloses Nichts oder berührt bei der Wiederholung gar den Zu-schauer widerwärtig. Jene dient zur Mitkennzeichnung der Welt, dieser liefert blos ein würdeloses Spielzeug für unvernünftige große Kinder. Ein gründlicheres Eingehen auf die Verschiedenheit des Eindruckes zwischen einer aus den Charakteren hervorgegangenen Situations-Veränderung und zwischen dem unmotivirten sogenannten Deus ex machina mir vorbehaltend, will ich hier nur kurz an einer genial gezeichneten Charakter-Katastrophe andeuten, worauf ich hinzusteuern beabsichtige. Ich wähle hierzu Shake-speare's Tragedy of Coriolanus. Der um Rom's Größe hoch-

verdiente Held wird am Schluſſe des dritten Actes vom Volk, dem er
nicht ſchmeicheln kann, unſchuldigerweiſe als Volksverräther verbannt und
ſcheidet mit den Worten:

> „„Gemeines Hundepack! — — — —
> — — — — — — Ich banne Euch,
> Und bleibt nur hier mit Euerm Wankelmuth —
> — — — — — — Verachtend
> Um Euch die Stadt, ſo kehr' ich Euch den Rücken,
> 's giebt eine Welt auch anderswo."

Mit dieſem Abſchied hat Rom's feurigſter Patriot ſich plötzlich in Rom's
glühendſten Haſſer verwandelt, — die Fehler ſeines choleriſchen Tempera-
ments haben plötzlich den Sieg über ſeine Temperamentstugenden errungen, ſeine Verachtung des Pöbels iſt in Rachedurſt gegen das Vaterland ausgeartet. Wenn der Vorhang ſich wieder erhebt, befinden wir
uns nicht blos einer überraſchenden Wendung der Situation und Handlung, ſondern auch vollſtändig veränderten Wechſelbeziehungen der
Charaktere gegenüber. Der bisher ſo opfermuthige Vertheidiger Rom's
iſt auf dem Wege zu Rom's Todfeinden und ſteht bald dem grimmigen
Volsker-Feldherrn Aufidius mit dem Antrag gegenüber:

> „„— — — — Wohlan, haſt Du ein Herz,
> Ein grimmig Herz in Dir, das Rache heiſcht
> Für eigne Schmach und hemmen will die ſchnöde
> Verwüſtung Deines Lands, ſo eile Dich:
> Laß Dir mein Unglück frommen, nütz' es ſo,
> Daß Dir mein Rachedienſt zur Wohlthat werde;
> Denn gegen mein vergiftet Vaterland
> Will ich jetzt fechten mit der ganzen Wuth."

Dieſem Antrag gemäß iſt ſein Handeln: er führt das Heer der Volsker
gegen Rom. Seine auf Verleumdung beruhende Verurtheilung wurde
alſo für ihn das Motiv, nun wirklich gegen das eigene Vaterland
zu wüthen. So wenig dieſe Wendung vom Zuſchauer in den drei erſten
Acten vorhergeſehen werden konnte, ſo ſehr ſie ihn überraſcht, ſpringt
dennoch deren pſychologiſche Nothwendigkeit ihm gleich auf den erſten
Blick ins Auge. Coriolan hat als verſteinerter Ariſtokrat ſchon von
Anfang an die Vorrechte der Geburt mit dem allgemeinen Menſchenrechte

verwechselt; das Volk galt ihm von jeher nur als verächtlicher Pöbel, in welchem er auch die besseren Elemente verkannte. Zwar wollte er aufrichtig das Wohl des Vaterlandes, aber er sah dies Wohl nur in der Wahrung der Privilegien des Patriciats, — nach seiner Meinung waren persönliche Würde, Tugend, Vaterlandsliebe, Adel der Gesinnung an die Geburt geknüpft und konnten nie aus plebejischem Blute stammen. Da ihn die Patricier gegen die Anforderungen des Volkes nicht mehr schützen wollen oder nicht mehr schützen können, so sieht seine Befangenheit nunmehr auch in dem Adel Rom's nur noch ein entartetes Geschlecht, das wie der Pöbel gezüchtigt zu werden verdiene. Aus diesem Standpunkte der Auffassung der Verhältnisse ergiebt sich sodann der subjectiv zwingende Entschluß, die reinigende Zuchtruthe für seine heimathlichen Zeitgenossen zu werden. Durch diesen Entschluß wird nicht blos sein Standesvorurtheil zu einer tragischen Schuld erweitert und der Charakter der sich energisch wendenden Handlung bestimmt, sondern auch die Triebfeder des Gegenspiels in Thätigkeit gesetzt, an dem er schließlich untergehen muß. Coriolan fällt, weil er durch einseitige Vertheidigung nur formeller Rechte sich in Zwiespalt mit dem allgemein Menschlichen setzt, und Letzteres sich an ihm rächt. Nur flüchtig deute ich auf die Meisterschaft hin, mit welcher Shakespeare hier aus dem Temperament, dem Naturell, dem Talent, den Neigungen, den Gewohnheiten und den gleichsam schon mit der Muttermilch eingesogenen Grundsätzen ein vollendetes Charakterbild schuf, dessen eigene politische Größe sich den Fallstrick webt und das Vehikel für eine Handlung wird, in welcher — wie ein berühmter Shakespeare-Ausleger mit Recht schreibt — ...sich der Bau der Weltgeschichte selbst abspiegelt“. Meine Herren, dies Spiegelbild des Baues der Weltgeschichte ergiebt sich nicht aus der Thatsache, daß der verbannte Coriolan die Volsker gegen Rom führt: es ergiebt sich aus den Motiven, von welchen Coriolan dämonisch vorwärts getrieben wird, und aus welchen die Handlung und die Katastrophe entspringen; es ergiebt sich also aus Coriolan's eigenem Charakter. Coriolan, seine eigene politische Größe und subjective Tugend gleichsam als Welt hinsetzend, um die sich Alles drehen soll, betritt zur Reinigung seines Vaterlandes einen Weg, auf welchem die Fundamente des Staates nothwendig zu Grunde gehen müßten: er hat die zufällige Staatsform mit dem Wesen des Staates verwechselt, und verkennt, daß jede Form nur eitle Hülse ist, wenn ihr der allgemein menschliche Inhalt des

Rechtes und der Sittlichkeit fehlt; er schüttete, — um mich vulgär auszudrücken, das Kind mit dem Bade aus; er entwand sich sogar den heiligsten Banden der Natur, denen er selbst schließlich nicht zu widerstehen vermag. Er ist also ein Held, der in seiner Befangenheit zwar von subjectiv edeln Motiven getrieben wurde, die aber objectiv verwerflich sind, weil sie gegen ein höheres Weltgesetz verstoßen. Daher wird ihm mit Recht das einfachste, natürlichste Verhältniß, nämlich die eigene Familie, zum tragischen Geschicke, denn — wie schon der erwähnte Shakespeare-Ausleger treffend bemerkt — ...ohne Familie würde es keinen Staat, und ohne Staat keine Geschichte geben". Meine Herren, Sie werden leicht erkennen, daß sich diese Idee durch keine bloße „„Begebenheit"" dramatisch hätte veranschaulichen lassen, wäre die Begebenheit auch noch so künstlich durch die Hülfsmittel der modernen „„Mache"" ausstaffirt worden: sie war eben nur aus dem Charakter des Helden herauszugestalten, und das Geheimniß ihrer wunderbar ergreifenden Wirkung liegt darin, daß in dem Stücke nichts geschieht, was nicht eine nothwendige Folge der sich selbst bestimmenden Thätigkeit des Helden wäre. — Knüpfe ich hieran noch eine allgemeine Bemerkung! Der Eindruck jedes dramatischen Productes wird weit weniger dadurch bedingt, was im Drama geschieht, als dadurch, wie es geschieht. Selbst die imponirendste Begebenheit verblaßt auf den Brettern, wenn sie sich nicht vor unseren Augen als dramatische Handlung entwickelt, d. h. wenn sie nicht ein Ausfluß der sich selbst bestimmenden Thatkraft des Helden ist, wenn nicht ihre Rückschläge auf das Schicksal des Helden sich als nothwendige Folge der von ihm verübten oder veranlaßten That herauskrystallisiren. Diese schon seit Aristoteles von allen Erklärern des dramatischen Begriffes als Hauptgrundgesetz festgehaltene Regel ist so tief im Wesen des Drama's begründet, wie ein Axiom in der Vernunft. Was würde man z. B. von einem Mathematiker halten, der gegen den Satz anstreiten wollte: „„Jede Größe ist sich selbst gleich""? oder von einem Arithmetiker, der mit der Prätension aufträte uns eine neue Rechenmethode zu lehren und der an die Spitze seines Systems den Satz stellen würde: „„Zwei mal zwei ist fünf""? Man würde ohne Zweifel Beide belächeln und ihre Doctrin einfach in den Bereich des Unsinns verweisen. Dennoch stoßen die Virtuosen der modernen „„Mache"" das dramatische Haupt-Axiom leichtfertig um, indem sie nach dem Grundsatze verfahren: „„eine mit Raffinement compilirte und dialo-

gisirte Begebenheit sei der zeitgemäße Ersatz für den Mangel an einer
sich psychologisch aus dem Charakter entwickelnden und mit innerer
Nothwendigkeit zurückwirkenden dramatischen Handlung." Die Mehrzahl
selbst unserer besseren zur Zeit lebenden Dramatiker ist von diesem Irrthum angekränkelt und läßt sich dadurch fast in der Regel entweder zu
Fehlgriffen in der Wahl des Stoffes oder zu Fehlgriffen in der Ausführung verleiten. Eine an und für sich glänzende Begebenheit gilt ihr
ohne Weiteres als ein tauglicher dramatischer Stoff, und sie verarbeitet
Vorkommnisse, aus denen sich prächtige Romane oder Epopöen gewinnen
ließen, zu unerquicklich theatralischen Zwittergestalten. Man kann daher
nicht scharf genug betonen, daß zu einer dramatischen Behandlung nur
solche Begebenheiten tauglich sind, die sich als die That eines sein eigenes
Schicksal erzeugenden Charakters umbilden lassen. Ich wiederhole nochmals: Nicht auf der Begebenheit an und für sich beruht das dramatische
Element, sondern auf der Willens- und Thatkraft des Helden und auf
den Rückschlägen, die er durch seine Action mit innerer Nothwendigkeit
von den Gegenspielern erntet. Die Action muß durch die Motive be-
deutend sein, aus welchen sie entspringt und aus welchen sie bekämpft
wird; sie muß ferner geeignschaftet sein, allgemeines Interesse erwecken
zu können. Allgemein interessant aber ist nur das allgemein Menschliche.
Also lautet bei der Wahl des Stoffes die erste Frage: Läßt sich die Begebenheit zur freien Handlung eines Charakters umbilden, in welchem
sich etwas allgemein Menschliches abspiegelt und die Verletzung eines
allgemein gültigen höheren Weltgesetzes sich entweder rächt oder sühnt?
Wer über das erste dramatische Grundgesetz nicht in Unklarheiten befangen blieb, der wird z. B. nie einen passiven Dulder zum Helden oder
die Katastrophe eines ganzen Volkes zur Fabel wählen. Passive Helden
widerstreben der dramatischen Behandlung, weil sie entweder leidenschafts-
los oder ohne Thatkraft oder beides zugleich sind, weil sie also ein dramatisches Leben nicht besitzen; und ganze Völkerschicksale, so imponirend
und so mitleiderregend sie uns in den Geschichtsbüchern entgegentreten,
sind undramatisch, weil sich das Verhängniß eines ganzen Volkes nach
Ursache und Wirkung nicht erschöpfend personificiren läßt, und das Interesse des Zuschauers im Theater durch die Zersplitterung auf viele und
verschiedene Personen sich bis zur Bedeutungslosigkeit abschwächen muß.
Dramatisch ist in einer Völkerkatastrophe, die als Hintergrund des Ge-
mäldes trefflich verwerthet werden kann, nur der Held, der sich zur Be-

schwörung des Verhängnisses aufrafft und das Rettungswerk energisch
unternimmt, sei es, daß er durch seine That und Willenskraft siegt
(z. B. Wilhelm Tell, George Washington), sei es, daß er durch eigene
Verschuldung scheitert (z. B. Coriolan, Lafayette in der französischen
Revolution)."

„Sie schweifen vom Thema ab", fiel Hermann der Präsident ein.
„Nach unserer Tagesordnung sollten heute nur die zu einem dramatischen
Charakter erforderlichen Eigenschaften besprochen werden. Die Definition
der dramatischen Axiome und die richtige Stoffwahl gehören, wie mich
bedünken will, zur Technik des Drama's."

„Wohl!" entgegnete Johann. „Ich wollte mit meiner scheinbaren
Abschweifung nur andeuten, daß durch eine verfehlte Charakterzeichnung
auch die Action empfindlich berührt, und je nach Umständen der
ganze Bau des Drama's unterhöhlt wird. Die Charakterzeichnung
bildet also nach meiner Ansicht einen wesentlichen Bestandtheil der dramatischen Technik. Ja selbst Mißgriffe in der Wahl des Stoffes hängen
innig damit zusammen. Wer sich über die an seinen Helden zu stellenden
Anforderungen klar ist, der wird z. B. sich nie für einen Stoff begeistern
können, dessen Idee keinen lebendigen Wiederhall mehr in der Gegenwart
findet. Sein eigenes Gefühl wird ihm schon auf den ersten Blick sagen,
daß hier ein wichtiges Erforderniß, nämlich das allgemein Menschliche,
fehle. Ebenso wenig wird er je ein Tendenz-Drama im verwerflichen
Sinne des Wortes zu schreiben vermögen. Denn obgleich er zum Träger
der Haupthandlung einen Tendenz-Charakter nicht blos nehmen darf,
sondern oft sogar nehmen muß, so wird doch die correct dramatische Behandlung ihn nöthigen, durch die Rückschläge der Action den Charakter
entweder reinigen oder an seinem Irrthum untergehen zu lassen. Es
beruht auf dem Wesen des Drama's, daß man als dramatisch im ästhetischen Sinne des Wortes nur solche Handlungen erachten kann, in welchen
das allgemein Menschliche über das gesondert Tendenziöse den Sieg er-
ringt. Stoffe, welche man im Drama mit dem Gegentheil abschließen
muß, sind nur Bruchtheile einer dramatischen Handlung, also zur Schöpfung eines Kunstwerkes ungeeignet, weil die versöhnende Schlußkatastrophe
außerhalb des dem Dramatiker gezogenen Rahmens liegt. Coriolan
z. B. ist ein ausgesprochener Tendenzheld: er stellt den Bürger über den
Menschen und erkennt kein gleiches Recht für Alle an. Daran geht er

zu Grunde, und der Mensch siegt über den Bürger. Hiermit ist das Thema vollständig, befriedigend und versöhnend abgeschlossen. Würde das Drama mit Coriolan's Sieg enden, so wäre das eine Dissonanz und könnte nicht der letzte Abschluß eines dramatischen Kunstwerkes, sondern nur der Ausgang des Mittelgliedes einer Trilogie sein, dem sich als abrundender Haupttheil noch eine Tragödie anschließen müßte. Meine Herren, da mir eben der Kunstausdruck „„Trilogie"" entschlüpfte, so werfe ich hier die beiläufige Bemerkung ein, daß wir später der trilogischen Form noch unsere eingehende Aufmerksamkeit zuzuwenden haben werden. Bekanntlich galt sie bei den Hellenen als die höchste dramatische Kunstform. Warum wohl? Dies feinfühlige Volk adoptirte in der Kunst Nichts, ohne dafür gewichtige Motive zu besitzen. Gewiß aber war es nicht das Bedürfniß oder das Verlangen nach einem ausgedehnten Spielzeitraum, der es zur Wahl gerade dieser Form veranlassen mußte. Die griechischen Tragiker konnten ihre so einfachen Fabeln leicht in weit kürzerer Fassung bewältigen, als dies für die modernen Tragödiendichter bei ihren ohne Vergleich complicirteren und umfassenderen Sujets möglich ist. Es muß also einen andern, tiefern Grund haben, daß bei Jenen dennoch gerade die trilogische Form eine Geltung errang, die für die Behandlung des Genre's bestimmend wurde. Denken Sie über diesen tiefern Grund nach! Vielleicht errathen Sie selbst, warum ich später in meinen Beiträgen zur Technik des Drama's die Rückkehr zur trilogischen Form, selbstverständlich mit einer in Rücksicht auf das heutige Theaterbedürfniß wesentlich modificirten Anwendung, empfehlen muß und darin für die lebenden Dramatiker ernster Richtung die einzige Möglichkeit erblicke, die Behandlung imponirend großartiger historischer Stoffe den bühnenpraktischen Anforderungen der Gegenwart anpassen zu können. Dieser Ausspruch wird Sie auf den ersten Blick höchlich befremden, und ich bin überzeugt, daß Sie Alle denken: ...Antiquirt und unbrauchbar bis zum Exceß!"" Dennoch versichere ich, daß ich alle Ihre möglichen Einwände mit Argumenten zu entkräften hoffe, die sich just aus der Gestaltung des modernen Theaters und aus den Ansprüchen des modernen Publicums mit zwingender Nothwendigkeit ergeben. Freilich habe ich dabei, wie ich nochmals scharf betone, eine Reform im Auge, die trotz der trilogischen Eintheilung der Fabel dem realen Theater ermöglicht, an jedem einzelnen Spielabend dem Publicum ein vollständig in sich abgeschlossenes Ganze bieten zu können."

„Mein Wahlspruch erlaubt mir nicht, hiergegen vorlaut zu oppo=
niren," warf Hermann der schalkhafte Altersprästdent lächelnd ein.

Johann fuhr fort:

„Für heute bleibe ich bei der Charakterzeichnung und bei deren be=
stimmendem Einfluß auf den technischen Bau der dramatischen Handlung
stehen. Ich habe schon in meinem Vortrage über den Stilbegriff zu
zeigen versucht, wie eine verfehlte Charakterzeichnung, wenn sich ihr eine
subjectiv gefärbte Gegenüberstellung der Conflicte beigesellt, den Dra=
matiker zu tendenziösen Schöpfungen verleitet. Die dort über Dahn's
„König Roderich" ausgesprochenen Bemerkungen passen auf alle geschicht=
lichen Tendenz=Dramen. Offenbar hat Dahn, als er sich für seinen
historischen Stoff begeisterte, die erste Vorfrage schief gestellt, nämlich:
„„Wie schaffe ich in dramatischer Form ein Plaidoyer für die Maigesetze
gegen das Infallibilitätsdogma?"" statt generell: „Wie entwerfe ich ein
naturgetreues Bild des Unsegens der clericalen Usurpation gegenüber
den Fundamentalbedürfnissen des weltlichen Staates?"" Hierdurch war
das Contagium der subjectiven Färbung in den Stoff und in die Phan
tasie des Dichters eingeschmuggelt, und er konnte sich bei der Ausarbeitung
desselben nicht mehr erwehren, obgleich sein ästhetisches Gewissen manch=
mal darunter geseufzt haben mag; — er selbst erschien unwillkürlich durch
das Organ seiner Marionetten auf den Brettern, statt daß er lebens=
fähige Charaktere aus sich selbst handeln ließ und, objectiv und unsichtbar
wie ein Gott, als Schöpfer über seinem Geschöpfe thronen blieb.
Auch das Hauptgebrechen, welches wir in Laube's „„Karlsschülern""
constatirt haben, läßt sich auf den Mißgriff zurückführen, den Laube
schon bei Stellung der Vorfrage beging, als er der Begebenheit eine
Idee einzuhauchen und dem historischen Material eine dramatische Hand
lung abzuringen anfing. Er selbst giebt in seiner Vorrede mit anerkennens=
werther Offenheit hierüber Aufschluß, indem er schreibt: „„Ich habe den
dreiundzwanzigjährigen Jüngling herausschälen wollen aus einem Schul=
und Gamaschenthum des Rococo's."" Laube hätte, um die Einführung
des Namens Schiller in seine „„Karlsschüler"" zu rechtfertigen, den hoch=
anstrebenden Phantasie=Flug des werdenden Dichters losschälen sollen von
den beirrenden Hemmnissen des prosaischen Zopfthums. Dann hätte er,
statt die größere Hälfte von Raum und Zeit an bloße Aeußerlichkeiten
zu verlieren, nicht umhin gekonnt, den dramatischen Nerv in die Seele
des Haupthelden zu verlegen und für Schiller eine andere Charakter=

Entwickelung zu gewinnen als die ist, welche nur in der schließlichen Do-
micil-Aenderung besteht! — Noch verkehrter stützte sich Paul Lindau die
erste Vorfrage für den Entwurf seines „„Erfolges"" zurecht, legte aber
ebenfalls schon hierdurch den Grundstein zu der Ungeheuerlichkeit, in
welche die Ausführung nothwendig entarten mußte. Offenbar stellte sich
Lindau nur die Frage: „„Wie preise ich die Unarten meines Naturells
in dialogisirter Form dem Publicum auf eine Art an, daß es mich be-
klatschen muß?"" Diese Frage steht, als Vorfrage für den Entwurf
eines Bühnenstückes, unter der Kritik und beweist, daß Herr Lindau in
der Arena der modernen dramatischen Kunstreiter wirklich nur die
Rolle eines Clown spielt. — Meine Herren, gestatten Sie, daß ich
hier eine flüchtige Bemerkung einschalte über die Verschiedenheit des
Tendenziösen vom allgemein Menschlichen. Allgemein menschlich ist
Alles, was — wenn auch in verschiedenartig modificirter Form —
dem Menschen in jedem geschichtlichen Zeitalter anhaftet und einen
das Wesen der Natur des Menschen mitcharakterisirenden Zug repräsentirt. Unter der Collectivbezeichnung Tendenz pflegt man solche
auf das Allgemeine Bezug habende Bestrebungen zu verstehen, die nicht
in einem allgemeinen und bleibenden Bedürfniß wurzeln, sondern ihre
Begründung aus besonderen vorübergehenden Constellationen subjectiv
herleiten und beim Verschwinden dieser Constellationen ihre subjective
Berechtigung zugleich mit ihrer Lebensfähigkeit wieder verlieren. Die
Aesthetik muß das allgemein Menschliche und das Tendenziöse durch eine
noch feinere Grenzlinie scheiden, weil sie den Selbstzweck der Kunst zu
wahren hat. Das Tendenziöse ist der Todfeind des Selbstzweckes der
Kunst. In der Kunst hat man als kunstfeindliche Tendenz Alles zu
verwerfen, was einen unmittelbaren Einfluß auf die Gestaltungen des
realen Lebens anstreben will. Dabei ist es ganz gleichgiltig, ob diese
Einflußanstrebung, vom moralischen Standpunkte aus betrachtet, zu billigen
ist, wie z. B. Felix Dahn's dramatisches Plaidoyer für die Maigesetze;
oder ob sie verwerfliche Zwecke verfolgt, wie z. B. Paul Lindau's Verherrlichung der Charakter-Frivolität. In beiden Fällen geht der Selbstzweck der Kunst verloren, in beiden Fällen wird die Kunst zur Schleppen-
trägerin eines mit ihrem innersten Wesen unvereinbaren fremden
Zweckes erniedrigt und entwürdigt. Wer überhaupt die Kunst nach dem
Vorbilde der Periode Ludwig's XIV. zur Dienstmagd eines politischen
oder moralischen oder confessionellen Systems nöthigt, der schändet sie

227

und drängt ihr eine Eigenschaft auf, durch welche das hehre Götterkind
zu einem charakterlosen „...Mädchen für Alles“" verunstaltet wird. Die
wahre Kunst kann nur absichtslos und mittelbar durch den imponirenden
und überwältigenden Eindruck wirken, welchen die ethische Schönheit
unwillkürlich erzeugt. Bei ihr ist die Scheidelinie zwischen der verwerflich tendenziösen und der allgemein menschlichen Bestrebung oft so
schmal wie die Spitze eines Haars. Ich habe dies vorhin bei der
Rectification der ersten Vorfrage für einen kunstgerechten „...König
Roderich“" anzudeuten versucht. Erlauben Sie mir, an der Hand eines
weiteren Beispiels mich hierüber noch deutlicher zu erklären. Ich wähle
hierzu die nationale Meisterschöpfung „...Wilhelm Tell“". Hätte
Schiller als Idee für die dramatische Handlung den Gegensatz zwischen
Monarchie und Republik genommen, so würde er aus dem geschichtlichen
(oder mythischen) Stoffe nur ein Tendenz-Drama gewonnen haben; denn
die republikanische und die monarchische Verfassung sind an und für sich
nur zwei Hülsen, in denen ebensowohl ein schlechter als ein guter
Staatskern Raum findet; sie gleichen dem Einband eines Buches, der
über den Werth des Inhalts gar nichts entscheidet. Es gab und giebt
Monarchien mit gutem, Republiken mit schlechtem Gehalt, und umgekehrt, gerade so wie es prachtvoll eingebundene Bücher ohne Gehalt,
und schlecht gebundene von unsterblichem Werthe, und umgekehrt, giebt.
Als die beste Staatsform muß diejenige erkannt werden, welche vom
allgemein menschlichen Inhalte des Rechtes und der Sittlichkeit erfüllt
ist, gleichviel ob sie formell in eine monarchische oder in eine republikanische Spitze ausläuft. Daher kann der Dramatiker zwar nach Belieben
einen Republikaner oder einen Monarchisten zu seinem Helden wählen,
aber die Grundidee, die er durch sein Werk veranschaulichen will, darf
weder ein einseitiges Plaidoyer für die Monarchie, noch ein einseitiges
Plaidoyer für die Republik sein, sondern muß dem über der Form
stehenden allgemein menschlichen Inhalte des Rechtes und der Sittlichkeit
Rechnung tragen. Die Beantwortung der Frage, ob die monarchische oder
die republikanische Staatsform den Vorzug verdiene, hängt von den
wechselnden Constellationen der wandelvollen Zeitverhältnisse ab, gehört
also nicht zum allgemein menschlichen Inhalt und kann, nach den ästhetischen Grundgesetzen, in einem Kunstwerk nur Stoff zu Tendenzeleien
liefern, sofern der Dramatiker die aus den augenblicklichen und vorüber
gehenden Constellationen gebotene Hinneigung zu dieser oder jener Form

nicht als das Beiläufige und Wandelbare, sondern als das Wesentliche und ewig Bleibende hinstellt. Dies hat Schiller's Genius recht wohl gefühlt, darum wählte er als Idee für die Handlung nicht den von der Fabel so nahe gelegten Gegensatz der Republik zur Monarchie, sondern den Gegensatz der Freiheit zur Tyrannei, der Vaterlandsliebe zur Fremdherrschaft, der Familienbande zum abenteuernden Glücksritterthum, und schuf aus Letzteren, die dem Bereiche des allgemein menschlichen Inhalts angehören, ein von keiner Tendenzelei getrübtes hohes Freiheitsdrama, das, alle Herzen ergreifend, fortleben und entzücken wird, so lange es Menschen mit normalen Empfindungen und naturgemäßen Bestrebungen giebt, — ein Freiheitsdrama, das auf der Bühne eines Monarchen ebenso schicklich wie auf der Bühne einer Republik seine Heimstätte finden kann, — ein für alle Zeiten mustergiltiges Freiheitsdrama, das dem Monarchisten und dem Republikaner gleichmäßig einen Spiegel vorhält, weil es nicht das Wesen des Staats- und des Vaterlandsbegriffes zu Gunsten einer hohlen Form verdreht oder unter einer hohlen Form begräbt, sondern eben dieses Wesen zum lebendigsten, begeisterten und begeisternden Ausdrucke bringt. — Nun wieder zur Charakterzeichnung zurückkehrend, hebe ich hervor, daß ein gelungener dramatischer Charakter nicht blos Temperament und Naturell, sondern auch die Eigenheiten besitzen soll, welche ihm durch die Richtung seines Talents, durch die Gewohnheit, durch die Erziehung, durch die Umgebung, durch die Herkunft u. s. w. gleichsam zur zweiten Natur geworden. Wie alle diese, zum Theil sich kreuzenden und widersprechenden Eigenschaften in ein naturwahres Bild zu verschmelzen sind, läßt sich den angehenden Dramatiker nicht lehren. Die Kunst der psychologischen Charakterzeichnung setzt etwas dem Dichter Angeborenes voraus. Mit bloßen Redensarten, mit Erzählung der Eigenschaften und Eigenheiten der dramatischen Helden ist's nicht gethan. Die Eigenschaften und Eigenheiten müssen unwillkürlich, größerntheils sogar unausgesprochen, aus den Handlungen des Helden hervorleuchten. Ein gelungener dramatischer Charakter darf nicht bis in alle Einzelheiten ausgeführt und ausgemalt sein. Was der Darsteller an ihm durch den Ton, durch Mimik, Geberden, Attitüden, Maske, Costüme u. s. w. zu ergänzen vermag; was sich aus der Handlung als selbstverständliche Eigenschaft oder Eigenart des Helden ergiebt und vom Darsteller mittelst der eben genannten Requisiten veranschaulicht zu werden vermag, das Alles muß der Dichter der Ausführung des Schauspielers überlassen, sonst liefert er diesem ein überladenes Material, aus welchem auf den Brettern kein fesselndes Bild zu gestalten ist. Ich werde das später noch gründlicher erörtern, wenn wir auf diejenigen Erfordernisse der Charakteristik kommen, welche dem Mimen zu beachten obliegt. Der Dramatiker steht zum Mimen ungefähr im Verhältniß des Libretto-Verfassers zum Opern-Com-positeur. Wenn schon der Text alle Empfindungsgedanken und Gefühle ins Einzelne ausführt, so verbleibt dem Compositeur nichts mehr zu thun, und er muß mit seiner musikalischen Nachdichtung nothwendig breit und langweilig werden. — Ferner darf ein gelungener dramatischer Charakter nicht nach allen möglichen Richtungen und Lebensverhältnissen hin gezeichnet sein, sondern muß sich aus einer einheitlichen Hand-lung heraus entwickeln, sonst zersplittert sich die Aufmerksamkeit des Zu-schauers, und das Drama wird auf den Brettern ebenfalls interesselos."

„Ich stimme diesen Ausführungen im Allgemeinen bei," entgegnete Gerson der Impresario. „Jedoch glaube ich, daß sie von den realisti-schen Dramatikern der bessern Richtung, wie z. B. von Laube, für ihre eigenen Bestrebungen mit ebenso viel Recht in Anspruch genommen werden können, als unser Idealist sie für sein real-ideales Reformprincip in An-spruch nimmt. Wie er selbst früher hervorhob, sind just die begabteren Dramatiker der französischen Schule in der naturgetreuen Charakter-zeichnung Meister und verstehen auch, wie z. B. Scribe im „„Glas Wasser"" und in den „„Erzählungen der Königin von Navarra"", dra-matische Conflicte reizend zu schürzen, zu steigern und zu lösen. Selbst Laube hat in den „„Karlsschülern"" — um bei dem einmal gewählten Beispiele zu bleiben — am Charakter der Laura hiervon einen sprechen-den Beleg geliefert. Das Taschenspielerstückchen, mit welchem man Marionetten statt lebenswahrer Charaktere auf die Bretter stellt, tritt doch wohl nur bei den neueren Verzerrungen der französischen Schule principiell hervor."

„Und bei den deutschen Nachtretern" — fiel Max der Pessimist dem Impresario ins Wort, — „am abstoßendsten bei Paul Lindau, der nur als eine ideenmagere Carricatur auf Jene erscheint, weil an seinen Stücken nach Abzug der charakterzerfressenden Giftstoffe gar nichts übrig bleibt. Die Anderen, wie z. B. G. v. Moser, begnügen sich wenigstens damit, als harmlose Spaßmacher ihre Tantieme zu verdienen. Jedoch möchte ich überhaupt gehaltlosen Carricaturen nicht die Ehre anthun, sie in den

Verdacht zu bringen, daß man in ihnen bahnbrechend verirrte Arka-
dier zu vermuthen habe."

„Registriren wir sie also unter die einträglich Verirrten," warf
Hermann der Schalk ein. „Die dramatische Poesie ist officiell zum
Handwerkslaufburschen gestempelt worden, seit der deutsche Reichstag
der dramatischen Kunst ihren neuen Ehrenplatz zwischen den Schnaps-
buden und Bierschenken anwies. Lindau vor Allen macht dieser neuen
Rangstufe alle Ehre, — er ist der Mann der officiellen Mode."

„Importirte Mode-Artikel, insbesondere die officiellen, pflegen kurz-
lebig zu sein", nahm Max der Pessimist wieder das Wort. „Wohl deshalb
beeilen unsere Theaterdirectoren sich so sehr, die Lindau'schen Fabrikate
abzusetzen. Sie werden vielleicht von der Angst getrieben, daß der Moment,
in welchem solche Waare ohne Nachfrage bleiben müsse, nicht fern sein
könne, namentlich seit der Autor selbst für ihre Mißcreditirung so überreichlich sorgt. Beschäftigen wir uns hier mit der bessern realen Richtung! Auch ich finde, daß unser Idealist ein merkwürdiges Zugeständniß
an den Kunst-Realismus machte. Was er bisher über die dramatische
Charakteristik vorbrachte, stimmt im Großen und Ganzen mit der Schule
Laube's überein, die er früher so entschieden verwarf."

„Es freut mich" — entgegnete Johann der Idealist — „daß Sie
endlich aufhören, mich utopischer Träumereien zu beschuldigen.
Schon früher habe ich in meinem Vortrag über „„das erste Bedürfniß""
die Ansicht geäußert, daß ein Künstler den höchsten Triumph dann feiere,
wenn seine Leistung der Kritik Anlaß zu Untersuchungen liefere, ob sie
ihn als Realisten oder als Idealisten zu registriren habe. Ich deutete
dort, bei der Parallele zwischen Shakespeare, Goethe und Schiller, auf ein
sich zur künstlerischen Behandlung des Real-Idealen ergebendes Gesetz
hin, welches für den Stümper Nichts, aber für das Genie Alles sage.
Meine Herren, Sie würden den Vorwurf, als habe ich in meinen Bemerkungen über die dramatische Charakteristik mich heute zu Laube's
Schule bekehrt, schwerlich erhoben haben, wäre Ihrem Gedächtniß nicht
wieder entfallen, was ich schon in der Einleitung zu meinem heutigen
Vortrage aussprach. Ich verlangte, daß in einem Drama jeder hervor-
tretende Charakter sein subjectives Ideal besitze, und daß aus dem Conflicte dieser subjectiven Ideale sich durch die Handlung das objective Ideal
herauskrystallisire. Ich verlangte von dem Dramatiker — wie schon
Altmeister Goethe vorschreibt — eine sich in seinem Werke bethätigende

„...lebendige, klare Einbildungskraft*". Ich betonte ferner schon in meinen
früheren Vorträgen wiederholt die Grundverschiedenheit zwischen der un-
verfälschten und der conventionell angelernten Natur des Menschen. Ich
hob wiederholt hervor, daß der conventionelle Mensch einer poetischen
Vertiefung unfähig sei, und daß das wahre Lebenselement des Drama's
just in der Vertiefung der Charaktere bestehe. Ich deutete darauf hin,
daß ohne Charaktervertiefung sich weder für die subjectiven Ideale ein
natürlicher und lebensfähiger Ausdruck gewinnen lasse, noch aus dem
dramatischen Conflicte das objective Ideal anders als in einer carri-
kirten Verzerrung herauswachsen könne; daß der blos conventionelle
Mensch nothwendig das Lustspiel zur Posse herabdrücke und das höhere
Drama zur Fratze verunstalte. Ich erkenne also das Heil der dramatischen Kunst in der Zeichnung und innern Vertiefung ungefälscht naturwahrer Charaktere, nicht in der Verherrlichung der sich zu blos scheinbar
charaktervollen Menschen aufblähenden conventionellen Charakterlosigkeit, welche nur Stoff für die Gebilde des Lustspieldichters liefern
kann. Laube dagegen strebt, für den künstlerischen Ausdruck der Conven-
tion einen neuen Stil zu entdecken, statt der conventionellen Unnatürlich-
keit durch stilvolle Zeichnung der reinen Natur einen Spiegel vorzuhalten.
Er wähnt, aus Prämissen, die wohl auf Stücke für eine Possen-Bühne im
Genre des Wiener Karltheaters passen mögen, neue Lebenskeime für das
höhere Drama gewinnen zu können. Ich lasse als dramatische Handlung
nur Thaten und Katastrophen gelten, welche sich aus der Triebkraft des
Helden und aus dem Widerstande der Gegenspieler mit zwingender Nothwendigkeit ergeben: Laube erachtet eine mit raffinirter Mache dialogisirte
Begebenheit als ausreichend und drückt — wenn auch im Widerspruche
mit seinen eigenen theoretischen Versicherungen — dadurch unwillkürlich
und thatsächlich die Charakteristik in die zweite Linie herab. Ich suche
das Criterium zur Beurtheilung dramatischer Leistungen in der Correctheit der Charakterzeichnungen: Laube erkennt es im Geschick des
äußerlichen theatralischen Arrangements.*) Hiernach kann die Grundver-

*) Das erhellt nicht blos aus seinen eigenen Stücken, sondern noch weit drastischer
aus der unqualificirbaren Zusammenstellung seines Novitäten Repertoires für
das Wiener Stadttheater. Da darf an einem Stücke Alles hinken, es wird dennoch
frischweg gegeben, wenn ihm nur diejenige Art der „Mache" nicht fehlt, deren gehaltsleere Hohlheit ich im vorigen Abschnitte an dem verbreitetsten seiner eigenen
Dramen, den „Karlsschülern", nachwies. Solche Auswahl gewährt freilich den

schiedenheit zwischen seinem artistischen System und meinen dramaturgischen Principien nicht wohl mißkannt werden. Der Abstand der conventionellen Verzerrungen von der reinen Natur ist nicht minder groß als der Unterschied zwischen Apollo und einem Satyr. Dem Kampfe der reinen Natur gegen die conventionelle Verirrung entkeimt das reale Kunst-Ideal; der Streit verzerrter Gegensätze kann nur eine neue Fratze erzeugen: diese bildet den Uebergang zum vollständigen Bühnenverfall, jenes trägt einer möglichen neuen Blüthezeit der dramatischen Kunst das Banner voran. Laube begünstigt — wenn auch vielleicht unbewußt und ohne Zweifel in subjectiv guter Absicht — ungebührlich das handwerksmäßige Beiwerk an Stelle der mangelnden Hauptsache; ihm bedeutet, wie ich schon früher nachwies, das griechische ποιεῖν soviel als: mit handwerksmäßiger Fertigkeit raffinirt machen. Ich dagegen fasse es im griechischen Sinne auf und übersetze: mit angeborenem Talente formgewandt dichten. Laube verwechselt die in poesielosen Materialismus abgeirrte conventionelle Verflachung der menschlichen Natur mit den ureigenen reinen Anlagen des Menschen und will das conventionell Gewordene, welches den Schaumblasen der Zeit beizuzählen und in ästhetischem Sinne seelenlos ist, — dies conventionell Gewordene will er zum Inbegriff und Lebensgehalte der Poesie adeln, obgleich es, wie ich schon früher in einer Parallele zwischen den „„Karlsschülern““ und dem „„Erfolg““ nachwies, nur die Triebkraft besitzt, das ernste Drama in eine sentimentale Heulerei, und das heitere dramatische Genre in einen Alles verschlingenden Spott zu verkehren. Ich dagegen verlange, daß das ernste Drama uns die unverfälschte menschliche Natur vorhalte, und das heitre Genre die conventionelle Lüge der Lächerlichkeit überantworte; daß in der dramatischen Kunst das gemein Realistische eben so sorgsam wie das phantastisch Utopische vermieden werde; und daß das Ideal nicht in einer, von der stets wandelbaren Convention mit erlogenem Heiligenschein umflochtenen, Zeit-Tendenzelei, sondern darin gesucht werde, worin unter allem Wandelbaren der Zeiten das stets Bleibende besteht. Das aber ist die reine Natur, die zwar in einzelnen Menschen,

Vortheil, daß der Director des Stadttheaters sich selbst zugleich auch als Dramatiker obenan zu behaupten vermag! Man könnte dem alten Mann diese Privatliebhaberei wohl gönnen, wäre nur das Beispiel auf der „Seilerstätte“ nicht so schädlich für viele andere Bühnen, denen das Wiener Stadttheater-Repertoire immer noch als Muster dient.   Johann.

ja in ganzen Generationen, Zeitaltern und Völkern fast bis zur Uner=
kennbarkeit zurückgedrängt werden kann und sich dann stets bitter rächt,
die aber zuletzt immer wieder siegreich hervorbricht und sich als der
mächtigste aller Factoren bewährt. Es ist, mit anderen Worten: der in
dem Menschengeschlechte zur Erscheinung gelangte Götterfunke, der im
Zusammenprallen der Verirrungen subjectiver Ideale immer und immer
wieder neu das objective wahre und ewig geltende Ideal der Welt ab=
spiegelt, wenn auch — wie schon Schiller andeutet — uns nur aus un=
erreichbarer Ferne anheimelnd und nur durch das Gefühl der Vorahnungen
einer bessern Zukunft uns beglückend. — Und hier, meine Herren, knüpfe
ich nochmals an den Ausspruch an, daß das Drama die Dialectik der
Weltgeschichte ist oder sein soll. In Laube's artistischem System ist es
das nicht mehr: es ist zum Sprachorgan der conventionellen Alltags=
Inclinationen herabgesunken und hat darüber die beneidenswertheste
seiner Eigenschaften, ja fast möchte ich sagen die Berechtigung seiner
Existenz, bereits verloren. Die Berechtigung seiner Existenz? „„Ein
wohl nicht untergehendes, doch sinkendes Gestirn verklärt die Thaten
Heinrich Laube's,"" schrieb in der Wiener „„Deutschen Zeitung"" Herr
Dr. F. Mamroth am 19. Sptbr. 1876 zu Laube's siebzigstem Geburtstag.
Ja, ein „„sinkendes Gestirn"", mit dem auch die „„Thaten"" selbst nach
abwärts gravitiren! Meine Herren, wir sind vor lauter spitzfindigen,
mit dem Scheine der Wissenschaftlichkeit ausstaffirten Begriffsverdrehungen
bereits so weit, daß nicht blos auf unserer modernen Bühne kein neues
wahrhaftes und vollkommen gelungenes Drama mehr auftaucht, sondern
daß wir auch in den dramatischen Meisterwerken früherer Zeiten das
ihnen innewohnende Leben auf den Brettern nicht mehr vollständig zum
Ausdruck zu bringen wissen. Man sagt, die Schauspielkunst habe in den
letzten Jahrzehenden Fortschritte gemacht! Dieser Fortschritt aber inclinirt
nach einer Seite hin, auf der wir besser beim Alten stehen geblieben
wären: er fördert in Wahrheit nur eine Verirrung, der freilich nach den
Mißgriffen in der dramatischen Production der reproducirende Künstlerstand
nicht wohl ausweichen konnte. Die Schaumblasen der conventionellen Un=
arten wissen wir auf den Brettern täuschend nachzuäffen und dadurch der
Verirrung der dramatischen Production eine Folie zu schaffen; aber für die
psychologisch naturwahre Verkörperung der tieferen menschlichen Leiden=
schaften haben wir den Stil verloren: Die Darstellung schwankt zwischen
realistischer Erkaltung und phantastischer Uebertreibung; von dem spru=

deinem Leben in den Werken eines Shakespeare, eines Schiller kommt nur noch ein verblaßter und entstellender Abklatsch zur theatralischen Erscheinung; und der Zauber, der bei correcter Verkörperung ihnen noch heute innewohnt, liegt unter den Mißgriffen modernster Darstellungskunst eingesargt und begraben. Ich werde später hierauf zurückkommen und kehre jetzt nochmals zur Charakterzeichnung zurück. Der gelungene dramatische Charakter macht sich durch drei Hauptmerkmale erkennbar: er besitzt 1. etwas allgemein Menschliches, d. h. etwas der ganzen Gattung Anhaftendes, 2. er unterscheidet sich von der Gattung durch etwas nur ihm Eigenthümliches, 3. das der ganzen Gattung Anhaftende und das nur ihm Eigenthümliche sind zu einer unzertrennbaren Einheit in einander verschlungen. Das allgemein Menschliche macht den Charakter interessant, das Eigenthümliche belebt ihn, und die innige Verschlingung Beider verleiht diesen Eigenschaften den Stempel der Natürlichkeit. Ich habe schon früher bemerkt, daß die Kunst der dramatischen Charakterzeichnung ein dem Dichter angeborenes Talent voraussetze. Zur Ausbildung sind dem Dramatiker die Beobachtung der Menschen und das Studium der dramatischen Meisterwerke zu empfehlen, insbesondere die Dramen Shakespeare's und Goethe's, die sich durch eine unübertroffene Meisterschaft in der Charakteristik auszeichnen. Einen Wink zum Verständniß der Geheimnisse der geistigen Natur des Menschen liefert schon der erste flüchtige Blick auf den menschlichen Körper. Wenn wir eine noch so zahlreiche Versammlung von Menschen überschauen, so entdecken wir sofort in jedem einzelnen Gesichte drei Merkmale, welche den Träger desselben körperlich charakterisiren. Jedes Gesicht hat etwas allen Menschen Gemeinsames, d. h. es besteht aus Stirne, Augen, Ohren, Wangen, Nase, Mund, Kinn u. s. w. Jedes Gesicht hat zugleich auch etwas nur ihm Eigenthümliches, das theils in kleinen Abweichungen der Form einzelner Bestandtheile, theils in einer kleinen Verschiedenheit der Proportionen besteht und die Physiognomie lieblich oder anwidernd, schön oder häßlich, gleichgiltig oder interessant macht. Aber das Gemeinsame und das Abweichende sind auf jedem Gesichte so innig zu einem belebten Ganzen verschmolzen, daß wir es nicht blos durch das Auge unwillkürlich als ein unabtrennbar Zusammengehöriges in unsere Empfindung aufnehmen, sondern es auch unter Tausenden heraus sofort als ein selbstständig Bestehendes in unserem Gedächtniß behalten und als solches von der ganzen Gattung unterscheiden. Hierin kann der angehende Dramatiker einen Fingerzeig

255

finden, wie er ungefähr den geistigen Charakter aufzufassen und lebensfähig zu gestalten habe. Die geistigen Charaktere sind, vermöge der Mannigfaltigkeit der Mischungen der Bestandtheile, aus welchen sie sich bilden (der Naturelle, Temperamente, Talente, Gewohnheiten u. s. w.), ebenso verschiedenartig wie die Gesichter der Menschen. Es gehört zu den Aufgaben des Bühnenschriftstellers, auch hierin der Natur ihre Geheimnisse abzulauschen und sie in der nachahmenden Dichtung getreu abzuspiegeln. Die Fertigkeit, das allgemein Menschliche mit dem als eigenthümlich nur dem einzelnen Individuum Anhaftenden naturwahr zu verbinden, bezeichnet man in der Kunstsprache bekanntlich mit dem Ausdrucke „individualisiren" und versteht hierunter den höchsten Grad der Meisterschaft in der dramatischen Charakteristik. Wer nur das Besondere aufgreift und das allgemein Menschliche verabsäumt, der zeichnet Carricaturen; wer das allgemein Menschliche herausgreift und die Beimischung des Besonderen unterläßt, der liefert Schablonen. Beide Gattungen entbehren als dramatische Charaktere des wahren Lebens, wenn ihnen auch ein vegetirendes Scheinleben auf den Brettern eingehaucht werden und durch eingestreute Späße oder durch die Virtuosität der Darstellung ihr Defect kümmerlich vertuscht werden kann. Unsere modernen Theaterstücke, zumal die von der Theaterpraxis vorzugsweise cultivirten, sind vollgepfropft von Carricaturen und von Schablonen. Und wenn's nur blos dies wäre! wenn wenigstens die Carricaturen und Schablonen von den Virtuosen der modernen Mache consequent durchgeführt würden! Es stände dann um die dramatische Kunst immerhin noch etwas besser, als es wirklich steht; obgleich wir selbst dann weit von einem Zustande entfernt wären, der uns berechtigte, sogar von einem neuen Zeitalter der Blüthe sprechen zu können. — Meine Herren, ich habe Ihnen früher an zwei ins Einzelne zergliederten Beispielen nachgewiesen, daß in den Novitäten, zumal in den Bühnenstücken der augenblicklich den Ton angebenden Theaterschriftsteller, dutzendweise die Schablonen und Carricaturen vollends zu lebensunfähigen Marionetten herabsinken. Das ist nicht anders möglich bei einer „Mache", wie sich dieselbe unter uns vorzugsweise durch Laube ausgebildet und sodann durch Lindau, Moser und Andere vollends ins Fachwidrige und Sinnlose verkrüppelt hat. Diese Art von „Mache", d. h. das äußere Geschick, eine bloße Begebenheit für die dialogisirte Erzählung zu präpariren und dann durch willen und oft zwecklos vom Autor hin und hergeschobene Figuren dem Publicum von den

Brettern herab vordeclamiren zu lassen, — diese Art von „„Mache""
ist in Wahrheit, wie ich schon ein Mal hervorhob, nur ein nothdürftiger
Deckmantel für die dramatisirende Mittelmäßigkeit und nicht selten sogar
für die vollständige dramatische Unfähigkeit. Das wahre dramatische
Talent ist nach seiner Stärke in der Charakterzeichnung zu beurtheilen,
wobei selbstverständlich auch die Stärke in Zeichnung der von Innen
heraus zur That drängenden Leidenschaften und die Stärke in der sich
hierdurch gestaltenden Correctheit des technischen Baues der dramatischen
Handlung mit inbegriffen sind. Also muß an die Stelle der bloßen Begebenheiten, denen sich die Personen des Stückes ohne individuellen
Eigenwillen und ohne individuellen Selbstzweck nach willkürlicher Disposition des Autors gleichsam sklavisch unterordnen, wieder die Alles be-
herrschende Charakteristik treten und der dramatischen Action zu
ihren, in dem Wesen des Drama's begründeten, Rechten verhelfen. Mit
anderen Worten: wir müssen mit der landläufig gewordenen „Mache"
als einem den dramatischen Nerv zerstörenden Gifte vollständig brechen
und die Kunst des dramatisch dichtenden „„Machens"" wieder in einer
Fertigkeit suchen, welche nicht im Widerspruche mit dem Sinne des alten
griechischen ποιεῖν steht. Ich verstehe hierunter keine Rückkehr zur
Technik des hellenischen Drama's, welche uns zwar in ihren Grundzügen
treffliche Winke zu liefern vermag, aber in ihrer sklavischen Nachahmung
für das moderne Theater weder passend noch ausreichend wäre, —
sondern ich verstehe hierunter eine der Mechanik des heutigen Theaters
entsprechende Weiterentwickelung derjenigen germanischen Technik, welche,
von Shakespeare angebahnt und durch Lessing, Goethe und Schiller cultivirt, ebensowohl den inneren Gesetzen der dramatischen Kunst als der
gesteigerten Schaulust der Gegenwart zu genügen vermag. Machwerke,
an denen außer der undramatisch erklügelten Marionettenspielerei Nichts
zu rühmen bleibt, müssen grundsätzlich von der Bretterwelt ausgeschlossen
werden. So lange von der Theaterpraxis das Criterium für die Zulässigkeit der Novitäten im hohlen Firlefanz der landläufigen „Mache"
nach französischer Schablone erkannt, und das Novitäten-Repertoire aus
dem Geschmeiße dieser schmarotzenden Alltagsfliegen zusammengefügt wird,
für so lange wird auch eine gründliche Verbesserung der Theaterzustände
zu den Unmöglichkeiten gehören, weil für so lange der Kunststil unher-
stellbar ist, und das wahre dramatische Talent durch die Macht äußerer
Verhältnisse zu Gunsten der dialogisirenden Mittelmäßigkeit und der un-

künstlerischen Speculationssucht von der Bühne ausgeschlossen bleibt. Meine Herren, ich weiß recht wohl, in welch weitverzweigtes Wespennest ich mit diesem Ausspruche unsanft stoße. Es ist nicht blos unsere im Allgemeinen recht oberflächliche Theaterkritik, welche sich in die so leicht und ohne Fachkenntnisse zu beurtheilenden Künsteleien der gehaltlosen „„Mache““ verrannt hat und für wahrhaft dramatische Regenerationsbestrebungen den Sinn und Ton nur schwer findet; es ist nicht blos das Dutzend der zur Zeit bretterbeherrschenden Virtuosen der Begebenheits „„Mache““, welche in der Rückkehr zum dramatischen Nerv als wahrem Lebenselemente der Bühne eine Gewerbsbeeinträchtigung erkennen und durch ihre Journal-Coterien jede derartige Anregung schon im Keim mit Gift und Galle begeifern; es sind nicht blos die verschiedenartigen Hofrücksichten, welche das dramatisirende Schablonenthum begünstigen und der Spiegelung der conventionellen Schaumblasen der Zeit durch Vorhaltung der reinen Natur innerlich vertiefter Charaktere sich entgegenstemmen*). — Nein, auch im Gros des heutigen Schauspielerstandes findet jeder Regenerations-Versuch, der die rohen Knall-Effecte von den Brettern verbannt und die Psychologie wieder in ihre ewig unveränderlichen Rechte einsetzen will, ein ganz gewaltiges Hinderniß. Das Gros des Schauspieler-Völkchens ist — es giebt rühmliche Ausnahmen, aber sie sind so selten, daß wir aus der großen Reihe von beiläufig dritthalbhundert deutschen Theatern kaum eine für etwa acht bis zehn Bühnen genügende Zahl rein strebender und fleißiger Mimen herauszufinden vermöchten — das Gros des Schauspieler-Völkchens ist unwissend, träg und krankhaft gefallsüchtig. Mit plumpen Knall-Effecten, an welchen in den von der jetzigen Bühnenpraxis begünstigten Machwerken kein Mangel zu sein pflegt, kann dies Völkchen leichter und sicherer den Beifall der Galerien erringen als in dramatischen Meisterdichtungen. Dort braucht der Schauspieler

---

*) Fernsichtige Hofherren thäten freilich das Gegentheil, denn just Das, was zur Zeit aus Hofrücksichten auf den Brettern begünstigt wird, fördert im größern Publicum diejenigen Inclinationen, denen man durch Darniederhaltung des dramatischen Nervs entgegen zu arbeiten wähnt. Ein ästhetisch rein gehaltenes Theater kann, mögen in seinem Repertoire auch einzelne dramatische Helden noch so ungeberdig sich verbluten, stets nur conservirend wirken, während die heutige Bühne gerade mit Dem, was von Oben herab gern gesehen und protegirt wird, eine in Wahrheit desrruirende Saat unter die Massen streut.   Johann.

der ihm gelieferten Schablone nur wenig aus sich selbst beizufügen: hier
müßte er durch mühevolles Studium sich die Nachbildung des vorgezeichneten Charakters erst aneignen. Daher ist im Allgemeinen der
Schauspielerstand mit der Repertoire-Verjumpfung innerlich recht wohl-
zufrieden, obgleich bekanntlich Niemand lauter als just er über die
Theater-Misere räsonnirt, und man nicht selten aus dem Munde der er-
bärmlichsten Coulissenreißer die Versicherung aussprechen hört, daß sie
dem Publicum weiß Gott welche Wunderwerke vorführen könnten, wenn
nur ihr alberner Director Vernunft von ihnen annähme! Innerlich un-
zufrieden wird der Schauspieler im Allgemeinen nur dann, wenn ihm in
einem Spectakelstücke nicht die Rolle zufiel, auf die er Ansprüche zu
haben glaubt. Das pflegt in der Regel diejenige Rolle zu sein, welche
vom Fabrikanten der „..Mache"" mit den plumpsten und zündendsten
Knall-Effecten ausgestattet wurde. Aber auch nicht selten ist der Schauspieler mit seinen Klagen über unpassende Beschäftigung im vollsten
Rechte, indem ihm Aufgaben zugemuthet werden, die seinem Naturell
unüberwindliche Schwierigkeiten bieten und ihn zu fehlerhaften Leistungen
förmlich nöthigen. Die sich hieraus ergebenden Mängel der Darstellung
werden vom Publicum in den charakterflachen Schablonen weit weniger
unangenehm empfunden als in den prägnant charakterisirenden Dichtungen,
weil zu jenen eine prägnant individualisirende Charakter-Reproduction
gar nicht erfordert wird. Und hier, meine Herren, komme ich, vorerst
nur flüchtig, auf einen Punkt, der den innersten Lebensnerv der Darstellungskunst nicht minder tief berührt und nicht minder verwahrlost
ist, als die verwahrloste Charakteristik in der modernen dramatischen
Production. Ich meine: Das Rollen-Monopol. Eine stilvolle Rückkehr
von der schalen Begebenheits-...Mache"" zu der aus der Charaktervertiefung sich mit innerer Nothwendigkeit herausgestaltenden dramatischen Handlung würde consequenterweise auch die bisher in der Praxis
übliche Abschachtelung der Rollenfächer haltlos machen und zur Adoption
eines neuen Gesetzes für die Rollenvertheilung drängen. Meine Herren,
ich berühre hier eine Eigenthümlichkeit des Bühnenlebens, deren Klarstellung und Rectification zu den Hauptvorfragen für eine zu ermöglichende
gründliche Theaterreform gehört. Die derzeit übliche Rollen-Abschachtelung
beruht auf einem Princip, welches von den feststehenden, täglich wieder
kehrenden Charakteren (Masken) in den Anfängen der neueren Schauspiel
kunst, nämlich aus der italienischen Commedia dell'arte, den Satiren der

Franzosen und den Fastnachtsspielen der Deutschen hergeleitet ist; sie entspringt nicht den Rücksichten auf die an den Mimen zu stellenden geistigen
Qualificationen, sondern einseitig nur den Rücksichten auf dessen Aeußerlichkeit und auf die Stellung und Tendenz der zu verkörpernden Rolle. Haben
sich auch später aus dem Reichthum der dramatischen Productionen alle
jene Unterabtheilungen herausgebildet, die im Laufe der Zeit entweder
selbstständige Fächer wurden oder dem Zeitgeschmacke folgend nach kurzem
Glanze wieder ganz aufhörten, so hat sich doch seither der Fachbegriff principiell nicht geändert. Ein Mime, der z. B. irgend einen Helden oder irgend
einen Bösewicht leidlich gut spielt, bekommt alle Helden oder alle Intriguanten zugetheilt, obgleich sich hierunter so manche Rolle befindet,
für die er weder das geistige Zeug noch die körperliche Beschaffenheit besitzt. Zu welchen Inconvenienzen dies Princip führt, davon will ich, statt
der Hunderte von mir zu Gebot stehenden Geschichtchen, nur ein einziges
Beispiel namhaft machen. Es giebt ein zur Zeit hervorragendes Hoftheater, an welchem Franz Moor zur tragikomischen Fratze verzerrt, Faust
im duselnden Wirthshaustone heruntergeheult und Wallenstein als gemüth-
licher Hauspapa gemimt wird. Die Verunstaltung dieser drei Rollen ist
nicht einem Mangel an ausreichenden Darstellungskräften zuzuschreiben,
vielmehr besitzt das betreffende Theater unter seinem Personal einen
Künstler, der just als Franz Moor, als Faust und als Wallenstein ganz
vorzügliche Charakterbilder liefern könnte. Aber dieser Künstler darf nur
vom Parterre aus zuschauen, wenn sich drei seiner Collegen in den ihnen
nicht zusagenden Rollen blamiren, — zum Fach, für welches er nach der
herrschenden Rolleneintheilung engagirt ist, gehört weder Franz Moor
noch Faust noch Wallenstein. Franz Moor wird von einem genialen
Charakter-Komiker gemimt, der sich vertragsmäßig im Besitze aller ersten
Intriguanten befindet, obwohl ihm eine tragische Ader fehlt; im Faust
bramarbasirt ein Coulissen-Virtuose, der für diese Rolle außer seinem auf
erste Heldenliebhaber lautenden Contracte Nichts besitzt; und den Feldherrn
Wallenstein verarbeitet ein ehemals vorzüglicher sogenannter Naturbursche
und Bonvivant, der sich wegen vorgerückten Alters und langjähriger Dienst-
zeit von seinem gefälligen Intendanten ins Fach der gesetzten Helden beför-
dern ließ, für die er außer seiner passenden Körpergestalt absolut Nichts
mitbringt als den unpassenden Ton eines naiven und komischen Greises. —
Meine Herren, die herkömmliche Facheintheilung muß nothwendig zu den
störendsten Mißgriffen verleiten, eben weil die einzelnen Fächerbegriffe

einseitig nur die äußeren Erfordernisse des Darstellers berücksichtigen und das entscheidende Hauptmerkmal, nämlich dessen innere geistige Fähigkeiten, ganz unberührt lassen. Daraus entstand für die Praxis der Nachtheil, daß die Fachgrenzen theils zu weit, theils zu eng gezogen wurden, und unsere Theater an einer babylonischen Fachverwirrung kränkeln. Jeder Mime, der sich im unbedingten Besitze eines sogenannten Faches befindet, hat mitunter Rollen zu spielen, für die ihm alles Zeug fehlt, während ihm andrerseits auch Rollen entgehen, zu denen er Alles besäße."

„Wollen Sie uns dieses durch Beispiele noch klarer machen," bat Gerson der thatenlustige Impresario.

„Wohl," fuhr Johann fort. „Ich bleibe bei den schon gewählten Beispielen, Franz Moor, Faust und Wallenstein stehen. Es kann ein Schauspieler Rollen wie Muley Hassan, Falstaff, die Hofnarren in Shakespeare's Tragödien und ähnliche vom Humor belebte sogenannte Charakterrollen vorzüglich spielen und dennoch ein ganz unleidlicher Franz Moor sein; es kann ein Schauspieler in Rollen, wie Fiesco, Marquis Posa und ähnlichen idealisirten Gestalten berechtigte Triumphe feiern, und dennoch zur Darstellung eines Faust nicht die entferntefte Befähigung besitzen; es kann ein Schauspieler zu Rollen wie Götz von Berlichingen, Wilhelm Tell und ähnlichen Biedermännern sich ganz vorzüglich eignen, und dennoch einen Wallenstein abscheulich verunstalten! Nach der Schablone der auf unseren Bühnen maßgebenden Facheintheilung gilt Wallenstein kat' exochen für eine Aufgabe, die unbestreitbar dem gesetzten Helden zukommt; nach eben derselben Schablone sind unbestreitbar Faust der Verarbeitung des Heldenliebhabers und Franz Moor den Grimassen des Intriguanten verfallen."

„Und welchen Fächern theilen Sie diese drei Rollen zu?" fragte Gerson. „Wie wäre überhaupt den Besetzungsmißgriffen gründlich vorzubeugen? Ich bestreite nicht, daß von den Bühnenpractikern selbst dieser Uebelstand lebhaft gefühlt wird, daß jedoch ein Mittel zur Abhilfe noch nicht gefunden ist. Deshalb haben in neuerer Zeit verschiedene Directoren schon den Gebrauch eingeführt, ihre Mitglieder nicht mehr für ein bestimmtes Fach, sondern nur noch als Schauspieler und Schauspielerinnen zu engagiren. Der Conflict, der hieraus zwischen dem darstellenden Künstlerstande und den Bühnenleitungen erwuchs, ist Ihnen wohl nicht unbekannt."

„Ich stelle mich in diesem Conflict auf die Seite der Künstler," replicirte Johann. „Mit vollständiger Aufhebung des Rollenfaches wäre dem Uebelstande nicht principiell gesteuert, sondern nur der Wirrwarr im Allgemeinen noch vergrößert. An einzelnen Bühnen, deren Vorstände zufällig über das einzig richtige Besetzungsprinzip schon klar geworden sind, möchte die vollständige Fachaufhebung wohl zum Guten führen. Wie wenige Vorstände aber sind das? Unter einem ganzen Schock vielleicht ein einziger. Die Mehrzahl des Künstlerstandes würde durch Cassation der Facheintheilung einem Willkürverfahren preisgegeben, das alle tiefere Entwickelungsfähigkeit, alles reine Kunststreben, alle prägnante Menschenzeichnung gar leicht von den Brettern vollends verbannen könnte. Dispositionen, für welche die Aesthetik schon ganz bestimmte Vorschriften besitzt, dürfen in der Kunst so wenig dem Zufall überantwortet werden, als man in einem wohlgeordneten Staate dem zufälligen Machtinhaber das Recht einzuräumen pflegt, an Stelle der bestehenden Gesetze seine subjective Laune einzuschmuggeln."

„Worin also besteht Ihr Heilmittel?" wiederholte Gerson.

„Ich habe es bereits angedeutet," entgegnete Johann. „Es giebt in jedem Stand, in jeder Lebensstellung eine große Mannigfaltigkeit von Charakteren, zu deren künstlerischer Reproduction eine einzige Individualität nicht mannigfaltig genug ist. Ein Held gleicht nicht allen Helden, ein Liebhaber nicht allen Liebhabern, ein Bösewicht nicht allen Bösewichten, ein Chevalier nicht allen Chevaliers, ein Vertrauter nicht allen Vertrauten. Vielmehr ist die Verschiedenheit der inneren Charaktere in dem gleichen Stande und in der gleichen Lebensstellung nicht selten weit größer als die äußere Verschiedenheit der Stände und Lebensstellungen. Dennoch muthet die Bühnenpraxis dem Schauspieler, der den Einen spielt, die Darstellung Aller zu und schließt das außerhalb seines sogenannten Faches liegende Wahlverwandte von seinem Wirkungskreise aus. Diese Ausschließung und jene Zumuthung sind von Uebel, weil sie zu unpassenden Besetzungen verleiten. Das Uebel ist durch den falschen Begriff veranlaßt, den man in der Praxis mit dem Ausdrucke „„Fach"" verbindet. Die übliche Eintheilung in Helden, Liebhaber u. s. w. u. s. w. markirt nur die äußerlichen, für den Darsteller der betreffenden Rollen wünschenswerthen und eigentlich selbstverständlichen Eigenschaften, während sie das Hauptbedürfniß, nämlich die psychische Naturanlage des Künstlers zu dem im Helden, Liebhaber, Bösewicht, Chevalier, Vertrauten u. s. w. zu veranschaulichenden Charakterbild nicht berührt. Diese Facheintheilung beruht also auf demselben Grundirrthum, an welchem überhaupt unsere ganze Theaterwirthschaft kränkelt: sie beruht auf einer Verwechselung des Nebensächlichen mit der Hauptsache. In der darstellenden Kunst vermag wohl die geistige Fähigkeit sich die physischen Elemente bis zu einem gewissen Grade anpassend und dienstbar zu machen, niemals aber läßt sich die mangelnde Geistesfähigkeit durch körperliche Vorzüge genügend ersetzen. Die Theatergeschichte weist Beispiele genug auf, daß vorzüglich talentirte Mimen ihre widerstrebenden physischen Requisiten bis zu einem fast ans Wunderbare streifenden Grade überwanden und Großes in Rollen schufen, für welche ihnen ihre natürliche körperliche Aeußerlichkeit Nichts in die Wiege gelegt zu haben schien; aber es findet sich auch nicht ein einziges Beispiel vor, daß körperliche ideale Schönheiten, aus deren Innern heraus keine geistige Fähigkeit pulsirte, je etwas anderes als charakterverunstaltende Coulissenreißer geworden wären. Die geistigen Anlagen zur Menschenzeichnung haben aber ebensogut ihre bestimmten Richtungen, Eigenthümlichkeiten und Grenzen, wie solche dem Körper anhaften, der dem zu veranschaulichenden Charakterbild als Organ dienen soll. Man wird also bei der Facheintheilung jene geistigen Richtungen, Eigenthümlichkeiten und Grenzen als Maßstab zu wählen haben und nur dann davon absehen dürfen, wenn das äußere Organ der Verkörperung des Charakterbildes unübersteigliche Hindernisse entgegen wälzt."

„Sie schlagen also vor?" drängte Gerson.

Johann fuhr fort:

„Ich schlage vor, daß der Maßstab zur Facheintheilung für das recitirende Drama eines Zukunftstheaters nicht von der physischen, sondern von der psychischen Anthropologie entlehnt, und der Hauptnachdruck auf die psychologischen Momente gelegt werde. Es steht z. B. dem Helden ohne Zweifel zwar gut, daß er starke Fäuste, eine hohe Statur und eine Stentorstimme habe. Wenn er aber außer diesen physischen Requisiten Nichts besitzt und wie ein Tobender auf den Brettern hin- und herrast, so imponirt er uns nicht als Held, sondern macht nur den Eindruck eines Raufbolds, und wir ziehen ihm einen Darsteller vor, welcher den Heldengeist zu veranschaulichen vermag. Meine Herren, wir werden erst später, bei den Specialien der Schauspielkunst, uns mit der richtigen Facheintheilung eingehend befassen können. Heute beschränke ich mich auf die Feststellung des Princips und bleibe bei den schon gewählten drei Beispielen stehen. Es ist möglich, daß der zufällig an einem Theater als Heldenliebhaber engagirte Schauspieler auch den Faust nach Goethe's Intentionen spielen kann. In der Regel wird es nicht der Fall sein, denn das Eigenthümliche, wodurch Faust sich von allen anderen Heldenliebhabern unterscheidet, liegt nicht im Liebhaber- oder Heldenmäßigen, sondern in einer Eigenschaft, welche die Psychologie mit dem Ausdrucke „dämonisch" bezeichnet. Dasselbe gilt von Franz Moor bezüglich des Darstellers der Bösewichte, und von Wallenstein bezüglich des Darstellers der gesetzten Helden und Heldenväter. Diese drei Rollen werden also demjenigen Künstler zuzutheilen sein, dessen Specialität darin besteht, die verschiedenen Abstufungen des Dämonischen im Menschen als Charakter-Grundzug zur lebenswahren Veranschaulichung zu bringen. Hiermit, meine Herren, haben Sie ein neues Fach, welches keines der in der jetzigen Schauspiel-Technik existirenden Fächer vollständig erschöpft, aber aus verschiedenen bestehenden Fächern einzelne Rollen für sich in Anspruch nimmt und daher zu einer neuen Fachbegrenzung drängt. Bekanntlich hat z. B. der vielgefeierte Heldenliebhaber Emil Devrient Faust nur während seiner frühesten Periode einmal gezwungen im Engagement gespielt und war später nie zu bewegen, ihn irgendwo auch unter seinen Gastrollen dem Publicum vorzuführen. Mit Recht. Emil Devrient kannte als wissenschaftlich gebildeter und feinfühliger Mime genau die Richtung und die Grenzen seiner psychologischen Gestaltungskraft. Der geniale Repräsentant eines Marquis Posa, Hamlet und Fiesco war für die Veranschaulichung des Idealen qualificirt. Die Reproduction des Dämonischen als Charakter-Grundzug lag jenseits der Grenzen seiner Kunst. Sollte uns dies nicht zu der Untersuchung ermuntern, ob es vielleicht auch ein Fach der idealen Charaktere gebe, welches ebenfalls, wie das Fach der dämonischen Charaktere, keines der in der jetzigen Schauspiel-Technik existirenden Fächer vollständig ausfüllt, aber aus verschiedenen Fächern einzelne Rollen für sich reclamirt? Wenn Sie das Rollenverzeichniß ungewöhnlich hervorragender Mimen, die man als wahre Proteus-Naturen anstaunte, genau prüfen, so werden Sie entdecken, daß jene Mimen ihre Rollenwahl nach dem Criterium vornahmen, welches

sich aus dem Einklang ihres individuellen Gestaltungstalentes mit
den psychologischen Grundzügen der darzustellenden Charaktere er=
giebt. Auch in der Psychologie gilt der Satz, daß die Extreme
sich berühren. Das Geheimniß der angestaunten Vielseitigkeit jener
Mimen beruht darauf, daß sie sich mit feinem Takte auf das ihrer Ge=
staltungskraft Zusagende und auf das ihrem geistigen Naturell Wahl=
verwandte beschränkten, mit andern Worten: daß sie sich für ihren künst=
lerischen Wirkungskreis das Rollenfach nach dem hier von mir empfoh=
lenen Grundsatze neu gestalteten, ohne Rücksicht auf die herkömmliche Fach=
eintheilung. Meine Herren, denken Sie tiefer über die Sache nach, so
werden Sie außer den zwei von mir bereits markirten Fächern — dem
dämonischen und dem idealen — leicht auch die anderen Fächer heraus=
finden und eine neue Rollenvertheilungs Technik feststellen können, die
allen möglichen Charakteren den geeignetsten Repräsentanten zuweist und
absoluten Mißgriffen vorbeugt. Wie oberflächlich und zugleich wie be=
zeichnend für die Verwahrlosung der individualisirenden Charakteristik die
derzeit immer noch übliche Rollenabschachtelungs=Methode ist, ersieht man
schon aus den Namen der einzelnen Fächer. Unter den sechszehn Scha=
blonen (den neun männlichen und den sieben weiblichen) befinden sich nur
zwei, deren Namen eine Andeutung über die Art der Darstellung aus=
drückt. Ich meine das sogenannte männliche „Charakterfach" und das
sogenannte weibliche „Anstandsfach". Sind aber diese Andeutungen nicht
so vager und so allgemeiner Natur, daß sie nur zwei Eigenschaften be=
rühren, welche der Darsteller einer jeden Rolle mit sich auf die Bretter
bringen sollte? Oder gilt es nicht, in jeder Rolle einen „Charakter"
zu verkörpern und jede Rolle mit ästhetischem „Anstand" durchzu=
führen? Ich meine: ja. Die Namen der Fachbezeichnungen sind wahr=
lich noch so primitiv, wie zu Shakespeare's Zeiten die Coulissen waren.
Letztere bestanden bekanntlich in einem vorgeschobenen Brette, auf dem
zu lesen stand, was sich die Phantasie der Zuschauer als den Schauplatz
der Handlung vorzustellen habe. Ein großer Theil unserer heutigen
Schauspieler und Schauspielerinnen gleicht solchen vorgeschobenen Brettern:
die zur Schau ausgestellten Körper deuten den Zuschauern nur an, was
ihre Phantasie sich an Seelenleben in diese Körper hineinzudenken habe,
obgleich es aus denselben heraus nicht zur Erscheinung kommt! Ein zier=
liches Gesichtchen mit ein paar glänzenden Augensternen muß als vor=
zügliche Liebhaberin, ein schlanker Jüngling mit schmachtendem Antlitz

als vorzüglicher Liebhaber, eine markige hohe Gestalt mit stechendem Blick als vorzüglicher Held, ein schmächtiger Cadaver mit einem zur Fratze verzerrten Gesicht als vorzüglicher Intrigant gelten, und so weiter! Was Allen fehlt, wird als Nebensächlichkeit übersehen, wenn nur die Breite und die Länge der lebendig hin= und herwandelnden Bretter dem Ellenmaße der Eintheilungs=Schablone entspricht."

„Halten Sie die Durchführung Ihres Vorschlags für möglich? fragte Gerson.

Johann zuckte die Achseln und entgegnete:

„Der Gewohnheitsschlendrian und der Kunstunverstand stehen ihm als gewaltige Feinde gegenüber. Wäre er einmal eingeführt, dann freilich würde ihn Jedermann so selbstverständlich finden, daß aller Welt unbegreiflich bliebe, warum es nicht schon von jeher so habe gehalten werden müssen. Mein Vorschlag wird vorerst nur den wahren und nach höheren Zielen strebenden Künstlern einleuchten und wohl auch nur von diesen verstanden werden können. Das sind an Zahl nicht sehr viele. Die Bühnenleiter und der ganze Troß des Schauspieler= standes werden ihn zuverlässig bekämpfen. Wie sollte der gewöhnliche Schauspieler sich rasch für ein neues Princip begeistern können, welches einer Wissenschaft entnommen ist, in der er — obgleich sie die Grundlage für seine Kunst bildet — niemals Studien machte! Ihm gilt ja der Kleiderwechsel und die Maskirung des Gesichtes, die ihm vom Schneider und vom Frifeur geliefert werden, für eine genügende Charakteristik, und er befindet sich dabei ganz wohl, so lange für seine Leistungen nur die Gage pünktlich fließt. Und auch unsere Theaterleiter besitzen ein sub= jectiv vollwichtiges Argument gegen mich, denn: wie sollten sie sich gern einer Neuerung zuneigen, welche ihnen nicht nur so mancherlei Beleh= rungen des Personals, sondern auch Arbeitslasten anderer Art aufbürden müßte! Ist doch das Geschäft der Rollenbesetzung nach der herkömm= lichen Schablone so leicht und so bequem! Man braucht das Stück nur zu durchblättern und den Rollen die Namen der Darsteller beizufügen, dann ist's gethan. Wozu also sich selbst die Unbequemlichkeit bereiten, fortan nicht blos die zu gebenden Stücke gründlich durchstudiren, sondern als zur Amtsverwaltung gehörend sogar noch andere Kenntnisse der werthen zu müssen, die vielleicht nicht einmal in jedem Theater Directions= Bureau vorhanden sind! Nein — ich selbst prognosticire meinem Vor=

schlage weder einen augenblicklichen Erfolg, noch auch nur eine augenblickliche Anerkennung. Er gleicht dem Saatkorn, welches man ins Erdreich legt, daß es in einer fernen Zukunft aufkeime, blühe und Früchte trage. Daher werfe ich — um mit Schiller zu reden — ihn einfach „„in die unendliche Zeit"".

So endete die siebente Sitzung der Bühnenreformfreunde.

X.

Johann's Abschied.

Motto: Wer in der Welt nicht zweimalhunderttausend
Bajonnette mit den gehörigen Appertinenzen zu
seinem Befehl hat, sollte sich's nicht einfallen
lassen, öffentlich einen vernunftigen Gedanken
zu haben. Und die Herren, die sie haben, lassen
sich's beliebter Gemächlichkeit wegen selten ein
fallen.

Seame (Apokryphen).

n der achten Sitzung der Bühnenreformfreunde nahm
die Debatte plötzlich eine Wendung, durch welche alle
Mitglieder ebenso sehr überrascht als betroffen wurden.
Johann der Idealist erbat sich in besonders feier=
lichem Tone das Wort zu einer persönlichen Erklärung
und begann:

„Meine Herren, ich glaube durch meine bisherigen Vorträge Ihnen
klar gemacht zu haben, daß für unser liebes deutsches Theater auf den
Pfaden, die es zur Zeit wandelt, kein Heil zu hoffen steht. Ich glaube,
sattsam jene Fraction der Tagespresse beleuchtet zu haben, durch deren
von niedriger Selbstsucht und hochnasiger Unwissenheit strotzendes, die
öffentliche Meinung frech terrorisirendes Gebahren just die grassirenden
Uebelstände gefördert und alle Ueberwindungsversuche derselben so sehr
erschwert werden. Ich glaube, den Stilbegriff und, was sich daraus so=
wohl für die Technik des Drama's als auch für die darstellende Kunst
ergiebt, allgemein verständlich erörtert zu haben. Ich glaube, die Un=
zuträglichkeit der gegenwärtig die Bretterwelt beherrschenden „„„Mache"""
gründlich nachgewiesen und zugleich gezeigt zu haben, worin die dem
Wesen der dramatischen Poesie entsprechende Fertigkeit in Handhabung
der Technik besteht. Ich glaube, gezeigt zu haben, daß ohne Rückkehr

zur scharf und stilvoll individualisirenden Charakteristik — als dem leitenden und vorwärts treibenden Agens der Handlung — alle soge‍genannten Bühnenreform‍-Anläufe eitle Spiegelfechtereien sind, durch welche der Theater‍-Wirrwarr, statt überwunden zu werden, sich nur noch unentwirrbarer verknöchert. Wenn ich in meinen Erörterungen irrte oder mit meinen Pfeilen gegen die vorherrschenden Verirrungen neben das Ziel schoß, so bitte ich Sie, mich mit Gründen zu widerlegen.“

Keiner der Anwesenden meldete sich zum Worte. Nach einer kleinen Pause fuhr Johann fort:

„Aus diesem allgemeinen Schweigen könnte ich den Schluß folgern, daß Sie Alle mir beistimmen. Doch bin ich zu solcher Voraussetzung nicht eitel genug und begnüge mich mit dem Bewußtsein, daß ich — was auch Andere von mir denken mögen — redlich, nicht ins Blaue hinein und nicht ohne Fachkenntniß, Grundsätze ausgesprochen und Vorschläge angeregt habe, welche wohl der Beherzigung aller Derjenigen werth wären, von denen zunächst die Geschicke der Bühne abhängen, nämlich der Theater‍leiter, der Theaterdichter, der Mimen und der Theaterkritiker. Noch sind wir mit unseren Erörterungen über die, jedem dieser vier Stände zur Er‍füllung seines Berufes unentbehrlichen und jedem Theaterbesucher zu ver‍ständnißvoller Würdigung theatralischer Schaustellungen nöthigen allge‍meinen Vorbegriffe nicht hinausgekommen. Noch liegt eine zahllose Menge von Detail‍-Fragen vor uns, noch hätten wir den ganzen Bereich der „...Theorie der dramatischen Dichtkunst“, der „...Theorie der darstellenden Kunst“ und der „...praktischen Dramaturgie“ zu durchwandern. Meine Herren, als ich zum ersten Male unter Ihnen das Wort ergriff, hatte ich die Absicht, in Ihrer Gesellschaft diese Wanderschaft bis ans Ziel zurück zulegen, — ich gab mich noch der Hoffnung hin, es auch zu können und zu dürfen. Heute schränke ich meine Mission unter Ihnen auf die kleine Aufgabe ein, nur den Schlüssel zu liefern, welcher die Pforte zu den Propyläen der dramatischen Kunst öffnet. Diese Aufgabe aber wurde, wie mich bedünken will, in den vorangegangenen sieben Sitzungen von mir vielleicht nicht ganz unpassend schon gelöst, so daß ich nunmehr kurz abschließen kann. Zum letzten Male in ihrer Mitte stehend, fühle ich in mir selbst den unwiderstehlichen Drang, nur noch meine eigene Grabrede zu halten und dann scheidend mit Shakespeare's Hamlet zu sagen: „...Der Rest ist Schweigen.“

„Was wäre das?" rief Gerson der thatenlustige Impresario und fuhr hastig von seinem Sessel auf.

„Die Ankündigung einer Katastrophe, die ich selbst ebenso wenig herbeigeführt habe, als ich mich ihr zu entziehen vermag," entgegnete Johann ruhig und fuhr fort: „Aus dem, was Sie bisher von mir ge= hört, werden vielleicht einige von Ihnen den Schluß ziehen, daß ich — befände ich mich in der Lage einer bestehenden Bühne practischen Rath zu ertheilen — Nichts empfehlen würde, was für das gegenwärtige Theater nicht paßt."

„Ich zog daraus sogar den Schluß, daß Sie weit wählerischer und strenger zu Werke gehen würden, als gegenwärtig zu geschehen pflegt," versicherte Gerson.

„Dieser Meinung war auch ich bis heute," replicirte Johann. „Jetzt aber weiß ich, daß gerade Diejenigen, deren Votum hierüber den entscheidenden Ausschlag gäbe, das Gegentheil voraussetzen. Wie Sie sich erinnern werden, hatte ich mir vorgenommen, schließlich eine Reihe solcher zur Zeit lebender und noch leistungsfähiger Dramatiker zu nennen, deren Werke bisher, nicht zum Vortheil der dramatischen Kunst, von den Theatern unbeachtet geblieben sind."

„Wohl," warf Gerson ein. „Man sah bisher just diesem Theil Ihrer Vorträge mit allgemeinem, wenn auch sehr verschiedenartigem, Interesse entgegen."

„Und weil die Verschiedenartigkeit der hieran geknüpften Erwar= tungen auch mir recht wohl bekannt ist" — fiel Johann ein —, „weil zudem ich selbst nicht verkenne, daß in der That die Durchführungs= Möglichkeit meiner eigenen Reform-Vorschläge von der Ausbildung und Heranziehung tüchtigerer dramatischer Kräfte wesentlich bedingt wird, so dachte ich sehr reiflich darüber nach, auf welche Art meine Schutzbefohle= nen wohl am zweckmäßigsten dem größern Publicum vorgestellt werden könnten. Eine blos theoretische Empfehlung durch unsere Genossenschaft schiene mir gerade diese Angelegenheit nur wenig zu fördern, denn die Frage, ob die Dramen der von uns zur Beachtung empfohlenen Dichter auch wirklich von den Brettern herab gefallen würden, bliebe nach wie vor eine offene. Voraussichtlich würden die Bühnenleiter auch unserer öffentlichen Empfehlung ebendieselben Schein-Argumente entgegen schleu= dern, mit welchen sie die betreffenden Dramatiker in ihrer Privat-Corre= spondenz abzufertigen pflegen. Sie würden kurzweg behaupten: „Für

unſer Theater nicht geeignet"", oder: „„Nur zur Lectüre intereſſant"",
und dergleichen. Weil ich dies befürchtete, habe ich, während ich vor
Ihnen meine Vorträge hielt, im Stillen auch ſchon Schritte zur Ebnung
der Wege für jene Dichter gethan. Und zwar ſo: Ich richtete mit
großem Fleiß und mit gewiſſenhafter Sorgfalt einige ihrer Dramen für
die Darſtellung ein, legte ſodann dieſelben mehreren derjenigen Bühnen=
leiter vor, von welchen ich vorausſetzen zu dürfen wähnte, daß bei ihnen
noch am meiſten ein richtiges Verſtändniß, am eheſten ein entgegen=
kommender Sinn für dieſe nationale Kunſtangelegenheit zu finden oder
wenigſtens zu wecken ſei."

„Nun — und —?" fragte Max der Peſſimiſt. „Sie wurden —
wie ich vermuthe — ſammt Ihren Schützlingen abgewieſen?"

„Wenn nur das geſchehen wäre" — verſicherte Johann —, ſo
würde ich dem Vorfall keine ſo ernſte Bedeutung beimeſſen. Wir Alle
mußten ja auf einen ſchweren Gegendruck gefaßt ſein. Aber nein! die
Herren begnügten ſich nicht mit einer einfachen Abweiſung, die mir ge=
zeigt hätte, daß eben ſie ſelbſt in die ſtilloſe, allen dramatiſchen Nerv
zerſtörende Auffaſſung des einſeitigen Begriffes „„Mache"" unheilbar
verrannt ſind und lieber mit unbrauchbarer Waare fortwirthſchaftend
durchfallen, als mit einer beſſern wenigſtens Verſuche machen. Sie
gingen in ihren Antworten viel weiter und gaben mit unverkennbarer
Deutlichkeit zu verſtehen, daß in ihren Augen die Thatſache, von den
Gegnern der dermaligen Mißwirthſchaft empfohlen zu ſein, bereits als
vollwichtiges Motiv zur hartnäckigſten Ablehnung gilt, und es ſich dabei
um die Sache ſelbſt ſchon gar nicht mehr handelt. Was könnte bei der=
artiger Sachlage unſere Unterſtützung den mißhandelten Dichtern nützen?
Sie würde nur die Voreingenommenheit gegen ihre Leiſtungen noch
durch den Hinzutritt der Ungunſt gegen ihre Perſonen vergrößern,
wäre alſo gleichſam nur ein ſie dem Haß des herrſchenden Theater-Re=
gime's auslieferndes Steckbrief. Und ſo darf ich denn vorerſt die Ver=
antwortung nicht auf mich nehmen, auch nur auf ein einziges der zur
Zeit lebenden und mit Unrecht bei Seite geſchobenen dramatiſchen Talente
mittelſt öffentlicher Nennung hinzuweiſen. Sein Name, empfehlend von
mir ausgeſprochen, würde in den Büreaux verſchiedener Theater als Echo
nur ein erneutes Todesurtheil provociren, das man über den Dichter
ausſpräche, ohne ſein Talent erſt geprüft, ohne ſeine Werke auch nur
durchblättert zu haben. Und ſo würde ich denn, ſtatt ſeine Carriere zu

erleichtern, ihm nur die geringen Chancen zerstören, die er durch irgend einen glücklichen Zufall sich vielleicht noch öffnen kann oder wenigstens noch hofft, sich öffnen zu können. Meine Herren, ist es schon an und für sich nicht angenehm, geschäftlich mit Leuten zu verkehren, die gewohnheits- mäßig den Einfluß ihres Amtes zu dünkelhaften Eigenmächtigkeiten mißbrauchen, so wird solcher Verkehr vollends widerwärtig, wenn diese Leute jede künstlerische Rücksichtnahme unter der Narrheit begraben, mit der sie wähnen, den ihnen unbequemen Mahner und Tadler zum vermeintlichen Schutze ihres Nimbus begeifern und verfolgen zu müssen. Der Kampf für die mir als ewig unveräußerlich geltenden Principien der dramatischen Kunst, den ich nochmals aufgenommen und bis heute ohne Ansehen der Person mit reiner Rücksicht auf die Sache geführt, müßte angesichts dieser neuesten Wendung bei längerer Fortsetzung in einen persönlichen Streit umschlagen. Und den Tummelplatz der Per- sönlichkeiten überlasse ich neidlos allen Denjenigen, welche das Theater längst zur Arena für gemein persönliche Zwecke herabgewürdigt haben. Hier sage ich mit Jean Paul: „„Nicht das Unglück selbst, sondern die dazwischen fallenden kleinen Erquickungen und Hoffnungen erweichen und entmannen den standhaften Muth, sowie nicht der harte Winter, sondern die warmen Tage, die ihn ablösen, die Gewächse auftreiben.‟‟ Ich bin nicht gleichgiltig gegen die dramatische Kunst, aber kampfesmüde geworden. Was ich noch zu sagen hätte, ist auszusprechen jetzt noch nicht die Zeit. Und was ich dennoch nicht mit mir begraben will, wird man nach meinem Tode in meinem Pulte aufgezeichnet finden.‟

„Ihre Hand!‟ rief Max und eilte auf den Sprecher zu. „Endlich langte der Idealist beim Standpunkte des Pessimisten an: Sie geben, wie ich, das Theater als Cultur-Element verloren.‟

„Mit nichten!‟ replicirte Johann feurig. „Sie wähnen den Haupt- grund des Uebels in unüberwindlichen Zeitverhältnissen entdeckt zu haben, ich dagegen erkenne ihn auch jetzt noch — und jetzt mehr als je — hauptsächlich in dem sehr durchsichtig erkünstelten Einflusse von Personen, die durch einen reinigenden Orkan vielleicht über Nacht wieder hinab geschleudert werden können in ihr verdientes Nichts.‟

Eine lange Pause trat ein, die deutlich Zeugniß gab von der tiefen Aufregung der Versammelten.

Endlich begann Gerson wieder:

„Ich hoffe, daß unfer Idealift feinen heutigen Entfchluß bald als
eine Laune erkennen wird, der er fich nicht für die Dauer hingeben darf.
Ein Mann, der fo wie er gerungen, foll die Flinte niemals ins Korn
werfen. Vielleicht entdeckt er bei ruhigerer Erwägung, daß auch er
felbft fich nicht ganz fchuldfrei fprechen kann von der ihm gewordenen
Verkennung. Sein erftes Buch über die Bühnenreform war wohl
etwas zu allgemein gehalten und ließ den Mißdeutungen noch mannigfachen Spielraum. Gründlicher auf die Sache ging er erft in feinen
neueften Vorträgen ein. Ich felbft muß geftehen, daß von Allem, was
er bisher angeregt, der in der letzten Sitzung erörterte Vorfchlag bezüglich einer neuen Fach-Eintheilung für mich das meifte Intereffe hatte.“

„Das kommt daher, weil jener Vorfchlag die erfte Schlußfolgerung
ift, die ich aus der Rectification der zwei Begriffe „„Drama““ und
„„Mache““ für die Darftellungskunft zog,“ entgegnete Johann.
„Er liegt alfo Ihrem Ideenkreis näher als das ihm Vorausgegangene.
Derlei Schlußfolgerungen hätten wir noch gar manche zu ziehen, die
Ihnen nicht minder einleuchtend als praktifch erfcheinen müßten. So
z. B. rückfichtlich der Darftellungen zunächft die Folgerung für das En-
femble, daß dasfelbe Alles ausfchließe, wodurch der Geift und Sinn
der Dichtung verwifcht oder geändert würde, fei's nun ein zu hoch
gefteigerter Glanz der Comparferien oder das Gegentheil, nämlich
mangelhafte Ausftattung oder Unterlaffungen und Verftöße anderer, die
poetifche Täufchung beeinträchtigenden Art.“

„Gerade deshalb“ — fiel Gerfon wieder ein — „gerade deshalb
follten Sie nicht zurücktreten, nicht jetzt, wo den Bühnenpraktikern auch
das Ziel Ihrer theoretifchen Vorfchläge fichtbar zu werden erft anfängt
— nicht jetzt, wo vorausfichtlich die Zahl Ihrer Anhänger bald zu
wachfen begönne und bei fortgefetztem Ringen der Sieg Ihnen gewiß
wäre.“

„Der Sieg?“ entgegnete Johann bitter. „Um noch auf einen
Sieg für mich hoffen zu können, müßte nicht fchon fo Schweres über
mein Haupt dahingerollt fein.“

„Durch Ihre jüngfte Erfahrung, fo betrübend fie auch ift, wird
diefe plötzliche, diefe fo gänzliche Entmuthigung nicht gerechtfertigt,“
drängte Gerfon. „Wer mit radicalen Reformgedanken den Nagel auf
den Kopf traf, der ift in der Regel wohl auch der Mann, das vorge-
fchlagene Verbefferungsmittel richtig anzuwenden. Schreiten Sie alfo

kühn über die Köpfe unverbesserlicher Gegner hinweg! Stellen Sie selbst noch einmal sich an die Spitze eines Theaters! Das praktische Beispiel wird mehr wirken als ganze Bücher voll trefflicher Vorschläge. Es giebt keinen Grund, der Sie von der Lieferung des praktischen Beispiels, dieses schlagendsten aller Argumente, abhalten dürfte."

„Keinen?" replicirte Johann mit sarkastischem Lächeln. „Das glauben Sie wirklich?"

„Ich setze voraus, daß Niemand anders glaubt," versicherte Jener.

„Dann fußen Sie auf ein täuschendes Fundament," fuhr Johann fort. „Sollte ich nochmal kämpfend durchleben wollen, was ich schon einmal erlebte? Jeder Mensch hat für diese Welt nur ein einziges Nerven-system einzusetzen. Mich betreffend hoffe ich behaupten zu können, daß mein eigenes Nervensystem redlich seine Schuldigkeit gethan, bis es unter dem Anprall unlauterer Widerstandskräfte erlag. Ueberdies wird, wer die Bühnenverhältnisse und den Pratz des Theatervölkchens von heute bereits gründlich kennt, sich nie gern zum Kutscher des Thespiskarrens verdingen, es sei denn, daß er entweder ein sehr dickes Fell oder eine erkleckliche Portion von Mephisto's Natur besitze. Urtheilen Sie nach meinen Vorträgen, ob mir eine von diesen beiden Eigenschaften zuge-sprochen werden kann!"

„Ich finde, daß just der Kenner weder ein dickes Fell, noch Mephisto's Natur nöthig hätte," versicherte Gerson. „Das Theatervölkchen ist wahr-haftig nicht bösartig. Es besitzt nur die Eigenschaften launenhafter Kinder die leicht lenkbar sind, wenn man ihre Schwächen zu benützen versteht."

„Das heißt, wenn man sie das Steckenpferd der naturalistischen Routine reiten läßt und sich grundsätzlich mit bloßen Scheinreformen be-gnügt," schloß Johann. „In dieser Beziehung hat mich die Erfahrung längst zum Pessimisten gemacht. Mein thatenlustiger Freund, werden Sie nicht plötzlich idealer, als ich es zeitlebens geblieben bin. Wenn wir für die Zukunft nützlich werden wollen, so dürfen wir die Zustände der Gegenwart nicht wahrheitswidrig beschönigen. Augenblicklich floriren auf unseren Brettern die „verhüllten Naturalisten", und der zum Lebens-beruf aufgedrungene Dilettantismus trägt ihnen das Banner voran. Was verbliebe da den wissenschaftlichen Pflegern der dramatischen Kunst vorerst noch Anderes als die Rolle des Aschenbrödels? Dennoch bestätigen just die, als unausbleibliche Früchte solcher Verschiebung der Factoren zu erachtenden, mangelhaften Leistungen des Theaters wieder neu die ewige

Wahrheit des Goethe'schen Ausspruches: „„Die Kunst bleibt Kunst, hier hilft das Tappen nichts; ob' man was Gutes macht, muß man es erst recht sicher kennen."" Für so lange als man dies nicht allgemein fühlt, hat die Wissenschaft der dramatischen Kunst nicht blos ein Recht, sondern vielleicht sogar die Pflicht, sich der verunstaltenden Verbrüderung mit den naturalistischen Kunsthandwerkern zu enthalten und gegenüber den theatralischen Mißgeburten nur als zuschauende Warnerin Posto zu fassen. So wie zur Zeit die Vorurtheile noch fast überall tief wurzeln, bliebe es ihr doch unmöglich, sofort diejenigen Aenderungen einführen zu können, welche von der Reform unzertrennlich sind. Sie müßte sich also zu einem unnatürlichen Compromiß mit so mancherlei unheilvollen Uebelständen verstehen und würde dadurch nur ihre eigene Heilkraft für eine fernere Zukunft abschwächen. Das darf sie nicht. Sie soll rein erhalten bleiben und wird, wenn einst die noch vorherrschende Verirrung den Nachwehen des bereits sichtbaren Geistesbankerottes erlegen ist, dann ihre rettende Eigenschaft um so gewaltiger bewähren können."

„Schön gesprochen, aber auch nur gesprochen," replicirte Gerson nochmals. „Ihre Vertröstung auf eine bessere Zukunft gleicht den salbungsvollen Predigten der Diener des Altars, welche uns ebenfalls für alle Leiden und Entbehrungen in dieser mangelhaften Welt die paradiesischen Genüsse eines jenseitigen, aber noch von Niemandem gesehenen Himmels versprechen. Dabei fällt dann freilich für die hungernde Gegenwart nur ein kümmerlicher Nahrungsstoff ab. Namentlich die verschmähten Dramatiker, die sich von unserer Genossenschaft schon wunder was versprochen, werden Ihnen für Ihre verfrühte Fahnenflucht wenig Dank wissen."

„Diesen hinterlasse ich Rath, wenn sie ihn benutzen wollen oder benutzen können," versicherte Johann. „Um meinen diesbezüglichen Vorschlag noch selbst auszuführen, bin ich, wenn auch vielleicht nicht schon zu alt, doch unter den Schlägen des über mich dahin gebrausten Verhängnisses körperlich bereits zu leidend geworden und glaube, für meinen Lebensabend Anspruch auf Ruhe machen zu dürfen. Niemand aber soll mit Grund mir nachsagen können, daß ich meine Rolle in der Theaterwelt nicht so abgeschlossen hätte, wie sich's für mich geziemte."

Mit diesen Worten zog er ein Manuscript aus seiner Rocktasche, legte dasselbe auf den Präsidenten-Tisch nieder und verließ sodann, sich gegen die Versammelten höflich verbeugend, rasch den Sitzungssaal.

Sein hinterlassenes Manuscript lautet, wie folgt:

XI.

Ein Kapitel

aus

dem artistischen Testamente

des

Idealisten.

Zur „Remedur" der Theater-Calamität.

Motto: δόσις δ'ὀλίγη, τε φίλη, τε.*)
Homer.

I.

Wien, Ende September 1877.

nlängst**) konnte man in fast allen Journalen des neuen deutschen Reiches folgende Notiz lesen:

"Im Hinblick auf die täglich wachsende Calamität der deutschen Theaterverhältnisse hat das Präsidium der deutschen Bühnenangehörigen einen Aufruf erlassen, in welchem es die Vorstände, Mitglieder und alle Freunde des deutschen Theaters auffordert, statistisches Material über den Einfluß der Einführung der Theater-Freiheit auf die gegenwärtigen Verhältnisse zu sammeln und dem Vorstande zu übermitteln. Man hofft durch eine gründliche Erforschung der derzeitigen Theaterzustände eine Remedur derselben herbeizuführen."

Dieser aus Berlin ertönende Nothschrei läßt vermuthen, daß das bunte Treiben in Thaliens Tempeln sogar dem leichtlebigen Schauspieler-Völkchen endlich zu arg zu werden beginnt. Leider aber giebt schon die

*) Auf deutsch: „Wenig, aber mit Liebe."

**) Das heißt: im Sommer 1877. Obschon die nachfolgenden fünf Artikel schon vor fast drei Jahren niedergeschrieben wurden, lege ich sie doch heute als Schluß meiner „dramaturgischen Gänge" den freundlichen Lesern unverändert vor, weil der seitherige Verlauf der Theaterangelegenheiten mir keinen Grund zu Aenderungen geliefert hat. Was von mir noch beizufügen ist, gebe ich in Anmerkungen unter dem Texte.

Form des erlassenen Aufrufes zugleich auch der Besorgniß Raum, daß
wir es hier abermals nur mit geräuschvollen Hieben in die Luft, und
nicht mit einer fruchtbaren Opposition gegen den unleugbaren Niedergang der dramatischen Kunst zu thun bekommen werden. Wer für die
Calamität der heutigen Theater-Verhältnisse einzig und allein den ominösen
Theater-Paragraphen in der deutschen Reichsgesetzgebung verantwortlich
machen will, der scheint eine secundäre Krankheitserscheinung mit deren
primitiver Ursache zu verwechseln und schreitet in einer Richtung vor,
in welcher kräftige Mittel für die „Remedur" nie und nimmer zu entdecken sind.

Die artistische und technische Vollkommenheit des Thespiskarrens
datirt nicht erst aus dem Jahre der Einführung der sogenannten Theater-
Freiheit, d. h. der gesetzlich sanctionirten Erniedrigung der dramatischen
Kunst zum Gewerbe. Vielmehr war der barbarinische *) Theater-Paragraph,
mit welchem der deutsche Reichstag den Bühnen ihre sociale Stellung
zwischen den Schnaps-Boutiquen und Bierschenken anzuweisen für gut
fand, nur die krasse Consequenz der abschüssigen Richtung, in die sich die
Mehrzahl der Theater schon seit Jahrzehnden verrannt hatte. Dennoch
hörte man unter den Bühnenangehörigen früher nie von der Absicht
irgend einer collectivischen Demonstration. So lange es diesem Stand,
— zu dem ich selbstverständlich und in erster Reihe auch die Theater-
Directoren und die zünftigen Bühnenstück-Fabrikanten zähle, obgleich sie
an oben citirtem Aufrufe nicht mit betheiligt sind —, so lange es diesem
Stand materiell nicht schlecht ging, kümmerte er sich, einige vereinzelte
Ausnahmen abgerechnet, um die ästhetischen Theater-Interessen so wenig,
daß er für die Warnungen scharf sehender Kritiker stets nur ein vor-
nehmes Achselzucken, wenn nicht gar offenen Spott, besaß. Auch das Motiv
für den jetzt erlassenen Aufruf scheint weder einem Verdrusse über die
trostlose Zerfahrenheit des Repertoires, noch dem Verlangen nach einem
künstlerischen Ensemble der Darstellungen, noch der Einsicht zu entstammen
daß mit dem ungebildeten Gros der heutigen Schauspieler ein echter
Kunststil in der Auswahl des Repertoires und in der Art der Darstellung
nicht angestrebt werden könne. Vielmehr läßt sich das treibende Motiv

---

*) Um obiges Epitheton nicht für einen Lapsus calami zu halten, erinnere
man sich an das Sprichwort, mit welchem die Zerstörer des römischen Colosseums
verewigt wurden: Quod non fecerunt barbari, fecere Barbarini.

unschwer in einer Besorgniß erkennen, die herkömmlich allen Gewerb-
treibenden ebenso gemeinsam war, wie sie in der Regel von echten
Künstlernaturen den Nebensächlichkeiten beigezählt zu werden pflegte.
Unsere guten Mimen fürchten nämlich, daß die perennirend leeren Schauspielhäuser zu einer durchgreifenden Reduction der Gagen führen könnten,
ja daß die sich häufenden Theaterbankerotte endlich einen Theil des
schauspielerischen Gewerbestandes sogar vollständig brodlos machen müßten.

Diese Furcht ist nicht unbegründet, und der deutsche Reichstag mag
auf Mittel sinnen, wie er den faux pas wieder paralysire, mit welchem er
im kurzen Zeitraume von nur sechs *) Jahren das vacirende Comödiantenthum niedrigsten Schlages um einige tausend proletarische Existenzen vermehrt hat. Aber unsere guten Mimen irren sich, wenn sie die „Remedur"
der dramatischen Kunstverirrungen von einer Zurücknahme oder Ab-
änderung des Theater-Paragraphen erwarten. Dabei sehe ich gänzlich
davon ab, daß der gesetzgebende Körper, der jetzt — wie man ihm
auch von anderer Seite zumuthet — an Stelle dieses Paragraphen etwas
Besseres decretiren soll, bisher ein höchst zweifelhaftes Verständniß der
dramatischen Kunstbedürfnisse documentirt hat und sich hierin auch
künftig kaum einsichtsvoller wird benehmen können. Nach meiner Ansicht
stände selbst der kunstverständigste Reichstag unseren heutigen Theater-
zuständen rathlos gegenüber, weil die Vorbedingungen, aus welchen allein
eine Besserung allmählich erwachsen könnte, sich überhaupt nicht durch
Gesetzes-Paragraphen decretiren lassen.

Weit entfernt, mit diesen Worten dem Berliner Reichstage ein
Laisser-aller anempfehlen oder gar für seinen so wunderlichen Theater-
Paragraphen einstehen zu wollen, möchte ich in den nachfolgenden Auf-
sätzen nur vor einer neuen Gefahr warnen, die mir darin zu liegen
scheint, daß die Genossenschaft deutscher Bühnenangehöriger in ihrer
Herzensangst um das materielle Zunft-Interesse jetzt ebenso garstig neben
das Ziel schießt, wie früher der Reichstag mit dem Theater-Paragraphen
neben das Ziel geschossen hat. So lange man die Anlässe der materiellen
Theater-Katastrophe hauptsächlich nur im Crethi und Plethi äußerer und
zufälliger Verhältnisse aufsucht, für so lange wird der kothtriefende Thespiskarren nur immer noch tiefer in den Schlamm hineinrennen. Eine

*) Jetzt neun, und dem entsprechend auch eine gesteigerte Ausdehnung der
materiellen Calamität.

260

durchgreifende Reinigung stände erst zu hoffen, wenn zunächst allen
Theaterleuten von Fach wieder klar geworden wäre, daß kein Zweig
der Kunst, also auch nicht die dramatische oder theatralische, sich unge=
straft zur willfährigen Metze irgend welcher kunstfeindlichen Tendenzeleien
erniedrigen läßt. Auch für die Kunst gilt, was für das Leben so zu=
treffend und wahr ist. Schon Claudius in seinem „güldenen ABC"
meinte: „Kämpf' und erkämpf' dir eigenen Werth!" Und unser Schiller
sagt: „Dein Schicksal ruht in deiner eignen Brust."

Man braucht durchaus kein Verehrer des wunderlichen Theater=
Paragraphen im deutschen Reichsgewerbegesetz zu sein, ja man kann
ihn sogar als eine Monstrosität verurtheilen, und wird dennoch — sofern
man sich den realen Verhältnissen mit objectivem Blicke gegenüber stellt
und dieselben nicht durch die schillernden Augengläser der zünftigen
Theaterleute betrachtet — nicht umhin können, ihm in einer gewissen
Beziehung das höchste Lob zu spenden. Der Paragraph ist außerordentlich
charakteristisch: er enthält in kurzen, schlichten Worten die beißendste, zu=
treffendste Kritik, die je in deutscher Sprache über unsere verkommenen
„Musentempel" geschrieben wurde. „Schauspiel=Unternehmungen sind
„Betriebe" eines „Gewerbes"! Ja, das trifft. Von Kunst wird in
der Mehrzahl dieser Unternehmungen in Wahrheit nur wenig mehr
sichtbar. Die Registration ist also nicht unverdient, wenn auch ohne
Zweifel in höchstem Grade demüthigend für alle Diejenigen, deren
Lebensberuf mit dem Theater zusammenhängt. Hätten die Bühnenan=
gehörigen, statt sich nach Art gewisser Vierfüßler seither in freigegebenem
Schlamme wollüstig zu baden, aus der ihnen in so vernichtender
Schärfe gewordenen Censur die richtige Lehre gefolgert, so würde der
ominöse Theater=Paragraph, der jetzt nur ein weiterer Nagel zum Sarge
des schon damals aufgebahrt gewesenen Kunstleichnams geworden ist,
vielleicht wieder einiges gesunde Leben in den Leichnam zurückgezaubert
und uns das seltene Schauspiel bereitet haben, daß einer Corporation
kunstunverständiger Gesetzgeber mittelst eines monströsen Decrets von
lakonischer Kürze die Herbeiführung einer Metamorphose gelungen sei,
an der die kunstverständigsten Männer schon seit Jahrzehnten sich in
dicken Bänden vergebens zu Tode gearbeitet hatten. Das aber ver=
mochten die Bühnenangehörigen, die sich jetzt über die Unrentabilität des
überreichlich aufgespeicherten Schlammes wundern. — Das vermochten sie
damals nicht, und sie vermögen es auch heute noch nicht, sonst müßte

ihre Forschung nach einer ganz andern Richtung hinzielen und ihre Fragestellung gegenüber dem Theater=Paragraphen ganz anders lauten.

2.

Die Oesterreicher erfreuen sich noch nicht derjenigen Theaterfreiheit, unter welcher man seit sechs*) Jahren im neuen deutschen Reiche die dramatische Kunst vollends zu Tode hetzen kann. Dennoch weist die Geschichte der österreichischen Theater eben dieselben Erscheinungen auf: hier wie dort eine weit verbreitete Unzufriedenheit mit dem, was auf den Brettern geboten wird; hier wie dort Kunstfreunde, die im Theater durch ihre Abwesenheit glänzen; hier wie dort Verstimmung der Bühnen= angehörigen wegen eingetretener oder drohender Gagen=Reduction; hier wie dort trostloser Nothstand ganzer Personale in Folge ausgebrochener Bankerotte; hier wie dort unfreiwillig feiernde Schauspielhäuser wegen Mangels an cautionsfähigen oder hinlänglich wagehalsigen Pächtern!

Schon diese Gleichheit der Resultate in Oesterreich und Deutschland bei völliger Ungleichheit der gesetzgeberischen Einflußnahme zeigt, daß der ominöse Theater=Paragraph des deutschen Gewerbegesetzes weder die primitive noch die Hauptursache der landläufig gewordenen Theater= Calamität sein kann. Oder sollte z. B. die Thatsache, daß in Berlin während der letzten sechs*) Jahre neue Bühnen wie Pilze aus der Erde aufschossen und unter der maßlosen Concurrenz theilweise schon wieder eingingen, — sollte diese tragikomische Thatsache verantwortlich dafür gemacht werden können, daß z. B. in dem fast gleich großen Wien sogar die wenigen alten Theater, die vor Jahrzehenden sämmtlich glänzende Einnahmen erzielt hatten, neuestens kein zur Subsistenz ausreichendes Theater=Publicum mehr anziehen?

Ich habe in meinem ersten Artikel die Behauptung aufgestellt, daß die Genossenschaft deutscher Bühnenangehöriger, indem sie den Theater= Paragraphen zum Sündenbock aller grassirenden Theaterleiden stempeln will, Gefahr laufe, eine noch weit verhängnißschwerere Saat zu legen, als nach ihrer Auffassung der deutsche Reichstag bei Votirung jenes Paragraphen gelegt zu haben scheint. Dennoch oder vielmehr just deshalb muß ich, bevor die genossenschaftliche Ereiferung näher beleuchtet werden kann, einige Worte über jenen Paragraphen voransenden.

*) Jetzt neun.

Bekanntlich hebt er (§. 52 des neuen deutschen R.-G.-G.) alle früher bestandenen Beschränkungen auf bestimmte Kategorien theatralischer Vorstellungen im deutschen Reiche auf, giebt den Betrieb von Schauspiel Unternehmungen frei und verfügt, daß die Erlaubniß hierzu zu ertheilen sei, wenn nicht Thatsachen vorliegen, welche die Unzuverläßigkeit des Nachsuchenden in Bezug auf den beabsichtigten Gewerbebetrieb darthun.*)

Unseren Lesern ist gewiß die Exaltation noch im Gedächtniß, mit welcher in Deutschland namentlich die Schauspieler und Journalisten s. Z. diese gesetzliche Concession jubelnd begrüßten. Allen voran sah insbesondere die größere Hälfte der Berliner Localpresse unter der Aegide der derart erschlossenen Theater-Freiheit schon den unzweifelhaften Anbruch einer neuen klassischen Kunst-Aera und lieferte in ihren Fanfaren für dies Nirgendsheim ein Meisterstück, an das sie sich jetzt ungern mehr erinnern läßt. Wehe Jedem, der damals nicht unbedingt zur Fahne der reichshauptstädtischen Preß-Helden schwur! Er konnte von Glück sagen, wenn er in ihren Feuilletons nur als antiquirter Moralist verhöhnt und nicht geradezu wegen gemeinschädlicher Tollhäuslerei den psychiatrischen Untersuchungen des Dr. Buschmann aufs angelegentlichste empfohlen wurde. Dennoch lag von Anfang an der Charakter und die erste Wirkungsfähigkeit des Paragraphen so klar zu Tage, daß gründliche Kunstkenner nicht umhin konnten, in solch unbedingter Begeisterung für ihn etwas anderes als eines der betrübendsten Anzeichen zu erkennen, wie blind, wie bettelarm an Begriffsvermögen man gegenwärtig auf dramatischem Gebiete in den Tag hinein abenteuert.

Auch in dem jetzt**) vom Präsidium deutscher Bühnenangehöriger erlassenen Aufruf, welcher die Welt mit „statistischem Material" über die Wirkungen des Theater-Paragraphen bereichern soll, ist vorläufig noch kein Fortschritt über die bisherigen Odysseus-Fahrten hinaus zu constatiren; denn: daß und wie viele Bühnenleiter in Folge jenes Paragraphen reich, wie viele dagegen bankerott geworden, wie viele

---

*) Der Paragraph lautet wörtlich: „Schauspiel Unternehmungen bedürfen zum Betriebe ihres Gewerbes der Erlaubniß. Dieselbe ist ihnen zu ertheilen, wenn nicht Thatsachen vorliegen, welche die Unzuverläßigkeit des Nachsuchenden in Bezug auf den beabsichtigten Gewerbebetrieb darthun. Beschränkungen auf bestimmte Kategorien theatralischer Darstellungen sind unzulässig."

**) Das heißt: im Sommer 1877.

neugeborne Meerschweinchen zu grunzen begonnen, und wie hoch die
Zahl derjenigen bedauerlichen Geschöpfe sei, die ohne Talent sich durch
täuschende Aussichten ins glänzende Elend der Bretterwelt verlocken
ließen, — dies und Aehnliches scheint für die Feststellung der Mittel zur
„Remedur" belanglos zu sein. Ueber die entscheidende Hauptwirkung,
daß nämlich der Theater-Paragraph, dessen Inhalt dem Besten in der
dramatischen Kunst freie Bahn hätte schaffen sollen, zunächst dem ganzen
Praß unlauterster Gaukeleien Thür und Thor erschloß, und die freige-
gebene Concurrenz in einem Wettringen nach dem Gemeinsten und
Spectaculösesten zu gipfeln beginnt, — über diese Hauptwirkung können
gegenwärtig sogar die Spatzen auf den Dächern ein sehr verständliches Lied
anstimmen. Schon jetzt existirt in Deutschland kaum ein einziges Theater
mehr, das im Wettkampf gegen die ansteckende Concurrenz artistisch nicht
einen gewaltigen Schritt nach abwärts gemacht hätte. Die Hofbühnen
sind, wo möglich, mit ihrem Repertoire noch weiter hinter die allgemeine
Bildungsstufe der Zeit retirirt, und auch die neu entstandenen Privat-
unternehmungen haben nur den Beweis geliefert, daß sie ebenfalls unfähig sind, der Zeit irgend ein lebensfähiges Kunstbanner voran-
zutragen.*)

---

*) Die neuestens bei ein paar Intendanten angeblich zur Hebung des Repertoires
wieder in Mode gekommenen Preisausschreiben für gelungene Bühnenerzeug-
nisse wird wohl Niemand, der mit den Verhältnissen näher vertraut ist, für etwas
Anderes halten als für eine Spielerei, die als thatsächlichen Erfolg zunächst nur das
Resultat haben kann, daß in der Tagespresse viel über die betreffenden Intendanten
hin und her geschrieben wird. Ich theile nachstehend dem freundlichen Leser den
auf dies Capitel bezüglichen Passus aus einem längeren Schriftstücke mit, in welchem
ich unterm 28. Febr. 1879 das ästhetische Gewissen eines dieser Herren — leider
vergebens — zu wecken und seinen Sinn auf fruchtbarere Heilmittel hinzulenken versuchte. Der Passus lautet:

„ — — die Zusendung des voranstehenden Protestes erfolgt nicht aus
Rücksichten auf irgend ein mich selbst berührendes Interesse, — ein solches
existirt nicht. Auch richten sich meine Verwahrungen nicht gegen Ihre Person,
sondern gegen das tolle, in der Bühnenwelt allgemein grassirende, die künstlerische Production und Reproduction moralisch verpestende, den gesammten Ver-
waltungs-Organismus auf den Kopf stellende und die Lebensadern der Kunst
verwässernde Willkür-Regiment, dem man, ohne die mitwirkende Ungunst der
Zeitverhältnisse unterschätzen zu müssen, eine Hauptschuld an den Theaterleiden
zuzuschreiben hat, über welche das Publikum, der Schauspielerstand, ja die Directoren selbst, so bitter klagen. Da thun Letztere scheinbar vor der Außenwelt
Alles, was dem im Sumpf steckenden Thespiskarren vorwärts helfen soll, während

Will die Genossenschaft deutscher Bühnenangehöriger uns mit ihrem zu sammelnden „statistischen Material" diese unleugbare Thatsache constatiren, so kann sie sich die Mühe wohl ersparen. Sie hätte Besseres zu thun. Das Sammeln von „schätzbarem Material" zur Herstellung von Beweisen, die ohnehin alle Welt als schon geliefert erachtet, gemahnt allzu lebhaft an jene noch nicht weit hinter uns liegende Blüthenperiode der Büreankratie, die um so eifriger statistische Notizen über die Volks= bedürfnisse einzuheimsen begann, je weniger sie sich entschließen konnte, dem ersten jener Bedürfnisse durch eine Reform der eigenen Büreaur ernsthaft entgegen kommen zu wollen. Sobald alle „Bühnenangehörigen" für die Kunst das geworden wären, was sie ihr sein sollten, würde die sogenannte Theaterfreiheit sie nicht mehr im geringsten geniren. Bis dahin aber dürfte — gleichviel ob im Besitze oder in Ermangelung des in Aussicht gestellten „statistischen Materials" — das stets klein bleibende Häufchen wahrer Kunstverständiger über den Theater=Paragraphen und

sie in Wahrheit sich auf unfruchtbare Experimente beschränken, die höchstens geeigenschaftet sind, ihrem eigenen lieben Ich einen zweifelhaften Nimbus zu verleihen. Oder glauben z. B. Eure Excellenz wirklich, mit Ihrem Preisaus= schreiben für gelungene Dramen, mit diesem durch so viele mißlungene Prä= cedenzfälle längst gerichteten, die Production nicht qualitativ, sondern nur quan= titativ steigernden, im Uebrigen gewiß sensationellen Experimente, — glauben Sie wirklich dadurch die dramatische Production neu beleben zu können, während Sie zugleich Handlungen begehen, aus denen erhellt, wie sehr unter den heutigen Bühnenleitungs=Maximen der verdiente Ehrensold für die Dramatiker selbst bei schon mit Beifall in Scene gegangenen Stücken nicht von den Rücksichten auf den Werth und Erfolg des Gebotenen, sondern von launenhaften Dispositionen abhängt, also gänzlich unsicher ist und unsicher bleibt? So weit ich mich auf den Charakter des poetischen Naturells verstehe, pflegen wirkliche Dichter nur aus innerm Drange zu produciren, und nicht wegen eines ihnen vor die Nase gehaltenen Beutels voll Gold. Was also in Wirkung Ihrer Preisausschreiben etwa Gutes bei Ihnen einläuft, wäre wohl auch sonst gekommen; und was darüber hinaus noch weiter kommt, wird wohl unbrauchbarer Ballast sein, mit dessen Prüfung Sie die Ihnen für Besseres zur Disposition stehenden Kräfte abhetzen, wie bei allen früheren ähnlichen Experimenten geschah. Der Drama tiker bedarf bei der heutigen Tantiemen=Einrichtung keines Extra=Geschenkes, wenn ihm sein Recht nicht verkümmert wird. Es scheint für ihn eher eine Ent= muthigung als eine Aufmunterung darin zu liegen, daß man ihm, statt der Rechtssicherung, als Lockspeise die Hoffnung auf ein Geschenk in Sicht stellt" u. s. w.

Bekanntlich haben die schon früher dutzendfach erfolgten Preisausschreiben, von deren eigenartigen Erledigungen die geheime Theatergeschichte gar bunte Histör

über das Mittel zu seiner „Remedur" sich ungefähr zu folgenden An=
sichten bekennen.

Der Paragraph gewährt implicite der dramatischen Kunst ein Gut,
das ihr unentbehrlich ist: Freiheit. Jedoch wurde durch ihn zugleich
explicite Thalien ein Beruf untergeschoben, der dem innersten Kunstwesen
fremd ist. Indem man die Erlaubniß zu Schauspielunternehmungen,
statt sie laut Anforderungen der Schönheitslehre zu normiren, einseitig
von den für die Gewerbe geltenden Normen abhängig machte, erlaubte
man Gott Merkur, sich auf Apollo's Thron zu setzen und die Musen zu
Dienstmägden für materielle Speculationen mißbrauchen zu dürfen. Da
der Paragraph überdies der Vermehrung der Schauspiel=Lokale einen

chen zu erzählen weiß, der Bühne nicht eine einzige wirklich gewinnbringende neue
dramatische Kraft zugeführt, wohl aber uns um einen genialen Dramatiker gebracht,
nämlich um Joh. Anton Leisewitz, der, als in der Hamburgischen Concurrenz
die schwachen „Zwillinge" seinem löwenstarken Erstling „Julius von Tarent" vor=
gezogen wurden, den Schwur, nichts mehr für die Bühne zu liefern, that und hielt.
Preisausschreiben überhaupt sind wohl nur dann einem praktischen Zwecke förderlich,
wenn es gilt, für ein monumentales Unternehmen den geeignetsten Entwurf zu er=
halten oder für die Wissenschaft über irgend einen noch unklaren Gegenstand Licht
zu verbreiten. Ihre Unzweckmäßigkeit zur Hebung des Repertoires leuchtet schon
daraus hervor, daß von den Hunderten einlaufender Stücke nur ein einziges ausge=
wählt wird, und die Verfasser sämmtlicher unbeachtet bleibender Dichtungen dadurch
nothwendig im Vertrauen auf ihr eigenes Talent erschüttert, wenn nicht gar von
allem Weiterstreben abgeschreckt werden. Dramatische Preisausschreiben sind also,
weit entfernt dem Repertoire wirklichen Gewinn zu bringen, geradezu schädlich, nament=
lich wenn die Wahl des einzig bevorzugten Stückes so hinkend ausfällt, wie unlängst
wieder bei dem so viel Lärm machenden Münchener Experiment, wo das Verbrecher=Schau=
spiel „Fabricius" gekrönt werden sollte, welches, außer einer mit bretterkundigem Raf=
finement durchgeführten „Mache" im nicht vortheilhaftesten Sinne des Wortes, gar keine
der ehrenden Beachtung werthe Eigenschaft besitzt. Von welch bittern und niederdrücken
den Empfindungen müssen diejenigen Dramatiker erfüllt sein, welche den Münchener
Preisrichtern in Wahrheit Passenderes zur Disposition gestellt hatten und es solch
einem monströsen Werke hintangesetzt sahen! Ja, wenn man alle eingelaufenen
Concurrenz=Arbeiten, die aufführbar sind, auch wirklich aufführte und sodann die
Entscheidung über die preiswürdigste dem Publicum und der öffentlichen Kritik über=
ließe, dann hätten derlei Experimente eine practische Bedeutung. Doch wäre ein
Preisausschreiben in diesem letztern Sinne ganz überflüssig, denn die Aufgabe, aus
der ungezählten Menge der im Archiv der „deutschen Genossenschaft dramatischer
Autoren" aufgespeicherten Novitäten das Brauchbare herauszusuchen und dem Publi
cum vorzuführen, ist schon seit Jahren gestellt, nur fand sich die Bühne noch nicht,
welche sich mit gewissenhaftem Ernst der dankbar lohnenden Mühe ihrer Lösung
hätte unterziehen mögen.

ſchrankenloſen Spielraum erſchloß, ſo konnte er als nächſte Wirkung nur jenem theatraliſchen Wirrwarr Vorſchub leiſten, unter deſſen Rückſchlägen die der dramatiſchen Kunſt im Princip zugeſtandene Freiheit ſich de facto in der Praxis mehr und mehr zu einer tyranniſirten Unfreiheit, d. h. zur Erdrückung des Aeſthetiſchen durch das Unäſthetiſche, verkehren mußte.

Dies Facit, das gewiß von den Votanten im deutſchen Reichstage ebenſo wenig vorhergeſehen als beabſichtigt worden war, iſt die natürliche Folge der Verwechſelung des Charakters der Kunſt mit dem Charakter der Gewerbe. Der Reichstag hat bei Votirung des Paragraphen überſehen, daß richtige Theaterleitungen eine aus Kunſt und Gewerbe zuſammengeſetzte, alſo complicirte, Fertigkeit erfordern, und daß ſie dem zufolge zwar der gewerblichen Freiheit nicht entbehren können, aber zu ihrem Gedeihen noch weit dringender der akademiſchen Freiheit bedürfen.*) Letztere iſt durch den Paragraphen nicht ausgeſchloſſen, jedoch gänzlich den Einflüſſen des Zufalls anheimgeſtellt. Der Zufall aber pflegt in der Kunſt ſelten Gutes zu erzeugen, wenn er nicht vom guten Genius der Künſtler befruchtet wird. Wir erfreuen uns heutzutage nicht mehr der arkadiſchen Verhältniſſe, unter welchen einſt in Hellas die olympiſchen Wettkämpfer durch das äſthetiſche Feingefühl der Geſammtheit angeeifert wurden, ihre Spiele mit ethiſchem Gehalte zu durchgeiſtigen und zu adeln. Alſo hat der Theater Paragraph eine Lücke, durch deren Ausfüllung dem Mangel an ſolch arkadiſchen Verhältniſſen geſteuert werden ſollte.

Ob aber dieſe Steuer überhaupt durch irgend welche geſetzliche Vorſchriften ausgiebig zu erzielen wäre, glaube ich aus mehr als einem Grunde ſehr bezweifeln zu müſſen. Man kann durch Geſetze die öffentliche Schauſtellung des Rohen und Gemeinen verbieten, aber das Geſetz iſt unvermögend, äſthetiſchen Sinn in Herzen zu pflanzen, die gemein und roh fühlen. Wenn man behauptet, dem Uebel wäre geholfen, wenn man nur den Theater Paragraphen aus dem Gewerbegeſetz herausnehmen und unter die Rubrik „Kunſt und Wiſſenſchaft" ſtellen wollte, ſo täuſcht man ſich ſowohl über die Durchführbarkeit dieſer Transferirung als auch — falls ſie dennoch durchgeſetzt werden könnte — über deren

---

*) Akademiſche Freiheit heißt ſo viel als: ſtrenger Ausſchluß aller Talent loſen und Ungebildeten, freie Bahn dem Streben des berufenen Talents, ohne Schranken für das ſein Geſetz in ſich ſelbſt tragende wahre Kunſt Genie.

mögliche Tragweite. Auch hier kann uns nicht mehr das alte Hellas
zum Vorbild dienen. Der moderne Staat gipfelt nicht in den idealen
Institutionen des klassischen Alterthums, sondern hat sich, nach den Bedürfnissen einer prosaisch gewordenen Welt, in einer Richtung entwickelt,
welche den materiellen Bestrebungen ebenso gerecht zu werden trachtet,
als sie der ihren eigenen Zielen fern liegenden theatralischen Kunst wenig
Zeit und materielle Opfer zuzuwenden vermag. Eine Unterstellung des
Theaters unter die directe Obhut des Staates — die von mehreren
Seiten schon gewünscht und angeregt wurde — wäre bei der derzeitigen
Staatsorganisation ein Verzicht auf die durch den Theater-Paragraphen
gesetzlich, wenn auch vorerst nur im Princip, garantirte Freiheit, und
zwar ein Verzicht zu Gunsten einer noch unbestimmbaren Zwitterschöpfung,
die sich in der Praxis kaum förderlicher bewähren dürfte, als die glücklich
abgeschaffte Polizeiwillkür sich bewährt hatte. Wer den wahren Lebens-
odem der Kunst in der Freiheit erkennt, der wird nicht für Staatstheater
zu stimmen vermögen, oder er muß den Compromiß an Zugeständnisse
knüpfen, auf welche der moderne Staat vorerst bestimmt nicht eingeht.*)

Somit stehen dem Reichstag zur Steuer gegen den Mißbrauch der
Theaterfreiheit nur zwei Wege offen: entweder er streicht einfach den
Theater-Paragraphen im Gewerbegesetz oder er decretirt zu demselben
einen ergänzenden Nachtrag, der sich dem Organismus des Ganzen an-
schmiegt, — also einen Nachtrag, der das Theater unter der nun einmal beliebten Rubrik der Gewerbe belassen muß. In ersterem Falle

*) Der Verfasser obiger Studie hat schon im Jahre 1872 der deutschen Reichs-
regierung einen Plan unterbreitet, durch dessen Annahme die Theater, unter des
Staates Aegide, eine den Universitäten und wissenschaftlichen Akademien ähnliche
freiheitliche Organisation und Verwaltung erlangt hätten. Was aber erfolgte darauf?
Er erhielt aus dem Reichskanzleramte im Auftrage des Fürsten Bismarck ein
Danksagungsschreiben für seine Aufmerksamkeit, und dabei blieb's. Die Reichsregierung ließ sich seither noch von verschiedenen Seiten „schätzbares Material" zur
Theaterfrage ausarbeiten, kam aber bisher über dessen Verwerthung ebenso wenig zu
irgend einem bestimmten Entschlusse, wohl hauptsächlich aus den Gründen, die oben
im Text weiter hinten angeführt sind. Das, was die Reichsregierung etwa gewähren könnte, frommt eben dem dramatischen Bedürfniß nicht; und das, was dem
dramatischen Bedürfniß frommen würde, ist für die Reichsorgane unerschwingbar.
Mit welch äußerlichen Palliativen man in den büreaukratischen Kreisen Berlin's noch
jetzt die Theaterfrage glücklich lösen zu können wähnt, zeigt u. A. die unlängst in
zweiter Auflage erschienene Schrift: „Das deutsche Theater und seine Zukunft, von einem Staatsbeamten". Dieser Staatsbeamte weiß nichts vor

sinkt das Theater wieder unter die vor 1870 bestandene Willkür- und Zwangswirthschaft zurück, die als unhaltbar längst allgemein abgeurtheilt ist. Das läge weder im Interesse der Kunst, noch in jenem des Publikums; und die Bühnen-Angehörigen zunächst wären es, die davon das Schlimmste zu befürchten hätten. Also kann die einfache Rückkehr zum Alten von Niemandem gewünscht werden, und es ist der Reichstag um die Paragraph-Ergänzung anzugehen.*) Was aber könnte der ergänzende

---

zuschlagen als Geld aus öffentlichen Cassen und — horribile dictu — eine einheitlich geleitete Censurbehörde! Das wären zwei für den modernen Staat allerdings noch erschwingbare Auskunftsmittel; nur Schade, daß man damit zwar die ärgsten Quellen der sittlichen Vergiftung des Volkslebens, die Tingel-Tangel und die „geschundenen Raubritter"-Repertoire endlich wieder beseitigen und tabula rasa machen könnte, daß man aber dennoch dadurch für die neue Inschrift auf das unbeschriebene Blatt so gut wie Nichts gethan, d. h. an die Stelle der Miasmen einer rohen Theater-Belustigung noch keine gesund erfrischende Luftströmung in die dramatischen Kunsthallen hineingeleitet hätte. Hülfe Geld allein, so müßten unsere Hoftheater längst wahre Musterbilder von athenisch blühenden Wohnstätten der Musen geworden sein; und hülfe Geld unter Hinzutritt einer einheitlichen Censur, so würde wenigstens Herr v. Hülsen, dem es an einem hochausgebildeten Polizei-Talente gewiß nicht fehlt, wohl schon vermocht haben, das unter seiner Obhut stehende und laut allen glaubwürdigen Nachrichten immer tiefer herabsinkende Berliner „Schauspiel" sammt den Filialen in Hannover, Cassel und Wiesbaden auf eine etwas höhere Warte zu stellen.

*) Während des Druckes der hier vorliegenden Schrift gelangte die Theaterfrage im Plenum des Reichstags nochmals zur Berathung, und es wurden am 5. Mai 1880 die hierauf bezüglichen, von der clerikal-conservativen Partei eingebrachten Anträge zum Beschluß erhoben. Laut derselben ist fortan wieder die Polizei diejenige Instanz, welche nach ihrem subjectiven Ermessen über Theaterconcessions-Gesuche, über die zu erlaubenden Kategorien theatralischer Vorstellungen und über das auf den Brettern überhaupt Zulässige oder Unzulässige zu entscheiden haben wird. Diese Repressiv-Maßregel entspricht keineswegs den Erwartungen, mit welchen alle Kunstverständigen der nöthig gewordenen Ergänzung des Theater-Paragraphen entgegen gesehen hatten. Vielmehr wurde hier das sehr richtige dem §. 32 zu Grunde gelegene, nur bezüglich der ihm unentbehrlichen Stütze, beziehungsweise der überwachenden Controle noch unbefestigt gewesene und deshalb dem Mißbrauch Thür und Thor offen lassende Princip einfach wieder unterdrückt und statt dessen abermals zu jener antiquirten Anschauung zurückgegriffen, welche noch immer vermeint, Alles in der Welt mit Gewalts-Anwendung verbessern zu können, selbst wenn man die Gewalt einer Instanz überträgt, der — wie in den betreffenden Reichstags-Debatten selbst betont wurde — für den fraglichen Gegenstand das ausreichende Verständniß total mangelt. Mit der Polizei kann man im Theater die öffentliche Sittlichkeit, die leicht auch auf andere Art zu sichern gewesen wäre, zwar (theilweise, nicht ganz) ebenfalls

Nachtrag enthalten als etwa genauere Bestimmungen über die Bedürfnißfrage bei Ertheilung der Erlaubniß zu neuen Theater-Unternehmungen und eine sachliche Clausel über die Qualificationsfrage
bei Bestätigung der Theater-Vorstände? Dann aber entstände sofort eine neue Frage, nämlich die: Wo ist die Instanz, die in
allen Fällen richtig entscheiden wird, ob das Bedürfniß zu neuen
Theater-Unternehmungen vorhanden, und ob der erkorene Vorstand zur
Leitung desselben qualificirt ist? Die Antwort scheint außerordentlich
leicht zu sein und ist auch schon wiederholt in den Tag hinein ertheilt
worden. In der That aber stoßen wir just mit dieser Frage auf ein
Problem, durch dessen Unlösbarkeit es sich recht bitter rächt, daß der
moderne Staat in seinem Entwickelungsgange nicht, wie einst in Hellas
geschah, auch die dramatischen und theatralischen Künste als integrirende
Culturmittel in sich aufnahm und organisch pflegte. Das in langen
Decennien hierin Versäumte läßt sich durch nachhinkende Decrete so
wenig beschaffen, als z. B. bei Ausbruch eines Krieges sich ein dem
Heer etwa fehlender Generalstab decretiren ließe. In der Theorie geht
—

sichern, doch nicht ohne zugleich den edelsten und höchsten Bestrebungen der dramatischen Kunst unübersteigliche Hindernisse in den Weg zu legen. Zudem wird durch
die ergänzenden Bestimmungen vom 3. Mai die gemeinschädlichste Wurzel des Theater-
Uebels nicht einmal berührt, geschweige denn beseitigt, — das Walten der Polizei in
den niedrigsten Theater-Regionen kräftigt sogar jene Wurzel, denn es wird voraussichtlich der Hofbühnen-Mißwirthschaft ein neues Relief durch die Beseitigung der,
bei ihrer dermaligen Verfunkenheit allerdings sehr überflüssigen Concurrenz, schaffen.
Nicht ganz unpassend leitete ein Berliner Blatt seinen Bericht über die betreffende
Reichstags-Debatte mit den Worten ein: die Parole habe gelautet: „hie Hoftheater!
hie Schmiere!“ Wohl zweifellos wohnt dem reichstäglichen Beschlusse vom 5. Mai
ebenso wenig eine dauernde Lebenskraft inne als dem wegen seiner Lücken leistungs-
unfähig gewesenen Theater-Paragraphen aus dem Jahre 1871. Hoffen wir, daß
am einstigen Sterbetag der jetzt zum Gesetz erhobenen „Ergänzung“ sich im Berliner
Reichstagssaale kunstverständigere Grabredner vernehmen lassen mögen, als die sind,
welche dort am 3. Mai dem schon im zarten Alter von neun Jahren verendeten Reichs-
tagskinde das Schwanenlied gesungen haben. Die mit raffinirter „Mache“ fabricirten
Stücke aus derjenigen Schule, welche ich in dem vorliegenden Buche anatomisch be-
leuchtete, wirken durch ihre charakterverflachende Gehaltsleere mindestens ebenso ge-
meinschädlich wie der geschundenste aller geschundenen Raubritter auf die öffentliche
Moral zurück, — ja der verderbliche Einfluß jener Schule ist wohl noch tiefer greifend,
eben weil die von ihr verbreiteten Giftstoffe sorgsamer verblümt und in minder grobkörnigen Portionen unter das größere Publicum ausgestreut werden. Dennoch sind
es zunächst die Hoftheater, und allen voran just die königlichen Schauspiele in Berlin
selbst, welche die aus jener Schule stammende Gattung von Stücken mit besonderer

das wohl an: Die Systeme, die über eine künftige Reichs-Theaterorga-
nisation schon ausgeheckt wurden, nehmen sich auf dem Papier recht
geistreich aus, nur leiden sie an dem Uebelstande, daß zu ihrer Durchführung etwas als vorhanden vorausgesetzt werden muß, was uns eben
mangelt, nämlich: solche Persönlichkeiten, welche dem in der Theorie so
hübsch Ausgedachten Fleisch und Blut anzuzaubern vermöchten.

Nun aber wäre ein Gesetz, für dessen Handhabung man die leitenden Männer erst aus Utopien erwarten müßte, eine schon im Embryo
wieder absterbende Mißgeburt, die vom modernen, prosaisch rechnenden
Staate schwerlich je adoptirt werden möchte. Wir haben tüchtige Ju-
risten und gewandte Diplomaten, denen aber die ideale Kunst nicht blos
ein Buch mit sieben Siegeln ist, sondern auch als eine untergeordnete
leere Spielerei erscheint, die zur Lebensaufgabe zu machen ernster
Männer unwürdig sei. Wir haben vortreffliche Aesthetiker, die aber
vom realen Theater nichts verstehen und dem Chimärischen zuneigen,
sobald sie ihre Theorie ins Practische umsetzen wollen. Wir haben end-

Vorliebe pflegen und ihnen dadurch die Pfade zum Rundgange durch die deutsche
Theaterwelt öffnen und ebnen. Will der Reichstag einen wahrhaft kunstfördernden
Schritt thun, so wird er — wenn einst die Theaterfrage zum drittenmal auf seiner
Tagesordnung erscheint — die Bühne ein für allemal den willkürlichen Polizei-
Maßregelungen entrücken und sie dagegen zu strengster Heilighaltung der ästhetischen
Vorschriften verpflichten müssen. Die Aesthetik — und nur sie allein — besitzt die
Kraft, vom kleinsten Theaterchen bis hinauf in die prunkvollsten Hofbühnen-Räume,
die verpestete Luft zu reinigen. Soll aber ein sich auf diesen Talisman stützendes
Theatergesetz durchgreifend wirken können, so darf es in Deutschland keine Bühne
mehr geben, welche, sei sie nun ein Hoftheater oder ein Privatunternehmen, sich
mittelst Berufung auf exceptionelle Privilegien über das Gesetz zu stellen vermag.
Die ästhetischen Vorschriften kennen nur gleiches Recht und gleiche Pflicht für Alle,
sonst sind sie schon nicht mehr das, was ihr Name besagt. Zwar würde — aus den
Gründen, die oben im zunächst folgenden Terte genannt sind — selbst ein den ästhetischen Vorschriften conformer Theater-Paragraph nicht vermögend sein, die für einen
Neuaufschwung der dramatischen Kunst unerläßlichen Vorbedingungen sofort zu
schaffen, doch wäre hiermit wenigstens die einzuschlagende Richtung im Princip sicher
gestellt, und an der Hand der Erfahrungen ließe sich das noch Fehlende mit der Zeit
wohl nachtragen. Der reichstägliche Beschluß vom 5. Mai hat diese Hoffnung leider
in weite Fernen zurückgedrängt, und wir stehen hier nicht einer geglückten Lösung,
sondern nur einer noch unseligeren Verwirrung der deutschen Theater-Frage gegenüber. Man kann das ohne Prophetengabe aussprechen, denn ein Blick zurück in
die Vergangenheit vermag Jedem gründlichst zu zeigen, wie wenig sich die Polizei
zur Förderung dramatischer Kunst-Interessen eignet.

lich sogar gewandte und schlaue Bühnenpractiker, die aber unter den
Einflüssen ihrer modernsten Bühnen-Experimente die Aesthetik fast bis
aufs ABC vergessen haben und nur noch Sinn für die Gaukeleien
eines hohlen Coulissenspukes besitzen oder höchstens irgend ein einseitig
aufgezäumtes Steckenpferd zeitweilig noch mit einem gewissen ästhetischen
Anstand vorzureiten wissen. Kurz: Der Staat findet, wo immer er auch
anklopfen mag, zahlreiche Figuranten für eine polnische Reform-Debatte,
aber nirgends taugliche Werkzeuge für Anbahnung einer zeitgemäßen,
gesunden, ästhetischen Bühnen-Reform.

Daß ich die Qualificationen der dem Staate für Lösung der Theaterfrage zur Disposition stehenden Persönlichkeiten nicht zu streng abschätze,
zeigt die tägliche Erfahrung. Von den Erscheinungen an den Hoftheatern
will ich gänzlich absehen, weil dort bei Besetzung der Verwaltungsstellen
bekanntlich die Rücksicht auf ganz andere Eigenschaften maßgebend zu
sein pflegt, als diejenige, welche aus der Kunst ressortirt. Vor nicht sehr
langer Zeit haben sich ein paar Stadt- und Actientheater redlich Mühe
gegeben, die Befähigtsten der lebenden Bühnenkenner für ihre Institute
zu gewinnen. Sie haben zu diesem Zweck sogar die sogenannten Autoritäten in allen Ecken und Enden Deutschland's consultirt. Und was war
das Resultat? Engagements längst verbrauchter Kräfte, die nur wieder
ein Theater nach der Schablone zu organisiren vermocht, nichts Schlechteres, aber auch nichts Besseres. Will man nicht voraussetzen, daß jene
Stadt- und Actientheater trotz ihres eifrigen Suchens Mißgriffe begingen,
so kann man dies nur als ein Zeichen auffassen, daß bessere Bühnen-
leitungskräfte unter uns gar nicht vorhanden sind. Wenn aber dem
wirklich so ist; wenn wirklich nicht einmal für ein einziges Theater der
nöthige practisch reformatorische Chef gefunden werden kann; wenn
selbst die Befähigtsten der hierbei in Betracht kommenden Persönlichkeiten
das Heil gegen den theatralischen Niedergang in der Cultivirung französischer Ehebruchs-Dramen oder in den Raffinements eines sich außerhalb jedes künstlerischen Ensemble's stellenden Virtuosenthums und in den
Flittern der Comparserien, oder höchstens in der Galvanisirung desjenigen Theils der Shakespeare'schen Dramen suchen, welchen der geniale
Dichter selbst, durch die ihnen beigefügte Bezeichnung Chronicled Histories,
nur einen untergeordnet theatralisch-dramatischen Werth zugestand:
woher soll dann der Staat die ausreichende Anzahl von Hülfsarbeitern
zu der ihm zugemutheten Verbesserung des Theaterwesens nehmen?

Dabei sehe ich gänzlich davon ab, daß ihm für den Organismus der erst zu creirenden Institution, die sich überhaupt nur schwer in die moderne Staats-Maschinerie noch einfügen ließe, selbst das Hellenenthum keinen Wink liefern könnte. In Alt-Hellas bildeten die dramatischen Spiele einen integrirenden Bestandtheil der religiösen und der nationalen Volksfeste und waren schon dadurch gegen die Gefahr sicher gestellt, alltäglich oder vulgär zu werden. Wir dagegen besitzen täglich spielende Theater, die in materieller und in geistiger Beziehung ein Zubehör erfordern, von dessen Umfang und Mannigfaltigkeit die griechische Bühne noch keine Ahnung besaß.

So erscheint denn, auch von dieser Seite betrachtet, der sich dem innern Entwickelungsgange der theatralischen Kunst passiv gegenüber stellende Theater-Paragraph als ein Ausfluß von realen Verhältnissen, die ebenso wenig zu loben, als durch gesetzliche Vorkehrungen zu ändern sind. Und so mag denn der deutsche Reichstag, wenn er durch einen ergänzenden Nachtrag die Bühnenkunst gegen gemeinschädliche Ausschreitungen sichert und im Uebrigen dem Theater seine volle Freiheit beläßt, wohl Alles gethan haben, was von ihm zu erwarten steht. Mehr von ihm verlangen, hieße unter den obwaltenden Verhältnissen nicht, der theatralischen Kunst einen Dienst leisten, sondern die einzige im Prinzip bereits garantirte Errungenschaft wieder gefährden, mit welcher sich vielleicht allmählich eine Regeneration der dramatischen Kunst anbahnen ließe. Wenn in der modernen Welt das Theater unter der Aegide der ihm endlich gewährten Freiheit sich von seinem tiefen Fall nicht mehr zu erheben vermag, so würden Vorkehrungen, die nach Maßgabe der Sachlage, der Zeitverhältnisse und der zum Reform-Commando disponiblen Persönlichkeiten nur in einer Art von büreaukratischer Vormundschaft bestehen könnten, noch weit weniger im Stande sein, ihm wieder aufzuhelfen.

Der Zeitgeist selbst, der auf allen Gebieten nach unbevormundeter Kraftentfaltung hindrängt, verlangt von seinen Lieblingen, daß sie selbstständig stehen und gehen lernen. Mehr und mehr wurde dadurch das Prinzip der Selbsthilfe zum socialen Evangelium der Zukunft erhoben. Ueber Bestrebungen, die im Lichte der Freiheit abblassen, urtheilt das Jahrhundert, daß sie an ihrer eigenen Lebensunfähigkeit zusammengebrochen, und daß an ihnen nicht viel verloren gegangen sei!

Auch das Theater wird sich dieser Strömung nicht entgegenstemmen dürfen, wenn es nicht will, daß das öffentliche Interesse ihm noch entpfindlicher treulos werde, als neuestens durch die erschreckend leeren Schauspielhäuser geschah.

Einer Agitation, deren Spitze sich eventuell gegen die Freiheit kehren würde, stände der Zeitgeist nicht minder als der Geist der echten Kunst ablehnend entgegen. Hätte man die Wahl zu treffen zwischen unbedingter Redressirung der Theater-Freiheit und zwischen unbedingter Aufrechthaltung des Theater-Paragraphen, so würde letztere als das kleinere von zwei Uebeln immer noch als das empfehlenswerthere erscheinen. Eine gesunde Künstler-Opposition darf sich nicht gegen die freie Kunstentfaltung, sondern muß sich gegen diejenigen Uebelstände kehren, welche den Mißbrauch der Theater-Freiheit erzeugen und den Beruf der Bühne als eines wichtigen Cultur-Elementes qualitativ und quantitativ beeinträchtigen.

3.

Trat ich der Wahrheit vielleicht zu nahe mit dem Ausspruch, daß nicht erst der Theater-Paragraph die Theater-Leitungen zu einem Gewerbe verunstaltete, daß vielmehr der Reichstag nur die schon vorgefundene Verunstaltung gleichsam als ein unabänderliches Fait accompli registrirte? Kann man das Ziel, welches seit Jahrzehenden unseren Theatern als Alpha und Omega vorschwebte, in einem sich nicht als Gewerbe kennzeichnenden Streben erkennen? etwa in einem redlichen Ringen, das Schönheits-Ideal um seiner selbst willen zu verkörpern, die Schönheit im reinen Dienst der ästhetischen Cultur absichtslos und tendenzlos walten zu lassen? Gewiß nicht.*) Die Theater arbeiteten mit einem den Etat

*) Stimmen, welche ebenso riefen, waren noch 1877 nur sehr vereinzelt zu hören und wurden lärmend überschrieen von den Coterien, die ich in meinen vorliegenden „Gängen" gekennzeichnet. Allen voran hatte insbesondere Herr Paul Lindau stets die „merkwürdige" Dreifaltigkeit gehabt, wohlmeinend tadelnde Warnungsstimmen kurzweg als „verleumderische" Henkereien völlig unbrauchbarer Drama-tiker" abzukanzeln und für jeden fahrlässigen oder unbefähigten Bühnenvorstand, unter dessen Regime seine eigene Waare Absatz fand, charlataneske Propaganda in der Tagespresse zu machen. Neuestens ist die Anzahl der Reformfreunde bereits zu einer ansehnlichen Höhe gestiegen, und es befinden sich darunter auch solche, die noch vor acht Jahren wähnten, die dramatische Kunst am Besten durch Bekämpfung jedes scharfen Tadels der bestehenden Theater Verhältnisse fördern zu können. So beginnt z. B. sogar der Herausgeber des im Großen und Ganzen vortrefflichen „Jahrbuches für das deutsche Theater", Herr Joseph Kürschner, sich langsam zu den

mehr und mehr übertheuernden Apparate für ein vorzugsweise finn=
liches Amüsement, um Geld zu verdienen. Auch die Art, wie für diesen
Zweck gerungen wurde, besaß häufig nicht einmal mehr den Charakter
eines durch künstlerische Elemente veredelten Handwerks, geschweige denn
die ungefälschte Signatur der Kunst. Wo noch eine Ausnahme vorkam,
da stellt sie sich als das Ergebniß localer Constellationen dar, durch die
zwar das Versinken ins Gemeine verhütet, aber zugleich auch die Schön=
heitsidee gewaltsam alterirt wurde. So z. B. in München, wo man

Grundsätzen zu bekehren, die ich in meiner „Theater=Krisis" ganz entschieden schon
1872 ausgesprochen hatte und wegen derer ich damals auch von ihm noch heftig an=
gegriffen worden war. Kürschner gesteht im Vorwort zum neuesten Band (1880)
des hochverdienstlichen Jahrbuchs seinen früheren Irrthum offen ein und schreibt wört=
lich: „Die Gesammtheit der trostlosen theatralischen Zustände, die so erkältend auf
meine ursprüngliche Begeisterung wirkte, hat meine Ansichten über das Theater zu
der entschiedenen Wendung gebracht, daß ich nun die Dinge ohne alle Schönfärberei
und unzeitigen Optimismus sah." Im Rückblick auf die Ereignisse innerhalb des
„Deutschen Bühnen=Vereins" während des letztverflossenen Jahres bespricht
Kürschner den Conflict Hülsen's mit der Meiningen'schen Hoftheater=
leitung, — einen Conflict, der laut Allem, was darüber in die Oeffentlichkeit drang,
durch Hülsen's skandalös ungerechtes Willkürverfahren in der Chronegk=Grunert'
schen Streitfrage entstand und vom bühnenvereinlichen Schiedsgericht einen fast so
empörenden Abschluß erhielt, wie das famose Casseler Votum vom 11. Novbr. 1872
seiner Zeit durch die sich an dasselbe anklammernden Ränke hinter den Coulissen
und in der Tagespresse erhalten hatte. Kürschner klagt Herrn v. Hülsen geradezu
an, daß sein ungerechtes Verfahren im Grunert'schen Streitfall der Bitterkeit und
Eifersucht auf die Erfolge einer Bühne entsprungen sei, welche „nicht über die Mittel
der Berliner Hoftheater verfügt und trotzdem doch so ungleich Besseres und künst=
lerisch Gediegeneres leistete." Der Schluß, den Kürschner hieraus folgert, lautet:
„Jedenfalls sollte aber der Bühnen=Verein aus dem Vorfall die Lehre ziehen, an die
Stelle seines derzeitigen Präsidenten eine geeignetere Persönlichkeit zu setzen, und
auch andere Vereinigungen sollten darauf bedacht sein, sich dem directen oder indirecten
Einflusse v. Hülsen's zu entziehen; wer Reform, wer Fortschritt und Gedeihen der
Kunst will, kann nicht mit dem derzeitigen Generalintendanten der kgl. Schauspiele
gehen!" Diese Lehre, die auch von mir schon 1872 in der „Theater=Krisis" nieder=
gelegt worden war, ist wohl nach Ansicht aller Kunstverständigen unbestreitbar, leider
aber beweist schon die Ratification, welche in der General=Versammlung des Bühnen=
Vereins zu Frankfurt am 8. und 9. April 1879 dem Willkürstreich in der Grunert'
schen Affaire ertheilt wurde, — jene Ratification beweist schon mehr als zur Genüge,
daß der Verein auch fortan, wie 1872, nicht anstehen wird, mit Herrn v. Hülsen
durch dick und dünn weiter fortzuschreiten und für diesen eher zum Polizeimann als
zum Chef irgend einer Kunst=Anstalt oder irgend einer Kunst=Genossenschaft passenden
Herrn neue Auflagen des weiland Casseler Vertrauens=Votums in Bereitschaft zu
halten, so oft er solche gegen irgend wen zur noch größeren Sicherung seines Ein=

— bei Auswahl der Schauspiel-Novitäten ebenfalls der Schablonen-
Mache huldigend — seit Mitte der sechsziger Jahre in der Oper vorzugsweise eine Specialität cultivirte, die zwar als wohlthätige Reaction
gegen frühere Verirrungen der Opern-Musik hohe Beachtung verdient,
von der aber noch heute unentschieden ist, ob sie wirklich die befruchtungs-
fähige Vorläuferin einer berechtigten Theater-Metamorphose sei oder in
ihrer rigorosen Einseitigkeit ebenfalls nur den rasch sich wieder verflüchtigenden Curiositäten beigezählt werden müsse. Der größere Theil der anderen

flusses für wünschenswerth erachtet. Ist Herr Kürschner — wie ich nicht bezweifle
— vollkommen überzeugt, daß die von Herrn v. Hülsen und seinen Amtscollegen
eingeschlagene Richtung den Thespiskarren nur immer noch tiefer in den Schlamm
hinein kutschiren wird, so muß er — statt seinen Tadel nur einseitig gegen diese in
ihren Amtsröcken längst für die Rathschläge schlichter und unabhängiger Schriftsteller
taub gewordenen Herren zu kehren — künftig auch Fronte gegen jene Coterien
in der Tagespresse machen, von welchen just die gemeinschädliche Richtung gestützt
und gegen die öffentliche Meinung auf Tod und Leben verfochten wird. Nach dieser
Seite hin ist er im neuesten Jahrgang seiner Chronik noch in einer Inconsequenz
befangen, die ich, — um mich des Lieblingsausdruckes der bekannten Berliner Specialität zu bedienen, „merkwürdig" nennen möchte. So sucht z. B. sein Jahrbuch
(S. 275) in dem Referat über die neueste Folge der „Dramaturgischen Blätter"
goldene Brücken für Herrn Paul Lindau zu bauen, denn dort wird behauptet, in
dem genannten Herrn sei eine „Wandlung" zum Besseren vorgegangen. Solche Behauptung ist, gelinde gesagt, eine noch nicht überwundene Kürschner'sche Selbstäuschung,
die voraussichtlich im Laufe der Zeit ebenso „erklärend" sich aufklären wird, wie jetzt
die endliche Erkenntniß der trostlosen Theaterzustände erkältend auf die „ursprüngliche Begeisterung" für die nirgends entdeckbaren Herrlichkeiten der modernsten Bühne
gewirkt hat. Allerdings nimmt Lindau — worin ich dem „Jahrbuch" Recht gebe —
in der neuesten Folge seiner „Dramaturgischen Blätter" eine etwas veränderte
„Stellung zu einzelnen Kunsterscheinungen" ein; auch ist er in seiner Ausdrucksweise
etwas weniger „rücksichtslos", ja gegen gewisse Persönlichkeiten sogar „wohlwollend"
und „rücksichtsvoll" geworden. Als ein Federheld, dessen speculative Fingerfertigkeit
wohl Niemand bezweifelt, wird Lindau selbst am Besten wissen, was ihn zu dieser
Schwenkung (nicht „Wandlung") veranlaßt hat. Mit grobkörnigen Verleumdungen
könnte er ohne Zweifel in Zukunft keine brillanten Buchhändlergeschäfte mehr machen,
seit in einer größeren Reihe von Schriften die bisherige Gewissenlosigkeit seines Metier
so schonungslos wie überzeugend aufgedeckt worden ist. Er hat als gewandter Es-
camoteur nur seine Manipulation der Situation ein wenig undurchsichtiger angepaßt, das Ziel seiner Bestrebungen ist noch vollständig unverändert. Jetzt wie
früher ringt er blos nach dem „Erfolg um jeden Preis". Das giebt auch das
„Jahrbuch" verblümt mittelst einer recht euphemistisch aufgeputzten Umschreibung zu.
Bei Lindau — schreibt Kürschner — trete jeder andere Standpunkt vor dem der
Bühnenwirksamkeit zurück, und das gerade mache seine Arbeit besonders lehrreich
für den dramatischen Schriftsteller. Ich will zur Beleuchtung dieser Phrase nicht

Theater versank tief und tiefer theils in die schlüpfrigen Tändeleien der Demimonde, theils in den mehr oder weniger ausschließlichen Cultus von Spectakel- und Ausstattungsstücken niedrigster Gattung. Mit der wachsenden Verwilderung des Repertoires artete auch die Darstellung in rohe Manieren aus. Kurz: die Bühne und ihre Angehörigen waren dem ihnen als Bannerträgern eines Cultur-Elementes zustehenden Berufe grundsätzlich treulos geworden, sie hatten das Beispiel derjenigen Haussiers der Börse nachgeahmt, die für einen eingebildeten Reichthum ihre echten Goldstücke wegwerfen, unbekümmert um die schon drohend über ihrem Haupt schwebende Nemesis, unter deren Schlägen ihnen mit der Entwerthung des eingetauschten Scheinkapitals sich auch die Aussicht auf leicht verdiente Renten in eine Perspective auf den unvermeidlichen Bankerott verwandeln muß.

So stand's, als der deutsche Reichstag mit seinem §. 52 dazwischen fuhr und den Theatern des neuen Reiches das Recht auf vollste Gewerbefreiheit verlieh.

Man beginge also einen kindischen Anachronismus, wenn man diesen Paragraphen zum Haupt- und Uranstifter von Uebeln stempeln wollte, die schon Jahrzehnde vorher aufzukeimen begonnen hatten. Wenn der Paragraph dem abschüssig hinrollenden Thespiskarren keinen Halt mehr gewähren konnte, so liegt die Ursache wohl darin, daß er unvermögend

nochmals wiederholen, was ich in vorliegendem Buche schon bei Besprechung des „Erfolges" und der „Karlsschüler" gründlich nachgewiesen habe. Ist Herr Kürschner nur klar über den unleugbaren Bühnenverfall, und nicht auch über die Ursachen und über die Mittel zur Gegenwehr? Oder hofft er trotz seiner bessern Einsicht immer noch das Heil von einem Compromiß mit den Bühnen verschlechteru? Er würde sein eigenes Unternehmen, das in Wahrheit eine auf alle Dauer schätzbare Fundgrube für die Theatergeschichte werden könnte, wesentlich entwerthen, wenn er auch in den künftigen Jahrgängen an diesem Irrthum festhalten wollte. Alle Mühen für die Reconvalescenz der erkrankten Bühnenkunst bleiben fruchtlos, so lange diejenigen „Lehrmeister" nicht lahm gelegt sind, welche — sei's „rücksichtslos" oder „rücksichtsvoll" — ohne Verständniß des dramatischen Wesens die gehaltleere „Mache-Schablone" nach dem Zuschnitte französischer Vorstadt-Boutiquen entweder auf den Brettern cultiviren oder in der Tagespresse verherrlichen. Eine Umkehr zum Bessern wird langsam erst dann anzubahnen sein, wenn für diese phrasenreichen Hohlköpfe des Esprit allgemein der Satz gilt, den Herr Lindau und Consorten bisher so oft und in den verschiedensten Variationen mit empörender Frechheit den ästhetischen Reformfreunden ins Antlitz geschleudert haben: „Aus dem Wege mit der aufdringlichen Mittelmäßigkeit, weil sie sonst die friedlichen Passanten genirt!"

war, diesen Karren wieder mit dem Pegasus zu bespannen. Dies aber ist eine Schwäche, die sich — ich möchte fast behaupten: als eine Natur= nothwendigkeit — aus den zwingenden Zeitverhältnissen in die Gesetz= gebung übertrug. Hier gilt eben, was ich schon im zweiten Artikel an= deutete, daß nämlich kein Gesetz die fehlenden Pfleger eines speciellen Kunstzweiges aus Utopien herbeizucommandiren vermag; daß der rechte Geist aus den Kreisen der betreffenden Künstlerschaft selbst in das Gesetz erst hineingetragen werden muß. Diesbezügliche Machtsprüche pflegen unwirksam, wenn nicht gar schädlich zu sein. Als das Theater sich zu einer Pflanzstätte der schalsten Unterhaltungen ohne ethischen Kern er= niedrigte und den Schwerpunkt seiner Leistungsfähigkeit in eine kostspielige Augenweide verlegte, konnte man auch den Beginn seiner materiellen Misere — mit oder ohne Theater=Paragraphen — nur noch als eine Frage der Zeit betrachten. Es gehörte zum Ausbruch der Katastrophe weiter nichts mehr als ein socialer Luftzug, der jedem Einzelnen aus dem Volk erhöhte Anstrengungen für den „Kampf ums Dasein" auf= erlegt. Dieser Luftzug braust seit dem großen Börsenkrach von 1873 in jährlich steigender Schärfe durch die Welt, er fordert dringend die Be= schränkung der Ausgaben auf das Unentbehrliche, und dieser Abstrich trifft in erster Reihe die in ihrem Werthe so gesunkenen Anregungen, wie zweifellos sie jetzt das Theater bietet. Was würde die unbedingte Zurücknahme oder die Einschränkung der Theaterfreiheit an diesem Sachverhalte bessern?

Man braucht also zur Erklärung der Theater=Calamität dem lücken= haften Theater=Paragraphen wahrlich nicht mehr aufzubürden, als auf dessen Rechnung gehört. Die sich häufenden Theater=Bankerotte sind einfach eine Consequenz des Unvermögens der Theater selbst, sich mit dem Umschwunge der Zeit in Einklang zu bringen und dadurch als unentbehrliche öffentliche Anstalten wieder volle Geltung unter den Volksmassen zu erlangen. Für das, was im Bewußtsein der Menge als wahrhaft unentbehrlich gilt, besitzt das Volk — wie die tägliche Er= fahrung zeigt — trotz aller Geschäftsstockungen und Vertheuerungen immerhin noch das nöthige Geld und scheut sich auch nicht, es auszu= geben. Indem aber die Theater ihre eigenen Speculationen mittelst schalster Surrogate anstrebten, traten sie in einen Wettkampf mit Harleki= naden, in dem sie, schon wegen ihrer unvermeidlich theureren Eintritts= preise, nothwendig den Kürzern ziehen mußten. Die moderne Bühne mit ihrem complicirten Apparate ist zu kostspielig, als daß sie, auf die niedrige Rolle eines modernen öffentlichen Hof- oder Volksnarren beschränkt, mit der im Morgenrothe der neuen Freiheit als bittere, aber unvermeidliche Zugabe mehr und mehr erwachsenden Concurrenz den Wettkampf zu bestehen vermöchte. Wie ich schon am Schluß des zweiten Artikels betonte, kann der Theater-Paragraph, trotz mancher ihm noch anhaftenden Mängel, füglich als ein erster prägnant gesetzlicher Ausdruck für den radicalen Wendepunkt der geselligen Ordnung gelten, die auf allen Gebieten unwiderstehlich nach unbevormundeter Kraftentfaltung des menschlichen Geistes für seine berechtigten Ziele drängt. Das Theater wird, wenn es sich mit dieser neuen Ordnung abzufinden lernt, dann zugleich auch seinem natürlichen Berufe wieder genügen. Es muß den Mißbrauch der Freiheit neidlos seinen derzeitigen Concurrenten in den Café chantants und gemeinen Schau-Boutiquen überlassen, muß sich kühn wieder aufschwingen in einen Bereich, in welchen jene ihm nachzufolgen unfähig sind. Mit einem Wort: Die Bühne muß jetzt ganz und voll Das erfüllen, was schon unser größter Volksdichter, Friedrich von Schiller, als ihre wahre Aufgabe bezeichnete. Das dämmernde Morgenroth der Freiheit hat ihr endlich ermöglicht, der niedrigen Stellung einer für Alles mißbrauchten Dienstmagd entsagen zu können, hat ihr die Bahn erschlossen, emporsteigen zu dürfen in die Regionen einer Bannerträgerin der ethischen Ideale des Jahrhunderts. Und sobald nur sie selbst diesen Beruf voll und ganz erfüllt, sind ihre Leistungen keine so leicht entbehrliche schale Spielerei mehr, sie sind wieder ein Bedürfniß für Geist und Herz der Mehrzahl des Volkes.

Folglich liegt die Grundursache der materiellen Theater-Calamität in dem ihr vorausgegangenen Geistes-Bankerott der dramatischen Kunst. Das Fernbleiben des größeren Publicums ist eine nicht unverdiente Antwort auf die Gehaltsleere der von den Theatern zubereiteten Geistesnahrung. Unter dem Panier der Freiheit kann Jedermann das Vergnügen einer leichthin und gedankenlos tändelnden Unterhaltung bequem mit wenigen Pfennigen oder Kreuzern sich als Dessert zu seinem Abendbrod verschaffen und hat nicht mehr nöthig, es mit einer Ausgabe von mehreren Mark oder von ein paar Gulden an der Theaterkasse erst er kaufen zu müssen. Der nächstbeste fahrende Bänkelsänger oder Possenreißer, der schließlich nur das wenige ihm freiwillig auf den Teller gelegte Honorar einstreicht, genügt vollkommen, um vorübergehend unser

Zwerchfell erschüttern zu lassen und durch gedankenarm einlullendes Todtschlagen einiger Abendstunden uns für einen ruhigen Nachtschlaf vorzubereiten. Mehr aber vermögen auch die Theater, trotz ihrer theuern Eintrittspreise, im Allgemeinen nicht zu leisten, seit sie verlernt haben, die Spender einer erquickenden Erhebung für Herz und Gemüth zu sein. Wer nach den Mühen des Tages noch ein höheres Seelenbedürfniß fühlt, der sucht und findet in einem guten Buche, was ihm weder der possenreißende Bänkelsänger auf der Bierbank, noch das in spectaculösem Sinnenkitzel arbeitende Theater entgegen bringt. Bleibt auch ein Theaterstück ohne Darstellung gleichsam nur eine der künstlerischen Ausführung bedürftige Skizze, so gewährt doch die stille Lectüre gelungener Dramen dem Gebildeten immerhin noch größere Genüsse, als eine verunstaltende Darstellung zu bieten vermag, aus der man nur den Aerger über die Verbildung oder Trägheit der Mimen mit sich nach Hause nimmt. Tritt gar zur niedern Qualität der Darstellung noch eine gemeine Qualität des darzustellenden Objects, so überkommt den feinfühligen Zuschauer in Thaliens Räumen vollends eine Anwandlung von quälender Wehmuth über die trostlose Verirrung der dramatischen Kunst. Wer sollte, so lange ihm die Bühne im Allgemeinen nur solche Perspectiven eröffnet, nicht die wohlfeile Lectüre der Theaterstücke nach eigener Auswahl dem kostspieligen Theaterbesuche vorziehen müssen?

Beabsichtigen die Bühnenangehörigen mit ihrer Demonstration gegen den Freiheits-Paragraphen vielleicht eine Ausmerzung des Trosses überzähliger und brodloser Standesgenossen, so könnte man dagegen einwenden, daß diese polizeiliche Aufgabe ohne Zweifel eben durch die ausgebrochene Theater-Calamität selbst, und zwar am kräftigsten und verständlichsten, besorgt wird. Wer im Theater-Paragraphen früher ein für sein liebes Ich geschaffenes Zaubermittel vermuthete, um sich ohne Talent und Fleiß die gebratenen Tauben ins Maul fliegen zu lassen, dem nöthigt, falls er überhaupt noch zu retten ist, zuletzt der Hunger die Rückkehr zu einer fein bürgerlich nährenden Arbeit auf. Wohl hätte der Reichstag die Landplage eines so massenhaft und nach Zigeunerart vagabundirenden Comödiantenthums den deutschen Landen ersparen können, wenn nicht vor Creirung des §. 32 die deutlich genug sprechenden Warnungsstimmen der wenigen wahrhaft Kunstverständigen spurlos in seinen Ohren verhallt wären. Eine sachliche dem Paragraphen noch beigefügte regulirende Vorschrift über das Bedürfniß neu zu errichtender Bühnen und

über die geistige Befähigung der Schauspiel-Unternehmer würde so manchem
der abenteuerlichen Experimente vorgebengt haben, die auf die Kunst
nicht fördernd und auf die socialen Zustände nur schädigend zurückwirkten.
Das aber ist ja wohl auch dem Reichstage endlich klar geworden, und
er wird sein Versäumniß um so williger nachholen, als ohnehin der
Wunsch, das ortsangehörige Proletariat durch ein nomadisirendes Gaukler-
thum noch vermehrt zu sehen, allenthalben zu schwinden beginnt. Ueberhaupt hat der durch den Theater-Paragraphen entfesselte Speculations-
drang auf dem Gebiete der theatralischen Escamotage sammt dem daraus
entstandenen Theater-Unternehmungsschwindel seinen Culminations-Punkt
bereits überschritten. Die zur Tagesordnung gewordenen Bankerotte
machen endlich sogar die unbedachtesten Springinsfelde stutzen, und es
dürfte fast fraglich sein, ob sich eine wirksamere Radical-Cur ausbecken
ließe als diejenige vielleicht werden kann, welche sich aus den steigenden
Theaterfinanz-Calamitäten von selbst aufnöthigen muß. Ein Humorist
könnte sich wohl zu der Behauptung versucht fühlen, daß dem verkannten
Theater-Paragraphen in seiner derart auftauchenden Kehrseite eine noch
ungeahnte Vorzüglichkeit inne wohne und man ihn trotz seiner so inhuman
wirkenden Halbheit auf Tod und Leben vertheidigen müße, weil just in
dem durch ihn gesicherten Fortschritte des materiellen Theaterverhängnisses
das einzige vielleicht noch wirksame Remedium gegen die der dramatischen Kunst gegebenen und noch täglich applicirten Fußtritte zu erhoffen sei. Ich will jedoch mit minder mißdeutungsfähigen Argumenten an diesen Brennpunkt der jedenfalls nicht unwichtigen Tagesfrage
heranschreiten.

Es ist eine höchst liebenswürdige Eigenschaft der Freiheit, daß sie
jeden mit ihr getriebenen Mißbrauch an den Schuldigen selbst rächt, ohne
deshalb von der Wirkungsfähigkeit der ihr naturgemäß innewohnenden
Vorzüge etwas zu verlieren. Nun läßt sich aber Alles, was man dem
Theater-Paragraphen zum Vorwurfe gemacht hat, in den Ausspruch zu
sammenfassen, daß derselbe dem Mißbrauch der Theaterfreiheit keine
Schranken setze. Diese Unterlassung verwehrte jedoch Niemandem, von
der gewährten Freiheit den entsprechenden Gebrauch machen zu können,
denn wenn auch der Paragraph nur die zu einem alltäglichen Gewerbe
nöthigen Eigenschaften als unerläßliche Bedingung für den Theaterbetrieb
vorschreibt, so enthält doch das Gesetz nirgends eine Clausel, durch welche
eine echt künstlerische Theaterführung verboten oder unmöglich gemacht

worden wäre. Folglich besitzen die Theater denjenigen Grad der Ungebundenheit, die ihnen eine ungehemmte Entfaltung ihrer Leistungsfähigkeit gestattet. Der vielgerügte Umstand, daß sie vom Gesetz nicht
der Kunst und Wissenschaft, sondern den Gewerben eingereiht wurden,
mag für das subjective Ehrgefühl der Bühnenangehörigen empfindlich
sein, aber er thürmte den Vertretern der theatralischen Kunst kein un-
besiegliches Hinderniß auf, sich dennoch als Künstler zeigen zu können.
Vielmehr hätte just die Registrirung der Degradation, in welcher die
Gesetzgeber bei Votirung des Paragraphen das Theater versunken fanden,
den „Bühnenkünstlern" ein erhöhter Sporn werden müssen, nun ihr Alles
einzusetzen, und sich künftig einer bessern Rang-Note würdig zu zeigen.
Sie haben es nicht gethan, sie sind Handwerker geblieben und in ihrer
größeren Mehrzahl sogar noch einseitigere Handwerker geworden. Sie
haben also mit der ihnen ertheilten Freiheit — einem Gut, aus welchem
jeder lebensfähige Kunstzweig die wahre Kraft der Weihe schöpfen
muß — den abscheulichsten Mißbrauch getrieben. Wohl ist nicht zu ver-
kennen, daß diese steigende Verirrung den Schauspielunternehmern und
Directoren in noch höherem Grade zur Last fällt als dem artistischen
Personal, welches von seinen Vorgesetzten und Brodgebern abhängig ist.
Selbst die Hofbühnen, die durch den Theater-Paragraphen weder direct
berührt werden, noch mit ihrer Bilanz ausschließlich auf die Einnahmen
an der Tagescasse angewiesen sind, — selbst diese machten im Repertoire
und in den Schauspieler-Engagements Concession auf Concession, ver-
nachlässigten principiell das ethisch Schöne, und protegirten officiell das
ethisch Verwerfliche. Wenn nun die Gesammtheit dieser Theater aufträte
und behauptete: „Die Freiheit bringt uns nicht voran, wir brauchen ein
Billete kaufendes Publicum und eine Reichs-Subvention", — was könnten
Reich und Publicum der Gesammtheit mit Recht antworten? Nichts als
ungefähr dies: „Ihr seid nicht werth, daß das Publicum sich für euch
den Magen verkürze, oder das Reich die ohnehin drückenden Staats-
Steuern erhöhe; erfüllt eure eigene Aufgabe, dann wird es euch an
Publicum nicht fehlen, und eine Reichs-Subvention unnöthig sein."

282

4.

Ein Professor der Aesthetik, der, obgleich jetzt schon hochbetagt, sich noch manchmal öffentlich vernehmen läßt und von Fachmännern gern gehört wird, schrieb vor etwa drei Jahren privatim an mich:

„Ich bin längst zu der Ueberzeugung gelangt, es könne mit dem ganz zerlumpten Theater nicht eher besser werden, als bis der Teufel die ganze Wirthschaft geholt haben wird, wozu sie längst reif ist. Ein Theaterdirector, der an eine stehende Bühne berufen wird, muß mit gegebenem Personal und gegebenem Repertoire wirthschaften. Das Gegebene ist aber so unbrauchbar, daß damit eine Rettung aus der bestehenden Misere sich nicht bewirken läßt. Viel eher als von irgend einem ständigen Theater erwarte ich Heil von irgend einem mit unverwüstlicher Jugendkraft und leidlichem Geld ausgestatteten Patron, der sich eine kleine Bande gesunder Jungen und Mädel zusammentrommelt, um von Stadt zu Stadt ziehend ein halbes Dutzend mit Begeisterung eingeübter Stücke, in wenn auch noch so armseliger Ausstattung, vorzuführen. Aus der Bande könnte eine hochachtbare Gesellschaft, aus dem halben Dutzend könnte ein großartiges Repertoire werden, wenn der Patron der rechte Mann ist, den Thyrsos zu schwingen.“

Dieser Ausspruch berührt die Wurzel des Theater-Uebels in ihren Tiefen, wenn auch ein Vorschlag, der uns zunächst wieder an den Urzustand der dramatischen Kunst zurückweist, nicht bis in seine letzten Consequenzen acceptabel erscheinen kann. Ich wenigstens möchte hier nicht anempfehlen, daß, im heiligen Zorn über ein schmutziges Wasser, das Kind mit dem Bade ausgeschüttet werde. Will man einen practisch gangbaren Ausweg aufsuchen, so wird man sorglich darauf bedacht sein müssen, daß ja die guten Elemente nicht übersehen werden, welche unsere moderne Bühne — wenn auch in winziger Quantität — immerhin noch besitzt. Die nöthige Metamorphose wäre nur noch eine Frage der Zeit, sobald man das Mittel gefunden hätte, der jetzt noch verschwindend kleinen Quantität guter Elemente zum dominirenden Einfluß auf die fernere Entwickelung zu verhelfen.

Fragen wir zunächst: Worin bestehen die Hauptbedürfnisse des heutigen Theaters, wenn es einerseits für sich selbst wieder einen sichern Halt gewinnen und andererseits wieder zu einem Bedürfniß des größeren Publicums werden soll?

Antwort: In einer Herabminderung des finanziellen Etats, und in einer Steigerung der artistischen Leistungen.

Das sind zwei Bedürfnisse, von welchen das eine dem andern hindernd im Wege zu stehen scheint. Dennoch ist dem nicht so. Das ästhetisch verkommene Theater mit seinen anspruchsvollen Virtuosen und seinem maßlosen Ausstattungs-Luxus verschlingt größere Summen als eine ästhetische Kunstbühne bedarf, welche durch ein wohlthuendes Ensemble wirkt und den Wegfall einer durch ihre Uebertriebenheit nur zerstreuenden Augenweide reichlich durch geistige Effecte ersetzt.

Bekanntlich gewährt die Freiheit nicht blos Rechte, sie legt auch Pflichten auf. Letztere scheinen nach Ansicht des Präsidiums der „Genossenschaft deutscher Bühnenangehöriger", falls es überhaupt auch über diese Seite des angeregten Thema's nachgedacht hat, vom Theatervölkchen vollständig erfüllt zu sein. Wenigstens läßt die Form der von dorther erlassenen Aufforderung, die mir das Motiv zu vorliegender Studie liefert, der Vermuthung Raum, daß nach Ansicht des bühnengenossenschaftlichen Präsidiums vor Einführung der Theater-Freiheit, d. h. vor Promulgation des TheaterParagraphen, Alles herrlich gestanden habe: Das Präsidium verlangte nur „statistisches Material über den Einfluß der Einführung der Theater-Freiheit auf die gegenwärtigen Verhältnisse", nicht Material über die primitiven Ursachen, durch welche die Verhältnisse nothwendig einer calamitosen Wendung zugetrieben werden mußten.

Wie ohne Zweifel als allgemein bekannt vorausgesetzt werden kann, vertritt das hier handelnde Präsidium nur die eine der gesonderten drei Gruppen von Bühnenangehörigen, welche durch drei hauptsächlich für materielle Standes-Interessen gebildete Genossenschaften auch äußerlich als drei Sondertheile der Bühnenwelt sich von einander unterscheiden, — es vertritt nämlich den Stand der Mimen, deren Genossenschaft ein gemeinschaftliches Pensions-Institut gründete und einen Damm gegen die willkürliche Behandlung von Seiten der Theater-Vorstände zu bilden strebt. Die zweite Gruppe besteht aus dem Stand der Theater-Directoren und Intendanten, die mit ihrem sogenannten „Deutschen Bühnen (Kartell) Verein" vorzugsweise eine conforme Behandlung der Theater polizei, insbesondere bezüglich der Vertrags-Formulare und der Verfolgung contractbrüchiger Mimen, anstreben. Zur dritten Gruppe gehört der Stand der dramatischen Autoren und Componisten, deren Genossenschaft hauptsächlich gegen die unhonorirte Ausbeutung dramatischer Werke

ankämpft, indem sie durch eine eigens errichtete Agentur für die Ver-
sendung der Nova und für eine pünktliche Abführung der fälligen Hono-
rare an die Autoren Sorge trägt.*)

Wer die bisherige Thätigkeit dieser drei Genossenschaften beobachtet
hat, dem wird schwerlich entgangen sein, daß bei den alljährlichen
General-Versammlungen der dramatischen Autoren, sowie bei jenen der
Mimen, sich schon wiederholt kräftige Stimmen für eine principielle
Bühnen-Reform vernehmen ließen, daß es aber bisher nicht gelang, irgend
einem darauf bezüglichen fruchtbaren Vorschlage die Majorität der Ab-
stimmenden zu sichern. In den alljährlichen General-Versammlungen der
zweiten Gruppe, nämlich der Bühnen-Vorstände, trat bisher nicht einmal
eine vereinzelte Stimme entschieden für die Reform-Nothwendigkeit ein.
Vielmehr pflegt man sich bei diesen Versammlungen über die zweifellose
Vortrefflichkeit des Geleisteten wechselweise zu becomplimentiren, Andersmeinende kurzweg mit einem Scherbengericht bei Seite zu stoßen und
unter den Klängen der Champagnergläser die blühende Theatermißwirthschaft hoch leben zu lassen.**)

Aeußerlich stehen die drei Gruppen von Bühnenangehörigen gerade
nicht auf feindlichen, aber auf nur diplomatischen Füßen, sich gegenüber,
und es fehlt nicht an Vorkommnissen, die bald dieser, bald jener Fraction
im Stillen wohl den Wunsch nahe legen, daß die anderen Gruppen
dorthin verduften möchten, wo der Pfeffer wächst. Zu einem wechsel-
seitig herzlichen Einklang der Bestrebungen, ohne welchen man eine er-
freuliche Ueberwindung der Theater-Calamität kaum hoffen kann, — zu

*) Von den Heldenthaten einer vierten Gruppe, die sich „Verein deutscher
Schauspieldirectoren" nennt, vernahm man bisher in der Oeffentlichkeit noch
sehr wenig. Im letztabgelaufenen Jahre hat sich dieser Verein nur durch die Ab-
strafung bemerkbar gemacht, welche über seinen Vorsitzenden, Director Ludwig Hausing,
wegen unbefugter Aufführung eines Görner'schen Lustspiels verhängt wurde.

**) Dieser selbstgenügsame Verein ist bekanntlich der älteste der drei Theater-
Genossenschaften, besaß aber — obgleich sein Gründer und erster Präsident, der verstorbene Stuttgarter Intendant Herr v. Gall, s. Z. für ihn zugleich ein officielles
Blatt gegründet und unter sehr tüchtiger Redaction herausgegeben hatte — seit dem
Uebergang des Präsidiums an Herrn v. Hülsen bisher nicht einmal mehr ein
öffentliches Organ, aus welchem sich auch das größere Publicum über die Art seiner
Bestrebungen hätte unterrichten können. Er sah sich auf lithographirte Circulare
des Berliner Präsidiums beschränkt, die nur noch den Mitgliedern, d. h. den Intendanten und Directoren der Vereinsbühnen, zugingen. In der vorjährigen General-
Versammlung zu Frankfurt (8. und 9. April 1879) wurde endlich wieder die Noth-

einem solchen Einklang haben es die drei Gruppen bisher so wenig ge=
bracht, daß es fast den Anschein gewinnt, als wäre in allen dreien der
Mehrzahl der Mitglieder ihr eigenes wohlverstandenes Interesse gleich=
sam noch ein spanisches Dorf geblieben. Der Egoismus kleinlichster
Art läßt unter dem krankhaften Haschen nach den leichtest erreichbaren
Privatvortheilen die Erkenntniß, wo für Alle der größte und dauernde
Vortheil zu finden wäre, nicht zum Durchbruche gelangen, und die wenigen
heller Sehenden ziehen sich, Einer nach dem Andern, schweigend vom
Kampfplatze zurück, nachdem sie längst die Ueberzeugung haben gewinnen
müssen, daß wegen des vorherrschenden Egoismus oder der Kurzsichtig=
keit so vieler nur auf ihr liebes Ich bedachter Wortführer keine Majo=
rität für das einzig wirksame Radicalmittel gegen die grassirende
Theaternoth zu hoffen sei. Hier gilt mehr als irgendwo des Dichters
Ausspruch: „Gegen Dummheit kämpfen Götter selbst vergebens."

Just in dieser traurigen Geistesbeschaffenheit der sogenannten
Priester Thaliens besteht der faulste Fleck des so wacklig einherrollenden
Thespiskarrens. Die drei genannten Gruppen häufen schon seit Jahren
ein zur Diagnose des Uebels „werthvolles Material" in ihren Archiven
auf, ohne damit etwas Anderes erreicht zu haben, als vielleicht die
Anwartschaft auf ein zweifelhaftes Martyrium für den von der Mehr=
zahl so hartnäckig festgehaltenen Irrthum, hauptsächlich in äußerlichen
Zeitverhältnissen nach dem Sitz einer Krankheit geforscht zu haben, die
im Innern der Hilfesuchenden selbst liegt.

Ohne Zweifel üben die drei Genossenschaften als die officiellen

wendigkeit eines Vereinsblattes (Amtsblattes) besprochen und ein vom Director Ernst
darauf bezüglicher Antrag angenommen, worauf der Antragsteller seinerseits sich zur
Führung der Redaction erbot. Herr v. Hülsen jedoch erklärte, das Blatt werde
sich in Berlin mit geringeren Unkosten herstellen lassen, und deshalb wolle er selbst
sich der Mühe der Redactionsführung und Herausgabe unterziehen. Selbstverständ=
lich wurde diese letztere Offerte von der unterthänigsten Versammlung dankend
acceptirt, und so weiß man denn im Voraus, daß das neue Blatt bestimmt der
Hülsen'schen Theater=Richtung weder Opposition machen noch ihrer verderblichen
Richtung Abbruch thun wird. — Die zwei jüngern Genossenschaften, die „Bühnen=
angehörigen" und die „Dramatischen Autoren", besitzen längst ihre öffentlichen
Organe: jene das Journal „Deutsche Bühnengenossenschaft", diese das
Journal „Neue Zeit". In beiden dieser officiellen Zeitschriften war aus der
Feder einzelner Mitglieder schon manches kräftige Wort zu lesen, das ein besseres
Loos verdient hätte, als von der Majorität nur überhört oder überschrieen zu
werden.

Vertreter der Theaterwelt einen entscheidenden Einfluß auf die Richtung des Thespiskarrens. Daher scheint es, daß man ihnen mit Recht die Obliegenheit zuschieben darf, mit einem aus ihren vereinten Beschlüssen entstehenden Vorschlag den ersten Schritt zur Ueberwindung der Theater-Calamität zu machen. Wohl das schwierigste Hinderniß der „Remedur" wäre gehoben, sobald die Mitglieder der drei Genossenschaften ihre internen kleinlichen Selbstsüchteleien überwunden und über ein von Allen einhellig-zu befolgendes Programm, etwa über folgende Fundamental-sätze, sich geeinigt hätten:

„Künftig gilt — wie es früher z. B. bei Schröder in Hamburg, bei Goethe in Weimar, bei Immermann in Düsseldorf und neueren Datums noch bei Eduard Devrient in Carlsruhe Stil war — das Streben nach Erzielung eines künstlerischen Ensemble's als Alpha und Omega der dramatischen Kunst. Mimen ohne Talent und sogenannte Couliffenreißer, die durch ein unkünstlerisches Vordrängen ihres lieben Ich das Ensemble zerstören oder sonst die darzustellenden Charaktere verunstalten, werden nicht zugelassen. Ebenso bleiben aber auch Virtuosen ausgeschlossen, die entweder überspannte Gagen ansprüche machen oder sich weigern, zeitweilig und ausnahmsweise solche untergeordnetere Rollen zu spielen, deren Uebernahme nach Maßgabe des disponibeln Personals im Interesse des erzielbar vollendetsten Ensemble's läge. — Novitäten, die eine ethische Grundidee nicht haben und nur den an ein gehaltsleeres Amüsement zu stellenden Anforderungen genügen, bleiben unberücksichtigt. Ebenso bleiben aber auch diejenigen Bühnenproducte ausgeschlossen, welche nur Plaidoyers einer den realen Zeitfragen angehörenden, wenn auch für das practische Leben noch so sehr zu billigenden Tendenz sind, oder aus Mangel der dramatischen und theatralischen Technik die ethische Schönheitsidee nicht durch eine unterhaltlich spannende Handlung am Schicksal lebenswahr gezeichneter Charaktere veranschaulichen. — Kein ins Repertoire aufgenommenes Stück darf anders — weder glänzender noch armseliger — ausgestattet werden, als zum geistigen Verständniß desselben und zur natürlichen Wiedergabe der Situationen und Charaktere nöthig ist. Für gegebene Novitäten wird, statt eines festen Honorars, den Dichtern überall eine nach gleichem Procentsatz berechnete Tantieme überwiesen. — Kein zum technischen oder zum Kunstpersonale gehörendes Theatermitglied darf so niedrig besoldet sein, daß es nicht anständig existiren könnte. Dagegen darf auch keine Gage die Höhe der Durchschnittssumme übersteigen, welche heutzutage den festangestellten hervorragenden Vertretern anderer Gebiete der Kunst oder Wissenschaft normalmäßig ausgesetzt zu werden pflegt. — Die durch den Wegfall unmäßiger Virtuosen-Honorare und überspannt luxuriöser Comparserien zu erzielende Reduction des Ausgaben-Etats soll nicht ausschließlich den Theaterunternehmern zu Gute kommen, sondern zugleich auch dem mittlern und ärmern Bürgerstande den Genuß theatralischer Kunst Darstellungen wieder erschwinglich machen, indem sie den Theatercassen eine Ermäßigung der Eintrittspreise ermöglichen wird. — Sämmtliche Mitglieder der

drei Genoſſenſchaften verpflichten ſich, erſtens: unverbrüchlich für die voranſtehen-
den Fundamentalſätze einzuſtehen; zweitens: künftig ihre Dienſte nur ſolchen
Bühnen zu leihen, die conſequent nach dieſen Grundſätzen handeln; und drittens:
alle diejenigen Theater, welche gegen dieſe Grundſätze verſtoßen, als nicht dem
Bereiche der dramatiſch-theatraliſchen Kunſt angehörende Inſtitute zu perhorre-
ſciren, gleichviel ob ſie berühmte Hofanſtalten oder obſcure Privat-Unterneh-
mungen ſeien.“

Die Aufſtellung und Heilighaltung dieſes oder eines dem ähnlichen
Programms hieße den richtigen Gebrauch von der durch §. 52 der neuen
deutſchen Gewerbeordnung dem Theatervölkchen ermöglichten Freiheit
machen, hieße für das weltbedeutende Bretterreich und die ihm angehörende Künſtlerſchaft eine Stellung auf der wahren Höhe der Gegenwart anſtreben, — einer Gegenwart, welche nicht nur durch ihre aus
freier Wahl der Völker hervorgehenden Parlamente, ſondern auch durch
einen noch mächtigeren Factor, durch den Zeitgeiſt, eindringlich und ein-
dringlicher den Grundſatz proclamirt, daß jedes berechtigte Ringen ſeine
Lebensfähigkeit aus eigener Kraft und durch geſunde Aſſociation mit
den Intereſſenten zu bewähren habe, und daß dem vollendetſten Staate
nur die Pflicht obliege, beengende Schranken weder zu ſchaffen noch zu
dulden.

Werden die drei Genoſſenſchaften ſich dieſen Rath wohl aneignen?
Wer das vorausſetzen könnte, der würde das Theatervölkchen mit all
ſeinen Prätenſionen, vorgefaßten Meinungen, Eiferſüchteleien und der
ganzen Muſterkarte voll harthöriger und kindiſcher Launen wahrlich
ſchlecht kennen.

Da wäre es vor Allem die Mehrzahl der Theater-Directoren,
welche aus ihrer olympiſchen Höhe herab den kühnen Einbringer ſolcher
Ketzereien mit dem ſalomoniſchen Ausſpruch niederdonnerten:

„Unſinn, von unſeren Theatern noch Kunſt, und obendrein gar ethiſche
Kunſt, zu verlangen! Wir brauchen Geld, und das trägt uns das Publi-
cum nur dann noch in die Caſſe, wenn wir ihm täglich einen neuen
Hocuspocus vorgaukeln laſſen.“

Daß dem Uebermaß des Hocuspocus wie dem übermäßigen Ge-
nuſſe ungeſund verpfefferter Speiſen Indigeſtion und Ekel nachzufolgen
pflegen, kümmert die Directoren nicht. Sie haben ſich ſchon daran gewöhnt, nur noch von der Hand in den Mund zu leben, und ſind's zufrieden, wenn ihr Calcul wenigſtens für den laufenden Tag probabel

ist. Glückt es gar dem Einen oder dem Andern, durch Rührigkeit im Erspähen und durch Geschick im Aufputz des Hocuspocus noch ein nennbares Geldgeschäft zu machen, so gilt er für ein anstaunenswerthes Genie, und der große Troß der Bühnenleiter schnappt heißhungrig nach den Abfällen seiner theatralischen Hexenküche, wie die alten Bettel- weiber nach den vom Tische des reichen Prassers armselig abfallenden Knochen.

Da ist ferner eine stets kampfbereite Zunft, nämlich die Fraction der im Morast der theatralischen Sackgasse wollüstig grunzenden Novi- täten-Lieferanten, welche den dreisten Repertoire-Reiniger mit ihren schmutz- gewohnten Kennernasen beschnüffeln und laut aufschreien würden:

„Ist der Kerl endlich vollständig verrückt geworden, daß er uns zumuthen kann, ein Programm zu sanctioniren, mit dem wir uns selbst aus den endlich so anspruchslos und so bequem eingerichteten Kunst- hallen hinausdecretiren würden? Streichen wir nicht oft für ein einziges Stück an Tantiemen und Honoraren mehr Geld ein, als der überspannte Schiller oder irgend ein anderer von der klassischen Sippe für all seine phantastischen Dramen je erhielt? Und beweist nicht dieser Erfolg, daß unsere von den ästhetischen Querköpfen so arg verlästerten Stücke auf dem wahren Parnaß der Zeit thronen? Was also soll der Schnickschnack von einem höhern Berufe des Theaters, mit dem man unseren Bewun- derern nur den Genuß vergällen und uns das Geschäft verderben will!"

Da sind es endlich noch die Schauspieler selbst, deren weit über- wiegende Mehrzahl ebenso wenig als das Gros der Directoren oder die vom Hautgout des gehaltsleersten Esprit demimondeartig duftende Fraction der Autoren von einer wahrhaften und gesunden „Remedur" etwas hören will, außer wenn das ganze Recept schlechtweg in der Zusicherung bestände, daß ihnen künftig die gebratenen Tauben ohne entsprechende Gegenleistung saftiger als je ins weitaufgesperrte Maul fliegen werden.

„Was" — so würden hier die Stimmen bunt wie in einem pol- nischen Reichstage durcheinander schwirren —, „was? zeitweilig auch Rollen übernehmen, in denen wir nicht ein halb Dutzend Mal an die Rampe vorgejubelt werden können? Uns mit dem Beifall begnügen, den das Publicum der Gesammtdarstellung spendet? Unsern persönlichen Ruf als Genie's durch Anschmiegung ins Ensemble verdunkeln? Nicht mehr in Stücken auftreten, in denen wir durch Hinausdonnern von ein paar zündenden Zeitphrasen uns die Mühe, einen Charakter geben zu müssen, ersparen können? Den unterirdischen Geist im Souffleurkasten, auf dessen Stimme wir unser Ohr so gut dressirt haben, weniger in Anspruch nehmen? Unsere reizenden Gestalten je nach der Rolle vermummen müssen? Unseren Verehrern uns nicht mehr allabendlich in einem der Costüme präsentiren dürfen, in welchen wir am begehrens= werthesten erscheinen? Sogar die Gagen uns nach einem spießbürgerlichen Maßstab vorwägen lassen? Wir, die wir auf den weltbedeutenden Brettern die Götter, Kaiser, Könige, Prinzen und Prinzessinnen so ent= zückend zu geben wissen, — wir uns außerhalb des Theaters in die Oeconomie gewöhnlicher Menschenkinder hineinfinden? Und noch oben= drein nicht mehr auf jedem Theater auftreten dürfen, das unsere Gagen= und Honorar=Ansprüche erfüllt? Eine gewisse Art von Brettern per= horresciren, auf denen wir just unsere leichtesten Triumphe und unsere schwersten Goldstücke einsacken? Hinaus mit dem wahnwitzigen Schwätzer, der von Verbesserungen faselt und doch die zeitgemäß theatralische Kunst noch so ganz und gar nicht begreift."

Das ungefähr wären die Stimmen, unter deren Chaos jeder sachliche gesunde Remedur-Vorschlag schon im Moment seiner Genesis von den zur Ausführung zunächst nöthigen und am Gelingen zumeist interessirten Hilfsarbeitern selbst wieder begraben würde.

Niemand könnte sich aufrichtiger freuen als i ch, wenn meine Schilde= rung recht bald unzutreffend würde, d. h. wenn die Mimen, die Bühnen= schriftsteller und die Theaterdirectoren durch den Druck der materiellen Rückschläge sich endlich zu einer Einkehr bei sich selbst bewegen ließen und, statt den allerdings nicht günstigen Zeitverhältnissen übergebührlich viel aufzubürden, mit ihren eigenen Unarten und Gewohnheiten, in die sie sich bis zur Selbstvergötterung vernarrt und verrannt haben, aufzu= räumen begönnen. Es wäre damit der erste und zugleich der entscheidende Schritt zur „Remedur der Theaterzustände" schon gethan, und das Theatervölkchen könnte dann ohne Gefahr für sich ruhig den Moment abwarten, in welchem die Wiederbeseitigung der zuchtlosen Tingel-Tangel, Café chantants und anderer demoralisirender Schau=Boutiquen sich der Sitten-Polizei als eine vom öffentlichen Anstand geforderte Nothwendig= keit aufdrängen wird. Die Umkehr käme mit der Zeit Allen zu Gute, selbst Diejenigen nicht ausgeschlossen, welche unter der jetzt vorherrschenden

Mißwirthschaft sich größere Privatvortheile sichern zu können wähnen.
Leider scheint die Geneigtheit zu solch selbstreinigender Gewissens-
erforschung nur durch noch empfindlichere Schicksalsschläge erzwungen
werden zu können, und bis dahin wird man behaupten müssen: Der
ärgste und unüberwindlichste Feind des Theaters ist das Theater selbst.
Nach dem bisher Gesagten könnte man mich für einen Pessimisten
von der schwärzesten Sorte halten. Dennoch sehe ich der Zukunft des
Theaters auch heute noch nicht mit hoffnungslosem Blick entgegen. Ja in
gewissem Sinne bin ich sogar noch heißblütiger Sanguiniker geblieben.
Will man aber aus den Schwierigkeiten endlich herauskommen, so war
vor Allem nöthig, dieselben ohne schönfärbende Ueberschminkung dem kunst-
sinnigen Publicum aufzudecken. Bei mangelnder Kenntniß des Charakters
und des Hauptsitzes der Krankheit greift man selbst in der reichhaltigsten
Apotheke in der Auswahl der Heilmittel leicht fehl. Ueber die für unsern
Patienten angezeigte Medicin habe ich meine eigenen stillen Gedanken, die ich
im nächstfolgenden Schluß-Artikel laut ausplaudern will, — zu aneiferndem
Gruße für meine Gesinnungsgenossen, und zu beliebiger Verspottung für
Andersmeinende. Daß sodann Jemand das preisgegebene Geheimniß, auf
welches ich kein Patent zu lösen gedenke, mir entführen und es rührigst
verwerthen werde, fürchte ich nicht; denn: wenn es geschähe, so hätte
ich just den Zweck erreicht, zu welchem die vorliegende Studie gern ein
Scherflein beitragen möchte.

5.

Dem bekannten Bonmot Bismarck's, daß er den Lebensberuf der
Schriftsteller für einen verfehlten halte, wohnt, wie allen Ansprüchen
dieses gewaltigen Herrn, neben seiner picanten Sonderbarkeit auch ein
Kernchen tiefster Weisheit inne: Die blos gedruckte Lehre wird oft
überhört, und schließlich reformirt man die Welt nicht mit Worten,
sondern durch Thaten. Bekanntlich ist das größte Ereigniß unseres
Jahrhunderts nicht aus Büchern oder aus der bei Volksversammlungen
und in den Parlamentsreden ausgekramten Professoren-Klugheit hervor-
gegangen, sondern vollzog sich unter dem Donner der Kanonen: Wir
verdanken die Einigung der deutschen Volksstämme dem siegreichen
Schwingen des Schwertes.
So wird denn auch die Theater-Calamität schwerlich je durch theo-

retische Propositionen zu überwinden, vielleicht aber durch die Macht des praktischen Beispiels einer That zu bannen sein. Haben schon die Meininger, welche mit gut eingeübtem, wenn auch einseitigem Ensemble für die Comparserien spielen, einen so nachhaltigen Eindruck erzielt und für manches stehende Theater den Anstoß zu einzelnen Verbesserungen geliefert: um wie viel größer noch müßte der nachwirkende Eindruck einer gastirenden Truppe sein, die mit ebenso gutem oder in ihren Hauptacteuren vielleicht noch besserem Ensemble für die Poesie spielte?

Man hat in Berlin und in Wien für die alten und für die neu-entstandenen Schauspielhäuser bisher allerlei Programme aufgestellt und practicirt, die jedoch sämmtlich das Gepräge der herkömmlichen Schablone nicht verläugnen konnten und nur darin von einander verschieden sind, daß die eine Unternehmung sich vorzugsweise auf die Ausbeute dieses, und die andere sich vorzugsweise auf die Ausbeute jenes Genre's theatralischer Producte warf, so weit die schon vorhandenen oder neu entstehenden Producte im Bereich des gewählten Genre's und der ihm verwandten Abarten von der bisherigen Bühnen-Praxis für gangbar gehalten wurden. Selbst der gefeiertste von den Wiener Directoren, der in Adaptation und Transferirung des irgendwo schon Gewordenen einen bewundernswerthen Scharfblick besitzt, aber für etwas erst Werdendes oder noch gar nicht Bestehendes von jeher eine minder rege Empfänglichkeit manifestirte, — selbst dieser kam, wie wir gesehen haben, über die angerostete Bühnenleitungs-Einseitigkeit nicht hinaus, und ist wohl als der letzte hervorragende Repräsentant, ja in gewissem Sinne wohl auch als der erfolggekrönte Neubegründer einer Theaterrichtung zu betrachten, welche durch seine eigene ungewöhnliche Rührigkeit und durch seinen den gröbsten Mißgriffen ausweichenden Tactsinn nochmal einen weithin glitzernden Nimbus gewann, obwohl sie nur denjenigen Mode-Artikeln beizuzählen sein dürfte, deren Reize mit des Meisters Rücktritt rasch wieder verblassen. Schwerlich findet sich für Laube ein Nachfolger, der sein Kunststückchen fortsetzen möchte, ohne Besorgniß, daß unter solchem Treiben die Bühne endlich doch vollständig zum Range der Wurstelbuden herab sinken müsse, — eine Eventualität, die sogar dem schlauen „Alten" selbst begegnen könnte, wenn er den Thyrsos noch ein Jahrzehend lang im bisherigen Tacte fortschwingt.*)

---

*) Seit Obiges geschrieben wurde, ist ihm das wirklich, wenn auch gerade noch nicht buchstäblich, begegnet. Um die perennirend schwankende Bilanz des Stadt

Sollte der Gedanke, ein von den bisherigen Systemen grundsätzlich
abweichendes Directionsſyſtem aufzuſtellen, ſo ganz utopiſch ſein? Schon
Don Philipp meinte in Bezug auf eine neue Kronbedienung: „Warum
nicht? Das Ueberraſchende macht Glück!" Und läge nicht für das Publi-

theaters aufrecht zu erhalten, machte er ſchon bedenkliche Schwenkung auf Schwenkung
nach oben erwähnter Richtung hin und hat durch ſeine neueſten, über das Schickſal
des Inſtituts entſcheidend gewordenen Mißerfolge raſcher, als man es für wahr-
ſcheinlich hielt, bewieſen, daß mit der Pflege der franzöſiſchen Ehebruchs-Dramatik
ſammt all ihren pikanten Reizen, ſogar wenn ſie von einem ſo federfertigen Meiſter
der modernen „Mache" cultivirt werden, ſich auf die Dauer nicht einmal im leichtlebigen Wien eine materiell lohnende Speculation erzwingen läßt. Dies für
Manche überraſchend gekommene, erſt während der Druchlegung des vorliegenden
Buches Ende April 1880 allgemein verſtändlich zu Tage getretene Schluß-Facit der
Laube'ſchen Theater-Errungenſchaften veranlaßt mich, hier noch folgenden lehrreichen
Rückblick einzuſchalten :

Das „Wiener Stadttheater" — welches man im Hinblick auf ſeine bisherige
Richtung viel bezeichnender „Laube-Theater" nennen ſollte — wurde vor acht
Jahren, am 15. Septbr. 1872, unter Laube's artiſtiſcher Direction eröffnet. Nach
zwei Jahren, am 15. Septbr. 1874, nahm Laube aus materiellen Motiven ſeine
Entlaſſung, und es trat das kurze Interregnum des Schauſpielers Lobe ein. Schon
im Mai 1875 entfiel Herrn Lobe das Scepter, und im Septbr. 1875 ſetzte ſich Laube
wieder an den Directionstiſch, um am 5. Juli 1879 abermals abzudanken. Dieſe
zweite Demiſſion Laube's war von ihm mit der Erklärung motivirt, daß die allzu-
ſchwer drückenden Gründerlaſten dem Stadttheater die Erfüllung ſeines höhern Berufes unmöglich machten. Die Gründer trugen dieſem Vorwurf Rechnung und ent-
laſteten ſofort das Inſtitut um die Summe von jährlich 10,000 Gulden, beziehungs-
weiſe ſie verſtanden ſich dazu, für ihre bisher innegehabten Freilogen fortan den
Abonnementsbetrag von jährlich 40,000 Gulden an die Theatercaſſe zu entrichten.
In Folge hiervon ſprach Laube ſelbſt aufs entſchiedenſte aus : Nunmehr befinde
ſich das Inſtitut auf feſten Grundlagen und könne für alle Zeit eine der Hauptſtadt
würdige Kunſtſtätte erſten Ranges werden. Nachdem das am 1. Septbr. 1879 in
Function getretene, aus den Schauſpielern Siegwart Friedmann, Theodor Lobe,
Karl Schönfeld und Dr. Rudolf Tyrolt beſtehende Directionsregie-Collegium ſich
ſchon im erſten Vierteljahre erfolglos verbraucht und am 11. Jan. 1880 wieder ab-
gedankt hatte, trat Laube abermals als Retter des „höhern Berufes" der Anſtalt
vor und ließ ſich, am 15. Jan. 1880, vom Directionsrathe die artiſtiſche Leitung
nochmals übertragen, diesmal mit feſtem dreijährigem Vertrage. Ich habe bereits
im VII. Abſchnitt (Seite 88 in der Anmerkung) kurz erwähnt, wie bedenklich für
alle wahren Kunſtfreunde ſchon ſeine erſten beim Wiederbetreten des Hauſes an das
Perſonal gerichteten Worte klangen, und wie ſehr hiermit auch ſeine abermals ſo
gänzlich verfehlten Diſpoſitionen harmonirten. Seiner in optimiſtiſchem Siegesgefühle
ſtolz hingeworfenen Verſicherung: „In meinem Alter ändert man ſich nicht mehr"
wurde ſchon vierzehn Wochen nachher durch die Macht der Thatſachen ein Sinn auf-
gedrückt, den einſt Goethe treffend in dem kurzen Vers ausſprach: „— jede Schuld

cum eine picante Ueberraschung schon darin, daß ein Director aufträte und als Alpha und Omega seines Programms kurzweg den Satz aufstellte: „Ich werde dem schon aufrecht stehenden Guten zwar nicht den Krieg erklären, ja ich werde sogar nicht einmal hinter den technischen

rächt sich auf Erden." Um am 15. Jan. 1880 das Stadttheater für seinen „höheren Beruf" retten zu können, hätte nicht wieder Laube's Starrsinn seinen Einzug in die Seilerstätte halten dürfen, sondern es mußte ein total veränderter Laube mit der Devise kommen: „Ich erkenne endlich die Irrthümer meines eigenen Systems und will sie fortan redlich ausbessern." Da die Manier seiner Repertoire-Macherei sich schon vor seiner zweiten Demission 1879 überlebt hatte, so war jede Hoffnung auf endlichen Sieg der dennoch eigensinnig festgehaltenen Schablone nur kindische Selbsttäuschung eines sich für ebenso unfehlbar als für unentbehrlich haltenden Greises, und es gäbe, wollte man nicht das hohe Alter in Betracht ziehen, wahrlich keine Entschuldigung für den Dusel, in welchem er, den ersten und letzten Moment zur Umkehr mit Lappalien vertrödelnd, dem nach gesunder Theaterkost lechzenden Publicum abermals als Nova nur hohle Nüsse ohne Kern zum Knacken auftischte. Die für das Institut — ich möchte fast sagen: leichtfertig — durch solches Gebahren beraufbeschworene Katastrophe ließ nicht auf sich warten. Am 25. April 1880, also schon drei Monate und zehn Tage nach Beginn des dritten „Rettungsversuches", sah sich Laube gezwungen, zum dritten Male abzudanken und dabei offen auszusprechen, daß jeder Tag des Weiterspielens nur das Deficit in der Theatercasse mehre. Wer dies Ereigniß bedauert, der darf keck die Mitverschuldung Denjenigen zuschieben, welche bis in die neueste Zeit blind genug geblieben waren, fort und fort an Dr. Laube als dem rechten Manne der Situation festzuhalten und ihn nach jeder Demission fast fußfällig wieder um die Rückkehr zu bitten, obwohl das Stadttheater unter ihm sich stets und hauptsächlich nur durch ein ruhelos schwankendes Hin- und Herlaviren ohne feste Kunstprincipien groß gezeigt hatte. Was der Anstalt schon vom Tage der Eröffnung an gefehlt, das besteht in Etwas, worin Laube von jeher schwach gewesen war, nämlich in einem consequent angestrebten, dem deutschen Gemüth zusagenden Kunstziele, das allein vermocht hätte, die junge Kunststätte neben den älteren Bühnen Wiens zu einem Unicum zu machen und ihr als solchem ein für die Bilanz ausreichendes Publicum zu sichern. Laube ist als Staatsbürger zwar ohne Zweifel ein guter Deutsch-Oesterreicher, aber sein dramaturgisches Sinnen und Trachten ist im Auslande haften geblieben. Ein maßloser Bewunderer der Form, wie sie in den Schalheiten des Esprit mit äußerlich eleganter Glätte und meist durchsichtiger innerer Gefühlsroheit zu Tage tritt, hat er den Sinn für solid deutsche Kunstbestrebungen schon vor Decennien verloren oder vielleicht niemals besessen. Seine wechselnden und fast immer verunglückten Anläufe zu Wettkämpfen bald mit dem Hofburgtheater und bald mit den Bühnen in der Leopoldstadt oder auf der Wieden, sowie die schließliche Vergrabung in ein einseitig französisches Repertoire und in dessen manchmal recht plumpe Nachäffungen, konnten unmöglich zu einer Consolidirung der Anstalt führen, behagten aber dem individuellen Temperamente eines im stolzen Bewußtsein seines errungenen Einflusses auf Abwege gerathenen Mannes, der sich von jeher in der Jagd nach pikanten Experimenten am

Kunstgriffen und Kunststücken der modernen Bühne zurückbleiben, aber
ich werde euch vorzugsweise das bieten, was meine Herren
Collegen für ungangbar hielten, und gedenke mit dem zu
excelliren, woraus meine Herren Collegen bisher nichts zu
machen wußten!"

besten gefiel und darüber längst so theaterklug geworden war, daß er wahrscheinlich
heute weniger als beim Beginn seiner Theater-Carriere vor dreißig Jahren weiß,
wie sich eigentlich eine ästhetisch tadellose und zugleich materiell ergiebige
Bühnenleitung organisiren ließe.

Der Directionsrath des Stadttheaters, durch dies Schlußergebniß der seit acht
Jahren vertrauensselig in Laube's Compagnie gemachten Anstrengungen aufs heftigste
erschrocken und entmuthigt, faßte den Entschluß, auch seinerseits baldigst auf den
„höheren Beruf" des Stadttheaters zu verzichten und es entweder sofort oder binnen
Jahresfrist zu verpachten. Falls dieser Entschluß wirklich durchgeführt wird, sänke
die einst so prunkvoll erstandene Anstalt in die Verhältnisse einer gewöhnlichen
wiener Vorstadt-Bühne herab, und es bliebe abzuwarten, was dabei herausspränge.
Voraussichtlich würde der neue Pächter, dem als verantwortlichem Cassa-Manne auch
die vollständige Repertoire-Freiheit anheimfiele, so gut oder so schlecht, wie das
heutzutage an den Pachtbühnen Mode ist, materielle Speculationen betreiben, die
vorerst wohl glücken könnten, aber schwerlich zum Vortheil ästhetisch reformatorischer
Theater-Interessen. Ein künstlerisches Bedürfniß neuer Pachtbühnen ist in Wien
nicht vorhanden. Weit eher besteht für den wiener Mittelstand das Bedürfniß einer
nationalen Volksbühne auf wahrhaft ästhetischer Grundlage. Dies erkannten bisher
die Gründer nicht, kamen wenigstens diesem Bedürfniß nicht auf die entsprechende
Art entgegen. Ihr Versäumniß hat sich gerächt, und man muß zugeben, daß das
Verhängniß sie nicht ganz unverschuldet ereilte. — Wie auch schließlich die endgiltigen
Dispositionen des Directionsrathes ausfallen mögen, ist jedenfalls mit Laube's defini
tivem Rücktritt eine pikante Theater-Episode, die seit acht Jahren wiederholt vielen
Staub aufgewirbelt, nun ebenfalls zu ihrem definitiven Abschluß gelangt. So
darf denn jetzt auch die dramaturgische Kritik unumwunden ihr Endurtheil dar=
über formuliren. Die eingetretene Katastrophe mag für Laube, für den
Directionsrath und für die Gründer unangenehm sein, für die Kunst ging
durch den Verlust des bisherigen Nimbus der Theaterleistungen auf der Seiler
stätte nur wenig verloren. Wenigstens ist es nicht der deutsche Kunstgenius,
der dadurch zu Schaden kommt. Laube's „Wiener Stadttheater" war der rührigste
Vorposten der Propaganda für die Einbürgerung des französischen Geschmacks
gewesen. Die Inscenirung seiner eigenen Stücke und der Fabrikate einiger in den
Hohlheiten der Pariser „Mache" bereits untergegangenen Deutschthümler ausge
nommen, war das deutsche Element mehr blos geduldet als sorgsam gepflegt, —
die Auswahl deutscher Novitäten verrieth nicht selten ein so eigenartiges Ungeschick,
daß man, wollte man nicht als Ursache Unkenntniß der neuern und neuesten ein
heimischen Literatur voraussetzen, manchmal dem Verdacht hätte Raum geben mögen,
als wäre unter dem Vorhandenen gerade das Verfehlteste just deshalb herausgesucht
worden, um mit beiläufiger Vorführung der Plumpheiten irgend eines vaterländischen

Man würde über eine solche Ankündigung stutzen, ohne Zweifel. Man würde sie belächeln oder für einen Faschingsscherz halten. Aber man würde dennoch, falls der Director den Vorhang wirklich aufgeben ließe, die erste Vorstellung nicht versäumen, und wäre es auch nur, um sich mit der Leistung des sonderbaren Kauzes einen Jux zu machen. Und

Novellisten, der nebenbei ohne dramatisches Talent in Dramen „macht", den Pariser Theaterschriftstellern eine wohlfeile Folie zu schaffen. Leider war diese Tactik ansteckend für das deutsche Bühnenleben überhaupt geworden, und zwar nicht ohne Mitverschuldung einer Fraction der Tagespresse, die bis in die jüngste Gegenwart herauf alle Laube'schen Griffe blindlings bejubelt und belobhudelt hatte. Dadurch fand seit 1873 das in disharmonischen Farben bunt durcheinander schillernde Repertoire des wiener Stadttheaters allmählich auch anderwärts Eingang, wurde unter den Posaunenstößen der in vorliegendem Werke sattsam geschilderten Journalisten Coterie ein theatralischer Mode-Artikel, und so kam es, daß Deutschland, zehn Jahre nach Erkämpfung seiner politischen Unabhängigkeit, jetzt statt einer nationalen Bühne fast ausnahmslos nur noch Schauspielhäuser besitzt, die mit einer vom Jenseits der Vogesen importirten, beschämend ungesunden Geisteskost ihr blos vegetirendes Dasein kümmerlich fristen.

Mit diesem traurigen Thatbestande hängt die allgemeine materielle Theater-Calamität eng zusammen, und ich glaube des weitern Beweises enthoben zu sein, wem ein Hauptantheil der Schuld zur Last fällt. Das Wiener Stadttheater hatte seit seiner Eröffnung mit einem Mißverhältniß zwischen Einnahmen und Ausgaben zu kämpfen, und die Verluste waren bisher durch eine weitgehende Opferwilligkeit einiger Gründer, insbesondere des Baron Schey, gedeckt worden. Dennoch blies seit acht Jahren ein Theil der Tagespresse fort und fort Siegesfanfaren über die ungeheure Rentabilität der Laube'schen Theaterwirthschaft. Und Laube selbst war es, der, als hierdurch seine gehaltsarme Repertoire-Richtung für die Mehrzahl der deutschen und österreichischen Bühnen tonangebend geworden war, fort und fort sich zum Zweck der Aufsuchung überpfefferter Schalheiten so tief unter den hoch aufgehäuften Stößen französischer Manuscripte vergraben hielt, daß ihm darüber weder Zeit noch Lust blieb, auch Kenntniß von Dem zu nehmen, was inzwischen etwa am Baume der deutschen Dramatik heranreifte. Pariser Fabrikate wurden nicht selten ungelesen und schon vor irgend einer Aufführung von ihm um hohes Einreichungs Honorar und gegen Tantieme angekauft; Gratis-Einreichungen deutscher Dichter wanderten, wenn der Autor nicht zu den erklärten Laubeanern gehörte, als für das Stadttheater „ungeeignet" an den Verfasser zurück, in der Regel ohne von Laube selbst vorher auch nur eines ernstlich prüfenden Blickes gewürdigt worden zu sein. Dieser Geschäfts-Modus bezüglich der einheimischen Production fand bald auch bei allen jenen Bühnen Nachahmung, die, durch die Posaunenstöße der Coterie-Presse irre geführt, in der Reproduction des Laube'schen Repertoires den zugkräftigsten Cassa Magnet wirklich gefunden zu haben wähnten. Aesthetische Stimmen, welche noch frühzeitig und eindringlich genug auf die Gefahr solchen Gebahrens aufmerksam machten, wurden überhört oder verhöhnt. Es mußte ein noch unsanfterer Mahner kommen — und er kam jetzt, in Gestalt eines den erkünstelten Schein grausam durch-

wenn man dann statt der erwarteten Gelegenheit zum Spott eine Leistung
fände, die wie eine Bombe donnernd ins Publicum einschlüge, was dann?
„Verrücktheit" — höre ich hier die im Bewußtsein ihrer Amtswürde
so autokratisch absprechend gewordenen Directoren unisono schreien —,
„ganz absurde Verrücktheit, dem Publicum vorzuschwindeln, es gebe noch

brechenden Rechenmeisters, der unbarmherzig mit Zahlen um sich wirft und laut
jammert: „Cassa=Deficit auf Deficit, und nichts als Deficit!" Drei Mal in acht
Jahren hat Laube, der bei täglichem Spielen kein Opernpersonal zu halten brauchte
und folglich mit verhältnißmäßig kleinem Etat hätte wirthschaften können, zur Ver=
wirklichung seiner a priori construirten französischen Chimäre die Zügel der Regie=
rung des Stadttheaters ergriffen, und drei Mal zwang ihn der seinem ungesunden
System wie ein gespenstiger Schatten nachhinkende Bilanz-Umsturz, das Scepter mit
Hinterlassung einer von den Gründern zu tilgenden Schuldenlast wieder in die Hände
des Directionsrathes zurückzulegen.

Ich kann dies Ereigniß für kein unerfreuliches erklären, wenn es in der
Theaterwelt die Wahnvorstellung von einer nachhaltigen Rentabilität der ohnehin in
den competenten Fachkreisen längst als Monstrosität verurtheilten Laube'schen Re=
form-Experimente wirksam zu bannen vermag; wenn die Bühnen deutscher Zunge
daraus wieder diejenigen Lehren folgern werden, die sie nie hätten vergessen sollen,
— Lehren, die eigentlich selbstverständlich sind und sich in wenige Worte zusammen=
fassen lassen. Das Theater hat vor Allem eine getreue Abspiegelung der Zeit und
des Volkes zu bieten, in der und vor dem es spielt, man kann es, sei auch die
Wahl der Reizmittel noch so raffinirt ausgeklügelt, nicht für die längere Dauer un=
gestraft seinem wahren Berufe entfremden; zwar läßt sich jedes Publicum mit
phrasenhaften Gaukeleien leicht für einige Zeit einlullen, erwacht aber sodann mit
für das Theater abgestumpften Sinnen; der Zuschauer, dem man statt des getroffe=
nen Bildes seiner eigenen Nation und ihrer eigenthümlichen Charakteranlagen fast
in der Regel nur die Unarten und Ueberspanntheiten der Charaktere einer fremden
Nationalität auftischt, amüsirt sich wohl ein Weilchen an der exotischen Leistung,
doch nur so lange, bis das Gefühl der Ueberreizung in Apathie und Ekel umschlägt
und ihm der interessearm gewordenen Bretterwelt entfremdet. Seit die deutsche
Nation den ihr gebührenden Rang in der europäischen Völkerfamilie errungen hat
und hierdurch auch bei den Oesterreichern deutscher Zunge die nationale Strömung
sich mehr und mehr zu erweitern und zu kräftigen begann, ist die sorgsamste Pflege
der unserm Volke eigenthümlichen Welt= und Menschen-Auffassung für jede deutsche
Bühne zwiefache Pflicht geworden — Verwahrlosung dieser Pflicht ist gleichbedeutend
mit Mästung der Keime nicht bloß des künstlerischen, sondern auch des finanziellen
Bankerotts; dauernd feste Grundlagen findet man nur in den wahrhaft nationalen
und in den ihnen wahlverwandten Elementen und Traditionen. Eine Theater-Reform,
deren ideales Ziel man mittelst Verkörperung der Sitten, Charaktertypen und Moden
des Auslandes anstrebt, verstößt gegen die erste Fundamentalregel aller urwüchsigen
Bühnenkunst; sie kann eine gewisse Klasse von Habitué's befriedigen, aber nie
wahrhaft volksthümlich werden. Herr Dr. Laube freilich scheint diese schlichte Wahr=
heit noch heute nicht einzusehen, vielleicht weil sie zu einfach klingt, um für picant

eine theatralisch wirksame Kost, die wir ihm nicht reichlich aufgetischt hätten! Greifen wir nicht nach jedem Product, aus dem sich irgend ein Effect herauspressen zu lassen scheint? Beweisen nicht die vielen Fiasco's, die wir dennoch erleben, daß an brauchbaren Bühnenstücken der peinlichste Mangel grassirt? Ferner: Jagen wir nicht die Darstellungskräfte, die gehalten werden zu können oder Raum für sprunghafte Expertisen zu öffnen! In der Rede, mit der er am 25. April vor der General-Versammlung der Gesellschaft des Stadttheaters sein permanentes Deficit vertheidigte, stellte er abermals in alt-gewohnter Weise sich selbst als das engelreine Opfer seiner höhern Kunstliebe hin und versuchte für das ihn endlich irreparabel ereilende Malheur die Unempfänglich-keit des Publicums, die wiener Local-Verhältnisse, den allgemeinen Niedergang des Theaters, die Mißgunst der Tagespresse, kurz alle Welt und schließlich sogar das diesjährige schöne Aprilwetter verantwortlich zu machen. Der milde und trockene April von 1880 als Sündenbock des schon am letzten März vorhandenen, seit 1875 in stets steigendem Grade hoch angewachsenen Deficits staatsanwaltschaftlich citirt und salbungsvoll durchgepeitscht! Es ist betrübend, einen Greis, der bei all seinen Irrthümern und Mißgriffen nicht ohne bedeutende Verdienste dasteht, am Abend seines Lebens sich selbst in lächerliche Situationen hineinarbeiten zu sehen. Sogar die „Neue freie Presse", die bisher den meisten Anläufen Laube's als treuer Freund propagandirend zur Seite gestanden, dämpft (im Morgenblatt vom 26. April) seine Ueberschwänglichkeit mit einer Hindeutung auf die volle Souverainität des Frühlings und bemerkt (im Morgenblatt vom 27. April) mit beißendem Sarkasmus: Es sei ihr „erst gestern in einer wirklich merkwürdigen Rede des artistischen Directors gesagt worden, daß eine einzige Notiz — wer hätte das gedacht? — nicht blos den Erfolg eines Stückes, sondern die Zukunft des ganzen Stadttheaters gefährden könne." Freilich, Niemand hätte gedacht, daß Laube, der von jeher die für ihn günstig lautenden Scheinerfolge des Augenblicks für Gottesurtheile zu halten schien, sich plötzlich in einen Verächter des Erfolges umwandeln und aller Welt seine eigene Privatmeinung als echtes Gottesurtheil ins Antlitz schleudern könnte, sobald bei Summirung der von ihm seit acht Jahren am Stadttheater verbuchten Gewinne als wahres Schluß-Facit ein unvertuschbar bleibendes Fiasco auftauchen begönne. Hätte er am 25. April, statt über den unbestreitbar bei einem großen Theile der Wiener vorhandenen Kunstsinn beleidigend abfällig zu radotiren, offen erklärt: „Ich irrte, denn die Zeit der Zugkraft meiner dramaturgischen Anschauungen ist mindestens vorüber, und deshalb resignire ich," so hätte noch im Scheiden seine ehrliche Selbst-beurtheilung die Kritik entwaffnet, hätte jede üble Nachrede unnöthig gemacht, und man würde gern seine guten Seiten hervorgesucht haben, um in ihnen eine theil-weise Entschuldigung für seine Mißgriffe zu finden. Durch den über die Grenzen des Erlaubten hinwegdnselnden Wahn, mit dem er noch im Hinsinken den That-bestand verkehrt zeichnete (und dadurch auch die sich gewohnheitsmäßig seinen An-sichten anbequemenden Gründer des Stadttheaters von einem nochmaligen bessern Anlaufe unter echt deutschem Kunstbanner abschreckte), zwingt er alle unbefangenen Stimmen zu rückhaltsloser Offenheit. Schon der weitgreifende Einfluß, welchen er seit 1850 mehr und mehr — nach Eröffnung des Wiener Stadttheaters mit einem

irgendwo Aufsehen erregen, uns mittelst der fast unerschwinglich gewor=
denen Gagenüberbietungen längst gegenseitig ab? Bekunden nicht die
klaffenden Lücken, die wir dennoch im Personal besitzen, daß es keine aus=
reichende Anzahl genügend talentirter Mimen giebt?"

Und dieser Einwand scheint wirklich von erdrückender Wucht zu
fast bestimmenden Terrorismus - auf die Repertoire-Richtung der deutschen Theater
geübt hat, legt jedem Freunde der Kunst und der Wahrheit, der sich nicht (wie zur
Zeit leider noch Viele aus Gedankenträgheit thun) zum Mitschuldigen verhängniß=
schwerer Begriffsverwechselungen machen will, — legt jedem selbstdenkenden Kopfe
die Pflicht auf, den Rücksichten gegen den Mann die Rücksichten auf die Sache
nicht hintanzusetzen.

Herrn Dr. Laube mit seinem Stadttheater=Fiasco als ein im Ringen für hohe
Kunstziele gefallenes Opfer ausstaffiren wollen, hieße der Wahrheit ins Gesicht
peitschen. Laube vermochte auf der Seilerstätte nicht finanziell zu reussiren, just weil
ihm von jeher der augenblickliche Scheinerfolg höher zu stehen schien als das con=
sequente Ringen nach einem wahrhaft ästhetischen Kunstziele. Er suchte durch ein
in der Regel picantes fremdartiges Repertoire zu blenden und hielt hartnäckig fest an
seiner Unterschätzung des Werthes echt deutscher Kunstproductionen. Als Bühnen=
schriftsteller (wie ich an seinem populärsten Theaterstücke „die Karlsschüler"
nachgewiesen) in eine unkünstlerische Abart von „Mache" verrannt, stellte er auch als
Director seine Nova nur nach dem Maßstabe zusammen, der sich aus jener Abart
ergiebt. Alles, was bei solch kleinlich schablonenhafter Beurtheilungs=Methode ihm
für seinen Reformversuch „ungeeignet" zu sein schien, wähnte er durch den rührend
fleißigen Import französischer Schalheiten und französischer Ehebruchs=Comödien für
das nicht blos deutsch redende, sondern auch deutsch gesinnte Publicum überflüssig
machen zu können, — ein Irrthum, unter dessen Consequenzen nothwendig einerseits
die technische Ausbildung der heranwachsenden einheimischen Dramatiker verkümmern
mußte, und andrerseits gerade der kernigste Theil des Publicums, der im Theater
sympathische Anklänge an seine eigene Gedanken= und Gefühlswelt sucht, mehr und
mehr zu apathischer Gleichgiltigkeit gegen die dramatische Kunst umgestimmt wurde.

So erlag denn Laube jetzt in Wien finanziell wegen seiner eigenen Miß=
achtung und Vernachlässigung ebendesselben nationalen Umschwungs, welchem er zehn
Jahre früher im echt deutschen Leipzig moralisch schon erlegen war. Für ober=
flächliche Beobachter scheinbar stets den Zeit=Ideen des Augenblicks voranschreitend,
stand er in der That den wahren Höhen und Kunstbedürfnissen der Gegenwart
oppositionell gegenüber und wollte die schon durch Lessing's scharfe Feder glücklich
emancipirte Poesie der Bretterwelt wieder zurückdrängen in die Prosa eines fremden
Joches. Je klarer dies jedem unbefangenen Zuschauer einzuleuchten begann, desto
eigensinniger tummelte Laube sein Steckenpferd, bis der hölzerne Pegasus beim An=
prall auf ein wirklich prosaisches Hinderniß die Beine brach, wobei auch die ohne=
hin lahmen Flügel dem galvanisirten Körper entfielen.

Wenn irgend Jemand den dramaturgischen Bestrebungen Laube's Dank zu
zollen hat, so sind es die Pariser Bühnenschriftsteller, deren Federn er die Länder
deutscher Zunge zu einer materiell sehr ergiebigen Domäne umwandeln half. An

fein, denn es ist wahr: unter den Stücken, welche unsere hochberühmten oder viel gelobhudelten „Kunstinstitute" unberücksichtigt bei Seite schieben, sind neun Zehntheile wirklich unbrauchbar. Es ist ferner wahr: von den Mimen, welche an unseren hochberühmten oder viel gelobhudelten „Kunstinstituten" keinen Einlaß finden, sind reichlich neun Zehntheile einer Berücksichtigung wirklich nicht werth. Wenn aber von den unberücksichtigt bei Seite geschobenen Stücken nur ein Zehntel, ja nur ein Zwanzigstel besser wäre als die so emsig aufgesuchten und so fürsorglich ausgestatteten Fabrik-Producte; wenn von den unaufgesucht und ungeprüft in den Provinzen verkümmernden Mimen nur ein Zehntel, ja nur ein Hundertstel strebsamer und von Natur begabter wäre als die Mehrzahl der an unseren hochberühmten oder viel gelobhudelten „Kunstinstituten" so launisch verzärtelten und so übermäßig honorirten Mimen: so gäbe dies — und zwar voraussichtlich um leicht erschwingbare Preise — einen

---

diese Koryphäen des Esprit — wenn überhaupt an etwas die Kunst Betreffendes hat wohl auch die Gründer-Gesellschaft des Stadttheaters zunächst gedacht, als sie in ihrer außerordentlichen General-Versammlung am 14. Mai 1880 die Ratification der Auflösung des zwischen dem Directionsrathe und Herrn Laube bestandenen Vertrages durch ein kurzes Dankesvotum für den intellectuellen Gründer des Instituts verzuckerte. Das deutsche Theater und die deutschen Dramatiker müßten in Verlegenheit über die Art gelangen, wie sie Laube's größte That ehren sollten. Denn das Verdienst, ihnen die Nothwendigkeit einer ausgebildeten Technik wieder nahe gelegt zu haben, wird riesig überwogen durch die Fehlgriffe, die er selbst bei der Composition und Einführung der neuen technischen Regeln beging. Nicht nur daß er an Stelle fördernder Kunstregeln eine völlig unbrauchbare Schablone unter dem Titel „Mache" zum dramaturgischen Gesetz stempelte, war er auch von jeher grundsätzlich bestrebt, die Bühne allen denjenigen dramaturgischen Kräften zu verschließen, die sich den Vorschriften seiner schädlichen Mißgeburt nicht unterordnen wollten und aus besserer Kunstliebe sie bekämpften. Dadurch trug er, gerade weil er mit seiner Rührigkeit Decennien lang einen dominirenden Einfluß auf die Gestaltung des Bühnenlebens zu behaupten vermocht hatte, zur jetzigen allgemeinen Versumpfung der Theaterzustände mehr bei als irgend ein anderer einzelner Mann, seinen in der Tagespresse für die materielle Ausbeute der Schablone und gegen deren ehrliche Bekämpfer im schlimmsten Sinne des Wortes Propaganda machenden „Schüler" Paul Lindau vielleicht ausgenommen. Ob die angerichtete Schädigung einer hochgradigen Kurzsichtigkeit oder einem selbstbewußten Egoismus auf Rechnung zu stellen, ist für die Sache gleichgiltig und bleibt daher hier unbesprochen. Den entstandenen Schaden selbst zu ignoriren oder zu beschönigen, wäre Verrath nicht blos an der dramatischen Kunst, sondern Verrath an den geistigen und ethischen Interessen des deutschen Vaterlandes überhaupt, auf welche die Leistungen des Theaters auch in ihrem Niedergange noch einen mitbestimmenden Einfluß äußern.

für sämmtliche Theater ausreichenden Repertoire-Stock und vorerst auch einen für mehr als ein Dutzend Bühnen genügenden Personal-Stamm.

„Aber" — so wird weiter eingewendet — „die unberücksichtigt übergangenen Stücke besserer Gattung sind eben für die Bühnen nicht eingerichtet und daher unaufführbar; die in den Provinzen ungesucht verkümmernden Mimen sind eben ohne Schule und daher nicht ins Ensemble einer residenzstädtischen Bühne einzufügen."

Ganz richtig! weder sind jene Stücke eingerichtet, noch diese Mimen schon vollendete Meister. Beide gleichen den Edelsteinen, die man erst schleifen und einfassen muß, ehe sie gangbare Marktproducte werden können. Selbst unsere größten Klassiker, Shakespeare und Schiller nicht ausgenommen, wären ohne Bühnen-Einrichtung, die ihnen erst aus zweiter Feder zu Theil wurde, für unsere Zeit unaufführbare sogenannte Lese-Dramen geworden oder geblieben. Man wird mit kleinerer Mühe, als unsere so viel belobten Dramaturgen gegenwärtig an die Einbürgerung der Ehebruchs-Dramen und anderen Spectakels oder an die, trotz der Großartigkeit einzelner Scenen, im Großen und Ganzen für unsere Zeit nur noch galvanisirungsfähigen „Chronicled Histories" verschwenden, aus den bestäubt in den Theater-Bibliotheken aufgespeicherten Manuscript-Stößen und aus den, in den Magazinen der Buchhändler eingesargten Krebsen neueren Datums ein recht respectables Novitäten-Repertoire herstellen können und ohne Zweifel zur fortdauernden Repertoire-Auffrischung bald noch manches werthvolle Poem erhalten, das unter der jetzt vorherrschenden Repertoire-Richtung entweder ungeschrieben bleibt oder im zugeriegelten Pulte seines Autors vergilbt.

Und die Aufgabe, der eigentlich erste, wenn auch dem Publicum unsichtbar bleibende Acteur des Theaters zu sein, d. h. die Aufgabe, durch rastlose Thätigkeit und Belehrung bei den Theaterproben dem darstellenden Personal echt künstlerischen Geist und markante Rollenauffassung einzuhauchen und dadurch der protensähnliche Erzeuger sowohl des Ensemble's als der Einzelleistungen zu werden, — diese Aufgabe kommt ohnehin dem artistischen Leiter zu. Mit der Mühe, die er jetzt auf die nur für den Augenblick zündfähigen Effecte des Hocuspocus verwendet, würde er unter gewissenhafter Festhaltung an den in meinem vierten Artikel formulirten Fundamentalsätzen wohl auch die Basis für solidere Kunstvorstellungen zu legen vermögen. Just im echt künstlerisch vervollkommnenden Einfluß auf das Personal und in der dramatisch (nicht

blos theatralisch) bühnengerechten Texteinrichtung des Repertoires besteht die wahre Wirksamkeit der Bühnenleitung, durch welche sie sich
von den Gewerbs-Branchen unterscheidet oder, bezeichnender aus-
gedrückt, unterscheiden sollte.

Wage einmal ein mit Begeisterung, Thatkraft, Literatur- und
Bühnenkenntniß, Scharfblick, Arbeitseifer, Gesundheit und einigem Gelde
ausgestatteter Kunstfreund, sich der nächstbesten Privatbühne in Berlin
oder Wien mit dem unerschütterlichen Vorsatze zu bemächtigen, daß er
streng nach ästhetischen Gesetzen vorzugsweise dasjenige Gute sorglich
pflegen wolle, das seine Herren Collegen als unbrauchbar und ungangbar grundsätzlich vernachlässigen! Stelle er laut dieses Grundsatzes, und
ohne sich der Ohrenbläserei oder Hilfe irgend einer herrschenden Coterie
zu bedienen, auf einer sämmtliche deutsche Bühnen umfassenden Inspec-
tionsreise sein Kunstpersonal nach eigener Wahl zusammen! Suche er
laut dieses Grundsatzes für sein Institut das neue Repertoire heraus
und passe dasselbe unter Beiziehung hinlänglich theaterkundiger Federn
den technischen Anforderungen der heutigen Bühne an! Gebe er, um
sich selbst an die unverbrüchliche und consequente Einhaltung seines Programms immer und immer wieder neu erinnern zu müssen, dem Institut
denjenigen Namen, der hier allein zutrifft und zugleich bescheiden genug
zu klingen scheint, um vorerst von Niemandem bestritten zu werden! Da
er mit einem Material zu arbeiten beginnt, welches von der heutigen
Bühne zurückgestoßen wird, so gehe er kühn von dieser Thatsache aus
und nenne mit unzweideutiger Selbstgenügsamkeit sein Institut „Theater
der Abgelehnten!“ Kurz: breche er radical mit der Schablone, die
seit Einführung der stabilen Theater in Deutschland groß gewachsen ist!
Knüpfe er entschieden an die kerngesunden Principien wieder an, von
welchen zu der Zeit, in der man nur Wandertruppen kannte, der bessere
Theil der Principali beseelt war!*) Er wird auf diesem Wege eine nicht

*) Neuestens (Ende Mai 1880) ist, am Residenztheater in Berlin gastirend, ein
Unternehmen aufgetaucht, das darauf berechnet zu sein scheint, den mit Unrecht ver-
nachlässigten Dramatikern Bahn brechen zu wollen. Ich meine: „Die deutsche
Novitäten-Bühne“ des Directors Hermann Riotte. Bei Abschluß des vorliegenden Werkes (Anfang Juni) läßt sich noch nicht klar erkennen, nach welchen
Principien Herr Riotte seine schwierige Aufgabe zu lösen beabsichtigt, beziehungsweise ob er geeignetschaftet sei, die richtigen Principien auch richtig durchzuführen zu
können. Die von ihm gewählten Eröffnungsstücke, „In heimlicher Ehe“ und
„Zweimalzwei ist vier“, waren keine ganz glücklichen Wahlen. Auch die zwei

zu unterschätzende Chance schon dadurch gewinnen, daß er unter sein Personal nur Künstler aufnimmt, die für ein hohes Ziel sich vorerst mit mäßigen Gagen begnügen. Sein Budget wird im Verhältniß zum Etat anderer Bühnen sehr niedrig bleiben und ihm gestatten, die Eintrittspreise nach einer auch für die größeren Volksmassen wieder erschwingbaren Norm anzusetzen.

Zwar würde ohne Zweifel ein solches Unternehmen anfangs mehr leichtfertige Spötter und böswillige Verleumder finden, als daß ihm vertrauensselige Anhänger zuströmten. Aber es könnte, wenn der Unternehmer für die allerdings nicht leichte Aufgabe wirklich der rechte Mann wäre, die wenigen Monate seiner Verkennung überleben und den Beginn seines Ruhmes abwarten. Trotz aller Spöttereien müßte im Publicum bald die Ueberzengung Eingang finden, daß hier der landläufigen Comö-

zunächstfolgenden (die im Moment, wo diese Anmerkung unter die Presse wandert, noch unanfgeführt sind) scheinen nur einen zweifelhaft höhern literarischen Werth zu besitzen. Dem gegenüber ist zu betonen, daß mit der bisherigen Ignorirung einzelner Dramen, in welchen sich nur das Streben nach Aneignung der „Mache“ ohne tiefern Gehalt oder ohne hervorragend dramatisches Talent bekundet, für die Bühnenkunst wenig verloren ging. Ohne Zweifel ist die Förderung der dramatischen Literatur nach einer ganz anderen Richtung hin anzustreben. Es handelt sich um eine Bühne für denjenigen Theil der deutschen Dichter, die fast grundsätzlich schon dem modernen Theater den Rücken kehrten, weil sie Thaliens Beil noch in Heilighaltung des alt-griechischen $\pi o u \bar{v} r$ (vgl. Seite 85 bis 87) erkennen und die Lieferung von Fabrik-arbeiten nach der vorherrschenden Schablone unter der Würde eines echten Drama-tikers finden. Dennoch wäre die Voraussetzung, Herr Riotte habe seinem Unter-nehmen im Stillen nicht das letztere Ziel gestellt, heute noch verfrüht. Die Bühnen-Einrichtung just derjenigen Stücke, deren Darstellung erst ein Urtheil über das ganze Unternehmen ermöglichen wird, ist nicht in Stunden und Tagen zu bewältigen; die Zusammenstellung eines für die neue Kunstrichtung geeigneten Personals ist ebenfalls keine kleine Aufgabe, — Beides erfordert eine längere Zeit. Vielleicht be-steht Riotte’s Hauptmißgriff nur darin, daß er, die Bemeisterung der ihm erwachsen-den Arbeitslasten für minder schwierig haltend, mit seinem Projecte allzu rasch in die Oeffentlichkeit trat und den Vorhang aufgehen ließ, schon ehe die Vorarbeiten namentlich bezüglich des Repertoires erledigt waren. Dann hätte man seine zuerst ge-gebenen Novitäten als Verlegenheitsgriffe zu betrachten und könnte von der Fortsetzung wohl Zweckentsprechenderes erwarten. Nach Allem, was ich über seine ferneren Pläne in Erfahrung zu bringen vermocht, meint er es mit der Sache wirklich gut und ehrlich. Wer es ebenso meint, der wird ihm gern Frist zur Bewährung gönnen, wird seine Schritte eher mit förderndem Wohlwollen, als mit hämischer Miß-gunst begleiten. Jedenfalls ist er ein Mann der Initiative, ein Mann der That; und schon dies muß in einer Zeit, die bezüglich des Theaters ohne alle und jede gesunde Initiative so bettelarm dasteht, die Aufmerksamkeit der wahren Kunstfreunde

diantcrie endlich ein Ehrfurcht fordernder Rivale erstanden sei, der an
Leistungsfähigkeit unsere bisherigen Theater nicht blos erreichen, sondern
auch überbieten und Schlag auf Schlag aus den verborgenen Tiefen
unserer dramatischen Literatur Schätze hervorzuzaubern könne, von deren
Existenz das größere Publicum noch gar keine Ahnung besaß. Und so
könnte es denn wohl auch nicht fehlen, daß in den Kreisen, die wirklich
gebildet sind oder sich gern den Schein gebildeter Leute geben, der Besuch
eines solchen Theaters allmählich zur Mode würde, von der sich abzuschließen dem guten Ton widerspräche.

Hätte ein solches Reform-Theater sich in seinem ständigen Domicil
vollständig organisirt und dort sein Stamm-Publicum gewonnen, so würde
es, hierin die Meininger nachahmend, eine Gesammt-Gastspiel-Tour durch
das Reich antreten und könnte dadurch nicht blos sein Kunstpersonal für

auf ihn lenken. Kommt sein Können der Kraft seines Wollens gleich, so wird
er trotz aller ihm entgegengethürmten Hemmnisse ein lebensfähiges Institut gründen
das auf die fernere Entwickelung unserer Theaterzustände nur günstig zurückwirken
kann. Wäre aber bei ihm nur das Wollen ohne die Kraft des Könnens vorhanden,
dann freilich müßte er mit seinem Experiment scheitern und hätte besser gethan, sich
eines Wagnisses zu enthalten, dessen Gelingen nur von einem Manne erhofft werden
kann, der entweder selbst ein dramaturgisches Genie ist oder sich bei Auswahl und
Einrichtung des Repertoires durch Beiziehung leistungsfähiger dramaturgischer Kräfte
taktfest zu ergänzen weiß. Welche von diesen zwei Möglichkeiten hier eintreffen
wird, steht abzuwarten. Obgleich auch ich in dem Unternehmen, so weit dasselbe
bis jetzt zur Oeffentlichkeit gelangte, keine Verwirklichung meines oben angeregten
Projectes zu erkennen vermag und den vorhin genannten zwei Eröffnungsstücken
die Eigenschaft geeigneter Reform-Dramen absprechen muß, stehe ich doch für die
Ansicht ein, daß alle wahren Theaterfreunde Herrn Riotte schon wegen seines guten
Willens nach Kräften mit Rath und That unterstützen sollten. Vielleicht würde es
ihm dann gelingen, dem verfehlten Anfang eine gute Fortsetzung nachfolgen zu lassen
und der dramatischen Kunst den Dienst, dem er sich gewachsen hält, wirklich leisten
zu können. Ich betone dies gegenüber der auffallenden Gehässigkeit einer Fraction
der Berliner Theater-Recensenten, welche schon jetzt das Riotte'sche Unternehmen mit
wohlfeilen Spöttelen überschütten und dadurch verrathen, daß es ihnen nicht um
die Sache, sondern nur darum zu thun sei, diesen Versuch zur Ueberwindung der
Theater-Calamität schon im Keime durch Mißcreditirung wieder zu ersticken. Wirklich
kunstverständige Berichterstatter, die einige Begriffe von den so mannigfachen
Schwierigkeiten eines derartigen ab ovo zu organisirenden Unternehmens haben,
fällen nicht schon während der ersten acht Tage ein Verdammungs-Urtheil über das
Ganze, sondern lassen — falls Herr Riotte seine Unternehmung für eine längere
Dauer fortzuführen vermag — wohlwollend der Entwickelung Raum und erlauben
sich ein endgiltiges Verdict erst dann, wenn eine hierzu ausreichende Anzahl von
Leistungen vorliegt.

die Opfer, die anfänglich von ihm für die Kunst gebracht wurden, materiell
schadlos halten, sondern auch durch den Eindruck und Nachhall seiner
Erfolge — namentlich bezüglich des neuen Repertoires — den unwider=
stehlichsten Anstoß zu einer wohlthätigen Umwälzung der jetzt fast überall
so verkommenen Theater=Wirthschaft liefern. Verba quidem movent,
exempla vero trahunt. Dies aber wäre just eines derjenigen Exempel,
denen wohl die allgemein verständliche Beweiskraft eines, alle unlautern
Schreier aufs Maul schlagenden Argumentum ad hominem inne wohnen
dürfte. Und just für die „Abgelehnten“ scheint hierin eine Mission zu
liegen, die große Aehnlichkeit mit einem weltgeschichtlichen Präcedenzfalle
gewinnen könnte. Wie sich einst im Ringen der niederländischen Freiheits=
helden gegen Don Philipp's Macht der Spottname „Gueusen“, d. h.
Bettler, durch den Verlauf der Thatsachen in einen Ehrentitel verwan=
delte, so könnte auf dem angedeuteten Wege auch das Wort „Abgelehnte“
mit der Zeit noch eine hochehrende Nebenbedeutung gewinnen und zur
Signatur für eine Auszeichnung werden, nach deren Besitz wahre Talente
in Zukunft sehnsüchtiger strebten, als manche unserer heutigen Mode=
Dramaturgen nach einem Hofraths= oder Baron=Titel, und manche unserer
heutigen Mode=Schauspieler nach einem lebenslänglichen Hof=Decret sammt
Ritterkreuz zu schnappen pflegen.

„Aber“ — so höre ich hier einwenden — „wenn die Hoffnung auf
das Gelingen eines solchen Reformunternehmens dennoch nur ein leeres
Hirngespinnst wäre; wenn ein practischer Versuch nach dieser Seite hin
nur die Voraussetzung rechtfertigen könnte, daß — wie so Viele be=
haupten — der Geschmack unseres Theaterpublicums zu verderbt sei,
um eine rein ästhetische Bühne noch ertragen zu können, was dann?“

Ich antworte:

Wenn eine tüchtig geleitete, consequent ästhetische Bühne trotz ihrer
verhältnißmäßig bescheidenen Geldbedürfnisse in großen Städten wie z. B.
Wien oder Berlin ihr Auskommen wirklich und unter keinen Umständen
mehr ermöglichen könnte, dann — aber erst dann — wäre ich allerdings
unwiderlegbar eines kolossalen Irrthums überführt, und es stände außer
Zweifel, daß die moderne Bühne nur noch in einer Richtung höchst
zweifelhaften Werthes sich weiter entwickeln könnte, daß sie nur noch ein
Organ für geisttödtende Harlekinaden oder für sittenverderbende Plai=
doyers zu sein vermöchte, daß demnach auch die „Genossenschaft deutscher
Bühnenangehöriger“ mit ihrem Forschen nach der erlösenden „Remedur“

nur ein nirgends mehr auffindbares Heilmittel anstrebe, und daß die als unsere erste Kunstanstalt geltende Hofbühne in der That das wahre Zeit-Ideal der dramatischen Kunst verkörpere, wenn sie als einzigen Treffer während einer ganzen Saison ihren Verehrern nur noch eine Ueberraschung, wie z. B. „Fromont und Risler“, auftischt.*) Es wäre aber zugleich noch etwas, weit tiefer ins Herzblut des Volkes Ein= schneidendes dargethan, — etwas, das jeden freisinnig denkenden, jeden human und edel fühlenden Menschen mit tiefster Trauer erfüllen müßte: es wäre nämlich fraglich geworden, ob nicht die gesammte deutsche Nation sich in einem colossalen Irrthum befinde, indem sie am Eingang zu einem neuen Blüthenzeitalter der menschlichen Cultur zu stehen glaubt; ob nicht

*) „Fromont und Risler“ war am k. k. Hofburgtheater in der Saison 1876/77 in der That der einzige „Treffer“ Dingelstedt's, den ihm überdies der vom Leiter des possenhaften Karltheaters zum Director des Hof=Operntheaters avancirte Herr Jauner aus den für jene Possenbühne schon angekauften und noch unaufgeführt in der Praterstraße ruhenden Novitäten abgetreten hatte. Man muß der wiener Theaterkritik die Gerechtigkeit widerfahren lassen, lobend hervorzuheben, daß sie die Verirrung dieses Stückes aus dem Karltheater in die Hofburg (statt etwa ins „Laube= Theater“) fast einstimmig scharf tadelte und auch die Besetzung der weiblichen Haupt= rolle durch Frau Wolter unwürdig der, für ideale Gestalten wie geschaffenen, Künst= lerin fand. Frau Wolter achtete auf den wohlgemeinten Wink der öffentlichen Kritik und trat die Rolle bald an eine minder hervorragende, prosaischere Kraft ab. Aber der Geh. Hofrath und Hofburgtheater=Director Herr Dr. Franz Freiherr von Dingelstedt hielt noch bis zur Stunde das Stück im Repertoire obenan, gleich als ob es hier gelte, zum Schutz guter Errungenschaften einer schlechten öffentlichen Kritik Trotz bieten zu müssen! Als Motiv hierfür bezeichnet man die unübertreff= liche Darstellung der männlichen Hauptrolle durch Herrn Sonnenthal, und dies ist ein Motiv, mit welchem man auch so manche andere Repertoire=Mißgriffe des Hofburgtheaters zu beschönigen pflegt. Gar oft hört man im Publikum den Aus= spruch: „An der Première war wieder Nichts, aber das Hofburgtheater=Personal spielte sie allerliebst.“ Als ob es der Beruf hervorragender Mimen wäre, ihre Tüchtigkeit just in Ehebruchs=Dramen und in einer Concurrenz mit dem von Dr. Laube für das Wiener Stadttheater so emsig angesuchten und dort so sorgfältig gepflegten Bluetten=Repertoire dokumentiren zu müssen. Vielleicht macht die neuestens (im April 1880) erfolgte Creirung einer k. k. General=Intendanz auch diesem würde= armen Wettkampf ein Ende. Der vorerst nur provisorisch ernannte General=Inten= dant, Se. Excellenz Herr Staatsrath Baron von Hofmann, genießt in der öffent= lichen Meinung den Ruf, ein begeisterter Kunst=Mäcen zu sein. Ganz Wien knüpft an seine Ernennung schöne Hoffnungen für eine Theater=Reform. Derselbe wird, falls seine Stelle sich in ein Definitivum verwandelt, an beiden Hofbühnen (dem Burgtheater und der Hof=Oper) mancherlei Unrath aufräumen können. Das Burg= theater betreffend, findet er zunächst in Herrn Baron von Dingelstedt zwar einen

schließlich diejenigen Recht behalten sollen, welche in allen neueren Errungenschaften weiter nichts als die bahnbrechenden Vorläufer einer modern verfeinerten Barbarei erkennen wollen!

„Diese Zusammenstellung" — so rufen hier gewiß Tausende von meinen Lesern einstimmig aus, — „diese Zusammenstellung ist bei den Haaren herbeigezogen und entschieden falsch."

Und doch war das Theater von jeher ein Spiegel der Zeit! und doch spiegelt sich auch auf den Brettern der Gegenwart getreulich eine Seite u n s e r e r Zeit ab! Aber — und hier komme ich auf den Punkt, über welchen die Mehrzahl der Leser meine Auffassung theilen dürfte — wir können die Continuität zwischen Bühne und allgemeiner Cultur wohl gelten lassen, ohne deshalb zugeben zu müssen, daß auch die letztere sich nach rückwärts bewege, weil die erstere strauchelte. Ich glaube in meinen früheren Schriften und Vorträgen sattsam darauf hingewiesen zu haben, daß im Bretterreiche zur Zeit eine w e l t b e d e u t e n d e Bühne unter uns gar nicht existirt, daß vielmehr die, nur noch vegetirende Bretterkunst sich sogar in einem schroffen Gegensatz zur bessern Richtung der zeitgenössischen dramatischen Literatur befindet, daß folglich jeder Schluß, den man aus den Erfolgen oder Mißerfolgen unserer g e g e n w ä r t i g e n M o d e h a l l e n auf die Entwickelungsfähigkeit der dramatischen Kunst oder

vortrefflichen, für scenische Arrangements mit tüchtigem Malerblick begabten Regisseur, dem aber zur Herstellung eines der W ü r d e dieser Anstalt durchweg entsprechenden Repertoires die rectificirende Vormundschaft so nöthig ist, wie dem Menschen das tägliche Brod. Dingelstedt trifft in der Regel bei Novitäten, über die ein stichhaltiges Urtheil schon vorliegt, mit seiner Entscheidung den Nagel auf den Kopf. Dagegen scheint ihm der feinere Tastsinn zu fehlen, wenn es gilt, über noch nirgends Beurtheiltes sich die richtige Ansicht zu bilden. Und daraus erklärt sich wohl theilweise auch seine Vorliebe für Shakespeare, über den es uns bekanntlich an trefflichen Commentaren nicht fehlt! — Die von langer Zeit her im Burgtheater bestehende Einrichtung, laut welcher dem Regie=Collegium ein mitbestimmender Einfluß auf die Auswahl der Novitäten eingeräumt ist, bleibt immerhin, obgleich diese Einrichtung der Organisation des Théâtre français nachgeahmt wurde, eine gegen die fatalsten Mißgriffe nicht ausreichend schützende Vorsichtsmaßregel. Am Théâtre français war zur Zeit seiner Blüthe die Erprobung der Novitäten durch die Schauspieler keine t h e o r e t i s c h e, sondern eine p r a k t i s c h e. Am Burgtheater wird es umgekehrt gehalten. Nun ist es aber ein kaum bestreitbarer Erfahrungssatz, daß in der Regel just die Schauspieler bei ihrer stillen Lectüre noch nirgends angeführter Dramen die unzutreffendsten Urtheile fällen, daß sie dagegen das auf den Brettern Wirksame oder Unwirksame meistens richtig vorauszuberechnen wissen, sobald bei einer mit vertheilten Rollen gehaltenen Leseprobe auch ihr Gehör als nachhelfender Beirath in Mitthätigkeit

gar zurück auf den Gang der allgemeinen Cultur zieht, vorerst nur auf
Sand gebaut wird. Wohl aber ist ein ganz anderer Schluß schon jetzt
evident und unbestreitbar: Der sinkende Theaterbesuch, der schon so manche
Schauspielhäuser zum unvermeidlichen Bankerott getrieben und einer alljährlich steigenden Anzahl materielle Deficite statt Ueberschüsse bereitet,
steht als unleugbare Thatsache schroff der theoretischen Behauptung
entgegen, laut welcher den derzeitigen Bühnenleistungen der lebens=fähige
Conner mit der Culturstufe der Gegenwart nicht in Verlust gerathen wäre!

Was auf den sich selbst degradirenden Theatern der Gegenwart
vom Zeitbild zur Erscheinung gelangt, ist kein erschöpfendes Abbild der
Zeit, ja ist nicht einmal diejenige Seite des Bildes, die sich zur künstlerischen Behandlung vorzugsweise eignet; und was davon für den
Künstler von großem Werthe werden könnte, das entbehrt der echt
künstlerischen Auffassung. Schon 1872 in meiner ebenso viel verlästerten
als gelobten „Theater=Krisis" habe ich ausgesprochen und jetzt in den
hier publicirten „Dramaturgischen Gängen" an zwei besonders tonangebend gewordenen Beispielen erschöpfend gezeigt, worin unsere
modernste Bühnenkunst ihre Schwerkraft äußert. Um das hierdurch
wohl sattsam Bewiesene in nuce nochmals zu wiederholen, besteht es in
Folgendem:

kommt. Der Schauspieler in seinem einsamen Zimmer klammert sich zunächst — wie
das aus seiner regelmäßigen Berufsbeschäftigung leicht erklärbar ist — zu sehr an
die einzelnen Rollen und übersieht dabei, seine Aufmerksamkeit auch auf den Mangel
oder das Vorhandensein eines bei der theatralischen Verkörperung erzielbaren Total=
Eindruckes, des Hauptkennzeichens der Bühnenbrauchbarkeit jedes dramatischen
Werkes, in genügendem Grade zu richten, — sein Urtheil über das Ganze hängt
ab von seiner Sympathie oder Antipathie für oder gegen eine einzelne Rolle.
Bis zu welchen Absurditäten ein auf selbstständige Füße gestelltes Regie=Colle-
gium sich verirrt, ersah man zu Anfang des verflossenen Winters wieder schlagend
aus dem vom wiener Stadttheater versuchten und so gar kläglich ausgefallenen
Experiment. Die zur Rettung dieses Instituts installirt gewesenen vier Directions=
Regisseure sind insgesammt auf den Brettern leidlich vernünftige Leute, ja in manchen
Rollen sogar tüchtige Künstler. Sie übernahmen, laut ihrer Antrittsrede, das artistische
Directions=Amt mit dem besten Vorsatze, jetzt der Welt die Mündigkeit des
Schauspielerstandes zur Selbstregierung demonstriren zu wollen. Dennoch
kamen unter ihnen in der Novitäten=Auswahl nur Mißgriff auf Mißgriff und ein
so interesseloses Gesammt=Repertoire zum Vorschein, daß der Directionsrath sich schon
nach ein paar Monaten gezwungen sah, ihrer auf längere Zeit berechneten Thätigkeit ein Ende zu machen, um nicht das Haus noch vor Ablauf der Saison wegen
mangelnder Theilnahme des Publicums schließen zu müssen!

Zwar leistet die moderne Bühne in ihrem Streben, recht naturwahr zu sein, noch so viel, daß sie die Schwächen des Menschen, seine
Fehler und Lächerlichkeiten nicht selten mit frappantester Naturähnlichkeit
hinstellt und uns ein Lächeln des Beifalls über die Gewandtheit der
theatralischen Copirkunst abzwingt. Auch erstreckt sich diese Gewandtheit
nicht blos auf die äußere Zeichnung der menschlichen Mängel und
Lächerlichkeiten, sondern weiß sich den Anschein zu geben, als ob sie
durch ihre Gebilde innerlich wahres, gesundes Leben veranschauliche, —
Letzteres freilich in der Regel so verunstaltet, daß die Bühne gerade
hierdurch den ihr gemachten Vorwurf der Depravation rechtfertigt. Sie
gleicht dem Photographen, der die Natur mechanisch copirt, nicht dem
Portraitmaler, dessen Kunst ihr zugleich den individualisirten Charakter
und Geist einhaucht. Wie selbst der schlechteste und schwächste Mensch
sich immer noch zu überreden sucht, daß er tugendhaft und seelenstark sei,
so umhüllt auch die Bühne in der Mehrzahl der von ihr jetzt einzig
noch einer Aufführung gewürdigten Novitäten das Laster und die
Schwachheit der von ihr repräsentirten Helden mit einem erheuchelten
Glorienschein von Tugend und Charakterstärke und vindicirt diesem verführerischen Schein den Reiz des nachahmungswürdigen Seins. Sie
fälscht also die Ethik, statt dieselbe aus einem Kampfe des göttlichen
Kerns der Menschheit mit den der menschlichen Natur anhaftenden
Schwächen und sinnlichen Gebrechen rein hervorkrystallisiren zu lassen.
Sie zeichnet nicht die menschliche Natur in der verborgenen Tiefe ihres
Gehaltes und innern Waltens, sondern vorwiegend nur ihre Oberfläche,
vorwiegend nur die Natur des Menschen im Stadium seiner Selbsttäuschung. Auf der Oberfläche des conventionellen Lebens und in den
Stadien der menschlichen Selbsttäuschung schwimmen aber nur die ephemeren Blasen der Tendenzelei herum, da findet sich nichts von jenem
titanischen Ringen, von welchem auch unser Jahrhundert nicht nur erregt, sondern bereits mit glänzenden Siegen gekennzeichnet und geschmückt
ist, — mit Siegen, in denen für Jeden, der Augen hat zu sehen und
Ohren zu hören, trotz der mannigfachen Auswüchse und trotz der be-
klagenswerthen Einseitigkeit der modernen Bildung, auch schon der
Kampfpreis der werdenden Zukunft, das Ideal der Gegenwart, unverkennbar sich markirte." („Theater-Krisis", Seite 21 und 22.)

Die moderne Bühne steht also mit der wahren Cultur der Zeit in
einem Widerspruche, der in ästhetischer wie in ethischer Beziehung scharf

hervortritt. Hierin findet der Mangel an lebendiger Theilnahme, über den sich die Bühnenangehörigen beklagen, seine volle Berechtigung und Rechtfertigung. Wir besitzen nur Theater, die in der Regel — je nach dem Zuschauerkreise, auf welchen sie speculiren — entweder eine für gebildete Leute ungenießbar rohe Kost, oder den für gesittete Leute ebenfalls schwer verdaulichen, wenn auch geschickt unter süße Bonbons vermengten, Pfeffer der Demimonde bieten. Die Theater ersterer Gattung dienen hauptsächlich dem Geistespöbel, die der zweiten Gattung hauptsächlich denjenigen Habitué's zum Rendezvous, welche in unersätt-licher Jagd nach Sinnengenuß geistig bereits verkommen sind und sich von dem auch äußerlich verwilderten Proletariat auf der Straße nur noch durch ein feineres Kleid principiell unterscheiden. Wenn das eine oder das andere dieser Theater ausnahmsweise einen Abend für Lösung würdigerer Aufgaben opfert, so pflegen die Habitué's und der Geistes-pöbel fern zu bleiben, ohne daß ein anderes Publicum die verwaisten Zuschauerräume ausfüllt.

Folgt hieraus, daß unsere Zeit ein ethisches Theater nicht mehr ertragen könne? oder gar, daß — weil die dem Geistespöbel und den Sinnen-Habitué's gewohnheitsmäßig fröhnenden Theater sich nicht mehr zu ästhetisch und ethisch reinen Kunst-Instituten emporzuarbeiten vermögen —, daß es mit unserer Cultur überhaupt mißlich stehen müsse?

Wie mich bedünken will, übersieht man bei diesem zwiefachen Trug-schluß eine Thatsache, die just hier von entscheidendem Gewichte zu sein scheint. Wir besitzen neben den überzahlreichen Theatern der vorgenannten zwei Klassen nicht eine einzige wahrhaft solide Volksbühne, d. h. nicht eine einzige Bühne, welche den Ruf verdiente oder genösse, daß sie energisch und consequent die Verkörperung des ethisch Schönen um seiner selbst willen anstrebe. Auch in der theatralischen Kunst, wie überall, gilt der Grundsatz: „Nur ausdauernde Consequenz führt zum Ziel." Der von unseren Mode-Theatern allzu oft getäuschte Kern des Volkes meint: Chat échaudé craint l'eau froide! Er perhorrescirt die jetzigen Theater, weil er den Glauben verlor, daß Institute, die gestern noch die rohe Zote und die gepfefferte Schlüpfrigkeit so natürlich und verführerisch zu copiren wußten, heute geeigenschaftet seien, ästhetisch-ethischen Gebilden lebensfähige Seelen einzuhauchen. Er fürchtet, nur Zwitterleistungen zu finden, die für ihn nicht mehr Reiz besäßen, als etwa die durchsichtige Schminke, die auf dem häßlichen Gesichte einer

Metze die Spuren wild durchtobter Nächte verwischen soll. Ja seine Phantasie glaubt in der heutigen Vorstellung wirklich die Schminke der gestrigen, und dahinter das garstige Brandmal der Zote und Schlüpfrigkeit noch zu sehen, selbst wenn die heutige Vorstellung einer besseren Beurtheilung werth wäre oder ist. Man kann eben nicht abwechselnd Phryne und Diana zugleich sein, in der Kunst ebenso wenig als im Leben.

Wer sich die Mühe geben will, über die derzeitigen Theaterleistungen nicht blos in den engeren Kreisen, sondern im größeren Gesammt-Publicum Urtheile zu sammeln und mit einander zu vergleichen, der wird bald zu der Ueberzeugung gelangen, daß es weder die Fraction der niedrig sinnlichen Habitué's noch der Geistespöbel, sondern der, schon numerisch weit überwiegende, gesunde Kern der Bevölkerung ist, der sich am entschiedensten gegen die verkommenen Bühnenzustände ausspricht. Just dieser Kern, in dessen so thatkräftigem Ringen auch unser zuversichtliches Vertrauen auf eine bessere Zukunft überhaupt wurzelt, empfindet den Mangel eines seinen eigenen besseren Neigungen entgegen kommenden Theaters schmerzlich; er will in seinen theatralischen Unterhaltungen nicht die verzerrte, alles edlere und höhere Streben ins Gemeine herabziehende Fratze der Gegenwart, sondern das getroffene und erhebende Abbild des titanischen Ringens der Menschheit wieder finden, dessen Ziele in einer verschönernden Gestaltung unseres Daseins liegen. Dies ist das Theater-Ideal, das hier bewußt und dort unbewußt in den edelsten Herzen der Nation längst aufzuleben begann.

Das zahlende Publicum eines jeden Theaters vermehrt oder vermindert sich in eben demselben Grade, in welchem die artistischen Leistungen etwas reflectiren, was thatsächlich in der Zeit lebt und allgemeines Interesse erweckt. Es sind also nur zwei Fälle denkbar, aus welchen einer ästhetischen Bühne die Eventualität erwachsen könnte, ohne ausreichenden Zuspruch zu bleiben. Entweder müßte die Bühne ihr Ziel mit unkünstlerischen Mitteln anstreben und Langweilendes bieten, oder es müßte im Bewußtsein der heutigen Menschheit nichts Höheres und Edleres mehr existiren. Den ersten Fall zu vermeiden, ist Sache der Bühne selbst. Den zweiten Fall voraussetzen, hieße den Geist des Jahrhunderts verleumden. Je getreuer und umfassender sich dieser Geist in den Leistungen der weltbedeutenden Bretter reflectirt, desto unwiderstehlicher wird sich ihre Anziehungskraft bewähren. Die innige Wechselbeziehung zwischen dem reflectirenden Element der dramatischen Kunst

und zwischen der Empfänglichkeit des Zuschauers hat nicht aufgehört
zu bestehen, obgleich heutzutage selbst Stücke mit schönem Ideengange,
deren Charakteristik jedoch ohne Mark und Kern ist, im Theater an
jeder Gattung von Publicum eindruckslos vorüberzugehen pflegen.
Wir sind eben kein plastisch denkendes und beschaulich fühlendes Helle-
nenvolk, sondern ein kurzlebiges Volk der That und erheben an die dramatische Kunst den Anspruch, daß sie nicht hinter der Wirklichkeit zurück-
bleibe. Die Aufgabe, die ich oben für einen sich berufen fühlenden
reformatorischen Bühnenleiter in allgemeinen Umrissen zu entwerfen mir
erlaubte, besteht nicht in Usurpation eines der Bühne unzuständigen
Moralprediger-Amtes, sondern in Organisirung einer Kunstanstalt, welche
durch Vorführung naturwahrer Charaktere und spannender Handlung
uns aufs Angenehmste unterhält, indem sich in ihren Productionen weder
der nur vegetirende Auswurf des Zeitalters, noch das für die dramatische Verkörperung ebenfalls lebensunfähig gewordene Gebahren längst
untergegangener Welten, sondern der Ideenkreis der uns eigen angehörenden Welt, d. h. der höhere und bleibende Gewinn und Gehalt unseres
Daseins in den Conflicten und Kämpfen des laufenden Jahrhunderts
oder einer ihm geistesverwandten Generation getreulich abspiegelt. Nie
darf die Bühne, obgleich in der von ihr erzeugten Unterhaltung stets
ein tieferer Sinn liegen sollte, sich den Schein geben, daß sie mehr wolle
als nur unterhalten. Jede Verletzung der zarten Grenzlinie zwischen
der ästhetischen Ethik und zwischen der philosophischen oder religiösen
Moral beraubt die göttliche Kunst ihrer bezauberndsten Reize und streift
den Duft ab von ihren herrlichsten Blüthen. Eine wahrhaft zeitgemäße
Bühne muß die ästhetische Schönheit durch drastisch wirkende Dramatik
veranschaulichen und die Langeweile als ihren gefährlichsten Feind mit
kurzweiligen Waffen siegreich bekämpfen.

Die vollendete Dramatik wird nicht mit Unrecht das Göttergeschenk
für ein auf den Zinnen seiner Entwickelung angelangtes Culturvolk genannt, — sie ist die reifste und edelste Frucht im Garten der Künste.
Eine Nation, deren Theater unheilbar dem Siechthum verfallen wäre,
läge auch in ihrem socialen und politischen Ringen siech darnieder. Wer
besitzt genug pessimistische Keckheit, aus dem Volksleben der Gegenwart
die kerngesunden Keime wegleugnen zu wollen? Es hieße den hellen
Tag übersehen, während die Sonne schon hoch am Himmel leuchtet.
Dennoch darf man vollkommen überzeugt sein, daß, trotz der reichlich

512

vorhandenen Empfänglichkeit des Publicums für einen zu wahrhaft zeit=
gemäßen Bühnenleistungen führenden Reformversuch, der lebensfähige
Anstoß zur Reconvalescenz unserer theatralischen Penaten weder von an=
gekränkelten Oppositionsgelüsten gegen die Theaterfreiheit noch überhaupt
von Persönlichkeiten zu hoffen steht, welche in dem zur Zeit so disharmo=
nisch klingenden Bühnen=Concert als Tactschläger figuriren. Oder sollte
der Weber des Zaubermantels der Kunst aus einer Werkstätte hervor=
gehen können, der eine Hauptschuld am dermaligen Verfalle des Bühnen=
lebens zur Last fällt? Ueberlassen wir den Glauben an dies Wunder
der Einfalt der Köhler und — den Anbetern des Esprit der Coretten=
welt! Wer sich nach Schutz gegen den Spuk des Teufels sehnt, der
darf den Erlöser nie bei des Teufels Großmutter suchen. — Ich schließe
diese dramaturgische Skizze mit den ihr bescheiden als Motto voran=
gesetzten Worten Homer's: δόσις δ' ὀλίγη τε φίλη τε.

E n d e.